JN122918

アフリカの
森の
女たち

Listen,

Here Is a Story

文化・進化・発達の人類学

春風社

アフリカの森の女たち
── 文化・進化・発達の人類学

目次

凡例

- 原注は章ごとに番号（例：(1)）を付し，後注とした．
- 脚注は章ごとに＊と番号（例：＊1）を付した．この中には，訳者が必要に応じて補足した訳注と，原著の文中および用語集で説明されていた用語が含まれる．訳注については［訳注］と示し，著者による説明と区別した．
- 現地語はカタカナで表記し，初出の際はカタカナ表記の後の（　）内にイタリック体のアルファベット表記を併記した．
- 原著において現地語の声調記号に関して表現の不一致がみられたことと，英語のアルファベット表記が最も多く用いられていたことから，英語によるアルファベット表記を用いた．ただし，人名については現地で公用語のフランス語が用いられており，フランス語の読みをカタカナで表記した．
- 翻訳の際，訳者が読みやすさを考えて重複した表現の削除や節の順序の入れ替え，最低限の言葉の補足など，調整を行った箇所がある．
- 原著の誤りと思われる語彙（動物名，植物名等）については著者に確認した上で訳者が修正した．

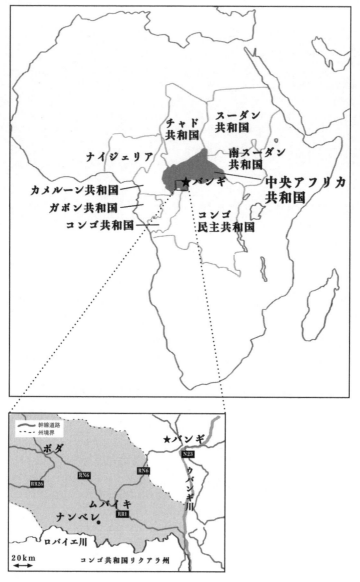

地図1　中央アフリカ共和国と本書の舞台であるナンベレ村周辺図
＊地図に記した地名の中で，調査村であるナンベレ（ロバイエ州）のみ，著者による偽名である．

表1 親族名称

	アカ	ンガンドゥ
母	ングエ (ngue)	ママ (mama)
父	タオ (tao)	ババ (baba)
祖父母	ココ (koko)	カカ (kaka) *祖父ーコタラ (kotara), 祖母ーココ (koko)
孫	ンダラ (ndala)	アタ (ata)
兄弟姉妹	カディ(kadi)*兄弟ーカディ・ワ・パエ(kadi wa pae), 姉妹ーカディ・ワ・モアツ (kadi wa moatu)	イタ (ita) *兄弟ーイタ・コリ (ita koli), 姉妹ーイタ・ワリ (ita wali)
妻	モアツ (moatu) *女という意味を含む.	ワリ (wali) *女という意味を含む.
夫	モパエ (mopae) *男という意味を含む.	コリ (koli) *男や人という意味を含む.

表2 世代カテゴリー

	推定年齢	アカ	ンガンドゥ
乳幼児 はいはいできるまで	誕生〜9か月	モレペ (molepe)	バンビ (bambi) またはボテ (bote)
はいはいから立ち歩きまで	9か月〜1歳	ディベンダ (dibenda)	
母親の次の妊娠により離乳するまで	2歳半〜3歳	ジョシ (djosi) *ジョシは這うイモムシを指す語でもある	
子ども	3〜13歳	モナ (mona) 男児ーモナ・パエ(mona pae) 女児ーモナ・モアツ (mona moatu) *パエは男, モアツは女を意味	3〜6歳児ーモレンゲ (molengue) 7〜12歳児ーケテ・マセカ (kete maseka) *ケテ (kete) は「小さい」を意味. マシカは「青年」を意味し, マシカ (masika) とも表記
思春期	女性13〜18歳 男性13〜20歳	思春期の少年ーボカラ (bokala) 思春期の少女ーンゴンド (ngondo)	思春期の少年ーマセカ・コリ (maseka koli) 思春期の少女ーマセカ・ワリ (maseka wali) *コリは「男」を意味, ワリは「女」を意味 子ども期終わりから思春期初め頃の少年ーマセカ, 同時期の少女ーモシア (mosia) 結婚前の思春期後期男性ーモド (modo)
大人	女性18〜50歳 男性20〜50歳	不明	カンバ (kangba)
高齢者	50歳〜	不明	バコロ (mbakoro)

著者からの情報提供をもとに訳者が作成した. 次の文献や辞書が参照されている. Bahuchet, S. 1985. *Les Pygmées Aka et la forêt centrafricaine.* Paris: SELAF. Boyette, A. 2013. *Social Learning during Middle Childhood among Aka Foragers and Ngandu Farmers of the Central African Republic.* PhD Dissertation., Hewlett, B. S. 1992. *Intimate Fathers: the Nature and Context of Aka Pygmy Paternal Infant Care.* Ann Arbor: University of Michigan Press. "Sangolex.com-the only English - French - Sango Dictionary on the Internet!" http://joelandjes.com/sangolex/lexicon/main.htm ［アクセス日 2020年2月14日］

まえがき

　この本のきっかけは，ある暑い午後に我が家の扉をノックし，私に話を聞くように言ったンガンドゥ（Ngandou）の女性たちである．ンガンドゥの女性たちの聞き取りをしていると，アカ（Aka）の女友人たちは仲間外れにされたくないと思い，「私たちの話も聞いて」と言った．そこで私はアカの女性たちの話を聞いた．女性たちと私は，ナンベレ（Nambélé）村やアカの森のキャンプで子どもたちを世話し，食事を準備し，衣類を洗濯し，水を汲み，市場で売り買いをした．畑，川，家でともに寄り添い働いていたのだ．彼女たちの夫や父，母，友人，子どもたちとも話した．女性たちは彼女たちの生活だけでなく，アカやンガンドゥの女性に「なる」ことが意味することについても，私に教えるように語った．民話や歌，描画，踊り，子どもの遊びも分かち合ってくれた．

　このような蓄積が彼女たちの生活についての詳細な描写の土台となっている．彼女たちの語りは，鍵となる理論的文献や論争の中に位置付けられる現代的な課題や視点に，私たちの目を向けさせる．語りに導かれて行うこの探求は，女性の生活に関する私たちの理解や分析と，女性が行動し考え学ぶ「普遍的な」やり方についての限定的な一般化や理論上の仮定との間に横たわる大きな隔たりを乗り越えようとすることでもある．小規模社会*1における女性の主観的な経験に目を向けた研究は，数少ない例外を除けば非常に限られている．最近の民族誌の一つに，狩猟採集民の女性の声に注目したマージョリー・ショスタック（Marjorie Shostak）の『ニサ──クン

＊1［訳注］狩猟採集や焼畑農耕，牧畜など，非集約的な生産様式をもち，低い人口密度を維持している社会のこと．経済や政治においても，複雑に階層化していないことが多い．

の女性の生活と言葉』*2（1981年）があるくらいである．西洋の理論の枠組みを評価することに加え，本著のさらなる目的は，アカやンガンドゥの女性自身によって詳しく語られるライフヒストリー*3や経験について理解することである．狩猟採集民アカと農耕民ンガンドゥの女性たちの，自文化内と異なる文化との間での経験の比較は重要である．両者は類似した自然環境に暮らし，相互に密接な社会的，経済的，宗教的な関係を築いており，両者の死亡率や出産率は同程度である．それにもかかわらず，両者は明らかに異なった生産様式と社会関係を有する．アカとンガンドゥの比較は，社会構造や社会関係がどのようにサハラ以南アフリカに暮らす女性の性役割や地位，知覚，経験に影響しているのかについて洞察を促すだろう．

　この本の核をなすのは，生活，過去，現在について詳しく語るコンゴ盆地の女性の声である．10年をかけてアカとンガンドゥのもとで行ったこの研究では，ライフコース*4全体を通して重要な課題に対し，学際的かつ地域横断的な視点を統合して取り組んだ．この研究は，人類学の理論と発達理論を用いることによって中部アフリカの女性たちの人生について統合的な分析と見解をもたらすだろう．本文は，調査地の女性たちの概要と人類学者としての私の初めての経験から始まっている．第1章は中央アフリカ共和国の歴史と人々に注目し，文化と歴史の概要を紹介している．以降の各章では，

* 2［訳注］　原著は，Shostak, M. 1981. *Nisa: The Life and Words of a !Kung Woman*, Cambridge: Harvard University Press. 日本語版は，マージョリー・ショスタック 1994『ニサ──カラハリ女の物語り』麻生九美訳，リブロポート．
* 3［訳注］　社会学をはじめに文化人類学，心理学，歴史学などで用いられる研究方法．個人の人生に焦点を合わせ，その人自身の経験に関する語りから，個人の生活世界や文化の諸相を全体的に読み解こうとする質的調査法の一つである．桜井厚 2012『ライフストーリー論（現代社会学ライブラリー7）』弘文堂．
* 4［訳注］　個人が年齢別の役割や出来事を経つつたどる人生行路を指す．Elder, G. 1977. Family History and the Life Course, *Journal of Family History* 2(4): 279-304.

女性たちの語りに基づいてテーマが分けられ，これらのデータを理論的な論争や先行研究の中に位置付けている．私は各章の記述に理論的な考察を含めた．それは，この調査を女性たちが導いたように，さまざまな理論が問いを生み出し，方向付け，彼女たちが語っていることをよりよく理解する手助けとなったからだ．各章は短い要約で締めくくり，私的なフィールドノート*5 の抜粋と題材の考察を進めるための問いを付した．

アカとンガンドゥの女性を比較することは，中部アフリカ地域における現代的でもあり歴史的でもある人生について，二つの異なる情報源を提供する．両集団の高齢女性に対する聞き取りは，政治的・経済的変化の影響，彼女たちの一生を通したジェンダーや家族関係のとらえ方に着目しながら行った．同じ自然環境に暮らしながら異なる生業活動によって生計を立てている，二つの文化を生きる女性たちの非常に多様であると同時に似ている経験を理解するために，ライフストーリーの語り，つまり個人の人生の話が素晴らしい潜在力をもっていることは明らかである．第 7 章の結論では，私は両集団間の関係というミクロレベル，地球規模の政治経済システムというマクロな社会的レベル，そして両者の中間レベルにおいて周縁化の問題を検討する．目標は，現存する社会構造がシステムへの参加者同士の関係にどのように影響を与え，またアカやンガンドゥの女性たちへどのように人権侵害をもたらしているかを理解することである．

本書を通じて私は自分の日記から抜き出したフィールドノートを付け加えた．そうすることで私は温和な人間ではなかったことを白

---

*5［訳注］ 現地調査［p.12 を参照］によって得られた情報を記録したノートのこと．ノートの取り方や内容は調査者の専門分野や個性などによって異なっている．梶丸岳・丹羽朋子・椎野若菜 2016『フィールドノート古今東西』古今書院．

状したかったのである．フィールドノートはときにまた，重要な物事や言葉，行動を再び見直させながら調査を導いてくれた．学生はたびたび現地調査について，「それは実際のところどんな感じなのですか？」と尋ねた．読者には私の私的な日記のメモから，少なくとも私の経験において，現地調査*6がどのようなものであるかを垣間見てもらえたらと願っている——魅惑的で，困難で，退屈で，腹立たしく，そして素晴らしいものだと．さらに私はお話を文章に織り混ぜた．これは女性たちが，夜焚き火のそばで自分の子どもたちに教えるように，私に特別な価値や信念を教えた方法である．女性たちを十分かつ完璧に描写することはもちろん不可能であるが，この本を書く第一の理由は，アカやンガンドゥの女性たちの人生の経験，もののとらえ方，そして解釈などに光を当て，これらが重要であることを理解してもらうことである．私たちは狩猟採集民や小規模社会の文化とそこに暮らす人々から多くを学び続けることができる．人間の多様性や潜在力についてのより豊かな理解をもたらすのは，このような文化である．狩猟採集や焼畑農耕という生活様式の存続がさまざまな影響や文化変容によって脅かされているときに，このような女性たちの話が異なる文化の生活や取り組みへの注意をひき，アカやンガンドゥの女性にとってより公正な世界を生み出す潜在的な助けになることを願っている．

---

*6［訳注］ 広義には野外調査を指し，フィールドワークとも言う．人類学のおもな方法論である．人類学者は研究対象とする民族集団の集落に住み込み，日常生活の参与観察や，聞き取りによって情報収集を行う．佐藤郁哉 2006『フィールドワーク 増訂版——書を持って街へ出よう』新曜社．

謝辞

　この本ができるまでに，多くの時間をかけて研究が行われ，このプロセスにはたくさんの人たちがかかわった．私はジャネット・ベティ，シェリス・パンクラッツ，ケリ・ハイクラン，そして出版まで私を導いてくれたオックスフォード大学出版局の才能ある編集者たちに深く感謝する．細やかなコメントをくれた査読者は，本書を丁寧に読み洞察を与えてくれた．お礼を申し上げたい．

　ケイト・センテラス，ミシシッピ大学
　ロビン・M・ヒックス，ボール州立大学
　ジナ・ルイズ・ハンター，イリノイ州立大学
　ポール・ジェームズ，ウェスタン・ワシントン大学
　ジェームズ・スタンロー，イリノイ州立大学
　ロバート・J・ゴードン，バーモント大学
　アレキサンダー・ロードラッチ，クレイトン大学
　リチャード・L・ウォームズ，テキサス州立大学サン・マルコー校

　語りや友情，信頼，人生の多くの時間を寛大にも私と分かち合ってくれたナンベレ村の女性たちへの感謝を忘れることはできない．私に食べ物と安全を与えてくれたエドゥアール・Iに深い感謝の気持ちを示したい．彼の友情と導きを私はとても評価し感謝している．ティム・チクズとその妻シルヴィからこれまでに受けた親切には感謝しきれない．調査の間ともに働いてくれた調査助手たち，とくにオービン・Mとプリシラ・Mの忍耐力は勲章に値する．通訳を手助けしてくれたパパ・J・S・モンゴソの友情にも感謝したい．調査地で会ったときに笑いと困難を分かち合ったコートニー・ミーハンにも感謝している．

　私はフルブライト財団の奨学金でエチオピアのハワッサ大学で教えていたときにこの本の大部分を書いた．親愛なる友であり，行動科学部の学部長でもあるサミュエル・ジロのサポートと理解，そして友情に感謝の気持ちを記したい．また，人類学部の教職員や学生，ハワッサのよき友人たちにも感謝したい．これらの人々は私の滞在中に友情と優しさを示してくれた．ジュディス・ブラウンのコメントには勇気付けられた．ロバート・モイズは包括的で有益な提案をしてくれた．注意深く原稿に目を通してくれた彼に感謝したい．素晴らしい書名（原題 *Listen, Here is a Story*）を考えてくれたウェンディ・ベーチャーにも感謝したい．第1章の大部分はセルジュ・バウシェの研究をもとにしている．彼の人類学への貢献は，中部アフリカ地域に暮らす人々の生活に歴史が重要な役割を果たしていることを教えてくれた．ジャレド・ダイアモンドやジェローム・ルイスの前向きなコメントに感謝したい．また，この本がまだアイディアの段階であったときのメル・コナーの言葉に勇気付けられた．私の夫であるバリー・ヒューレットの生涯をかけた仕事には感謝と畏怖さえを感じる．彼は私の中に人類学，研究，中部アフリカ地域に暮らす人々への情熱と愛情の土台をつくってくれた．彼の愛や支え，励ましによってこの本は完成した．

　忍耐強く寛大に，なんと理論の部分に至るまで原稿を読むことを了承してくれた長女のジェシカ・ベンツには心から感謝を伝えたい．彼女は私にためらうことなく，「あなたが学ばなければならない書き方は，ささやかなお気に入りをなくすこと」という助言をくれた．これは，私にとって「私生児を殺すこと」に近い．つまり，私が好んで書いてしまうが，あまり頻繁には書くべきではないような，長い詩的な脱線を取り除くことだ．彼女の考えや意見はとくに洞察力に富み，問題について深く考えるのを助けてくれた．また，私は他の子どもたち，フォレスト，デイビッド，ジョーダン，アリソン，

エリカ，リンゼィの支え，孫たち，子どもたちの妻や夫，ともにいるべきときにも調査に行きたがる私の願望を理解し励ましてくれたすべての人に感謝したい．感謝すべき多くの人々の中には，私が調査地にいたときに亡くなった父のドンと母のマジーも含まれる．両親の何年にもわたる励ましと支えに深く感謝している．私の家族や友人への愛情と感謝は，私自身のライフストーリーの最も重要な部分として続いている．

日本語版出版に向けた謝辞

　私はこれまで何度も日本を旅したことがある．学術会議に出席したり，同僚や大学生，そして東京に6年間住んでいた娘とともに日本を訪れたこともあった．そのようななか，出会った人々の優しさや日本文化の美しさと豊かさに魅了され，これらをかけがえのないもののように感じるようになった．この本を日本で出版し，中央アフリカ共和国の女性たちの生活と言葉を日本の読者の方々と分かち合う機会をもてたことは，大変光栄なことである．

　素晴らしい研究者であり，私の研究仲間でもある人類学者の服部志帆博士，大石高典博士，戸田美佳子博士は，私の本を日本語に翻訳するために辛抱強く作業をしてくれた．春風社の櫛谷夏帆さんは細やかに編集作業を進めてくれた．この本はこのような人々の努力がなければ完成していない．深い感謝の意を表したい．訳者が与えてくれた有益なコメントや共有してくれたサハラ以南アフリカに関する専門知識，何年にもわたって行ってきた多くの議論，そしてもっとも重要なものとして訳者たちの友情に感謝したい．

　高田明博士と竹ノ下祐二博士はこの本の解説を引き受けてくれた．この本を注意深く読み，二人が行ってくれた深い洞察に感謝したい．この本の出版にあたり多くの時間と労力を費やしてくれた研

究者の方々には感謝しきれない.

　このような研究者コミュニティや私がともに仕事をしてきたアフリカの人々は，学ぶことができる人々を積極的に探し出し，好奇心を抱き続け，疑問をもち続け，懸命に働き，自分たちがすることに情熱と喜びをもち続けることの大切さを気づかせてくれる．最後になったが，私は自分が返すことができるよりももっと多くのことを学び受け取ってきたので，ルース・ベネディクト（Ruth Benedict）*1がかつて「世界をよりよくする」と言ったように*2，私たち皆がすること，そしてできることを，私自身の仕事の中で続けていくことを望んでいる．その機会を追求するのは，私たち一人ひとりの責任なのだから．

＊1［訳注］　1887-1948．20世紀のアメリカ合衆国を代表する文化人類学者．「文化の型」という概念を提唱した．代表作の一つに日本文化を扱った著書『菊と刀』があり，長谷川松治をはじめさまざまな訳者によって日本語に翻訳されている．ルース・ベネディクト 1948『菊と刀——日本文化の型（上・下）』長谷川松治訳，現代教養文庫．
＊2［訳注］　ルース・ベネディクトは，人類学の目的について，以下のような有名な言葉を残している．「人類学の目的は，多様な人類がよりよく共存できる世界をつくることである（The purpose of anthropology is to make the world safe for human differences）」(Haviland, W. 2005. *Cultural Anthropology: The Human Challenge*. 11th ed. Belmont, California: Thomson Wadsworth).

はじめに

──岐路に立つ女性の生活

私の一日をあなたに話そう．朝起きて歯を磨き，顔を洗う．それから火を起こし，水を沸かす．家にいるすべての子どもと孫たちの顔を洗って歯を磨く．皿を洗い，家の中と外を掃く．籠を持って畑に行く．そこで，私を守ってくれるように神*1に祈り，キャッサバ*2の収穫を始める．このあと，私はキャッサバの根を水に浸すために川へ持っていく．それから畑に戻り，薪，キャッサバの葉とバナナ*3を収穫する．家に着いたら火を起こし，ゴゾ (gozo) というキャッサバ粉を料理する．それぞれの皿にこの食べ物を分け，家の全員に与える．子どもたち，孫たちそして大人たちは食べる．毎晩夕飯の後，仕事がすべて終わって全員がお腹いっぱいになったら，静かにするように言う．それから私は，「さあ，聞いて．話したいお話があるんだ」と言う．これは，ナンベレ村に住む一人の女，つまり私の人生のことだ．女たちの人生のことで，ここに暮らす女の生活がとても長い間どんなふうに行われてきたかということなんだ．

──ブロンディーヌ

---

*1 [訳注] キリスト教の神のこと．宣教師による布教活動によってンガンドゥの間ではキリスト教が普及している．アカもまた宣教師による布教活動の影響を受けて，伝統的な信仰を変容させつつある [第7章を参照]．

*2 [訳注] 学名は *Manihot esculenta* で，マニオクとも呼ばれる．南米原産の多年生作物で熱帯地域を中心に広く栽培されている．無毒品種と有毒品種があり後者は毒抜きが行われ食用にされる．安渓貴子 2016「第4章　毒抜き法をとおして見るアフリカの食の歴史──キャッサバを中心に」『食と農のアフリカ史──現代の基層に迫る』石川博樹・小松かおり・藤本武編，pp.155-173，昭和堂．

*3 [訳注] 熱帯アフリカには生食用のバナナと調理用のプランテンバナナがある．

このお話はある暑い午後，我が家の扉へのノックとともに始まる．家の前に立っていたのは，8人のンガンドゥ女性と私の調査助手アドシーだった．アドシーは私に，「彼女たちはあなたと話したがっているわ」と言った．「あなたが子どもたちとばかり話すのを止めて，自分たちと話してほしがっているのよ」と言うのだ．女性たちはアドシーを取り囲み，この言葉に賛同するようにうなずいた．アドシーは，「話を聞いてほしいのよ．彼女たちはあなたに自分たちの話をしたがっている」と続けた．私の友人であるアカの女性たちは仲間外れにされるのを嫌がり，ンガンドゥの女性たちと一緒に私の仕事について尋ねた．アカの女性たちもまた，私とともに働き，私に教えたがった．彼女たちが森や村で女性であることやコンゴ盆地で女性であるとはどのようなことかを語り始め，私は聞き始めた．

アカやンガンドゥの女性たちとともに仕事をすると決めるのはたやすいことだった．他ならぬ彼女たちが，私のところにやってきて頼んできたのだから．この仕事はまた，私にある問題を気づかせた．サハラ以南アフリカにおける人類学調査の多くは，男性たちや乳幼児がいる女性たちに体系的にも量的にも焦点を当てているが，女性たちそのものについての調査はきわめて限られている．一人の人間としての女性についての調査はみられないのである．女性の主観的な経験とはどのようなものか？　女性たちによって語られるべき女性たちの生活とは，どのようなものであるのか？　女性たちのライフストーリーは，まさに広大なアフリカ大陸の，より広い物語の中に埋め込まれているのだ．生と死の劇的な臨場感について語り，また日々が悲劇的かつ喜びに満ちて展開することを語る．それは，一冊の小さな本よりも，より深く，より厳しく，より愉快に経験を語る．半世紀以上前に，シモーヌ・ド・ボーヴォワール（Simone de Beauvoir)[*4] は，「女性とはどのようなものか？」という問題を投げかけた．「女性とはどのようなものか」と「女性であることが意味す

るもの」は，時代や場所によって異なるが，アカとンガンドゥの人生は女性であることについて豊かな理解をもたらすのである[1].

　「ピグミー」として知られているアカと，隣人であるバンツーのンガンドゥの日常生活は，類似した生態や関連した歴史をもちながら異なる文化に属する女性たちが，どのように変わりゆく世界に出会い，どのようにユニークな方法で対応しているのかを描き出す．女性たちは生き抜き，立ち向かい，新たな機会を利用し，生活を変容させながら，独特かつ力強いやり方で，伝統と近代，そして過去と現在をつなぎあわせることによって力強さを保ち，新しいものを創造してきた．グローバリゼーション，教育，ヘルスケア，社会政治的な権力への限られたアクセス，そして人権侵害といった事柄は，彼女たちの生活の社会的仕組みの中で織り合わされた現実の諸側面である．アカとンガンドゥの女性が，多様性を保持しつつ分かち合っている文化的な世界において厳しい問題に直面するとき，彼女たちの語りは，コンゴ盆地に暮らす女性の強さと「回復力」（レジリエンシー）[5] を形あるものとして捉える．

　他の多くの先達と同様に，私は，「フィールドワークの方法論」

＊4［訳注］　1908-1986．フランスの哲学者であり，作家，批評家．フェミニズムの理論家であり活動家でもあった．20世紀のヨーロッパの女性解放運動に大きな影響を与えた『第二の性』をはじめとしての多くの著作が日本語に訳されている．シモーヌ・ド・ボーヴォワール1966『ボーヴォワール著作集──第二の性』第6巻，第7巻，生島遼一訳，人文書院．
＊5［訳注］　回復力（レジリエンス）の概念はそれぞれの分野で定義されており一義的に定まっていないが，枝廣（2015）は「（システムが）外的な衝撃に耐え，それ自身の機能や構造を失わない力」という共通概念を示している．アメリカの心理学会の定義では，「逆境やトラブル，強いストレスに直面したときに，適応する精神力と心理的プロセス」と説明している（久世2014）．枝廣淳子2015『レジリエンスとは何か──何があっても折れないこころ，暮らし，地域，社会をつくる』東洋経済新報社．久世浩司2014『「レジリエンス」の鍛え方──世界のエリートがIQ・学歴よりも重視！』実業之日本社．

や「人類学者になること」が意味するものについて女性たちから学んだ．例えば，ナリは自文化や権力関係の動態について話すことの難しさを私に教えてくれた．私が彼女に，「私に何か聞いてみたいことはもうない？」と尋ねて，聞き取り調査を終えようとするたびに，彼女は毎回礼儀正しく，「ない」と答えた．ある日，私は彼女に「今日はあなたが人類学者になって，いろんな質問をしてみたくない？」と尋ねた．彼女は人類学者と同じことをしたがり，ペンとメモ帳はあるかと聞いた．私は彼女に小さなノートとペンを渡した．しばらく座っていたかと思うと，彼女は突然視線をあげて困惑し，「でも私は書けないわ」と言った．彼女がよく私のぎこちない手を取って，私たちが取り組んでいるあらゆることをどんなふうに行うのか示してくれたように，私は彼女の手を取って，「ナリ」と彼女の名前を一緒に書いた．彼女は満足して，私の方を向き，質問を始めた．何時間にもわたって．増え続ける野次馬に触発され，「ヨーロッパ」の女性たちはどのようなものか，質問は個人的で詳細なものになっていった．「ここから遠くにいるときは，どんな仕事をしている？」「夫と一緒に森を歩くことはある？」「夫と子どもたちのために働いているの？」「子どもたちに何を教えるの？」「どんな頻度で月経があるの？」「子どもを産んだときは痛かった？」「亡くなった子どもはいた？」「夫は他の妻を家に連れてくる？　他の妻たちと喧嘩することはある？」野次馬が加わって，これもあれもと，彼女たちが疑問に思っていることについて質問が飛び交った（図 0.1）．

図 0.1 「女であるというのはどのようなことか」

聞き取りの終わりに私はへとへとになり，ふらふらと小

屋に戻り木でできたベッドに倒れ込んだ．次の日も，それから何日も，彼女はペンと紙を欲しがった．もっと質問しようと，もう1ラウンドを求めてきたのだ．私はと言えば，彼女の質問の半分くらいに困惑した．「夜，夫とベッドで何をするの？」「あなたの胸はどんな感じ？」などなど．私の答えに衝撃の反応を示すナリに時々笑いながら．人類学者になった彼女の質問に情報提供者として答えてみて，私は，ある文化の情報提供者になるという仕事が本当に大変なことなのだと気づかされた．ある文化で生きることと，それについて語ることはまったく別のことなのである．加えて，力関係やその動態という観点からすると，この出来事は私たちに何を語りかけているだろうか？　彼女が自分が質問してもよいと感じる前に，私が彼女にペンを取らせ，手を添えて彼女の名前を書かせることは必要だったか？　私は彼女のことを長いこと知っている．このことは何の意味もないか，それとも多くを語るのだろうか？　私は，教育を受け健康でワクチンを打った白人の外国人女性としての地位を越えられずに，その地位にとどまっていたころには到底たどり着けなかった方法に気づくことができた．特権や権力は，避けられるべきものとされるが，実際は避けられないものであり，受け入れられるか受け入れられないかということなのだ．ナリ，コンガ，テレーズ，ブロンディーヌや他の多くの人々は私により良き友人，両親，一人の人間になる方法を，そして何より，アカやンガンドゥの女性になることが何を意味するかを教えてくれた（図 0.2）．

図 0.2 畑に仕事に行く支度を整えたンガンドゥの女性

　些細なことでは，私は歯を磨くことも風呂に入ることも

なく，汚れた衣類を着たまま日々を過ごせることも学んだ．歯が痩せ衰えようが，髪が爆発していようが，地球は自転を止めないし，そんなことは誰も気にしない！　またたとえどんなに多くのニワトリを食べようとも，早朝まだ暗い時分にコケコッコーと鳴き騒ぐにぎやかなニワトリを食べ尽くすなどということはできずに，眠りは妨げられるのである．あの電流のような森のブンブンいううなり声や動物の声は，昼から夜になり，夜からふたたびゆっくりと昼になるにつれ，音量や高低，頻度を変えていく．ヤギの赤ちゃんは，人間の赤ちゃんそっくりに鳴く．自分の子どもが恋しくて仕方がないときには，それは格別に聞こえる．さらにヤギについていうなら，ヤギの糞はコーヒー豆にそっくりだ．もし本物のコーヒー豆と混ぜたなら，きっと興味深い味わいの朝の一杯ができるに違いない．ンガンドゥの言葉でエンバコ（embacko）という密造酒[*6]はあまりに強くて，飲んだらおかしくなりそうだ．

　孤独なときにカマキリを捕まえるとよいペットになることや，カマキリが酒を好むことを知った．私は，自分の好きなフランスの食前酒にちなんで，パスティス（Pastis）[*7]と名付けたカマキリを飼っていた．森から長い終わりのない行列を作ってやってくるアリ[*8]

*6［訳注］　キャッサバまたはトウモロコシで作られる．中部アフリカの農村部では，農耕民女性がキャッサバ，トウモロコシ，サトウキビ，プランランバナナなどを原料に蒸留酒を造り販売する．アルコール度数が高い初留は最も好まれている．Oishi, T. and K. Hayashi 2014. From Ritual Dance to Disco: Change in Habitual Use of Tobacco and Alcohol among the Baka hunter-gatheres of Southeastern Cameroon, *African Study Monographs*, suppl. 47: 143-163.
*7［訳注］　フランス南部を中心に飲まれているリキュールの一種．フランス語圏アフリカでも販売されている．
*8［訳注］　膜翅目アリ科に属し，サファリアリまたはサスライアリと呼ばれる．幼虫の生育期になると大群をなし隊列をつくって行進し，獲物を狩る習性がある．伊谷原一1989「サファリアリ」伊谷純一郎ほか監修『アフリカを知る事典』pp.179-180，平凡社．

は，私が「箱頭（四角い頭）」と呼ぶ大きな兵隊アリの下をくぐって，すばやく卵や食べ物を動かす．もしこの箱頭に息をふきかけようものなら，頭を持ち上げ，カミソリのように尖った下顎を揺らして威嚇してくる．噛まれるととても痛い．私は，ブロンディーヌの密造酒を飲んで，「爆発寸前！」とか「弾丸発射！」といった言葉の新しい意味を学んだ．たとえどれほど文化的に繊細でいたいと望んだところで，密造酒を飲むことについていうと，誠意をもって提供されるもてなしを時々は断っても大丈夫である．またときには，陽が落ちて十分に暗くなってから食事をとった方がよいかもしれない．とくに，自分が食べようとしているものが，不気味にまばたきをし，頬ひげの生えた大きな鼻の上にあぶなっかしく付いた無表情な丸い目であなたを脅かすようにじっと見て後ずさりする場合には．ヘビはネバネバしており，本来地面にいるべきものだ*9．そして，他者の人生とその成果への誇りと尊厳は，たとえそれがどんなにおかしく，悲しく，風変わりにしかみえないことであったとしても敬意を要するし，実際尊敬に値するものなのだ．例えば，「20年だぞ，20年もの長い間，首都バンギ（Bangui）でタクシードライバーとして，自分は一度も，たった一度もニワトリを轢いたことがない!!」という者がいるのだ．

調査地へ

　　以下は，私が初めて調査地に出たときの日記の書き出しである．

　　アフリカへと向かうフライトの最初の行程は，西海岸から東海岸へ

---

*9［訳注］　熱帯アフリカにおいて，ガボンバイパーやアフリカニシキヘビなどのヘビは食用とされている．

とアメリカ大陸を横切ることであった．考えていたのは，子どもを置いて行くことと，一人で来ることについてであった．アメリカを横断中ずっと泣き叫んでいて，まさに私の心は傷ついていた．昨晩子どもたちにさよならを告げるのは辛いことだった．子どもたちは泣いて私に「行かないで」と言い，リンゼイは「行かないとクビになるの？」と聞いた．子どもたちは全員大変な喪失感と悲しみを顔に浮かべていたと思う．子どもたちは私たちの寝室で眠り，みんなで話し，笑い，叫んだ．ほとんど夜明けまで起きていた．しばらく待って他の学生たちとアフリカに行くのはよい考えだったかもしれない．だが，もう遅い．いったいどんな母親が世界の半分の距離を旅してアフリカに向かい，子どもたちを置き去りにするのだろうか？　ひどい人間だと思う．すでに私は子どもたちが恋しくなり，自分の人間性を疑い始めた．

　家族と誕生のセンター（Family Birth Center）*10 で看護師として10年間働いた後，私は進路変更を決めて，ワシントン州立大学に戻った．単位を取るために私は人類学の授業を受けた．私は，「何かについての研究」という以外に，人類学がどのようなものであるのかを知らなかった．授業を受けるうちに，私は信じられないほど多様な世界の文化に強い興味をもつようになっていた．とくにアフリカの人々についての民族誌（エスノグラフィー）*11 は魅力的で，私がこれまでに知っていたこととはずいぶん違っていた．私は中央アフリカ共和国に暮

---

* 10 ［訳注］　カナダのバンクーバーにある医療センター（Peace Health Southwest Medical Center）にあり，出産と育児のサポートを行っている．
* 11 ［訳注］　文化人類学や社会学において，自分たちとは異なる文化を自分で見聞きした資料によって記述する営み，つまり異文化を記述した記録のこと．フィールドワークの記録と方法論の二つの意味がある．松田素二・川田牧人 2002『エスノグラフィー・ガイドブック──現代世界を複眼でみる』pp.8-20, 嵯峨野書院．小田博志 2010『エスノグラフィー入門──〈現場〉を質的研究する』春秋社．

らすアカという狩猟採集民の父子関係についての論文を読んだ．アカは熱帯雨林の中で小規模で緊密な家族集団で暮らしている人々だ．私はアカの虜になり，異文化について学ぶだけでなく，「異文化から学ぶ」という可能性に心を奪われた．

　私はアラスカで育った．ユピック（Yupik）*12 の小さな村のそばで夏を過ごした．私はユピックから，動物を追ったりツンドラの熟れたベリーを摘んだり，サケを獲ったりすることを学んだ．ユピックは，オーロラに向かって口笛を吹いて祖先霊を呼び出し，人々を永遠に連れ去ってしまう人々の話や，夜人々をこっそりとさらい，この不運な犠牲者を地下の小さな住居で奴隷として働かせるツンドラの小人たちの話を聞かせてくれた．これは私には普通のことで，私の文化の一部であった．またこれは，私が読んだアカや他の民族の文化とは異なっていた．私の両親や仲間によって伝えられてきた文化は，広義の社会の歴史や象徴の中で生き方について語り，私たちの生活の基礎構造に溶け込んでいたのだ．今日に至るまで，私はアラスカに戻るときはいつも，オーロラに向かって口笛を吹く勇気を持ち合わせてはいない．私が学習してきたように，私たちが現実をどのように認知し分類するかは文化によって左右される．だが，文化には強い感情的な要素も含まれる．

　初めてこのことを考えたのは，アフリカの調査地にいるときだった．土壁とラフィアヤシ*13 の葉で葺かれた家の中に座り，私はホス

＊12［訳注］　アラスカ州西南部のベーリング海沿岸地域やベーリング海を挟んだロシア極東最東部のチュクチ自治管区にかけて住む先住民族．

＊13［訳注］　ヤシ科ラフィア属の総称（*Raphia* spp.）．熱帯アフリカにおいてラフィアヤシは建材・物質文化，食飲用，薬，儀礼など多様な用途に用いられる．塙狼星2002「半栽培と共創──中部アフリカ，焼畑農耕民の森林文化に関する一考察」寺嶋秀明・篠原徹編『講座・生態人類学7　エスノ・サイエンス』pp.71-119, 京都大学学術出版会．

ト・ファミリーと一緒に夕飯をとっていた．ホウレンソウのように見えたものの上には，カブトムシの幼虫のような大きなイモムシ[*14]がのっていた．私の文化では，虫は食料ではない．だが私は人類学の学生である．そして，人類学者は「偏見をもつべきではない」のだ！

私はホストの気分を害したくなかった．そこにいる全員が私の反応に目を見張る中，スプーン一杯のホウレンソウのようなものとイモムシを口の中に押し込んだ．すぐに，丸ごと飲み込まなくてはならないことに気が付いた．虫を「咀嚼する」ことは到底できそうになかったのだ．口の中に虫の内臓が飛び出すのは嫌だった．私はなんとかしようとして，水を飲んだ．そして，それがおいしいかのように振る舞おうと努めた．あたかもそれが害のないエビであるかのように！　舌の上で，それは飛躍的に大きくなっていった．虫は食べ物ではないという長年にわたる文化的学習のためか，私の身体は騙せなかった．喉へと続くすべての入口は閉じた．それを飲み込むことはできなかった．イモムシは私の喉を通り抜けることはできなかったのだ．ついに，非常に長く感じるぶざまな瞬間の後，さらに大量の水をごくごくと飲み，目を閉じた．祈り，イモムシをなんとか飲み込んだ．居合わせた人たちはリラックスして座り，ほっと息をついた．私はその日，われわれは単に感じ方が異なったり，行動が異なったりするのではなく，自分の属する社会のもつ文化的な考え方や信念，振る舞い，分類，世界観に強く影響を受けて物事を知覚しているのだと学んだ．つまり，文化は強い感情的な要素をもっているのだ．ちなみに付け加えておくと，私は今はもう，燻された，

＊14［訳注］　熱帯アフリカには昆虫を食べる文化があり，イモムシ類は重要なタンパク源となっている．アカは，イモムシの採集のために森でキャンプをするが，そこでの暮らしについては以下の映像作品がある．Barry Hewlett, Veronika Hyks, BBC. 1996. A caterpillar moon. https://wsu.hosted.panopto.com/Panopto/Pages/Viewer. aspx?id=94f97526-de8d-402d-b6c8-add3aaab8a59［アクセス日 2020 年 3 月 4 日］

つまり小さくて固くてカリカリしているイモムシを楽しむことができる.

　調査地での初めの 3 日間は，ナンベレという農耕民の村で過ごした．私は前日に借りた赤土の家のくたびれた扉を激しく叩く音で目覚めた．家は小さく，傾いた窓枠に開かれたままの小さな窓が二つついていた．錆びたトタン屋根は日中の最も暑いときに屋根を歩くトカゲのタップ・ダンスの音を増幅させ，頻繁に訪れる土砂降りの雨が屋根を打ちつける音は耳をつんざくかのようだった．壁はぼろぼろと崩れ，山のような赤い土と塵をそこら中に残すので，固まった土の床は毎日掃除しなければならない．ネズミは部屋から部屋へと走り回り，クモの巣は天井を十字模様にした．家は村を走る赤土の大きな道にあり，私は家の扉のすぐそばを通る人々に観察され，また人々の日々の生活を観察する機会に恵まれた．例えば，大きな荷物をうまく頭に載せて，そしてしばしば収穫したてのキャッサバ入りの重い籠や子どもたちを背中に紐で縛り付けた，色とりどりの服を着た女性たち．そして，小さなお尻を丸出しにし素足でよちよち歩く子どもは，母親は畑に仕事に行くから親族に世話してもらうようにと母親から促されながら，母親と手をつないで道を歩いていく．夕方のニュースは，ほとんど毎日，数歩ごとに口笛を吹き大声で見出しを叫びながら歩く町の宣伝役から届けられた．少年は夜のランプ用の灯油を売るときに，「灯油〜，灯油だよ！」と叫ぶ．男も女も市場やポンプ式の井戸，「コーヒーショップ」*15，畑に向かう途中に私のところに立ち寄る．ヤギやヒツジのまとまりのない群れは，食べたり，走り回ったり，「メェー」と叫んだり，道のあちこちや，私の家の横のコンクリートの厚板の上に並べられて乾燥中

---

* 15 ［訳注］　著者によると，ンガンドゥの女性が集会場に出している小さな露店で，揚げパンやおかず，コーヒーなどが販売されている［p.277 を参照］.

のコーヒー豆の中に糞をしている．前の庭では，大きな古い木が数百にも見える賑やかな鳥たちに日陰と棲みかを提供し，人々はその大きな枝の下で休むために足を止め，外国人でありこの地の文化について知らない私をじっと見つめる．私の小さな赤土の住居であり，しばしの避難所でもある安らぎの場所のそばを通り過ぎていく村人たちの暮らしぶりを眺めるのが私は好きだった．

　だがこの日，ぐらぐらする木の雨戸をあけると，新しく雇った調査助手のサトがいた．彼は，「今日は一日中家の中にいるように」と慌ててささやいた．彼は道の向かいを指差した．100人かそのくらいの人々が，私の隣人である背の高い村長の家の庭に集まっていた．村長が特別に用意された尊厳のある白い礼服を身にまとっているのが見えた．彼は群衆の中を動き回り，飛び出しては叫んで彼に怒りをぶつける人々の話を聞くために，時々立ち止まっている．「いったい何が起こっているの？」と，私はささやき返した．「彼はムベンゲ（mbengue）*16 を飲んだ．ナンベレでとても多くの問題を引き起こした邪術師*17 を告発したんだ．だから今その邪術師は村の境界に連れて行かれて埋められる」と，サトはふくらむ群衆から目を離さずに答えた．「埋められる!?」と，私は声を荒げた．「ああ，今日中に群衆は邪術師を連れて行き，生き埋めにするだろう」と，サトは言った．私は朝の残りの時間，言われたように家から出ずにいた．幸運にも，その日は埋葬がなかったことが分かった．告発された男

---

* 16　ストリキニーネから作られた託宣用の毒．真実を検証し探し出すために使われ，病気を引き起こす邪術師を特定する．ストリキニーネは，樹皮がすりつぶされ，水に浸された後，伝統的な治療者または年長者が飲む．ンボンド（mbondo）ともいう．
* 17　［訳注］　エヴァンズ＝プリチャード（Evans-Pritchard）は，邪術（sorcery）を相手に危害を加えようと何らかの儀礼を意図的に行うこととし，妖術（witchcraft）を知らず知らずのうちに相手に災いをもたらしてしまうものとした．エヴァンズ＝プリチャード，E. 2001『アザンデ人の世界——妖術・託宣・呪術』向井元子訳，みすず書房．

性の家族は命乞いに成功し，最後の瞬間に刑の執行が延期され，彼
は大急ぎで立ち去った．しかし，村は緊張状態にあり，湿った濃い
空気の中に敵意と疑いは残ったままだった．私は森に連れて行って
くれる小さな集団を募り，できるだけすぐに旅立った．多くの人た
ちがこれまでにしてきたのと同様，森の平穏さに逃れたのだ．

　私はナンベレ村から移動した．涼しい森の中の細い道をまっすぐ
歩くと，古代から続く木々の林冠は私を強烈な日光から守ってくれ
た．何時間もの間，私は倒木の上の道やアリの群れ，切られた枝の
跡，鋭い杭のように林床から突き出た根に気を付けて進んだ．狩猟
採集民アカの小さなキャンプに着くまで，私たちはうっそうとした
藪や風とともに流れるいくつもの小川を横切った．葉でできた小さ
なドーム型の四つの住居[*18] が，それぞれの入り口が中心に向くよ
うに，全体として円のような形にまとまって建っていた．3人の男
が挨拶にやってきた．彼らの妻は，葉の小束を切るのをしばしの間
やめ，さまざまな年齢の子どもたちが恥ずかしそうに彼女たちの陰
に隠れていた．サトは，アカの言葉でコンベティ（kombeti）と呼ば
れる，キャンプの中で助言にいくらかの影響力がある年配の男性に，
私たちが一晩滞在してもよいか尋ねた．その男性が話す間に，女性
や子どもたちは私の周りに集まってきて，私たち全員が足を投げ出
して丸太に座れるようにスペースを作ってくれた．アカの男性は小
枝を折り，地面から突き出た大きな枝の枠組みに小さな枝を結び付
けて，私たちのベッドを作ってくれた．私たちは，ある女性がくれ
た簡単な食事，ダイカー[*19] の肉やココ（koko）の葉[*20] を食べた．

* 18［訳注］　熱帯アフリカのピグミー系狩猟採集民の住居．細長い木を組み合わせ
てドーム型の骨組みを作り，この上にクズウコン科（Megaphrynium macrostachyum
など）の大きな葉をかぶせる．平均的なサイズは床の直径が 2.5m，高さが 1.3m ほ
どである．服部志帆 2005「モングル，葉っぱで覆われた家」布野修司編『世界住居誌』
pp.262-263，昭和堂．

食事の後，私たちは新しいベッドに倒れこみ，森の静寂の中に落ちていった．

翌朝私たちが焚き火を囲みバナナとコーヒーの朝ごはんをとっているとき，ジャスティンはわかりやすい手話で頭が痛いと示しながら腰を下ろした．子どものころに経験した熱のせいで聴覚を失い，聾唖者となった．彼と別の聾の少年は手話を生み出し，村に住むほとんどすべての人がこれを理解できた．彼は実際かなりおしゃべりで表現力に富んでおり，私でさえ手話についていくことができた．私たちはユニークなやりとりを通じて，にわかに友情を結んだ．村に暗闇が根を下ろすころ，毎晩 8 時きっかりに，彼は我が家の戸口にパイナップルを手にして現れた．私たちは静かに夜の取り引き，つまりパイナップルとパワーバー[21]の交換を行った．不要なことだったと後でわかったが，私は現地の食材にうまく「適応」できないかもしれないと心配し，消化器系が適応するまで，身体を持続させるためにパワーバーというささやかな栄養補助食品が必要だと思っていたのだ．ジャスティンは夜にだけやってきた．というのも後になって気づいたことだが，彼は私の家に来る道すがら，誰かの庭で立ち止まりパイナップルを盗んでいたからだ．だがそのとき，私は盗まれたパイナップルの出所などつゆしらず，この上なく幸せな気持ちで物々交換を楽しんでいた．私が森へ出発する日の早朝に

---

* 19［訳注］ ウシ科のアンテロープの仲間でカモシカに似た姿をしている．中部アフリカの熱帯雨林では，ピーターズダイカー（*Cephalophus callipygus*）やブルーダイカー（*Cephalophus monticola*）などがよく捕獲される．

* 20［訳注］ グネツム科グネツム属の一種．葉の小さい *Gnetum africana* や葉がこれより少し大きい *Gnetum buchholzianum* がある．タンパク質を多く含み，中部アフリカ地域で広く食されている．

* 21［訳注］ 米国のパワーバー社によって 1986 年から販売されている健康補助食品のこと．パワーバー社ホームページ https://www.powerbar.com/［アクセス日 2020 年 2 月 14 日］.

彼が家の扉をノックしたので，私は何かあるなと思った．彼は私に森へ荷物を運ぶ仕事をさせてもらえないかと尋ねた．彼が説明した通り，パワーバーを食べ続けていた彼はとても強かった．私は喜んで彼を連れて行くことにした．小さな集団の残りがやってきて，私たちは出発した．

ジャスティンは頭痛がすると言いながら小さなバナナを食べ，身体を休めに行った．2時間が過ぎ，彼は眠りから目覚めた．そして，よろめいて地面に倒れ，膝を前後に揺り動かし，静かに唸り声を上げた．少しの間彼は地面に転がったままで，熱にうなされ，大きな身体は病を退けようとしていた．彼は呼びかけにまったく反応せずに，息を吐いたりなんとか吸ったりしながら努力呼吸をしていた．私の隣に立っていたのは彼の友人である農耕民で，崩れ落ちたエリコの壁*22 を大声で歌い，贖罪と救出がなされた．彼の手が空の方へ上がった．サトは，「彼は病気だ．モグラネズミを食べたから．だから私たちは彼のために祈らないといけない，それからモグラネズミを殺さなくてはいけない」と私に説明した．私たちはジャスティンを町まで連れて行く男性を不安な思いで待った．最終的には，アカのハンターがキャンプに駆け込んできた．到着した男性は，慌ててはいるが，とても優しくジャスティンを持ち上げ，その逞しい背中に背負った．ジャスティンの大きな身体は彼を運ぶ男性の身体からはみだした．疲れたときに交代するために二人の別のハンターが寄り添って，彼らは森へと消えていった．ジャスティンは，それからわずか数時間で亡くなった．「私は死を知っている．多くの人が死ぬ．私はそれを見てきたし，恐れもしない」．あるアカの若い少

---

*22[訳注]　ヘブライ聖書に書かれているエリコの街を指す．モーセの後継者ヨシュアが主の言葉に従ったところ，閉ざされていたエリコの城壁が崩れ，街を占領できたという．旧約新約聖書大事典編集委員会 1989『旧約新約聖書大事典』教文館．

女が，男たちの一団がその場を去ったときに私に向かって言った．「死は世界中のすべての人たちに訪れ，すべての人たちのためのものであり，死とともにすべては終わる」と．

　私は彼らが去り，驚くほどもぬけの殻だったキャンプに引き返して行くのを見た．残ったほんの数人のアカの男たちは自分たちの小屋のそばに静かに腰を下ろし，キャンプの向こうに広がる森を不安げに眺めていた．少女が私のそばに駆け寄り私の手を取った．そして，私をせかしながら，空き地を抜けて行くように促した．森の片隅で，子どもの輪の中心に，出産の痛みのまっただなかにいる妊娠中の若い女性が木を握りしめ呻いていた．キャンプの他の女性たちは彼女の背中をマッサージし，彼女を抱き，励ましの言葉をかけた．彼女はうずくまり，最後の呻き声をあげ，そして新生児を待ち構えていた年配の女性の腕の中へと赤ちゃんを押し出した．新しい生命が健康であることを素早く確認して，アカの助産師は女の赤ちゃんを森の腕である葉のベッドに寝かせた．森は，他のアカと同じように，彼女のためのものになる．彼女に生涯を通して与え，養っていく存在である．その赤ちゃんは生まれて初めての瞬間を元気一杯に泣き叫び，足をばたつかせ身をよじりながら，生命と森の空気を小さな肺に取り込んだ．葉と水でしっかりと拭かれ，棘のある鋭い葉で臍の緒が切られ，ツルできつく結ばれた．強く木をつかみ続けたままで，新しい母親は胎盤を押し出し，塊だらけで血まみれの胎盤は赤黒い大地に臍の緒を上にして埋められた．こうすることで，若い母親はもっと子どもたちを産むのだと，私は後になって聞かされた．臍の緒を下にして胎盤を埋めるとさらなる妊娠を妨げることになるという．新生児は別の年配の女性に手渡され，新しい母親と一緒に，この小さな集団はゆっくりとキャンプの空き地に戻り，そこで父親は自分の娘を初めて見た．子どもには，私の名前が与えられた．これはいかにもアカらしい気前のよい行為である．夜が完全に

森の世界に根を下ろしたとき，新しい家族は葉でできたドーム型の家に消えていった．死と生．アカとンガンドゥの絡みあった生．これは，初めての調査地に学生として訪れた私が得た理解すべき多くのことであった．

人類学的方法論——データの収集

ジャスティンの死ののち私たちは荷造りし，早朝の霧の中を出発して，さらに森の奥へと向かった．ジャスティンは既に死んでいるのだから，彼のために私ができることは何もないし，「病気と死の場所に留まることはよくない」ので，私たちは彼の死が起きたキャンプを発つ必要があるとサトは言った．私たち全員が彼の死に狼狽し，落ち着かなかった．ジャスティンは死の前日まで若くて強かった．

キャンプを発って数日後，巨大な沼を渡ることになった．沼は暑くて蒸し蒸ししていた．水を含んだ木々から苔が垂れ下がり，それをはねのけると，木から下に降りてきてひと噛みする瞬間を待つ樹上のヘビを初めて目にした．乾いた赤土に繋がる小道で，靴と靴下を履こうと身を屈めたとき，私はとうとう叫んだ．私の足は，灰色の鼻水のような小さな玉だらけになっていたのだ．一体その小さな玉は何なのだろう．私は嫌な予感がして足の下の方を指さした．森の奥へ連れて行ってもらうために雇ったエロコというアカの若い男性は，肩をすくめて私の疑問を認めた．「ヒル」だった．肌からヒルを剥がそうとしたとき，口をついて罵りの言葉があふれ出てきたように思う．エロコは笑い，私が1匹ずつヒルをつまむのを手伝おうと屈んだ．彼の足にも玉のような鼻水がくっついていたのだが，身体をまっすぐ伸ばして私の方を見て頷きながら「勇敢だ」と認めた．何？　私が勇敢？　私は甲高い声を上げて3時間も悪態をつい

ていただけだ．彼は真面目に再び頷き，「あんなふうにあの場所を越えるなんてあなたは勇敢だ．以前フランス人の女性と働いたことがあるけど，彼女はずっと僕の背中に乗っていたよ．でもあなたは違う．自分で歩いている」と言った．彼にはそのとき話さなかったが，沼を越えるためにおんぶしてもらうことが選択肢の一つにあることを知っていれば，初めから喜んで乗っていただろう．

　最初の調査の年に，ヘビやヒル，悲劇的にもあまりに多くの死に遭遇したにもかかわらず，あるいはおそらくこれらすべてのために，私はアフリカに戻らなければならないと知っていた．それは，平穏で記憶に残る美しい森，暑くて埃っぽくて素晴らしい村，知り合いになった人々の優しさと寛大さを再び経験するためだった．10代の子どもたちでいっぱいの家庭をもつ私は，思春期世代の男女についての民族誌的研究が少ないことに気づき，アフリカでアカやンガンドゥの若者の研究を始めた．若者たちは，社会的情緒的な発達，家族や交友関係，ジェンダーにかかわる問題，男女の人生観について詳しく語り，森の中や森の外れでの人生経験を，躊躇することなく私と分かち合ってくれた．私はこの研究を，思春期についてアカとンガンドゥがもっている在来概念に基づく分析枠組みから生み出したかった．そのため，80人に及ぶおおよそ10〜20数歳くらいまでの年齢幅の「10代の男女」を研究した．その中で，私は若者たちが自分たちの両親，親戚，兄弟，友人に起こる頻繁な死についてたびたび話すことに気がついた．そして，次の現地調査は，このような喪失についての痛ましい説明から生まれた．私は文化的に区別できる二つの思春期の集団の間で，死や喪失への応答のあり方を検討する比較研究を始めた．悲嘆（グリーフ）は生存のための叫びであり，結果として，血縁者と他の養育者の間の社会的ネットワークが愛着形態の再編成として確立される時期であるという仮説［p.221を参照］を立てた．経験やその表れ方は文化や個人，とくに子どもの間では大

きく変わるかもしれないが，悲嘆は人間にとって普遍的なものだと論じたのである．

　次に思春期の男女の健康に注目した．何が若者を傷つきやすくしているのか，何が15歳の誕生日を迎える前に45% もの子どもたちの生命を奪っているのか．次の現地調査の期間に，私はアカとンガンドゥの思春期の男女の健康指標（BMI[*23] や寄生虫保有量といった数字）と，若者の生存率を向上させうる人口統計学変数[*24] の関係を検討した．健康，成長，栄養状況について，類型と個人差を文化的に異なる集団間と同じ集団内で調べた．血縁関係，家族構成，裕福さ，行動の略歴，社会的ネットワークはどのように子どもの健康にかかわっているのだろうか，そしてアカやンガンドゥの思春期の男女の間の健康や病気に対するエミック（emic）な見方[*25] についてである．この研究は全体的かつ体系的に狩猟採集民の思春期の男女の健康を検討した数少ない研究の一つであり，中央アフリカ共和国のナンベレ村の思春期の男女の生命についての理解を深めるのに役立つはずだ．

　「10代」はおどろくほど興味深く情報に富んでいて，面白いことが絶えなかったので，私はこの世代の人たちとともに調査を続けることができて幸せだった．だが，私の調査は，あのある暑い午後，我が家の扉への突然の訪問とともに変わっていった．約8人のンガンドゥの女性たちと，後に加わったアカの女性たちが，私に彼女たちの話を聞くように頼んだのである．思春期の男女やその家族，

* 23　Body Mass Index の略．個人の総合的な健康状況の指標で，身長からみた体重の評価基準．体重÷身長の2乗で計算する．この値は一般に12〜30におさまる．
* 24 ［訳注］　定量的な社会調査において，性別・年齢・職業・家族構成など調査対象者の社会的な属性を表すもの．デモグラフィック・データなどとも呼ばれる．
* 25 ［訳注］　文化を共有する民族集団における内側からの見方や解釈，エティック（etic）という外側からの見方と対照して論じられることが多い．

このような女性たちとともに行った私の研究はついに 10 年間続くこととなった．私はそれぞれの集団から 8 人ずつ合計 16 人の女性，そして後にさらに 20 人のアカと 20 人のンガンドゥの女性とともに調査を行った．それはデータの信頼性と妥当性を確かめるためである．語りのバランスを取るために，私は結局，それぞれの集団から 2 人ずつ，計 4 人の女性に焦点を当てることにした．ナイジェリアの小説家，チママンダ・アディーチェ（Chimamanda Adichie）[26] は雄弁に多声性（polyvocality）の重要性を語っている．

> シングルストーリー[27] はステレオタイプを生み出す．そしてステレオタイプの問題点はそれらが真実でないということではない．それらが不完全であるということだ．ステレオタイプは一つのストーリーを唯一のストーリーとしてしまう．私は，その場所とその人についてのストーリーをすべて扱うことなしに，一つの場所や一人の個人を適切に扱うのは不可能だといつも感じる．唯一のストーリーは結果的に人々の尊厳を奪う．それは，私たちが平等な人間性を理解することを困難にする．私たちがどんなふうに同じかということよりも，どんなふうに異なっているかを強調するのである[3].

　アディーチェが示すように，女性の人生を理解するには女性につ

＊26［訳注］　1977〜．ナイジェリアのイボ民族出身．2007 年にビアフラ戦争をテーマとした『半分のぼった黄色い太陽』でオレンジ賞を受賞．チママンダ・アディーチェ 2010『半分のぼった黄色い太陽』くぼたのぞみ訳，河出書房新社.
＊27［訳注］　アディーチェによる「シングルストーリーの危険性」は，TED（Technology Entertainment Design）の場で講演された．この講演の日本語訳は以下を参照のこと．http://www.ted.com/talks/chimamanda_adichie_the_danger_of_a_single_story?language=ja［アクセス日 2020 年 2 月 14 日］

いての複数形のライフストーリーが重要であり，それがこの本の土台をなしている．アカとンガンドゥは類似した環境で生活し，生計を立てており，長い歴史を共有してきた．両者はともに広範囲にわたって地球規模での政治経済の影響を次第に強く受けつつある．出生率と幼児死亡率は類似している．両者はずいぶん異なる方法で環境に適応してきた．血縁関係と政治形態，生産様式，性役割，夫婦関係，育児形態といった点ではとても異なっているのである．両者の生は相互に結びつき深く関連しているので，他方の語りを聞くことなしに一方をどうやって理解できるのだろうか．この研究は必然的に通文化比較[*28]のアプローチを取ることになる．この本はアカとンガンドゥの人生の比較を行ったものであり，両者を相反するように描き出したかったわけではない．これは重要な区別である．ある文化や文化的な信念，および実践は比較をしてその他の文化よりよいというものではない．西欧の人々は狩猟採集民をロマンティックに見がちで，これは研究や人権擁護，保全の取り組みにおいてもよくみられ，近隣の民族，多くの場合は農耕民に犠牲を強いる[*29]．狩猟採集民は，西欧の人々が高く評価する文化的な信念や実践をもっている．これらは，平等主義，継続的で集中的な乳幼児の養育，父親や他者による乳幼児の養育，自然環境との密接な関係などである．結果として，比較研究においてこのような文化的特性はさまざまな方法で対比的に強調される．具体的には，私たちが対象とする

* 28［訳注］ 著者が以前会長であった米国の通文化比較学会（Society for Cross-Cultural Research）では，心理学，人類学，社会学，教育学などさまざまな分野の研究者が，学際的視点と異文化比較というアプローチによって研究を行っている．http://sccr.org/［アクセス日 2020 年 2 月 14 日］

* 29［訳注］ 狩猟採集民の権利に注目が集まりやすく，このことは農耕民が優位に立つ既存の民族間関係に影響を与えている．服部志帆 2017「第 13 章　国立公園の普及と中部アフリカの狩猟採集民」池谷和信編『狩猟採集民からみた地球環境史——自然・隣人・文明との共生』pp.240-253，東京大学出版会.

ことを決めた地域社会によって，私たちが尋ねる質問の種類，それ
から調査者として使う言語によって強調されるのだ．

　もちろん，アカやンガンドゥの女性が彼女たちそれぞれの人生を
どのように説明し意味付けているかを理解するためには，偏見や倫
理的な問題，口頭伝承への依拠といった問題がある．年齢，エスニ
シティ[*30]，階層，ジェンダーはどのくらい彼女たちの記憶のたど
り方に影響を与えているのだろうか？　私自身の年齢，エスニシ
ティ，階層，ジェンダーはどのくらい彼女たちが共有してくれた語
りを左右しているだろうか？　他に私が取り組む必要があった問題
には，守秘義務という倫理的課題があり，それぞれの女性からはイ
ンフォームド・コンセント[*31]を得た．また，私は記述した村や人々
のプライバシーに配慮して，実名ではなく偽名を用いることにした．

　女性の話に耳を傾けること，女性たちが人生について私に語る方
法，私が観察した行動，他の人が同じテーマについて語った内容は，
彼女たちが生きその生を記憶してきた文化的な枠組みについての洞
察をもたらす．ライフヒストリーという調査方法（生活史理論[(4)][p.196
を参照]とは異なることに注意）は，特定の文化的文脈においてそれ
ぞれの個人的な一連の人生経験を私に追いかけさせ，個人の人生の
あり方を明らかにさせた．このような洞察は，ともに取り上げて理
論とまとめることで，私の問いや調査全体の流れに繋がっていった．
私は，彼女たちにとってアカやンガンドゥの女性であることはどの
ようなことかを教えてほしいと伝えた．私は彼女たちの文化や生活
について新参者だったので，彼女たちは，より率直に話し，しばし

* 30［訳注］　人類学の用語．言語，信仰，宗教，慣習，価値観などの文化的特徴を
共有する民族集団がもつアイデンティティないし帰属意識のこと．
* 31［訳注］　十分に説明を受け十分に理解したうえで合意すること．医療行為や治
験を行う者の義務として知られてきたが，医学や薬学の分野を越えて，研究協力や情
報提供を求める際に必要な手続きとなっている．

ば実際に見せてくれたと思う．それで，私は正しく話を理解できた．例えば，幼少期について話したとき，どんなふうに遊び仲間と格闘したのか，どんなふうにバッバッ（gbagba）*32 という踊りを踊ったのかを，ブロンディーヌは身体を起こしてパンチやキックを想像上の友人に加えたり，近くの女性をつかまえて子どものころの遊びの踊りの実演を始めたりして私に教えた．ナリもまた彼女が話していることをいつも具体的に示した．彼女が少女であったとき，小枝の赤ちゃんをどんなふうに運んで回ったのか，子どもたちにヤマノイモの掘り方をどんなふうに教えたのかを示してくれたのである．私にとって，女性たちはみんな忍耐強くて優秀な先生たちであった．

女性たちは自らの人生を最初の記憶から語った．当初私は，彼女たちにライフステージまたは特定の出来事について話すことを勧めたわけではなく，何をいつどのように彼女たちが重要なこととして覚えていたかに焦点を合わせた．私が人生の重要な出来事として考えたもの，彼女たちはそうは考えないかもしれないもの，また逆に彼女たちが重要だと考えて私がそうは考えないものについてである．私は折に触れて，「……のときの，あなたの人生について話して」，または，特定の子どもを指して「あの（歳）くらいのときのことを何か覚えている？」と言ったかもしれない．しかし「あなたは子どもたちにシェアリングをどんなふうに教えるの？」といった特定の質問を話の終わりにしたときもあった．このような直接的な質問は，私が観察した行動と彼女たちの語りを貫く，概念的または理論的に興味深いと思われたテーマから生まれた．そしてこれらのテーマは，私がフィールドノートや日記帳の中で計画したものだった．幸運に

---

*32　少女が半円状になって手を叩いたり歌ったりしながら踊る遊び．少女が一人ずつ円の中にいる少女の腕に飛び込んだり，円の中の少女が飛び込んできた少女を元の立っていた場所に投げ戻したりする［p.146 を参照］．

も，ほとんど促さなくても，女性たちは記憶についての語りの中で文化が果たしている重要な役割が明らかになるようにライフヒストリーを描いてくれた．ともに畑や森を歩くときのインフォーマルな聞き取り[*33]から構造化された聞き取り[*34]への移行は難なく行われた．彼女たちが私のところへ自分たちの生活の話を聞いて，と初めてやってきたとき，話は自然にたやすく女性たちからもたらされるように思えた．

　私が村や森の集団の中で暮らす間，参与観察[*35]やインフォーマルな聞き取り，半構造化された聞き取り，構造化された公式の質問，人口データ，出産歴，詳しく述べられる個人のライフヒストリーの語り，身体計測［p.197 を参照］という人類学の方法[(5)]がとられた．これらは，私が前もって彼女たちと行ったインフォーマルな会話の多くを含み，アカやンガンドゥの女性になることは彼女たちの眼からみてどのようなことなのかを私に教えた．このような女性たちの認識は，私が前に集めていた定量的なデータの理解を進めた．より「公式の」こうした調査をアカやンガンドゥの女性に始めるよりも前に，何年にもわたりナンベレ村にやってきていたことは幸運でもあった．私は彼女たちの子どもたちとも調査を行った．彼女たちの家や畑，森に行き，道や市場で彼女たちと会った．私たち［筆者および研究チームのメンバー］は家を村に持っていた．最近激しい嵐

* 33［訳注］人類学の主要な調査方法であり，人々の日常生活に参加して行われる．議論や質問を行い，日常生活の多様な文脈の観察を行う．このような質的調査方法に対して，公的な方法にアンケートを用いた量的調査方法などがある．
* 34　半構造化された聞き取りと構造化された聞き取りがある．前者は特定の話題についておおまかに順序立てた聞き取り．部分的に遠回しな質問，計画，方向性をともなうゆるやかな聞き取り．後者は，同じ順序で質問される特定の質問，つまり方向付けられコントロールされた聞き取りを指す．
* 35　文化を理解するために，研究対象である人々とともに生活し，観察し，生活のさまざまな場面に参加するという人類学の重要な研究方法．

で屋根が飛んでしまったが，一応まだ残っている．私たちはほとんど毎年通い続けたので，その訪問のすべてがラポール*36 と結束を築き，維持するのに役立った．それらは調査者と調査地の人々の間で重要となる信頼をもとにしていたのだ．

　私にとって，女性が話す言語を習熟すること，最低限でもそれらの言語にいくらか役に立つ知識を得ることは常に重要かつ必要なことだった．私はまだ学びの途上にいる．ンガンドゥの調査助手には男性も女性もいて，通訳のためと重要な点を明らかにするために不可欠な存在だった．調査助手たちはとても忍耐力があった．私が学習中のとき，フランス語を話さない村の女性と聞き取り調査のために，例えば，私は研究仲間のヒラリー・フォーツ（Hillary Fouts）*37 にならって調査助手にフランス語で質問し，調査助手はそれを彼女たちの言葉に訳した．私は返事を聞いて，英語で回答を記録し，それからまた調査助手がしてくれる翻訳を聞いた．私はこの地に戻ると，再びそれぞれの女性たちと話した．彼女たちが私に以前に語ったことへの理解を深め，彼女たちと最後に過ごしたときからどんなふうに彼女たちの生活が変わったのかを知るために．

　私のフィールドノートと個人的な日記は，私が調査地で毎晩記録したり，書いたページを読んだりしていたときも，アメリカに帰ってからも，かけがえのない参照物だった．文化的で表現力に富んだ存在である私たちは，言語と行動，つまり話されるものと話されないものの両方によって，私たち自身と私たちの文化について語る．両者の観察は，二つの集団への理解を進めるのと同時に，調査に影響を与える私自身の文化的な偏見をより深く理解するのにも役立っ

* 36　相互の信頼や理解をもとに人々の間でむすばれる結束．人類学者が調査を行うときに，現地の人々と結ぶものであり，調査の要となる．
* 37［訳注］　アカやエチオピアのガモ（Gamo）を対象に発達心理学の研究を行っている．2020 年現在はテネシー大学准教授．

た．女性たちの語りを通して複数の文化の型とテーマが編まれてい
く．私が 10 年間のフィールド調査で書きためたノートには，フィー
ルド調査における日々の経験の中で見逃したり，誤って理解したり，
またより深く探究する必要のある重要な関係と視点が織り込まれて
いる．ノートは，行動，観察，彼女たちや私の解釈の記録をもたら
し，さらなる研究や分析に繋がり，私の方法論に情報を与え，三角
測量*38 というやり方に至らせる．例えば，私はフィールドでの初
めての時間を下記のように書いている．

私は女性たちが巨大な荷物を頭の上に上手に載せているのを見ていつ
も驚いている．男性たちがヤシ酒を飲むことと他の家を訪問する以外
に何をしているのかはまだわからない．

このことは私にンガンドゥの男性と女性の性役割と仕事について疑
問を抱かせた．どのように，またなぜンガンドゥはアカと違ってい
るのか？　個人はジェンダー化されたアイデンティティをどのよう
に理解しているのか？　これはどのようにジェンダーと仕事，ジェ
ンダーと権力に関連しているのだろうか？　同じ生態系に暮らすア
カとンガンドゥの異なる適応方法が，どのようにして大きく異なる
生業様式をもつに至らせたのかを理解することは興味深い．この生
業様式の相違は，ジェンダー化された仕事や親族関係の形態，男女

* 38［訳注］　複数の視点からの認識，あるいは複数のアプローチにより得られる資
料を多元的に用いて，観察された事実を解釈したり分析すること．マルチメソッドと
もいう．異なる手法の間で短所・長所を補い合い，研究の信頼性を高める効果がある
とされる．ここでは，著者のフィールドノートに記録されている，著者自身や調査助
手，調査協力者など現地調査に関わった複数の主体による視点や認識を併用するとい
う意味で使われている．佐藤郁哉 2002『フィールドワークの技法——問いを育てる，
仮説をきたえる』新曜社，Salkind, N. 2010. *Encyclopedia of Research Design*. Thousand
Oaks, CA: SAGE Publications, Inc.

関係，育児形態に影響を与えている．

私たちはこのキャンプに偶然出くわした．キャンプは森の病院のようで，Ｇのように，伝統医（ヒーラー）がここで生活していて……，彼はとてもたくさんの人々を治療している．

どの病気がもっとも流行しているのか？　アカとンガンドゥの間で，また男性と女性，若者と高齢者の間で健康状態に差はあるのかどうか？　このことは平等主義と階層制の微妙な差異について何を語るのだろうか？　これらのことに私の関心は向いていった．私は民族医療の理論や診断，民族医療の体系である治療法といった在来知の様式に魅了された．男性も女性も伝統医になるのか，どのようにアカやンガンドゥは学ぶのだろうか，などと思いをめぐらせた．

森のキャンプで，みんなが非常に近づいて座るのはとくに面白い．キャンプでは父親の方へ歩いてすり寄り，それからキャンプの誰か他の人の所へ行ってはすり寄る小さな幼児がいた．

このような初期の観察は，母親以外からの世話であるアロマターナル・ケア［p.108 を参照］，愛着行動，そして身体的かつ感情的な近接行動の重要性に関心を向けるきっかけとなった．そして後に私はそれらについて調査を行い，アカやンガンドゥの思春期の男女を対象にした死と喪失の研究論文の中で書いた．

　このようないくつかのささやかな観察には，本書における女性たちの語りの中に貫かれている重要な通文化的問題やテーマ，つまり，性役割や仕事，階層制，平等主義，自律性，愛着，そして回復力（レジリエンス）といった事柄が埋め込まれている．しかし重要な問題やテーマと無関

係のようにみえるものも含めている．私のノートは私が理解しよう
としたことを明確にし，そして蒸留したものであるが，ときには単
に私の奇行や奮闘を反映し，調査地で人類学者は決して影響力のな
い存在にはなり得ないことを示すものであるのだから．調査者であ
る私たちの個性，年齢，ジェンダー，エスニシティ，個人的な癖は，
すべて人々への情報となり，私たちの調査に影響を与えた．

　人類学は発見と失敗の，そして誤解と解明の科学である．不完全
で乱雑であると同時に，秩序立っており方向性がある．二つの集団
の女性の代表例から得た経験に基づくデータは，人類学と発達の理
論を用いることで，人生を通して重要な問題に対する領域横断的な
視点を与えてくれる．理論は，尋ねるべき質問に向かわせたり特定
の物事に注意を払わせることで，研究に枠組みを与える．私たちを
教育し，刺激し，より深く私たちが理解するのを助ける．理論は読
むのが退屈でもある．読者に教えたり面白がらせたりするような方
法で理論について書ける人はほんの一握りしかいない．私はそのう
ちの一人にはなれない．そのため，一般的な理論についての議論を
それぞれの章の最後に付けた．私は調査地で最近の進化理論の論文
に影響を受け，方法論上，とくに二つの文化内の個人へ関心を向け
た．社会文化的な環境の異なるところでは，ライフコースを通して
個人の選択や関心は変わるかもしれないからである．ヒトの生物学
（human biology）[39] と文化はそれぞれ独自の性質をもち，詳細を理
解する必要があるが，それぞれはヒトの行動を類型化するのに影響
を与えている．

　発達，文化，心理学，ヒトの生物学，ヒトの生態学的[40] な諸要
因は，中部アフリカの女性の人生について統合的な見方をもたら

＊39［訳注］　原文の biology は，著者によると進化人類学や生理学，遺伝学を含み，
一般的な生物学と区別するために「ヒトの生物学」とした．

44

す．ヒトの発達，ジェンダー，セックス，愛，悲嘆，子どもの出産，月経，閉経などの人生の変化は，ヒトの生物学とヒトの生態学と文化 *41 の相互作用としてのみ理解されうる．この統合的な理論モデルは，これらの相互作用について考え統合的な分析に至るための，試行錯誤的な手段の役目を果たす[6]．私の基本的な分析戦略には，聞き取りの内容分析，日々の観察，フィールドノートと日記が含まれる．私は生じてくるテーマをシンプルに順序立て，一般的な類型のくり返しを数え，彼女たちの語りから導かれた分類上の区分を整理することによって聞き取りの分析を開始した．こんなふうに，私は個々人とテーマとなる内容の頻度に差異があることを理解した[7]．

女性たち

私はもともと 15〜70 歳以上のさまざまな年齢の女性と話していた．彼女たちは今回の調査でも健在で，以前の調査や聞き取りで生じたテーマの中心となる特定の出来事や記憶を思い出してくれた．参与観察者として私はそれぞれの家に何度も訪問し，彼女たちと畑や家で調査に取り組んだ．人類学的な調査方法である「参与観察」は，たびたび自らが活動に参加し，人々が自分を観察することであることも私は学んだ．私は素晴らしい娯楽の源であり，彼女たちが何時間も楽しんで観賞したり止めたりする「エキゾチックな他者」であっ

* 40［訳注］ 原文の ecology は，著者によるとヒトの集団と環境の相互作用を指し，ヒトが生み出すニッチ（生態的地位）も含む．また，年齢，性別，家族の大きさ，親密さの程度，資源へのアクセス，田舎対都会の環境も含まれる．一般的な生態学と区別するために，「ヒトの生態学」とした．
* 41［訳注］ 本書 p.160 では，ヒトの生物学には「性的欲求・愛着・思いやり」，ヒトの生態学には「政治経済的条件」，文化には「心理的枠組み，着想，ジェンダー，セックス，愛についての文化モデル」が含まれており，これらの三者がいかに相互作用しているのかを女性たちの語りが明らかにすると述べられている．

た.

　私はいくつかの理由からとくに四人の女性たちに焦点を当てた.
何人かの女性は私が以前一緒に調査を行っており,話の正確さから
妥当であると考えた.他の女性たちは,年齢や世代区分,子どもの
数などの点で人口統計的に適していた.彼女たちは雄弁で,自らの
人生を語ることに興味や意欲を示した.私は,文化の当事者として
も研究仲間としても,ともに調査に取り組んでくれたこれらの女性
たちのものの見方や解釈に沿ってデータを集めた.私と多くの時間
と友情を分かち合った四人の女性たちの年齢や人生の経験がさまざ
まである.これらの人々について以下の段落で紹介する.

ブロンディーヌ──ンガンドゥ女性

　ブロンディーヌは肉付きがいい.他の女性たちの多くは,絶え間
なく求められる厳しい労働や畑仕事,たくさんの子どもたちの世
話,彼女たちを定期的に襲う寄生虫や感染症のせいで痩せ細ってい
る.ブロンディーヌは43歳だが,体が丸く筋肉が付いており,エ
ネルギーに満ちている.彼女は弾むように歩く.他の女性たちは頭
の上に重い荷物を載せながら,エレガントに悠然と,まっすぐに背
筋を伸ばして歩く.彼女は弾む.テレーズはブロンディーヌが道ゆ
くのを観察し,「彼女は踊るように歩く」と言った.あふれんばか
りに陽気な女性だ.何か面白いことを言うときは,いつでも私の手
をつかんで揺する.彼女は笑いを分かち合うのが好きだ.大きな声
で力強く悪態をつき,たびたび足を踏み鳴らし,「くそいまいましい」
と言いながら部屋に入ってくる.彼女は密造酒を作り,売り,飲む
のを楽しむ.とくに「初留」は最高においしい一杯だ.よい議論と
よい飲み物とよい笑い,紫のマニキュアとズボンを好む.一人身で,
働き者で,自分と子どもたちを養える女性であることに大いに誇り

をもっている．ブロンディーヌは赤土の家に他の二人の女性と一緒に住んでいる．家の内側は大きく，なんとも暗い．三つの部屋がクズウコンの葉柄[*42]の外皮で編んだマットで分けられている．家の裏側には小さな「仕事」部屋があり，密造酒を作るドラム缶や物干し用のロープがある．子どもたちや孫，近所の子どもたちが時々家の中を走り抜け，裏手で遊んでいる．彼女たちの家は，にぎやかで忙しい場所である．

テレーズ――ンガンドゥ女性

　テレーズは小さくて痩せこけていて屈強だ．70〜75歳か，おそらくもう少し歳を取っているかもしれないが，彼女は正確に自分の歳を知らない．週ごとの聞き取り調査の報酬を受け取るとき，彼女はいつも私に「娘がお金をとらないように，お金を隠すよ」と言う．そして，当惑したように首をふり，「だけどどこにお金を置いたか覚えられない」と続ける．ある日私の手を自分の小さく落ち込んだ胸にあてて，「あなたは私の心の娘だ．あなたに教えたいことがたくさんある」と言った．私たちが話すとき，彼女は骨の出たひきしまった顔を私に向けて目配せし，静かに私の話を聞いた．眼は黒く優しく，肌は日焼けしていた．よれよれの衣類を仕事のために着ていたが，私たちが一緒のときはいつも一番いい服を着ていた．テレーズの娘はいつもそばにいて，テレーズの記憶を助け，忘れていた言葉を付け加えた．すでに何度も聞いて知っている話や歴史だったに違いない．彼女は私に，「うれしいよ．私のようなおばあちゃんに話しかけてくれるなんて．こんなおばあちゃんに話しかけてくれて

＊42［訳注］　材床に群生するクズウコン科 *Marantochloa* 属の植物の長い葉柄が用いられる．

ありがとう」「私は，胸が大きくなる前に結婚した．夫が亡くなる
までのすべての時間，夫だけと一緒にいたよ．その後，二度と結婚
しなかったんだ．夫は一人で十分だ」と言った．彼女は6人の子ど
もを産み，3人だけが生き残った．息子が母親のために建てた家で
生活している．すでに成人となっている娘2人とその夫と子どもた
ちが時々訪ねてくる．

　テレーズは私がこれまで知る中で最も強い女性の一人だ．私は彼
女の50歳の息子バジルを雇い，家を見張ってもらっていた．彼は
自分のための小さなさしかけ小屋を建てた．彼は雇用期間中，私
たちの「見張り」であった．ある日，私が家に帰ったとき，彼と2
人の若い男が丸太と格闘していた．丸太を半分にし，半分をくすぶ
る火の中に入れた．火は数日間続き，彼は火を絶やさないための細
い木を探さずにすんだ．私はバジルにどこでそんな大きなよい丸太
を見つけたのか聞いた．彼はややきまり悪そうに，「母が畑で働い
ているときに見つけて，ここまで自分のために持ち帰ってくれたん
だ」と答えた．私は，こんなに小さい年老いた女性が？と息を飲ん
だ．丸太は巨大だった．「お母さんはそれを畑からここまで一人で
運んだの？」と私が尋ねると，彼は丸太を持ち上げるのを助けてく
れた2人の男性を見て肩をすくめ，「ああ，彼女はとても強いんだ」
と言った．

ナリ——アカ女性

　ナリは体格がしっかりしており，アカ女性の中でも背が高い．彼
女は賢く優しくそして面白い．いつも何らかの仕事で忙しく，いつ
も家族の世話をするために一生懸命働いている．たびたび朝早くか
ら食物や水，薪を森や畑に探しに行く．私が何か尋ねると，彼女は
よく微笑み，声を出さずに笑っていた．しかし，たとえ質問が彼女

にとっていかに馬鹿げていたとしても，いつも快く答えてくれた．こめかみには小さな傷跡がつらなっており，彼女はこれを頭痛の治療跡で，若いとき何度も頭痛に悩まされたと言っていた．穏やかで凛とした雰囲気をもっている．アカの女性であることがどのようなものか教えてもらえないかと私が尋ねたとき，彼女は私の要求をとても真面目に受け取り，さまざまな植物や木の実やキノコについて，きれいな水を見つけられる場所，料理の仕方などを教えるのに何時間も費やした．私はそれを見聞きし，彼女は私が理解したと満足するまで個人授業を繰り返した．そして私にそれを繰り返させた．

　あるとき畑で，私たちは小さな背負い籠を作り始めた．彼女はどのツルが使えるのか，どのようにツルから外皮をとるのかを教え始めた．彼女は籠の四角い底を作り，それから作ったものをほどき，私にやってみるようにツルを手渡した．来る日も来る日も私のそばに腰を下ろし，ときには私のぎこちない指を手に取って，難しい編み物作りを助けてくれた．私が小さな籠を作っていたとき，たびたび人々が集まってきて，眺めては笑った．彼女は「これは真剣なことなんだ」と言いながら，人々を追い払った．編み物が完成した時点で，ナリは赤い樹皮を取ってきてそれを粉にし，赤くて濃いペースト状になるまで水を混ぜた．彼女は籠にそれを塗りつけ，天日で乾かした．次の日，籠から乾いたペーストをはたきとり，繊維の底は素晴らしい赤色に染まった．彼女はみんなの前で籠を持ち上げてみせ，美しいと言った．

　彼女は籠を編む以上のたくさんのことを私に教えた．辛抱強くあること，時間に寛大であること，友情についても教えた．私が去った2週間後，彼女は子どもを産み，私の名前を付けた．私は彼女のために同じことができたらとずっと願っていた．ナリは家族とともに，小径の両側に広がった10軒あるドーム型住居のうちの一つに住んでおり，これはナンベレ村の近くだ．このキャンプは，ンガン

ドゥとアカがともに畑や近くの川へ行くときに通る小径の途中にあり，人々はこのキャンプを毎日通り抜ける．彼女たちは3年ほどそこに住んでいた．ナリと彼女の家族は今ではほんの時々森へ行くくらいだ．

コンガ──アカ女性

コンガは人柄のいい年老いたアカの女性だ．子どもと同じくらい小さい．彼女は控えめな衣類しか身に着けていない．衣類は足を包み，ツルで固定されていた．重要な部分は覆われているが，背中は裸のままだった．彼女は頭から足までしわだらけで，小さな鳥のような骨格に，垂直のひだが垂れ下がるようにお腹の皮膚が付いていた．70歳かその少し上くらいだろう．彼女の周りにはいつも子どもがいた．彼女の膝に一人も子どもがいないことはなかったし，痩せた彼女の肩に垂れ下がるようについた腕の横に子どもが立っていないこともなかったと思う．3歳の孫娘はたびたび，コンガのしなびて垂れた胸を吸っていた．乳房は平らで長かったので，コンガが座ると子どもたちは彼女の膝にのって乳房にぶらさがった．彼女は歯がなくたいていは静かであったが，いったん話を始めると，時間はどんどん経った．彼女には素晴らしいユーモアのセンスがあり，人々は彼女のそばに集まり彼女の言うことに笑った．

コンガは偉大な先生でもあった．彼女は私に一日がかつてどんなふうであったのかを語った．人々は着る衣類がなかったが，代わりに柔らかくした樹皮で衣類を作ったという［p.360を参照］．どんなふうにこれを作ったのか，私は尋ねた．彼女は年長の子どもたちをそばに呼び，ある木の葉を取ってくるようにと子どもたちを森に送りこんだ．子どもたちはそれぞれにいろいろなものを腕いっぱい持ってきた．彼女はその中から探しているものを見つけるまで一つ

ずつ取り出し，ついに満足し，その葉から筋の多い固い部分をはぎとった．彼女は繊維がほぐれ柔らかな「布」になるまで，しわだらけの年老いた足の上で葉を転がした．ツルの紐をとり大きな足の指を使って輪にし，葉の束の周りで他の終点と結び，へりまで葉を切った．近くの子どもに近づき，子どもの腰あたりで繊維の布をきつく結んだ．葉は子どもの前部と後部を覆った．それから彼女は顔をあげ，歯の無い笑顔で「座るとき，葉をとても注意深く扱わないと，隠していたものが飛び出してしまう」と言った．

変わりゆく生活と文化的な世界に向き合うとき，彼女たちの語りはコンゴ盆地に暮らすアカやンガンドゥの女性の強さや回復力^{レジリエンシー}を形あるものとして記録する．アディーチェがいうように，ストーリーは重要だ．「多くのストーリーが重要だ．ストーリーは奪い中傷するために使われてきた．だがストーリーは人々に力を与え，人間味を与えるためにも使われうる．ストーリーは人々の尊厳を壊すことができる．だが，ストーリーは壊された尊厳を取り戻すこともできる」[8]のだ．

この民族誌は，コンゴ盆地に暮らす女性たちの奥深くて厳しく，喜びのつまったたくさんの人生の語りに耳を傾けることだ．彼女たちの語りこそが重要なのだ．

フィールドノートから

2000年秋

今日私たちは市場に出かけた．クッキーや石油，懐中電灯，タバコ，整髪料，驚いたことに adidas の短パンとシャツでいっぱいの小さな売店があった．地面に敷かれたビニールシートの上に「売りもの」の品

を広げているだけの女性たちもいた．火にかけたブリキ缶の上で料理され，上澄みに濃いオレンジ色のヤシ油の浮かんでいる鍋[*43]があったり，バナナの葉にくるまれた生の落花生を売る女性がいたり，ピーナッツバターの小さな山の後ろにまた別の女性がいたり，玉ねぎや豆，トウガラシ，何かよくわからないその他の物が盛られていた．村の中のここにはこんな生活のリズムがある．朝6時ぴったりにニワトリは一日の始まりを叫び，鳥や虫やヤギが動き始め，女性や少女たちは庭を掃き，赤ちゃんは叫び，子どもは笑い遊び，それからキャッサバを杵で搗く音が「ドン，ドン，ドン」と聞こえる．私は女性たちが巨大な荷物を頭の上に上手に載せているのを見ていつも驚いている．男性たちがヤシ酒を飲むことと他の家を訪問する以外に何をしているのかはまだわからない．

　今日の厚い記述（thick description）[*44]．あー．今朝私の体温は華氏103度[*45]まで上がり，実に実にひどかった．Eの家の小さな部屋で私は死んでいくのだと思った．二度と子どもたちに会うこともなく．そして私はEに，おそらく私はバンギに行き，1週間ほど休息をとり，元気になって帰ってくるべきだと言い，Eはここでしばらく休んだらよくなると説明した．だから私は，「それもいいかもしれないけど，バンギに行ったら薬を飲んで私は早くよくなるわ」と言った．彼とA

＊43［訳注］　アブラヤシ（*Elaeis guineensis*）の実を煮てから潰し，水を加えた後加熱して浮いてくる油を集めてヤシ油を作る．本文の鍋の描写はまさにヤシ油をとっている最中である．
＊44［訳注］　人類学における厚い記述とは，行動そのものだけでなく背景も含めて細やかに記述することを指す．文化人類学者のクリフォード・ギアツ（Cliford Geertz）が1973年に『文化の解釈学』で民族誌記述の方法として提示した．クリフォード・ギアツ1987「厚い記述──文化の解釈学的理論をめざして」吉田禎吾ほか訳『文化の解釈学I』岩波書店．
＊45［訳注］　アメリカで使用される温度の単位．摂氏39.4度．

はこのことについて話し合った．そして戻ってきて，ガソリン不足なのでバンギに行く車がないのだと言った．それまでに，私はマラリア薬を飲もうと考えていた．案の定，それから汗が噴き出て，それから「ふーっ」と，よくなった．

　私は，ここのトイレの中に落ちることを恐れている．トイレは，雨でずぶ濡れの腐りかかった板が渡された巨大な深い穴で，小枝や葉で作られた格子の「壁」で仕切られていた．下を見ると蛆（うじ）が這っている．私は，人類学の方法論の本には書かれていない，ある教訓を得た．ここのトイレの問題，つまり，どのトイレが使えるかということだ．私は，言われたとおり道を横切っていく方を使っていた，だが私は偶然にも人と出くわしたのだ．なんてひどい．こんなの失礼だ．そこで家の裏のトイレに行くことにしたが，そこに誰かがいるかいないかをどうやって確かめればいいのか．そこで私はPに尋ねた．彼はトイレに近づいて手を叩くように言った．それで問題は解決した．私は家の裏の野外トイレに近づくときに，手を叩く．馬鹿みたいだった．「トイレへの道，ワオー！」パチパチパチ……．

　昨晩，伝統医のGと一緒に腰掛けているとき，Gから未来を「見ること」を学んだ．その大いなる儀式で，彼は二つの電球をプラスチック製の青い袋から取り出した．現在を見るための小さい電球と，未来を見るための大きい電球である．彼は私に，アカの言葉でコンバ（komba）と呼ばれる神様は私たちを見守り安全たらしめ，私の「チーム」を集めたという．また，コンバは私たちが行く予定の別のキャンプで私たちを待っており，私たちがそこに着いたらたくさんのハチミツを食べられることだろうとも言った．Gは私の調査はうまくいくだろう，家族全員が元気で私のことを思っている，とも言った．うれしかった．今，私たちはこの新しいキャンプにいて，ここには驚くべきものがあ

る．私はこのキャンプに来たことがないし，ここの人々に会ったこと
もない．私が姿を見せると，人々は丸太を出してくれた．私は座り，
肌がチクチク・ムズムズするように感じ，しばらくの間掻きむしった．
それからさらに悪くなり，見ると，腕が小さな赤い斑点に覆われてい
た．鏡を見ると，顔中が赤い斑点に覆われている．まるで誰かが赤い
マーカーで私にちょっかいをかけているかのようだ．座っている私を，
誰も気にかけたり，注目しているようではなかった．あたかも布地に
印刷されたような赤い水玉模様があり，湿って汚れて匂う見知らぬ女
性がキャンプにいることが，ごく日常的なことででもあるかのようだっ
た．だが，重要なことは，あなたが何であれどのようであれ，受け入
れられ歓迎されているということであると思う．それは驚くべき感情だ．

その夜，別のキャンプに到着した．前のキャンプと新しいのでは明
らかな違いがあり，前のキャンプは茶色で散らかっていた．ここには7
人の子ども，3人の赤ちゃん，2人の男性，3人の女性，それから年老
いて全身がしわだらけで骨と腱と筋肉でできた女性がいる．男性たち
は，4本の棒を地面に突き立て枝を並べて，端を結び，5分ほどで私の
ためのベッドを作った．よさそうだ．若い女性は今小屋を作っている．
彼女は古い小屋を取り壊し，地面を掃き，それから4本の枝を置いた．
今彼女は小枝をとり，それぞれの小枝は地面に突き刺され，曲げられ，
また突き刺された．これらのすべての小枝が複雑に結び合わされて，
小さなドーム型の小屋が形作られた．全体の構造ができると，彼女は
新しい緑の葉をそれぞれが重なり合うように置いた．それからほら，
家ができた．今隣に住む女性が彼女の古い家を取り壊している．子ど
もたちはツルのブランコで遊んだり跳ね回ったりして過ごしていた．
まるで森全体が遊び場のようだった．ここで，森のキャンプで，みん
なが非常に近づいて座るのはとくに面白い．私は思春期の一人と話し
たかったとしても，キャンプのみんなが丸太や棒，マットや葉を差し

出し，互いにもたれかかってくすくすと笑ったり，声を出したりして笑う．人々は私にさえ腿と腿を寄せて座った．私はこの身体的な近さが好きで，どういうわけか快適だ．

少し歩くためにキャンプを出た．戻ってみると，キャンプのサイズが大きくなっており，なかには私の知らない人もいた．だが，私はその女性たちと座った．Cは話があると私に言った．はじめ女性が歌い始めた．ああ，なんて美しい歌声なのだろうか．重なり合うように調和して，豊かな音調と手拍子，ただ驚くばかりだ．はじめのお話がリズムとともに始まり，それからCはある節を繰り返し歌い，最後の節を呼びかけに応じるように他の人々が繰り返した．女性たちが私に話すすべてのお話は歌とセットだった．男性たちも上手に歌う．深く，低い音調だ．だが，もっと美しく歌うのは女性だと思う．キャンプは大きなパラソルツリー*46 に囲まれた空き地にあり，鳥たちの歌声やさえずり，虫のブンブン唸る音が聞こえる．葉でできた5軒の小屋から成るこの小さなキャンプ，恥ずかしそうな優しい笑みを浮かべるアカの女性たちと少し離れたところにいる男性たち，笑い声と赤ちゃんたち．太ったかわいい赤ちゃんと，赤ちゃんを抱く少女たち，少女から少女へと通り抜ける赤ちゃんたち．日記を書きながらここに座っているとき，私は子どもたちに紙とペンを手渡した．そして，子どもたちは数枚の絵を描いた．ンガンドゥの子どもたちと同様に，アカの子どもたちもまたお絵かきが好きだ．ともに「書きながら」座るのは面白い（図 0.3）．私は夜がやってきて暗くなり始めるのを見るのが好きだ．林冠から林床へとゆっくり下りてくる暗闇．なんて素晴らしい口なんだろう．私は森のキャンプのここにいるのが大好きだ．

＊46［訳注］ヤルマ科の木本植物（*Musanga cecropioides*）．広がった葉っぱがまるで傘のように見えるので，パラソルツリーと呼ばれる．

図 0.3 アカの子どもが描いた女性とンガンドゥの子どもが
描いた妊婦

考察のための問い

1. 調査者自身の文化やジェンダー，年齢はどのように研究や質問に
   おける中心的なテーマを形作るのだろうか？　調査者は，人々か
   らライフストーリーを引き出す際に，どのような倫理的問題に直
   面するのだろうか？

2. 人類学の現地調査は，性役割や権力，育児実践，夫婦関係のよう
   な重要な問題のいずれかについて調査者自身の個人的な見解を揺
   るがせうるだろうか？

3. アカとンガンドゥという二つの集団は同じ環境にありながら，な
   ぜ異なる文化的な振る舞いや信念，価値観をもっているのだろう
   か？

4. 馴染みのない場所で人類学の調査を行ううえで最も困難な側面は
   どのようなものか想像してみよう．

第1章

森と村の世界

植民地支配とともに白人たちはアフリカにやってきたんだ．なぜかっていうと，私たちには太陽の神や川の神といったたくさんの神々がいたから，アフリカ人に白人の神を教えるために．アフリカ人を変えるためにやってきた．白人たちは，コーヒーや病院，大きな道路をもたらし，国を発展させるためにやってきた．ボガンダ*1が白人たちを招いたわけじゃない．白人たちは，アフリカの豊かさを求めてやってきたんだよ．

—テレーズ—

*1［訳注］　バルテルミー・ボガンダ（Barthelemy Boganda）．中央アフリカ共和国の初代首相［p.61 および原注 7 を参照］．

中央アフリカ共和国南部とコンゴ共和国北部を流れるウバンギ（Oubangui）川とサンガ（Sangha）川の間は，「森の狩猟採集民」とバンツー語を話す隣人たちが暮らす場所である［地図 2, p.75 を参照］．隣人たちは，西アフリカから数千年前に移動を開始して大陸全体に広がったバンツー系農耕民の子孫である．そして，真っ赤な土ぼこりと緑の植物のコントラストが鮮やかなナンベレ村は，南部の僻地にある．アカとンガンドゥは，この同じ熱帯雨林で生計を立ててきた．両者の生はこの森の影の中で絡まり合い，また中央アフリカ共和国の複雑で問題を抱えた歴史の暗部と結びついていた．アカとンガンドゥの女性の語りをより広く経済的，政治的，歴史的背景に位置付けることは，歴史が二つの集団に与えた影響を浮き彫りにする．

　奴隷貿易，アカとンガンドゥの共存，ヨーロッパによる植民地支配，グローバリゼーション，それから多国籍経済の侵入が彼女たちに挑みかかり，彼女たちの歴史や文化，両者の関係，そして生活を変えてきた．本章では，国家レベルの政治的社会的変化がグローバルな権力の動向によってどのように引き起こされているのかを示しながら，まず中央アフリカ共和国の歴史的な概要を紹介する．そして，焦点を地域史に移す．ここにはグローバリゼーションの影響があり，それが今もなお根強く続いている．具体的には，都市の人口増加，HIV／エイズによる地方での人口減少，市場経済への参入の増加，人々により集約的な農業活動を強いる非持続的な森林および土地利用の実践，アカに対する搾取の増加，国民の不安，政情不安，アカとンガンドゥ間の変容する社会文化的な関係といった形でみられる．両集団の概要は，文化が異なるものの同じ生態系に暮らし歴史を共有する女性たちが，どんなふうに独特かつ絶妙なやり方でグローバリゼーションの特殊性に対応しているのかを示す．

　最後に私たちは，どんなふうに二つの集団が経済的・社会的に相

互に依存しているのかについての彼女たちの説明に耳を傾ける．例えば，クラン*2のメンバーシップの複雑な同盟をもとに相互に繋がりながら営まれている生活，時折みられる生涯を通じた友情，相互扶助，そして依存について．アカやンガンドゥによる民族誌的な語りの収集は，外部からの力がいかに数多くの方法で両者の日々の生活や関係を変えるのかを物語る．

中央アフリカ共和国の社会経済的背景と歴史的背景

　ヨーロッパ人にとってのアフリカはたんに「暗黒大陸」*3，つまり広大で危険というだけではなく，略奪するのに格好の大陸であった．ヨーロッパ人に経済的な利益をもたらすだけでもなく，「他者」[1]とみなしてきた人々を数世紀にわたって奴隷化・支配するというねらいに即したものでもあった．アフリカはヨーロッパの植民地主義的な目的のために食い物にできる自然資源にあふれた一次産品としてみられてきた．アフリカ人たちもまた，ヨーロッパ人に食い物にされる資源の一つであった．ウバンギ全域は「奴隷の宝庫」となり，人々はサハラを北へ越えて，西アフリカへと「ヨーロッパの交易人に輸出されるための」[2]ものとなった．中央アフリカ共和国と

---

*2［訳注］氏族．出自集団の一種で，同一の始祖をもつと信じられている人々の一団である．構成員の相互の系譜関係は明確でないが，単系制，つまり父系または母系のいずれかが強調される．宗教的，経済的，政治的に他のクランに対して排他性がみられ，同一のクランに対しては共同性がみられる．

*3［訳注］かつてヨーロッパ人たちはアフリカ大陸を自分たちが入ったことのない未開の地と認識し，「暗黒大陸」と呼んだ．19世紀にこの地を訪れた探検家のデイヴィッド・リヴィングストン（David Livingstone）やヘンリー・スタンリー（Henry Stanley）によってその姿が明らかになっていった．スタンリーは冒険記を出版し，これは日本で「暗黒大陸」として出版された．H・スタンリー1961「暗黒大陸」宮西豊逸訳『世界教養全集 第23』平凡社．

その国の人々は，1875年にエジプトの王[スルタン]*4 に統治され，フランスとドイツとベルギーによって監視された(3)．1887年までに，「ウバンギ川右岸の所有がフランスに認められる」というコンゴ自由国*5 との協定が結ばれ，フランスはこの地域への法的な権利を確立し始めた(4)．ウバンギ－シャリ（Oubangui-Shari）*6 は1894年にフランス領となり，複数の商業コンセッション（租借地）*7 に分割されたが，1903年までこの地域の統治は確立されていなかった．1910年にチャドの植民地を統一した後4年間，ウバンギ－シャリは，チャド，コンゴ・ブラザビル（コンゴ共和国），ガボンとともに四つの領土の一つとして，フランス領赤道アフリカの一部となった(5)．

　第二次世界大戦の間，シャルル・ド・ゴール（Charles de Gaulle）将軍*8 はこのようなフランス領土に，「自由フランス軍」のために戦うように訴えた．これに対するこれらの領土の反応は，中西部アフリカにおけるフランスの統治を徐々に没落へと導き，第二次世界

＊4［訳注］　イスラム教の国家における君主．
＊5［訳注］　1884～1885年，ドイツ首相ビスマルクの提案によって，ヨーロッパの列強国がアフリカ分割について話し合うベルリン会議が行われた．14か国が参加し，コンゴ自由国の協定が結ばれた．この協定では，ベルギー王レオポルド2世が私領（コンゴ自由国）としてコンゴ盆地の大半を支配することが認められた．ここには，現在のコンゴ民主共和国に相当する地域が含まれる．
＊6［訳注］　ウバンギ川とシャリ川の名前に由来する旧フランス植民地の呼称．地理的な領域は，現在の中央アフリカ共和国に相当する．
＊7［訳注］　植民地会社がフランスの植民地政府に年間定額を支払い，定められた範囲において税金として集められた象牙やゴムなどの林産物を商業的に独占する仕組み．独立後は，新政府を取引相手とし，木材伐採や観光狩猟を行うコンセッション会社が営業を行っている．植民地期は，行政官とコンセッション会社の代理人が共謀し，住民に対する暴力や殺人など深刻な人権侵害を起こすこともあった．
＊8［訳注］　1890-1970．フランスの軍人・政治家で，第二次世界大戦中はイギリスに亡命政府を建ててフランス国民に対して抵抗することを訴えた．「自由フランス軍」は第二次世界大戦中にドイツによるフランス占領に抵抗して作られた組織である．

大戦の終わりには一連の改革のための風潮が作られるのを後押しした(6). フランスの市民権は連邦の四つの領土の一部に与えられ, この新しい市民権とともに地方議会を作る権利が与えられた. 間もなく, フランスが統治するすべてのアフリカの植民地は本国の国民議会において政治的な代表者をもつことを許された. カトリックの司祭であるバルテルミー・ボガンダがウバンギ－シャリに議会を開き, そこに住むアフリカ人の解放を呼びかけた. 1958 年, フランスは四つの領土からなる連邦を解体し, 数か月の間にボガンダを中央アフリカ共和国という新しい国家の政府の長として宣言した(7).

バルテルミー・ボガンダは中央アフリカ共和国の人々に愛された「神父」となり, この国の首相に任命されたが, 大統領になる前に亡くなった. テレーズは, おそらくボガンダの死と中央アフリカ共和国の独立の日を混同しながら, 私に説明した.

ボガンダは人々にこう言った.「こんなことはあってはならないし, 私の人々との戦いもあってはならない. あなた方, 白人は私の人々をそっとしておいてほしい. 私はわが国が平和になることを望んでいる. 白人と黒人の間のこんなふうな戦いは好まない」と. 白人はこれを聞いて, ボガンダの取り決めを尊重したんだ. 1960 年 12 月 1 日[*9], 独立宣言が出され, 中央アフリカ共和国の人々はみんなパーティをした. 人々は,「私たちはもう自由だ」と言った. 学生たち, 子どもたち, 老人たちみんなが道を歩いた. ボガンダが白人に「今日私たちは自由だ」と言って, 白人から彼に国旗を引き渡させた. そして言った.「自分の旗が欲しい. それから, 自分の国のための国歌を歌う必要がある」と. 彼はこの新しき解放を示すために, この旗を受け取り, 多くの村にもたらした.「す

*9［訳注］ テレーズの誤認であり, 正しくは 1960 年 8 月 13 日. テレーズはボガンダが独立後に亡くなったと語るが, 1959 年 3 月 29 日に飛行機事故で亡くなった.

ぐに私は死ぬだろう．そして私の血は国を清らかにするだろう」と彼はみんなに言った．乗った飛行機が事故を起こして，彼は死んだ．彼は国の創設者だ．毎年，新しい大統領はロバイエ（Lobaye）に儀式のためにやってきて，私たちの大領領ボガンダへの敬意を示すんだ．

中央アフリカ共和国の国民は，初めての大統領[*10]を失ったことを嘆いた．

ボガンダが死んだとき，人々は悲しがったよ．ボガンダは発展と平和の大統領だったから．彼は国民を作った．彼は国を発展させるよい考えをもっていて，彼が死んだとき多くの中央アフリカ人が悲しみ，「ボガンダが，私たちの大統領が死んでしまった！」と言ったんだ．人々は特別な歌，悲しみの歌を彼のために歌った．大地に倒れこみ，悲しみで嘆いたよ．どこででも人々は，「私たちの大統領，どうして死んでしまったんだ．私たちはあなたを愛していた．私たちはどうしたらいいんだ？　ああ，ボガンダ，ああ，ボガンダ．あなたは白人に私たちとともに平和に生きるように言った．今，あなたは死んでしまった．私たちはどうしたらいいんだ？」と言ったよ．ボガンダは「私は人間だ（ゾ・クウェ・ゾ〈zo kwe zo〉）．みんな人間．あなた方は白人だが，あなた方も人間．私たちは黒人だが，私たちも人間だ」と言ったんだ．

—テレーズ—

ボガンダはすぐに彼のいとこのダヴィド・ダッコ（David Dacko）にとってかわられた．ダッコは5年間にわたって大統領に在位し，その間，1960年8月13日に国がフランスからの独立宣言を出し，

* 10［訳注］　ボガンダは独立前に亡くなっており，大統領にはなっていない．初代の大統領はダヴィド・ダッコである．

フランス統治に対する 30 年に及ぶ小規模の抵抗を終わらせた[8]．だが，1966 年のクーデターによって，ジャン＝ベデル・ボカサ（Jean-Bēdel Bokassa）大佐が新大統領として就任した．これは最初のクーデターで，のちに多くのクーデターやクーデター未遂が続くことになる．ボカサは早急に自身を終身大統領に任命し，憲法を廃止し，議会を解散して，司法や行政権のすべてを大統領の手中におさめた[9]．そして，ナポレオン・ボナパルトの熱狂的なファンであったボカサは，1976 年に自身を中央アフリカ共和国の「皇帝」であると宣言し，ローマ教皇を即位式に招待した．また，彼は 6 頭の白馬と馬車をヨーロッパから持ち込んだ．土地の統治者であるボカサ自身と「皇后」は王位に就いた．彼の統治時代，首都では暴動が続き，人権を無視した多くの残虐行為が行われた．そのため彼はのちに「殺人と横領」の罪で死刑を宣告され，1996 年，フランスに亡命中に亡くなった．ダッコはこのとき再びフランスに支援されて，クーデターを成功させた[10]．

　ダッコ大統領は，多党制を定めた新憲法の草案を作ったアンドレ・コリンバ（Andre Kolingba）将軍にすぐさまとってかわられた．1993 年にコリンバはアンジュ＝フェリックス・パタセ（Ange-Felix Patasse）に負けた．パタセは 2002 年まで在職し，1996 年と 1997 年の略奪と破壊，反乱，エネルギー危機，政策の失敗によって起こった経済的な困難[11]を経験した．テレーズは，「前の大統領フェリックス・パタセは悪い仕事しかせず悪いやつだった．彼が大統領だったとき，たくさんの人が死に，たくさんの人が国から逃げ出し，たくさんの人が家を失い，たくさんの人が自分の妻や子どもたちを捨てたんだ」と説明した．2001 年，アンドレ・コリンバはクーデターに失敗した．2002 年から 2003 年にかけて，フランソワ・ボジゼ（François Bozizé）はクーデターを成功させ，パタセ大統領を追いやり，自身を大統領と宣言した．そして憲法作成を一時中断して国会

を解散した(12). テレーズの説明によると, ボジゼは 2011 年の選挙まで在職し, よいリーダーであった.

ボジゼ大統領について何を思うかというと, 彼は平和の大統領であり, 発展の大統領であった. また, すべての人の大統領であり, すべての人々のための大統領でもあった. ボジゼ大統領のおかげで多くの若者が仕事に就いている. この平和はいいことだ. ボジゼは国をうまく引っ張っている. 彼はこの国に多くのプロジェクトをもたらしたんだ. これが過去と大統領について私が知っていることだよ.

　クーデター, 未遂に終わったクーデターと反乱, 暴動, 混乱, 汚職, 誤った政策, 人権侵害は, 中央アフリカ共和国という貧しい国の歴史をさらに悪化させた(13). 2005 年から国の北西と北東で反乱軍の活動は増加し, 30 万人の国民が政府軍と反乱軍 (例えば, ウガンダの神の抵抗軍 (LRA)*11, 民主主義再興人民軍 (APRD)*12, 結集民主勢力同盟 (UFDR)*13, 近隣のスーダンの反乱軍*14 など) との戦いのために土地を追われている(14). さまざまな和平協定が出されては否認され, また締結され, 2008 年までには反乱グループの大部

* 11［訳注］ LRA (Lord Resistance Army) は 1987 年にジョゼフ・コニー (Joseph Kony) によって結成され, 主にコンゴ民主共和国東部, ウガンダの北部地域と南スーダンの一部で活動している.
* 12［訳注］ APRD (Armée Populaire pour la Restauration de la Démocratie) はパタセ派とかかわりが深く, 中央アフリカ共和国の北西部で活動していた. 武内進一 2014「中央アフリカにおける国家の崩壊」『アフリカレポート』52: 24-33.
* 13［訳注］ UFDR (Union des Forces Démocratiques pour le Rassemblement) は指導者であるミシェル・ジョトディア (Michel Djotodia) の出身地である北東部を基盤に活動していた. 文献情報は＊12 を参照.
* 14［訳注］ スーダン西部のダルフールではアラブ系と非アラブ系の住民の間で紛争が続いており, 戦闘員が中央アフリカ共和国の北東部やチャド東部に流入して治安の悪化を引き起こしている.

分が停戦または和平協定を結んだ．中央アフリカにおける政情不安を終わらせるために和平取引や国際社会の介入が行われたが，国連は 2009 年までに「100 万を超える人々が混乱の影響を受けている」と報告した[15]．近年，土地を失ったチャド人とスーダンのダルフール地方からの難民が反乱軍と合わさり，世界で最も遅れた国の一つとしての不安定な状況が続いている[16]．

植民地支配がナンベレ村に与えた影響

広大なアフリカ大陸の中心にあるナンベレ村，すなわち中央アフリカ共和国の小さいけれど活気のある村は，植民者の野心と無縁ではなかった．テレーズが述べるように，この地域と住人はひどい困難と搾取，文化変容の証人であった．

白人が来たとき，多くの人は森へ逃げ込んだよ．白人が来ると，アフリカ人に仕事をさせるから．拒否すれば牢屋行きになるから黒人たちは拒否しなかったんだ．白人は村長になって，それぞれの村長は，この地域の人々を知り，人々の名前を知った．村長は人々とその仕事を監視したんだ――「一生懸命働け！ 働け，太陽が暑くても働かないといけない」と言った．黒人は拒否することができなかったんだ．

植民者がやってきて，続いて，コンセッション会社［p.60 を参照］に中央アフリカ共和国の領土は分割された．植民地期には外国企業に天然の森林産物の開発権が与えられ，このような企業には商業的な独占権も与えられたので，アカやンガンドゥにとって劇的な変化の時代となった[17]．あるンガンドゥの男性は「俺たちは，森の豊かさのおかげで生きている」と言う．しかし植民者たちを惹きつけたのもその森の豊かさだった．象牙は需要があった．1899 年から

1910年にかけてフランス領赤道アフリカの全域で毎年象牙は100トン以上輸出され，象牙交易は本格化した[18]．ンガンドゥは市場の需要を満たすように強いられたが，実際，象牙のおもな供給者はアカのハンターたちであった．これは，メンバー間の平等主義で知られるアカ社会において，高い社会的地位を，アカの言葉でトゥーマ（tuma）というゾウ狩りの偉大なハンターにもたらすこととなった．森から富を引き出すことは，交易品の量の増加とともに，農耕民とコンセッション会社の仲介人とアカの間の接触を増加させ，交換形態を多様化させるという変化をもたらした[19]．

　市場の開設，森やプランテーション作物に対するヨーロッパ人の需要，定住している村人に課された交易（のちに税金）によって，村人は次々と交換関係を通じて肉や象牙，皮を供給することをアカに強いるようになった[20]．植民地政府による交易が激しさを増すと，欧米の会社は，商業的なアピール力をもった自然資源への需要を増加させ，それが狩猟採集民アカや定住している隣人ンガンドゥの生活様式を大きく変えた[21]．ナンベレ地区における植民地政府による交易は，アカによる狩猟や採集を増加させた．バンツー系の野生ゴム採集者に対して行う肉の供給や，象牙を目的としたゾウ狩りが増加したのだ．採集物にはコパール*15 が含まれていた．アカが直接労働を強いられることはなかったが，換金作物の生産の上昇はアカにとって農作業の増加をたしかに意味した[22]．狩猟採集民はおもに森林産物を供給し，農耕民は村からの作物を扱う交易人の代表となった．地域経済が交易のグローバルネットワークに結合され，交易品の量とともに二つの民族間の接触の増加が起こった[23]．

　何千頭ものゾウが象牙のために殺され，ゾウの個体数は激減し，植民者は土地から別の資源を引き出そうと転じた．1910年から

* 15［訳注］　香料やニスの材料になる樹脂．

1940 年まで，コンセッション会社は野生ゴム*16 の輸出を始めた．
11 の会社が合併して，アカの住む地域全体を取り囲む 1700 万ヘク
タールにサンガ－ウバンギ森林会社を作った(24)．この合併に続く
強制労働は，たんに征服された人々にとって重荷であっただけでは
ない．村人には税金が課され，政府の税金はゴム以外のもので支払
うことが認められなかった(25)．強制労働を避けるには，税金を支
払うための野生ゴム採集が必要であり，村人はたびたびアカが狩猟
採集を行う森の奥へ逃げ込んだ．テレーズは，「植民者が来たとき，
植民者は村人に厳しい労働をさせ，アカは森に逃げ込んだ．アカは
よく森を知っているけど，村人は森をあまり知らない．だから，私
は森にやってきてアカとともに一緒に暮らしていたんだ」と説明し
た．さらにテレーズは，自分が幼い子どもであったこの時期の困難
さを回想した．

私が若かったころ，母と父は白人のために仕事に出かけた．白人とそ
の妻は，母と父に働くように言った．白人とその妻は私の両親を叩い
た．私が小さかったころ，自分の眼でこれを見たんだ．その白人は両
親に道を作るのを手伝うように，山刀で道を作るように言った．バン
ギへの大きい道があるだろう？　それは，暑い太陽の下で山刀を使っ
て働く黒人によって作られたんだ．白人は黒人を金(ゴールド)のためにも働かせた．
白人たちが金を求めて掘った大きな穴が今でも地上にあるよ．白人は
やってきて，黒人を穴に落とした．多くの人が亡くなった．これは私
が小さい子どものころに見たことだ．

* 16［訳注］　キョウチクトウ科 Landolphia 属をはじめとする複数の樹種から天然ゴ
ムの材料となる樹液が採れる．工業生産の拡大にともない，ゴムの需要が増加したこ
とから，アフリカ熱帯林の野生ゴムは世界市場に盛んに輸出された．大石高典 2016『民
族境界の歴史生態学』京都大学学術出版会.

村の男性は森で働かされ，女性は運搬人を食べさせるために村にあるキャッサバのプランテーションで働かされた[26]．また，アカが網猟[*17]の使用を増加させていったのはこの時期で，これはダイカーの毛皮に対するヨーロッパ人の需要を満たすためであった．アカはワーク・キャンプで生活している村人の生活のためにあてにされた．しかし，このことは植民地の行政官のアカに対する見方を変えることはなかった．行政官は狩猟採集民を未開でまっとうな人間ではないとみなして，アカを解放しようとしたり，「未開」な状態から「文明化」しようとした[27]．植民者が変えようとしたのはアカだけではない．テレーズは，「植民地支配とともに白人はアフリカにやってきたんだ．……アフリカ人を変えるためにやってきたんだ」と語った．テレーズが説明するように，植民地政府はアカを隣人であるンガンドゥの権力から「自由にする」という目的で「管理政策」を試みた[28]．

以前から村人はピグミーを物や動物のように見ていたよ．私は何度もいやなものを見た．村人はアカに長い道中自分たちを運ぶように言い，背中に乗せて走るように言った．アカの男が疲れて転ぶと，村人はアカをひっぱたいたんだ．村人は，自分たちのピグミーを安く売った．私は14歳のとき，アカの少年たちが村人たちに殺されたのを見た．彼が殺された後，アカの多くが村人を恐れて森に逃げ込んだ．村人は彼

*17［訳注］ コンゴ共和国北東部でアカの網猟を調査した竹内によると，アカの各家族はツル（*Manniophyton fulvum*）で作った高さ1mで長さが20数mから70mのネットを所有しており，これを持ち寄って集団で狩猟を行う．持ち寄られたネットは全体が円または半円を描いて森を囲み込むようにつなぎ合わされる．勢子役の青年や若い男性が獲物を網に追い込み，年配の男性は網の付近で獲物が狩り出されるのを待ち，獲物が来たら槍で射止める．竹内潔 1995「狩猟活動における儀礼性と楽しさ――コンゴ北東部の狩猟採集民アカのネット・ハンティングにおける協同と分配」『アフリカ研究』46: 57-76.

を何の理由もなく殺したんだ. 今, ンガンドゥはアカに敬意を払っている. それは, 白人がもたらした法や教会があるからだよ. 白人と黒人はすべて神によって創造され, 神は憎しみと戦いを望まない. 私たちはみんな人間なんだ.

しかし植民者たちの本当の目的は, 植民地行政への依存を作り出しながら, 村の権力者たちから自分たちへと支配の主体を移行することであった[29]. 植民者の権力者たちは,「良識的」で「人道的な」動機によって, 狩猟採集民を自分たちにとって最も利益となる生産的な仕事に参加させ, 植民地の開発や自分たちが経済的な利益を得る活動を実施することを正当化した[30]. 従うアカはほとんどいなかった. アカは森をよく知る遊動的な狩猟採集民だったので, 森が与えてくれる避難所に逃げ込んだ. アカへの政策の影響は限られており, このような活動はロバイエ地方のアカにほんの少しの影響を与えたくらいである. しかし植民地統治と政策の押し付けが, アカの村人への依存を増加させた地域もあった[31].

ダイカーの毛皮の市場はフランスで拡大して 1950 年代にピークを迎え, アカは網猟によって毛皮を供給し続けた. ゾウと象牙は狩り出され, 偉大なハンターであるトゥーマの仕事に対する需要は落ち込んだ. かわりに網猟の予言や狩猟儀礼を行うアカの言葉でンガンガ (nganga) という伝統医の仕事に対する需要が増大した[32]. アカは, 男性と女性と年長の子どもがすべて参加する家族の網猟技術を使い続けたので, 網猟はアカの社会組織に甚大な影響を与えた. アカのキャンプは次第に大きくなり, より定住的なものになった[33]. 植民者によって導入された新しい経済と政治構造や機会のために, ンガンドゥの生活も同じく変化し, 村の周りに集中するようになった. コーヒーのプランテーションや伐採, 金, ダイヤモンドの採掘の発展とともに, ナンベレ村の人口はより増えた[34].

強制労働，課税，管理政策，地域の貨幣経済をグローバルな貿易経済へ包摂することを通して，植民地期はンガンドゥの政治的経済的な生活を劇的に変えた．アカの生活は森を中心にしたままだったが，近隣の農耕民はアカが得ることができなかった多様な資源へのアクセスを獲得した[35]．植民地期には二つの集団のあいだに社会的非対称性が常にみられた．これは，両者の異なる生業様式，文化的価値，そして，ヨーロッパの植民地主義的な目的のためにンガンドゥとアカを利用し食いものにした方法によって生み出されたものである．植民地期が終わった後，農業やコーヒー生産の拡大によって，ンガンドゥが労働力の提供をアカに頼るにつれ，そして森林産物の供給をアカに頼らなくなるにつれ，アカとンガンドゥの関係は変化し続けていった．加えて，ンガンドゥがアカと外部世界の「仲介者」としての役割を引き受けるようになったとき，ンガンドゥのアカに対する優位は固定化され，両者の不平等は増大した[36]．

　両者のアイデンティティにおける明瞭な区別は，この社会的非対称を際立たせる．アカが，れっきとした国民の一員とはみなされずに，森や伝統的な人々と想起され，その一方で，ンガンドゥは村と近代化を連想される[37]といったように．植民地期に導入された不平等やアイデンティティといった方程式は，アカとンガンドゥの間の社会政治的な関係性の構造や強度に浸透し続けている[38]．侵害や搾取の増加は，現金経済の増加と深く関連している．それはつまり，換金作物の生産に必要な厳しい仕事のために，アカが安い労働力を提供するということである．自らの生活に影響を与えるさまざまな勢力や，手にすることのできる新しい機会にアカが対応できれば，新しい社会の秩序は生じるかもしれない[39]．勢力とは例えば，近年の保全の取り組み，開発と生産という資本主義的な関係についての新しい理解，新しい政治的社会的な機会，雇用，宣教師やNGOによる支援運動などである．加えて，アカが農業生産を行う

ようになるにつれてンガンドゥへの依存は減少し，このことが親密であり複雑であり同時に対立をはらんだ両者の社会関係やアイデンティティ，同盟の性質をどんなふうに変えていくかは，まだ先にならないとわからない[40]．

　中央アフリカ共和国には波乱に満ちた政治史がある．国の現在と未来は，豊かな人材だけではなく，富の巨大な潜在力にかかっている[41]．比較的未開発ではあるが，その自然資源はナンベレ地区でも見つかっている．ダイヤモンドやウラン，鉄鉱石，金，石灰，亜鉛，コパール，鈴，硬木である．コーヒー，綿花，タバコ，キャッサバ，ギニアヤム[*18]，トウジンビエ[*19]，トウモロコシ，バナナのような農業資源は，国内総生産（GDP）の半分以上を生み出す歳入源である[42]．木材は 16%，ダイヤモンドは 40% を占めている．中央アフリカ共和国は，アフリカでもっとも湿潤なサバンナを擁する地域であり，耕作に適しており，しかも鉱石や鉱物が豊富に埋蔵されている．しかし，その大きな潜在力にもかかわらず，国は外国の援助に依存したままであり，人道的な水準の必要性を満たすことができずに国際社会からの資金援助を受けている．国際通貨基金（IMF）は調査団の訪問の後，下記のような報告書を発表した．

　　林業とダイヤモンドの輸出の回復にもかかわらず，外部に対する経常収支の状況は，高騰する石油価格による貿易状況の悪化から影響を受けて悪化している．長引いた普通選挙の実施過程のために，予算執行の管理が行われず，財政の悪化は国内外の支払いの滞納を増やしていった[43]．

＊18［訳注］　栽培種のヤマノイモ．西アフリカで主食とされている重要な農作物．
＊19［訳注］　雑穀の一種．サバンナなど半乾燥地域で栽培される．

公的財政の構造的な不均衡，国債，政情不安，労働者のストライキ，混乱に直面して，この国は世界で最も貧しい国の一つであり続け，2003年の国連開発計画（UNDP）の人間開発指数（HDI）[*20] による評価では175カ国中168位であった[(44)]．国外から巨額の援助を受けているにもかかわらず，国民が長い間望んでいたことはほとんど無視されている．2013年現在は43歳である出生時平均寿命は1990年から下がり続け，サハラ以南アフリカで最も低くなっている．国民の70%は一日に1ドル以下で暮らしており，86%が2ドル以下で暮らしている[(45)]．

　国民は若い．495万27人という人口の中央値は男性が18.8歳，女性が19.6歳である．出生率は，女性一人が生涯に4.63人産む．HIV／エイズの大人の有病率は4.7%で，世界で37位である[(46)]．感染症や寄生症疾患へのリスクの度合いは非常に高く，中央アフリカ共和国の人々は水系感染症，バクテリアや原虫起因の下痢，肝炎，腸チフス，マラリア，髄膜炎菌性髄膜炎，住血吸虫症と日常的に闘っている[*21]．15〜60歳の間に死ぬ確率は，男性は1,000人中471人，女性は1,000人中466人である．ヘルスケアへの公的支出の合計はGDPのわずか3.9%であり，ヘルスケアに対する基本的な権利を守るのに十分ではない．つまり，この高い死亡率は予期できないようなことではない[(47)]．長期計画の欠如，怠慢，不適切な管理，搾取は，植民地化以前に始まり，現在も続いており，中央アフリカ共和国の

*20［訳注］ HDI（Human Development Index）とは，平均余命，教育および所得指数の総合統計であり，各国はこれによって4段階に順位付けされる．1990年に経済学者のアマルティア・セン（Amartya Sen）とマブーブル・ハック（Mahbubul Haq）が開発した．

*21［訳注］ 水系感染症は病原微生物に汚染された水を直接摂取することで感染する病の総称．髄膜炎菌性髄膜炎は，脳・脊髄の表面を覆っている髄膜に生じた感染症で髄膜炎菌という細菌が引き起こす．住血吸虫症は住血吸虫科の寄生虫に感染することで発生する病の総称．

人々に損害をもたらしている.

　変化し続ける人口動態のバランスや経済的,歴史的,政治的な力学の中で,グローバリゼーションという課題の絶えざる複雑化は,伝統的な生活様式を常に変容させる.グローバリゼーションは,二つの民族の間で,またそれぞれの民族内において,富,可能性,健康,教育,人権における差異をこれまでになく拡大させながら,伝統的な生活様式に新しい機会と変化を生み出している.ンガンドゥにとってグローバリゼーションは,コーヒーや農作物,硬材,鉱物などの変化する市場をもつグローバル経済への依存だけでなく,実質的な利益をもたらした[48].地域経済における農業を土台とした生活様式は,維持がますます困難になった.経済のグローバリゼーションと世界貿易の拡大は,地球上にほとんど残っていない狩猟採集民の一集団であるアカの生活様式に課題をつきつけている.機会や雇用という魅力や,商業製品,薬品,現金への願望はアカを現金経済へと近付け,ンガンドゥは首都へ移住し始めている.

　中央アフリカ共和国政府,コンセッション会社,宣教師,さまざまな NGO など異なる理由をもつ者たちが,人権侵害に取り組む手段としてアカに定住化を勧め強制した.融合と同化を通して目指されるのは,アカを主流社会の一員とすることである[49].過去もそうだったように,これらの組織は先住民文化の生活現場に介入し改善を試みる.法律や健康,教育や社会システムへのよりよいアクセスを提供し,アカに発言権と行為主体性(エージェンシー)*22 を与えることを望む.「周縁化と闘う人道的な目的」をもって行動しながら,実際これらの組織は頻繁に,より親切にみえるような方法でそれを強制するが,実際それは破壊的な方法である[50].そのかわりに,このような援助は,過去の「先住民を有力な社会へ統合するために植民地政府が掲げてきた文明化の使命」という形をとり,先住民の固有の文化体系を弱体化させ価値を下げる[51].国の,そして国際的な援助や介入は,

たびたび正しく運用されず，援助を必要とする人々を引き離す構造的な暴力となって先住民社会を破壊し，不平等を増加させ，伝統的な生業や社会経済的な様式を変える[52].

このように，アカやンガンドゥの女性は，グローバリゼーションの強力な勢力と関連して，不均衡な経済的，社会的，政治的な周縁化を経験し続ける．アカとンガンドゥによる民族誌的な語りの収集は，異なる文化に属する両集団の女性たちが類似した生態と結びついた歴史の中で，どのように出会い，グローバリゼーションの特性にいかにユニークで絶妙な方法で対応しているのかを示しながら，外部の勢力が彼女たちの日々の生活を変える多種多様な方法を明らかにする[53].

アカとンガンドゥの人々の概要

アカとンガンドゥが暮らしている地方は盆地にあり，北はチャド湖とシャリ川，南はコンゴ川流域の集水域である［地図 2］．中央アフリカ共和国の南部に向かって流れる小川は，ボム（Mbomu）やウエレ（Vele）の源流においてコンゴ川に合流する巨大なウバンギ川に流れこむ[54]．中央アフリカの北西部から湧き出す水は，近代にコンゴ共和国と中央アフリカ共和国の間で作られた国境の輪郭を

＊22［訳注］　個人あるいは集団とこれらを取り巻く社会構造との関係における，個人や集団の主体性や能動的な力．意図の有無は問わない．ロング（Long 2001）は個人や集団であるアクターが相互作用を通じて出来事を経験的に生み出すプロセスに注目し，社会を動態的に捉えようとするアクター・アプローチを提唱した．このアプローチでは，開発政策の受益者を受け身の弱者というカテゴリーにおしこめて対象化することを批判し，農民や女性たちが発揮する能動性を示す概念として行為主体性が用いられている．小國和子 2009「エージェンシー」日本文化人類学会編『文化人類学事典』pp.624-625，丸善出版．Long, N. 2001. *Development Sociology: Actor Perspectives*, Routledge.

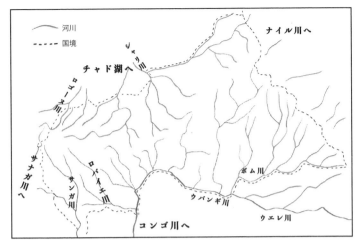

地図2 中央アフリカ共和国を流れる河川水系

描く激しい流れとともに，ロバイエ川に向かって流れこむ．アカ
とンガンドゥの人々の生活の境界を作り決定付けるのは，熱帯雨林
である．ンガンドゥにとって森は，対立する村，奴隷商人，植民者
からの避難所であり，肉やイモムシ，薬や葉菜類などの食料や市場
価値のある製品を供給し，富をもたらす源である．森林は物悲しく
執念深い死霊に満ちた恐ろしい場所でもある．創造主によって降格
させられた死霊は，家族や友人との別れを嘆くが，「森で嘆く」よ
うにと永遠に追放されたのである［第4章を参照］．

　コリン・ターンブル（Colin Turnbull）[*23] がムブティについて描い
たように，アカにとって森は母であり父であり，食料を与えてくれ
もするし，友人でもある[(55)]．アカは，ディマ（*ndima*）と呼ぶ森が
与えてくれる恵みに感謝を示すために，森の精霊ジェンギ（*djengi*）

* 23［訳注］　1924-1994．イギリス出身の社会人類学者でピグミー研究の第一人者．
コンゴ民主共和国（旧ザイール）の東部でムブティの調査を行い，『森の民——コンゴ・
ピグミーとの三年間』や『豚と精霊——ライフサイクルの人類学』を著す［p.362を参照］．

に合わせて歌って踊る．アカは喜びのために踊る．そして，悲しみのために踊る．踊りで自分たちを表現し，仲間や森とコミュニケーションをとるのだ．森の精霊はしばしばキャンプに入口をもっている．精霊は偉大なハンターであるトゥーマや，キャンプの年輩者であるコンベティを森の恵みへと呼び寄せる．この入口はアカとンガンドゥの生活に繋がっている．森は喜びに満ちた場所であり，静寂であり，驚きの場所でもある．生と死のリズムが経験され，社会的な意味が風景の中からも外からも絡み合う環境である．

　葉でできたドーム型の小屋のある小さなキャンプの中で，アカは自分たちをこの森，つまり，近隣の村人ンガンドゥと共有するこの熱帯環境の最初の住人であると考えている．かつて狩猟採集民は森の恵みで生計を立てていたが，多くのアカが今は少なくとも一年間のうちある時期は農耕を行う．ンガンドゥは定住的な農耕民で，たびたび森へ狩猟や採集，交易のために出かける．ロコカ（Lokoka）の近隣では，おおよそ300人のアカがおおよそ500人の農耕民とかかわって暮らしている[56]．

　ナンベレ村から森のキャンプへの道は曲がりくねっており，ロコカの近隣に暮らすアカの3集団を結んでいる．人口密度は低く，1km^{2}に対して1人である．アカとンガンドゥは類似した人口動態の形態をもっている．多産多死であり，両方の集団で15歳以下の子どもの死亡率は35〜45%であり，女性一人につき4〜6人という高い出生率である[57]．おおむね二つの季節がある．乾季は暑く乾燥している．ただし「乾燥」はここでは比較的ということである．あえていうなら乾季といってもじつは暑く，いつもじめじめして，かなり湿っぽい．いつも雨が降るというわけではないが，高温多湿で本当に湿っぽい．雨季の土砂降りの雨は，アカをたびたび村暮らしにし，村人や自分の畑で働かせる（図1.1）．空がすっかり晴れたら，アカは森のキャンプで過ごし，網猟，罠猟，野生果実や葉菜類の

採集をし，村の「暑さ」から逃れて森の生活の静けさを楽しむ．アカは森の獲物，野生の澱粉[*24]，キノコ，森のツル，葉，ココ，そして労働力を提供し，近隣の農耕民から農作物や鍋，タバコ，衣類を得る．ンガンドゥは家庭菜園，換金作物

図1.1 アカの村におけるキャンプ

を栽培する小さなコーヒー農園，そしてあり余るほどのさまざまな食料を生み出す農園をもっている．ここには，キャッサバ，トウモロコシ，ギニアヤム，サツマイモ，プランテンバナナ，落花生，パパイヤ，バナナ，パイナップルなどがある．アカとンガンドゥの生活は繋がっており，森へも繋がっている．社会的，経済的，宗教的な相互交渉を共有しながら，両者の居住形態や生産様式，男女関係，育児のやり方，価値，信念などは異なっている[(58)]．

アカ

　アカ（ビアカ〈*BiAka*〉が複数形で，モアカ〈*MoAka*〉が単数形）は最小限の政治階層をもっている．コンベティのような非常に限られた権威をもつ人はいるが，「ビッグマン[*25]」や他者に対して絶対的な権力をもつような者はいない．男女間や世代間では比較的高い平等主義が浸透しており，男性や女性，子ども，高齢者の間で年齢や性を理由として敬意を集めている者はいない．父系遺伝の繋がりは

＊24［訳注］　ヤマノイモのこと．
＊25［訳注］　メラネシアの諸社会における政治的なリーダーで，リーダーシップを発揮する．その権威は，蓄積した財を支持者に贈与することによって維持される．

弱く——クランへのメンバーシップはディカンダ（*dikanda*）という父系を通してであるが，モビラ（*mobila*）という母系も同様に認識されている．アカの親族名称は，世代に関してハワイ人の親族分類システム[*26]を反映している［表1, p.7を参照］．タオ（*tao*）は父親を指す言葉だが，父親の兄や母親の姉妹の夫もこう呼ばれる．ングエ（*ngue*）は母親を指す言葉で，母親と母親の姉妹の両方にあてられる．すべての祖父母はココ（*koko*）と呼ばれ，すべての孫はンダラ（*ndala*）と呼ばれる．兄弟，姉妹，いとこはカディ（*kadi*）である．歴史的に「ピグミー」として知られるように，アカは，ある程度個人差はあるものの，世界で最も低身長な人々の集団に含まれる[(59)]．このピグミーの表現型（フェノタイプ）[*27]は，よく言及される現象であるが，理由はよく解明されていない．近年の調査では遺伝に関するものではないかと言われている．おそらく低身長は，進化論の仮説でいうと，気候または赤道の熱帯雨林の密度に対する体温調節としての適応か，また，民族学の観点からいうと，食用の森林産物が限られていることや結婚相手の好み[*28]がもたらした結果なのかもしれない．また，生活史理論［p.196を参照］からいうと，感染症や寄生虫といった疾病状況の厳しさによって成人が高い死亡率をもつためではないかと考えられている．またこれらの他にも多くの仮説がある[(60)]．

　コンゴ盆地の森林に暮らす35万人の狩猟採集民には，大きな多様性がある．「ピグミー」には，少なくとも13の区別できる民族言語学的な集団があり，一つの文化を共有した単一の民族集団では

---

*26　同じ性と世代のすべての親戚に同じ語を使う．ンガンドゥがもつイロコイの親族システムと比べられる［p.87を参照］．

*27［訳注］　ある生物のもつ遺伝子型が形質として表現されたものを指す．長谷川寿一・長谷川眞理子 2000『進化と人間行動』pp.21-44, 東京大学出版会.

*28［訳注］　配偶者選択において，背の低い相手を選ぶ傾向．

ない[61]．しかし，いくつか
の共通性が多くのコンゴ盆地
の狩猟採集民にある——多く
は少なくとも一時的に農耕を
行い，農耕民とかかわって生
活し，広くシェアリングを行
い，自律性を強く尊重し，「恵
みを与えてくれる」森[*29]に
関する強いアイデンティティ

図1.2　ジェンギが踊っているところ

と知識をもち，母親以外の他者による顕著なアロマターナル・ケア
［p.108を参照］をもつ[62]．ただし，「ピグミー」の中には，サバンナや，
サバンナと森林のまざった環境に暮らす者もいる．

　アカは，すべての生ある者の創造主であるコンバを信じている．
コンバは世界と人々を作り出した後，森に隠れ住んでいると言われ
ている．森の精霊ジェンギは数ある精霊の中でも最も広く認識され
ており，定期的に精霊たちと相互交渉が行われる．ジェンギは歌う
ことや活力あふれた踊りや遊びを好み，儀礼に現われると，歌い手
や踊り手，太鼓の奏者の熱狂が弱まると踊るのをやめる．このよう
な信念の表現は森で際立ったものとなっている（図1.2）．

　アカは「恵みを与えてくれる」森の寛大さを信頼する．しかし，
アカは「熱帯雨林の中での人生についてまったくロマンティックな
見方をしない．事故，食料の不足など，悪意のある精霊が問題を起

* 29［訳注］　バード゠デイヴィッド（Bird-David）は，インドの狩猟採集民ナヤカ
（Nayaka）を事例として，狩猟採集民は環境を「親のように」「与えてくれる（giving）」
存在と見なしていると主張した．「与えてくれる」ことを基盤とする環境観から，狩
猟採集民は分配に対する強い倫理観を共有し，要求によって分配を行っていると論
じている．Bird-David, N. 1990. The Giving Environment: Another Perspective on the
Economic System of Gatherer-Hunters, *Current Anthropology* 31(2): pp.189-196.

こすかもしれないのだ[63]」．このような社会や自然環境についての見方は，アカの行動に大きく影響を与えている．アカはキャンプに持ち込む 50〜80% の食料を分かち合い，それらは一般的に女性によって料理され，分けられ，皿に入れられて，子どもたちによってキャンプの他のメンバーに届けられる[64]．アカは「シェアリングを要求する」．それは，誰かが何かを求めてやってきたときには与える義務があるということである．まさに近年まで，アカは富や物を貯めず，菜園や畑に植物を植えることもなかった．つまり，アカは長期にわたる生存計画をもたない．アカは未来が未来を引き受けることを信頼しているのだ．自然環境との関係を含む社会関係は，信頼や寛大さ，協力という重要な価値に基づいている．

アカの音楽と踊りの文化は際立っている．語られるお話にはすべて歌のコーラスがつきもので，そのコーラスはしばしば，話し手が創り出し，周りに座っている聞き手が繰り返す．即興的な創造性と一人ひとりの自律性を示しながら．赤ちゃんは，歌とともに背中を軽くリズミカルに叩いて寝かしつけられる．狩猟では，さまざまな音域の裏声によって深い森の中で特定の個人の位置が示される．水浴びや洗濯，キャッサバの毒抜きのための浸水，水汲みなどのために川に行くと，たびたび音楽パフォーマンスの遊びが始まる．川の水と身体のさまざまな部位で，リズミカルな川の打楽器が作られる*30 [65]．この複雑な音楽の遊び，つまり，アカの音楽文化の最もオリジナルな表現法の一つは，狩猟採集民や農耕民など中部アフリカ地域の雨林で暮らす多くの人々に楽しまれ行われる活動である．特別な出来事のための特別な歌や踊りがある．葬式，愛，誘惑，性的関係のた

*30 [訳注] ウォーター・ドラムとも呼ばれる．以下は，アカと同じピグミー系の狩猟採集民でカメルーン東南部に居住しているバカによるウォーター・ドラムの動画である．https://www.youtube.com/watch?v=C7ba1CNOLiI[アクセス日 2020 年 2 月 14 日]

めに潜在的な相手の注意をひくためのもの，キャンプ生活で自分の役割と場所を学ぶためのものなどである[66].

　とくにポリフォニー[*31] は，文化，つまり価値観，信念，願望，行動，そしてアカにとって重要なものごとを伝える．文化継承というかたちで，音楽という言語は表面的な言葉の意味以上のことを伝える．文化のリアリティをあらわす音や歌という話法は，意味の網となり，アカが自分たち自身，文化的な信念や価値観，つまり自律性，シェアリング，社会組織，愛，生と死を，分かち合われた音楽と歌を通して表現されるすべてを，語るものとなる．音楽という「言語」は作用をもたらす．それは意味の作用，つまり，社会的学習[*32]，性交渉，文化的な実践，政治的文化的な表象，観念的な意味という作用である．隠喩的な歌，踊り，そしてお話はともに結びつき，アカの人生を満たし特徴付ける[67].

　他のキャンプ訪問に出かけたり親戚や友人が来たりするため，森や村の小さな親密なキャンプで人々の数は日ごとに変わる．キャンプは慌ただしいところで，遊びに没頭する子どもたちや，おしゃべりしたり料理したり働いたりする人々がいる．アカの居住形態はマルチローカル[*33] であるが，結婚したばかりの夫婦はたいてい妻方

＊31［訳注］　アカを含むピグミー系の狩猟採集民はポリフォニー（多声音楽）という音楽様式をもつ．複数の異なる声部がそれぞれに異なるピッチとリズムをもつ旋律を奏でる．UNESCO の無形文化遺産となっている．

＊32［訳注］　学習過程と社会的行動における理論であり，人や動物は自分自身で学ぶ以外に他者を観察し模倣することによっても新しい行動を獲得できるというもの．詳しくは第2章で論じられる．バンデューラとウォルターズによって概説され，後に詳細が補強された．Bandura, A. and Walters, R. 1963. *Social Learning and Personality Development*. New York: Holt, Rinehart & Winston. Bandura, A. 1977. *Social Learning Theory*. Oxford, England: Prentice-Hall.

＊33　結婚したカップルが，相手の家族の居住地で暮らすこと．柔軟な居住形態．妻の母親または家族の居住地で暮らす形態を妻方居住（matrilocal），夫の父親または家族の居住地で暮らす形態を夫方居住（patrilocal）という．

居住である．新しい夫婦は妻の家族の家に移動する．この間，新郎は，新婦の家族に提供しなければならない婚資*34 を払い，義理の親族によって行動を指示される．このような仕事は，最初の子どもが生まれ歩き始めるまで続く．ひとたび新郎がこの仕事から解放されたら，新しい家族はどちらの親戚と一緒に暮らすかを決める．しかし，キャンプはいつも生物学的に近縁な親族から構成されているわけではなく，キャンプの構成には多様性がある(68)．家族のみから成る小さなキャンプがたくさんあるが，それらは他のアカのキャンプの近くにある．

キャンプは森，樹冠をなす背の高い半落葉性樹林*35 に巻きつきアフリカの広大な空へと向かって伸び上がるツルと，密集した下生えから生じた緑のモザイクに囲まれている．アカの家は細長い樹木でできており，円錐形のドーム型で，大きな葉で覆われている．家は小さく，大きくても直径 3m，高さ 2m ほどである．内側にはヤシの葉柄で編まれたベッドがあり，ここで家族が一緒に眠る．割ったヤシの葉柄でしっかり組みなおしたベッドはほぼ快適である．家には，小さなたき火，樹木の壁からかけられたわずかな所有物がある．所有物は，採集した根や植物，皿や首飾りである．ンゴンド（ngondo）と呼ばれる思春期の前期［表2, p.7 を参照］の女性が作った小屋は，より小さく，一人で，また多くても二人の住人でいっぱいになる．ボカラ（bokala）と呼ばれる思春期の前期の男性によって建てられる独身男性の差しかけ小屋は，屋根が一つの斜面しかなく，水漏れがあり，不安定な長方形の構造になっている．ジャバと

* 34［訳注］ 婚姻を正式なものとするために夫方から妻方に贈られる金品．多くの物を持たないピグミー系の狩猟採集民は金品の代わりに獣肉やハチミツ，労働力を提供する［農耕民ンガンドゥの婚資については p.165 を参照］．
* 35［訳注］ 一年のうち一定期間葉を落とす樹種によって構成される森林のこと．中部アフリカの熱帯林は，常緑樹林と半落葉性樹林が混交していることが多い．

いう名前のアカの女性は私に「これは，アカがどんなふうに生まれたかということで，家を建てるのは女だけがする仕事だよ．女がどこに滞在するのかを選ぶんだ．男は朝になると子どもたちのために食料を探しに狩りに出かける．だから，女たちが家を建てる．男が出て行くと，女は家を建てるんだ」と説明した．

　これは，居住形態が柔軟であることをある程度説明しているのかもしれない．もし，妻が両親を訪ねるなどしばらくの間どこか他のところに住みたいと考え，夫がそれを望まなければ，彼女は出発するだけだ．数週間のうちに出て行き，ばらばらになり，夫はすぐにしぶしぶ妻と一緒に暮らすようになる．それぞれの家の入口は開かれた中心部に面しており，暮らしのすべてが家の外側の開放空間で行われる．料理，掃除，網や籠作り，育児，議論，会話，活動は，キャンプ内で人々に共有される．プライバシーはなんのそのである．小屋の位置は成り行きまかせではない．家族の家を建設中の女性は，キャンプの中でともに暮らす人々の「社会的地位」に敏感である[69]．家の戦略的な位置取りによって，キャンプの中の対立を最小限にする．女性たちは，家族，友人といったそれぞれの住人とそれ以外の人をつなげる関係性や，現在の情動的関係の質，つまりそのとき誰と友情や愛，ライバル心，あるいはたんなる興味の欠如を分かち合っているのかを見積もり考慮する[70]．アカの女性がどこに家を作るかが意味することは重要である．コンガはこんなふうに述べた．「大好きな人のそばに住むことを選べるし，誰と最も近く住むかを選べる．隣人や友達とケンカをしたら，離れて住んで互いに口をきかないよ」．

　今日，ナンベレ地区のキャンプは大人数になっており，とくにコンゴの道ではそれが顕著である．一つのキャンプで50人を超える．この道路沿いには，村人のような家が，葉と木でできたより伝統的な家とともにみられる[71]．森の中に，村で建てるような家を建て

る者も少しはいるが、おそらくキャンプに一人くらいで、プランテンバナナやキャッサバ、トウモロコシの小さな畑の近くには、葉と木でできた5軒か6軒の家がある。森のキャンプは、死が訪れたり不猟であったりした場合にたびたび放棄される[72]。今日、アカが森のキャンプで過ごす時間は減少しており、伐採路や村の畑、学校や布教所に近い大きなキャンプでより多くの時間を過ごすようになっている。

森での菜園づくり[*36]や、村の畑の近くで行うことが増えた農耕という最近の実践に加えて、アカは森林の中に食料の十分な選択肢をもっている。森林では動物が狩り出されて獣肉が減ってきているが、それでも数百もの植物や動物に囲まれている。しかしアカが好むのは植物63種と昆虫32種（イモムシ12種を含む）、好物のハチミツ（8種のハチからとれる）、動物20種、植物の根6種、葉菜11種、果実17種である[73]。アカはキノコやシロアリ、イモムシを集める。数種類のダイカーを網猟で獲り、サルを獲るのにクロスボウ[*37]を使い、小さな罠や網の罠を森林性のネズミ、センザンコウ、ヤマアラシを獲るのに使う。狩猟と採集は季節的で、このような活動にかける時間は季節によって変わる。8〜9月の雨季はイモムシの採集や農耕民の畑で働くのに多くの時間を割き、1〜3月の乾季は、多くの時間を網猟に使う。アカは「即時利得（immediate return）」[*38]

* 36［訳注］ 農耕民が森林を伐開して行うような焼畑農耕と区別して、キャンプの周辺でアカが行う小規模の農耕のことを指すと考えられる。
* 37［訳注］ サルや大型鳥類など樹上性の動物を狙う狩猟具。射出機型の柄の溝に矢を乗せ、トリガーを引いて、引き絞った弦を外して発射する。クロスボウは、ポルトガル人が15世紀にアフリカ西海岸にもたらした武器で、バンツー系農耕民の熱帯雨林地域への進出にともなって東方へ伝播したといわれている。竹内潔 1995「アフリカ熱帯雨林のサブシステンス・ハンティング——コンゴ北東部の狩猟採集民アカの狩猟技術と狩猟活動」『動物考古学』4: 27-52. Vansina, J. 1986. Do Pygmies have a history? *Sprache und Geschichte in Africa*, 7(1): 431-445.

という価値観と社会組織をもつ．アカの活動は現在に直結しており，食料や他の資源を獲得するのに働いたら，その場でまたはおそらく次の数日間で消費する．蓄積，長期間の負債や義務，特定の親族関係の関与に対する投資は最小限である[74]．

　アカの家族は一般的に，数世代にわたって利用してきた小径のそばのキャンプに暮らしており，そこで構成員は狩猟や採集をともに行う．この小径は，ンガンドゥの村，つまりコンザ（konza）の村と繋がっている．コンザとは，「パトロン」そしてクランの仲間である．アカとンガンドゥはクラン名をたびたび共有しており，ンガンドゥはアカの「パトロン」で，同じクランの構成員である．家族は互いに多様な人間関係の網をもち，ほとんどの場合は協力し，その一方で頻繁に不平等な関係をもつ．あるクランの構成員は，同じ名前のクランをもつンガンドゥの家族と交換関係にある[*39][75]．

ンガンドゥ

　ンガンドゥは現在暮らしているナンベレ村から約85km離れた地域からやってきたクランを起源とする民族集団である[76]．ンガンドゥは民族紛争やウバンギ川に沿って行われた奴隷貿易から逃れるために北へ移動せざるを得ず，森の奥に追いやられ[77]，そこでン

* 38　将来に対する信頼を反映して，富，食料，物は集積されず，貯蓄されないシステム．遅延的利得（delayed return）システムと比べられる．［訳注］ジェイムズ・ウッドバーン（James Woodburn）によって提唱された．Woodburn, J. 1982 Egalitarian Societies, *Man* 17(3): 431-451.
* 39　［訳注］　クランを共有する農耕民とアカの関係は，あたかも両者の間に親子関係があるかのようにみなされるので擬制的親族関係といわれることがある．竹内潔 2001「『彼はゴリラになった』──狩猟採集民アカと近隣農耕民のアンビバレントな共生関係」市川光雄・佐藤弘明編『講座生態人類学2　森と人の共存世界』pp.223-253, 京都大学学術出版会．

ガンドゥとアカの生活が結びつくことになったと考えられている．起源に関するある神話によると，アカも含むすべての村人は共通の始祖の子孫であると信じられている．これはアカが物語る神話と非常に対照的である．アカの神話は，自分たちが最初の村を見つけたが権利を失ったというものだ．女性がハチミツに向かうミツバチの羽音に導かれて夫に一緒に森に行くように頼み，帰る途中で土地を奪うバンツー系の農耕民によって村が奪われたことを知るというものである[78]．

　ヨーロッパ人による植民地化は，ナンベレの民族構成に影響を与えた．植民地の行政官は首長を指名し，住民の異質性を考慮することなく，均質な「ナンベレ族」を作ろうとした．フランス領赤道アフリカでは植民者によって強制的に制定された計画的な政策がとられた．ヨーロッパの会社が野生ゴムを採集するために，例えば必要な労働力を掌握し強制することができるよう，村人の集住化を求めたのである．たしかに，「ナンベレの村人」はいくつかの異なる集団から成っている．村の地域言語はバンツー系の言語グループであり，「元来の系統に強く関連している．村人はそれを確認するためにディン・ンガンドゥという同じ民族名を使っている」[80]．サンゴ語*40 は 1960 年代に公用語となり，小学校における教授言語となっている．ンガンドゥのとくに男性は植民地時代に用いられた言語であるフランス語を話すことができる．

　焼畑農耕民として，ンガンドゥは 100〜400 人で道路沿いの定住集落に住んでいる．ナンベレ社会で，ご近所は父系の関係，つまり男系を通して分類された子孫集団をもとに分かれており，クランの連帯は強い．ンガンドゥの親族名称は，イロコイ型の親族分類の体系*41 と類似している．政治的な階層は，選挙によって選ばれた地域社会を監督する市長から始まり，近隣に暮らす村々の長が続き，そしてそれぞれの家系の家父長が続く[81]．ンガンドゥの畑，土地，

家は，家系によって共同で管理され，家族内で必要な人が出た際は
いつでも，売買または交換される．ただし，その家系が属するクラ
ンの構成員は取引が生じた際に相談を受ける．息子またはクランの
年長の男性は父親から土地を受け継ぎ，娘は母や祖母から深鍋やフ
ライパンの類の家財道具を受け継ぐ．男性たちは，部屋が一〜三つ
ある乾燥した土造りの家を建て，ひとたび結婚すると，夫は部屋を
加え，それぞれの妻は自分の部屋をもつか，より広い敷地内では別
の家をもつこともある(82)．一夫多妻婚は比較的多いが，減少傾向に
あり，結婚のうち 35% が一夫多妻婚である．結婚した夫婦は一つ
の部屋を共有する．ただし，二人以上の妻がいて，敷地が狭い場合
は複数の部屋を共有する．子どもたちが乳離れし，家に部屋がある
場合は，兄弟姉妹でベッドや部屋を共有したり別々に使ったりする．

　友人や家族が訪れたとき，中心の部屋はみんなが集まる場所とし
て使われ，雨が降ったなら女性の仕事場となる．家は通りにひらか
れ，日々の生活や料理，社交，家族の生活はふつう裏庭で行われる．
ンガンドゥはたびたび家の近くに小さな畑をもち，そこで薬用植物，
ハーブ，果実，野菜を育てる．多くの家族はニワトリやブタ，ヤギ，
ヒツジを村の中で放し飼いにしている．女性はインフォーマルな市
場経済*42 で活動的だ．余剰生産物や肉，キャッサバ，密造酒，落
花生つまりピーナッツバター，そしてヤシ油を地域の市場で売る．
なかには，キャッサバやイモムシといった収穫物，または他の産物

* 40 ［訳注］　植民地時代に用いられたフランス語と現地語であるンバンディ語が混
ざって，1960 年代に中央アフリカ共和国の首都バンギで生まれた言語．チャドやコ
ンゴ民主共和国でも話されている．
* 41　子どもの父親と父親の兄弟は同じ語で呼ばれ，母親の兄弟は異なる語で呼ば
れる．母親と母親の姉妹は，同じ語で呼ばれ，父親の姉妹は異なる語で呼ばれる．す
べての兄弟姉妹には，平行いとこ（同性兄弟姉妹の子同士の関係，つまり父の兄弟の
子，母の姉妹の子）と同じ語で呼ばれる．ハワイ人の親族システム［p.78 を参照］と
比較される．

をバンギで仲買人に売る女性たちもいる．またなかには，小さなレストラン，バー，コーヒーショップ，ティーショップを立ち上げ，地方の常連客に出前を行う者もいる．はっきりとした男女間や世代間の不平等がある．ンガンドゥは，一年に数回ほど近所の人やクランの構成員と「協力的な交換関係」を通して食料や労働を共有するが，たいていは毎日のように世帯の身近な構成員と食料を分かち合う．男性の仕事は季節的である．1～3月の乾季の間，ンガンドゥの男性は植え付けのために畑を伐開する．しかし伐開を行い，畑で植え付けたり，雑草をとったり，収穫したりと，一年間を通じて畑仕事をし続けるのは女性である．もし一家がコーヒー畑をもっていたら，とくにそれが大きければ，コーヒーの植え付けや生産は男性の責任である[83]．

　ンガンドゥの男性や女性は自分たちの大変な仕事に誇りをもち満足している．ンガンドゥの人生は，家族や友人，作物や畑に捧げられる．個人の要求をこえて拡大家族のクランの構成員を含む家族の要求を満たすことに高い価値が置かれる．このような共同体主義（コミュナリズム）が特徴となっている．ンガンドゥは他者への愛情や親密さという感情を経済的あるいは物質的なものと結びつける．このような諸特徴は関係の社会的情緒的な諸側面と結びついている．経済的活動，社会的連続性，遅延型の生産と消費，長期計画と未来への関心，「返済の遅延した手順」は，父系の親族集団，社会的関与，たとえ亡くなっ

* 42［訳注］　定義や概念については統一的な見解はみられないが，一般的には政府の雇用統計に載らない零細な自営業や日雇い労働を意味する．地下経済と呼ばれることもあったが，21世紀になりアフリカや中国をはじめとした途上国間の交易が急速に拡大しており，世界中でその労働人口は16億人，経済規模は18兆ドルにも及ぶという．ロバート・ニューワース2013『「見えない」巨大経済圏』東洋経済新報社．アフリカのインフォーマル経済に関しては，小川さやか2011『都市を生きぬくための狡知——タンザニアの零細商人マチンガの民族誌』世界思想社．

た人であっても誰が自分と結びつき関与しているのか覚えておくことの重大さなどの点で繋がっている．祖先霊は，継続して尊敬が示される対象で，生きている者の生活の中で活発な場所にとどまり続ける．広範囲にわたる親族の結束，クランの同盟，長期間の社会的紐帯の維持は，経済的社会的な不運に対する安全弁を提供する[84].

　ンガンドゥはよい社会関係を維持することを重視する．しかし，潜在的に大きな拡大家族が密に近接しているので，平等主義や世帯間でのシェアリングはそれほど頻繁でも広範囲でもない．シェアリングは非常に広い家族のネットワークの中で拡散してしまうためである．しかし，家族と分かち合わず，物や地位，および富を蓄積する人は，邪術師であると疑われ，病気や死をもたらすと信じられているため邪術の標的になる．イデオロギーの形としての邪術は，記憶され伝えられ，文化の特徴として強く保持されている．邪術は平準化機構として働き，世帯間の平等を維持し，蓄積を抑止する[*43].邪術は家族内の差異を減らし，平等関係を維持する．家族と幅広く物を分かち合うことなしに物を蓄積できる者はいないし，富や土地，権力，名声をためこもうとする人は，他者を犠牲にして得をするために邪術を使ったと非難される．ある人が蓄え，他の人が蓄えなかった場合，とくに女性と子どもにとって，このことは甚大な意味をもちうる．アカとンガンドゥは，ストリキニーネであるムベンゲを飲む．つまり，毒託宣を行うのである［p.28を参照］．口いっぱいにムベンゲをつめこんで，誰が社会の中に死や不運，病気を引き起こした邪術師かという情報を提供する．ムベンゲによって邪術師とされた者は，裁判制度によって有罪と認められれば，刑務所に入れら

＊43［訳注］　蓄積をよしとする者は，他の者の妬みの対象となり邪術にかけられる．アフリカ農耕社会において平準化機構という重要な役割を果たす邪術の詳細について，掛谷はタンザニアのトングウェ社会を事例に明らかにした．掛谷誠 2018『掛谷誠著作集　第2巻──呪医と精霊の世界』京都大学学術出版会.

れることもある．邪術師はグンドゥ（*gundu*）と呼ばれる特別な臓器をもっており，これは小さく青白くて丸く，たくさんの「口」がある．邪術師の子どもが成長すると，他者の生命力を「食べ」，その臓器は大きく赤くなり，さらにたくさんの口をもつようになる．邪術師は人間の形をしているが，夜になると，自分たちに力と利益をもたらす他者の生命力を食すために飛び回る．たいていの場合，犠牲者は他者を助けず他者に物を渡さない者であり，生物学的または義理の親族である．

　農耕民ンガンドゥの間で邪術は，アカの間で広範囲にわたって日々行われているシェアリングとほとんど同じように，比較的に平等主義的な社会を維持する手段，つまり平準化機構として働いている．邪術は目に見えないので法によって統治することも制御することもできないが，行動を統治する方法であり，見えざる法や社会の制御そのものである．加えて，アカとンガンドゥの両方にとっての邪術は，制御不能の出来事や状況を制御する方法であり，死や不運，制御できない出来事を説明する[85]．

アカとンガンドゥの関係性

　二つの集団は経済的にも文化的にも相互依存している．両者の人生は，クランの構成員の間の複雑な同盟関係，ときには生涯の友情，交換，依存においてかかわり合っている．一方を語ることなしにもう一方を語ることは不可能でないにしろ難しい．このような関係の性質，範囲，構造は長い時間をかけて大きく変化し，これに応じてさまざまな方法で分析されてきた．生態学的，経済学的なアプローチはアカに対するンガンドゥの補完的な支配を強調し，イデオロギー的でありまた社会政治的でもある同盟のモデルは，従属関係とその原因を強調する[86]．両者の関係は多面的であり，クランの同盟

の連合，義務，特定の相手との交換関係，友情，連帯，従属，支配に基づいて描かれたり，言語や用いられる方法，データが扱う範疇や解釈，探求される関係の階層（レベル）によって描かれる様相が変わる[87]．ここでいう関係の階層とは，国，地域，社会，個人のことである．

　二つの民族間の遺伝子の移動は，このような関係の長い歴史や性質，言語の借用，からまりあった交換形態，社会組織，協力，同盟の結果，もたされたものである[88]．はっきりとしているのは，長い接触の歴史にもかかわらず，このような関係は「狩猟採集民の農耕民への同化」[89]をもたらさなかったことである．アカとンガンドゥは，それぞれの基本図式，信念，実践，イデオロギー，そして価値観を維持し続けている．強固な絆は世代を超えているが，アカとンガンドゥはそれぞれが自分たちの文化の形を維持してきた．それぞれは，自分たちの価値観を失うことなく，必要な資源へのアクセスを得ている[90]．それぞれは，孤立によってではなく，もう一方やより広い世界と交渉し適応する方法を学ぶことによって[91]非常にユニークな文化を保ち続けているのだ．

語りからみる女性たちの関係

ブロンディーヌ——ンガンドゥ女性

　私がもっと若かったとき，森の小径のそばでピグミーから肉を買っていた．ピグミーが狩猟し，私は肉をキャッサバ，タバコ，ヤシ油と交換したんだ．森へ行き，肉を仕入れて，それからそれを売ってたくさんお金を稼ぐとうれしかった．子どもたちに靴や服を買えるから．私はいつも同じ小径を通る．商品を交換した後，ピグミーの女たちは私を家族のように扱い，来た道を一緒にたどり，私の家で夜を過ごした．村人は，草ぶきの小屋で暮らすピグミーは自分たちのような家をもたない

と考えていた．彼女たちが家で眠っていたとき，子どものようだった．

　かつて私が村にいたとき，ピグミーにキャッサバを与え，1，2時間私のために働いてもらうことが何度もあったんだ．それからピグミーは森に帰っていった．だけど，彼女たちは今，私たちを見捨てたんだ．かつて，彼女たちは家族のようだった．私には一緒に働いてくれる3，4人のピグミーがいた．彼女たちは私の家族や私に頼っていたし，私たちを助けてくれたから，私は彼女たちを信頼していた．変化は，宣教師が学校を建てピグミーを教育したことだろうか．かつて彼女たちは何も理解していなかったけど，今では教会と，他にも文明の物について知っている．ピグミーの子どもたちは学校に行くけど，大人は行かず，畑で私たちのために働いている人もいる．一緒に働くのはいいことだ．

　私たち村人はピグミーと同じクラン名を共有している．結婚したら，夫のクラン次第で，たいていは長い間ピグミーと暮らす．ピグミーが病気なら，助けるために，薬や衣類，食べ物を買うお金をあげるんだ．私はこの小径の上の方に住むピグミーを家族のように愛している．ピグミーが病気だと悲しいし，亡くなったら，葬式に行って泣く．私はピグミーに敬意を抱いている．ピグミーの森での生活はとても大変なんだ．

　私にはたくさんのよいピグミーの女友達がいて，一緒におしゃべりするときはそれぞれの生活がどんなふうに違うかを比べるんだ．私たちの生活はとても違っている．ここは清潔でよい服があるし，足をよく洗い，衣類も洗う．ピグミーの女は違う．村の女のように清潔なピグミーの女もいるけど，汚くて匂いがする女もいる．かつて，ピグミーはふんどしをまとい，お尻は空気に触れていた．だけど，今では女は服を着て，時々は服を洗いもする．

　ピグミーは，子どもたちに尊敬[*44]と従順という私たちと同じ教訓を教える．村人やピグミーの子どもたちの中には，尊敬と従順を示す者もいれば，そうでない者もいるんだ．子どもがたくさんいたら，ピグミー

は子どもを打つかもしれないけど，ほとんどのピグミーはそんなことはしない．村人はもっと子どもを打つ．なぜかというと，村人の子どもは頑固で，両親を敬わないから．村の子どもは学校に行って，そこで敬意を示さないと，先生は村の子どもたちを打つ．けど，ピグミーの子どもたちの多くは学校に行かない．だから，ピグミーの両親は敬意を示すことを子どもたちに教えない．村の女はここで，「息子よ，水を取りに行って，食べる前に歯を磨きなさい」と言う．ピグミーの母親は，「体を洗いなさい，服を洗いなさい，歯を磨きなさい」と言ったりしない．洗うことなしに過ごしているからね！　他の違いは，男と女の関係．ピグミーの女は決めることができる．夫が「今晩，一緒に寝たい」と言って，セックスを求める．女が「嫌だ」と言ったら，彼女たちは望まないセックスはしない．これが決めるということなんだ．男が狩りに行きたがって，もし女が「嫌だ」と言ったら，行かない．ピグミーの女は夫をとても愛している．彼女たちは夫と一緒に働き，猟をともにし，食べ物を見つけに行く．森を一緒に歩く．村人の中にはこんなふうに愛し合っている者もいるけど，ピグミーほどではない．

　かつて年老いた祖父母が亡くなると，息子に自分たちのピグミーを与えたけど，今は宣教師や学校の影響でピグミーは独立している．宣教師は私たちに，「ピグミーを打ったら，あなたを警察に連れて行く．あなたは出頭し，COOPI[45]のイタリア人のところにも行かないといけない」と警告する．だけど，過去にこのことは事実だった．ピグミー

*44［訳注］　原文の中で狩猟採集民アカと農耕民ンガンドゥが語る respect は，両者の間で他者に求める行動規範が異なる文化理論を土台にしていると考えられるために，ンガンドゥが語る場合は「尊敬する・敬う」，アカが語る場合は「尊重する」と訳し分けることとした．なお，両者に対し，前後の文脈から，「尊敬する・敬う」および「尊重する」に訳しづらい場合，「敬意を払う」という表現を用いた．

*45［訳注］　1965 年に設立されたカトリックの国際 NGO．イタリアに本部があり，主に人権問題を扱っている．活動の詳細は以下を参照のこと．https://www.coopi.org/en［アクセス日 2020 年 2 月 14 日］

が村人を敬わなければ，ピグミーは打たれたんだ．今もしそんなこと
でもしたら，警察に行かないといけない．今，ピグミーは村人になん
の敬意もない．これは問題だ．もしピグミーを打ったなら，ピグミー
は相手を敬う．私の子どもたちが人を敬わなかったら私は打つんだ！

　ピグミーは子どもじゃないから難しい．だけど，村人が私を敬わな
かったとしても，私はこの村人に向かって敬うように言い，それから
同じように打つ．今，ピグミーは望むなら誰とでも働くことができ，
私のためにだけ働くわけではない．これはよいことだ．文明を学んで
いるんだ．私はピグミーが村に住み，ピグミーの子どもたちと村の子
どもたちがともに学校に行くのはいいと思う．宣教師の学校には，ピ
グミーも村の子どもたちも一緒に通うんだ．ピグミーが近くに住むの
はいいことだけど，ピグミーは村の太陽が好きではない．木や蔭のあ
る森に慣れているんだ．ここ，村は太陽が直射するし，ピグミーは太
陽を好まない．だから，木に覆われた森に住んでいるんだ．

テレーズ──ンガンドゥ女性

　私は父親のピグミーたちを思い出すよ．ピグミーたちは食べられる
森の動物をたくさんもたらしてくれた．私にとって家族みたいだった．
私はイモムシの季節に両親と森に行った．ピグミーたちと一緒に住み，
両親はイモムシや肉を欲しいときに油や塩と交換した．両親と祖父母，
曽祖父母は，ピグミーを自分たちのために働く動物のようにみていた
けど，今はピグミーが肉やイモムシを獲ったらそれらを買わないとい
けなくなったんだ．ピグミーは同じ人間だから，力ずくで欲しい物を
奪えないだろう．ピグミーには知識がある．ピグミーは血が流れてい
るし人間だ．それから，特別な力ももっている．自分たちを見えない
ようにし，動物の姿になって，私たちの畑から農作物を簡単に盗むんだ．
私たち村人はピグミーを怖がらせるために畑に呪物を置くけど，ピグ

ミーはそれを自分たちの呪物と入れ替えてしまう．これは村人への邪術になって，時々亡くなる人がいる．だけど，病を癒す力ももっているんだ．なかには近代薬で癒すことができない病があるけど，そんな病にピグミーの治療者はとても効力があるんだよ．

　ピグミーには，現在と以前で大きな違いと変化がある．アカはンガンドゥの間で集団に分けられていて，ンガンドゥはそれぞれのピグミーをもっていた．ピグミーは仕事をたくさん与えられ，拒絶しようものならンガンドゥに打たれた．アカとンガンドゥは一緒に食事したり，ともに歩くことはなかったよ．ンガンドゥは他のンガンドゥから自分のアカを守った．アカはンガンドゥのために肉を得て，ンガンドゥが長期の旅に行くときは背中にンガンドゥを担いだんだ．ンガンドゥ同士でピグミーを売り買いした．だけど今，アカは自由でやりたいことができる．アカは今，銃や罠，槍，網で猟をする．かつては服を着ていなかったけど，今はラジオや靴，メガネやズボンを持っている．ピグミーは動物を狩り，肉との交換でラジオや他のものを要求する．今，ピグミーの子どもは学校に行く．村人の子どもとピグミーの子どもはより似てきているから，私はそんなことをなんとも思わないよ．かつてピグミーは所有者を愛していたけど，今の白人の感覚でいうと，所有者ではない．ピグミーの仕事にはお金を払う必要があるけど，私の時代には自分たちはピグミーの所有者だったんだ．今ではお金を払わなければピグミーは働かないよ．これが大きな違いなんだ．

　かつてピグミーがナンベレ村にやってきたとき，村で問題や戦争があると，ピグミーは村人に「森にいる自分たちのところに来たらいい．森に来て私たちと一緒に住もう」と語ったんだ．私たちはピグミーについて行き，一緒に働いた．私の時代，ピグミーとの関係はよかった．私はピグミーを息子や娘のように思ったし，ピグミーは私を母親のように思っていた．私は知り合いのピグミーみんなが大好きだったし，ピグミーは私をママと呼んだ．ピグミーに子どもや赤ちゃんができた

とき，私は子どもの名前をつけたよ．だから，ピグミーみんなが私を
ママと呼んだんだ．このことになんの変わりもないよ．ピグミーはま
だ私をママと呼ぶし，私はピグミーを娘，父，いとこ，弟，妹と呼ぶ．
私はピグミーみんながとても好きだ．たくさんのピグミーが私の家に
やってきた．私は夫と森にいたとき，食事を準備してピグミーが食べ
るようにあげた．ピグミーには食べるものがたくさんなかったからね．
ピグミーは「ああ，ママ！　こんなふうに食べ物を私たちにくれるな
んてあなたはとてもいい人だ」と言ったよ．ピグミーは私にハチミツ，肉，
それからたくさんの物をくれた．私はよいピグミーの女友達がたくさ
んいて一緒に歩いたんだ．

ナリ──アカ女性

　小さかったとき，私は初めて村人を見たの．幼心に，怖かったわ．
村人は私を殺すと思ったから逃げた．私は村人を「私たちの村人（*Bilo,
ya sou nai*）」と呼んだの．村人は私たちの長のようだった．両親は私に「怖
がらなくてもいい．村人はお前を殺さない．お前と同じ人間だよ」と言っ
たの．両親は私に村人を恐れないように教えたわ．村人は物をくれる
という両親の助言を聞いて，私は村人たちのために食べ物を見つける
こと，村人たちに親切にすることを理解し始めたけど，村の子どもた
ちとは決して遊ばなかった．子どもたちの両親が怖かったから．私が
小さいとき，村人の友達はいなかったわ．

　私は時々村人のために働くの．村人はやっかいだわ．問題を好むもの．
性格が悪くて，村の女に借金すると，キャンプにやってきてすべての
物を持ち帰ってしまうの．村の女のために働いて病気になったら，「働
けない」と言うでしょう．すると，村の女は「とにかく働かないとい
けない！」と言うわ．悪い人々よ．「お前は泥棒だ．いつも盗みをはた
らいている！」と言う．私たちをけなすの．意地悪ね．私たちに敬意

を払わない．侮辱する．大声を張り上げる．借金があったら私たちを打つの．私たちは長い間ともに暮らしてきたけど，彼女たちは家族のようではないわ．彼女たちは仕事を望むだけ．私たちは彼女たちの労働者よ．私たちは彼女たちのために働き，彼女たちは私たちに支払う．それがすべて．彼女たちと何の関係もない．家族のようには思わないわ．やるのは仕事の協力だけ．彼女たちを好きじゃない．

　私は村の女たちが怖いけど，今は限度があるわ．村人のために働いて彼女たちが私を打ったら，もう彼女たちのために働かない．お金をもらわないわ．選べるのよ．それから，働くのに適した村人を待つわ．私たちは村人のために働く．私たちはたくさんの物やお金，山刀，コップ，鍋，衣類を持たないから，彼女たちのために働くの．たぶん彼女たちがこういった物を私たちに与えてくれるから．

　村の女たちと私には大きな違いがあるわ．村の女たちは，よい衣類をつけ，清潔で，クリームを使う．健康にいいものを食べる．家にあるよいベッドで眠る．私が料理する食べ物は違う．家も違う．私たちは子どもたちを打たないわ．いつも大声で叫んだりしない．彼女たちは子どもたちを尊重しないの．村の子どもたちが母親や父親を拒絶したら，打たれるわ．両親に従わなければ食べさせてもらえない．子どもたちは両親を恐れているの．だけどここでは，アカの子どもたちは両親を恐れない．アカの子どもたちは両親を尊重するけど，村の子どもたちが親にするようではないわ．違うのはこんなこと．村の子どもたちが何かして，両親が「やめろ！」と叫ぶと，村の子どもたちはやめて両親の言うことを聞く．だけど，ここで私たちが「やめろ！」と言っても，子どもたちはやめない．私たちは子どもたちを打ったりしないし，子どもたちは私たちを恐れたりしないから．もし子どもたちが悪くて，こっちが叫ぶと，子どもたちは泣くわ．村では，子どもたちは親に叫ばれると従うの．

　かつてアカは森にいて肉やハチミツを見つけ，ンガンドゥはコンゴ

にいたの．戦争があって，戦いのためにンガンドゥは森に逃げ込んだ．ンガンドゥはアカを森で見て，力づくで自分たちの住む村のそばに住ませようとしたわ．ンガンドゥたちは紐を作り，それぞれのアカを縛って村に連れてきた．村人は，村に住んで働き，もう森には住まないようにアカに言ったの．ンガンドゥは家と村を作った．こんなふうにしてアカとンガンドゥは初めて一緒になった．ンガンドゥはアカを動物のように使ったから，アカとンガンドゥの接触はいいものではなかったわ．ンガンドゥはアカに対価を支払わなかったの．アカが働きたがらないと，アカはンガンドゥと争ったわ．でもね，コンバはアカを最初に創造したのよ．コンバは大きな森を創造し，森の中にアカを住ませ，ヤマノイモや肉，森のハチミツを与えたの．森には，イモムシの季節やハチミツの季節がある．こんなふうにすべてをコンバはアカのために創造したの．あとから，コンバは村と白人を創造したの．これは，私たちが，「私はお前たちアカを初めに創造し，お前たちに大きな森を与える．森にいなさい．森でお前たちが必要とするすべてを与える」と言ったコンバの掟を守る理由なのよ．これが，白人と村人が村にいる理由なの．

　コンバは創造した森をアカに与えたの．私は森の近くにいつも住みたい．森の中の生活はより平和なの．村の近くに住み畑をもったとしても，決してンガンドゥにはならないわ．私たちはいつもアカのまま．私は村の女たちのようではないわ．私は心からアカなの．

コンガ——アカ女性

　若いとき，私は服を着た村人に会って，「ああ，これは私たちと違う人だ」と思ったんだ．私は距離をとった．両親は私に，「村人に会ったら，村人を敬いなさい．敬意を示すんだよ．村人は私たちと違う暮らしをしていて，私たちも村人とは違う暮らしをしている．だけど，村人に

近づきすぎてはいけないよ」と言った．少女だったとき，村人たちとの関係が始まった．私は，畑やイモムシのキャンプであるンガンドゥの女と働き始めたんだ．彼女のために働き，彼女をよく知るようになった．だけど，私は小さかったから恐ろしかった．村人たちはよくない，チンパンジーみたいだと思ったよ．

　この章では，私たちは歴史がアカとンガンドゥに与えてきた影響をみてきた．奴隷貿易，強制労働，植民地支配，共存，グローバリゼーション，多国籍経済の進出といった脅威が，二つの民族の文化や関係，生活に挑みかかり変化を与えてきた．女性たちがもっている子ども期のはじめの記憶を起点とする第2章では，この共有された歴史の上に，二つの異なる文化の生活様式が，同じ生態系の異なる利用からどんなふうに生じているのかを示していく．中央アフリカ共和国の南部地方の隣人として，アカとンガンドゥは，頻繁な社会経済的関係，そして長期にわたる双方向の関係を維持してきたが，非常に異なった身体的^{フィジカル}環境や社会的条件の中で生きてきた．異なる生産様式や男女関係，子どもの発達や社会的学習に影響を与える育児形態をもちながら．

フィールドノートから

2002年秋

　一日前，町の宣伝役は，女性たち全員に市長が彼の御殿，そう文字通り御殿！で明日会いたがっていることを知らせるために，笛を吹きながら，午前中早く！村を通り抜けた．彼がすべてのルートを回るのにどのくらい時間をかけたかわからないが，Eメールでメッセージを

送るよりも面白いことは間違いない．村での死以上，いや邪術の告発以上，いやそれ以上に村は緊張状態になり，市長が人々に会う以上のことが起きるかのようであった．もっともである．私は市長に「お茶」代を援助するように求められた．「道を掃除する少年に，お茶のためのお金をいくらか支払ってくださったら，あなたはなんていい人なのだろう」というふうに．市長がどの道について話しているのか，それがどこで，どこに向かっているのか，定かではないが，まあ仕方がないか．今，私は小さな我が家の中で腰を下ろして，書き物をしている．窓の外には3匹のヤギがいて，食べ戻しを咀嚼しながら，深刻そうに私を見ている．会合に行かなければならないのだろうか．おそらく，お茶代を無心するのにも気を使っているのだろう．

2003年冬

Eは毎朝着飾って，私が彼のために手に入れた帽子をたびたびかぶる．その帽子を本当に気に入っている．唯一の問題は，誰もが彼の帽子を欲しがり，それをくれないかと頼むことであった．だから，彼は帽子をとても身に着けたかったが，できなかった．彼が「ここでは誰かが嫉妬すると，その人たちはあなたの中に悪魔をみる」と言うように，嫉妬が災いや病気，何かそんなようなことを引き起こす．なので，彼は我が家を訪れているときだけそれを身に着ける．私は村での夜がいかに騒がしいかを忘れていた．夕方になると，はじめに子どもたちが叫んだり遊んだりしているのや人々がおしゃべりしているのを聞き，それから小さな少年が「灯油，灯油」と叫んでいるのを聞く．そしてそれから，離れたところから雷鳴，アカの太鼓の音，木々を抜ける風の音を聞く．それは私が忘れていた，がやがやした音だ．電流の音みたいに，数えきれない虫，夜の動物，人里離れたトカゲ，そしておそらくハイラックス？は，一晩中鳴いたり吠えたりしている．そして，

私はここに横たわって，眠ることができず，息をするたびに 2, 3 の鳴き声を数える．たくさんの鳴き叫ぶ声があるのだ．

先日，ある人が私の家にやってきて，ポーランド人の司祭が私たちの衛星電話を使いたい，7 時ごろまでにそれを持ってきてくれないかと言った．相手が言うことがわからないときに微笑みうなずくように，ここでも微笑みうなずきながら，私たちは「もちろん」と言った．それから E の家に夕飯に行き，市場と司祭のところまで行った．私たちが歩み入ると，巨大なテーブルがあり，座って食べるように勧められた．見たところ，司祭は私たちの電話を実際には必要としていなかった．そこには誰かとともに食事をとりたい孤独な司祭がいただけで，彼が私たちを招いたのだった．だから，私は腰を下ろし，二度目の夕飯，五つの皿から成るコース料理を食べた．キノコのスープ，パスタ，肉，野菜，ワイン，サラダとチーズ !! それからポーランド人の司祭は話して話して話した！ 大部分がポーランド語であった．C は私に向かって，彼が何を言っているのかわかるか尋ねた．「いいえ，言葉はわからない．ただ笑ってうなずくだけ」である．それから，私たちは孤独なポーランド人の司祭と一緒に夕べを過ごした．私たちが再びお腹を空かせる何日か前だった．きっと，微笑みとうなずきという決まりきったやり口はそんなにいい考えではない．カトリックやプロテスタントの聖職者たち，たくさんの異なる宗派があるが，ここでは皆がアカやンガンドゥの人々を「救おう」としている．私には何から救おうとしているかわからない．地域の人々が信じているもののどこが「悪い」のだろうか．

考察のための問い

1. 植民地支配，強制労働，市場経済の導入は，狩猟採集民アカと定住的な隣人ンガンドゥの関係をどのように変えたのだろうか？

2. 植民地支配は構造的な暴力の一形態であり，その地域に暮らしてきた人々の文化を破壊する経済的な開発である．それは，伝統的な生業形態を変化させ，人々を市場経済に追いこみ，社会関係に影響を与え，不平等を増幅させる．知ってのとおり，植民地支配は近代世界の発展と成立における主要な構成要素である．アフリカにおける植民地支配は近代の西欧世界にどのような影響を与えただろうか？

3. テレーズによる民族歴史学的（エスノヒストリー）な説明は，彼女の人生に起こった出来事をどんなふうに経験し説明したかを描いている．なぜ，アフリカの歴史を理解することが，現代アフリカの女性の生活を理解するうえで重要なのだろうか？

リバーサイド・ストーリーズ

　熱帯林には，小さなせせらぎから幅数 km を優に超える大河までが流れている．私が通う村は，カメルーン共和国とコンゴ共和国の国境にあるコンゴ川の支流ジャー（Dja）川沿いにあり，そこではバクウェレ（Bakwele）という農耕民がバカ（Baka）・ピグミーとともに暮らしている．

　コンゴ川は森と外部世界をつなぐ交通路になってきた．歴史家のジャン・ヴァンシナによれば，バンツー系農耕民の祖先たちは 3000～4000 年前にこの川の道をたどって熱帯林に入ってきた．川は，15 世紀以降の植民地時代には下流からやってくるヨーロッパ商人や植民者の道になった．川はまた，雨季には定期的に氾濫を起こして森へと水を溢れさせ，乾期には減水するというリズムを繰り返すことでコイやナマズといった魚類を育み，森に棲む者，とりわけ動物性タンパク質が不足しがちな農耕民にとって，食生活に欠かせない恵みを与えてくれる．

　焼畑農耕とともに漁労活動を生活の糧にしているバクウェレたちは，乾期になると魚を捕らえに家族とともに手作りの丸木舟に乗って漁労キャンプへと向かう（写真）．農作物をたくさん積むことができる丸木舟は，数週間から数か月にわたって移動生活をするのに便利である．船外機は高価なために普及しておらず，木を削って作った櫂で立ち漕ぎをする．たどたどしい漕ぎ方ながら，私もたびたび櫂を握らせてもらった．熱帯林内の河川には倒木が多い．ぼーっとしていると岸から川に突き出た倒木に頭をぶつけてしまうので，舟の中では居眠りは厳禁である．

　丸木舟からは，森の中を歩いて見るのとはまた異なる風景が見える．最初は同じような川辺林が延々と続くように見えるが，しばらくすると，川の中や陸のさまざまなランドマークに気づくようになる．中洲，淵，急流，そして小川のそれぞれに，ミカアブ家の川，ゴリラの川などといった名前が付いている．かつてそこに住んでいた出自集団や由来となったお話がそれらの名前に刻まれているのだ．アブラヤシやタケが生えている少し開けた場所は，かつての村や放棄されたキャンプ跡であることが多い．現在バクウェレが漁労キャンプに使っている場所のほとんどはそのような場所で，中に入ると土器の破片やビール瓶が地中から顔を覗かせ，放棄されたカカオ畑の果実は野

生動物の餌になっている.

　1960 年のカメルーン独立前後の政策によって定住・集住化させられる以前，バクウェレは川沿いの森の中に点々と分散して暮らしていた．バクウェレとパトロン＝クライアント関係を結ぶバカ・ピグミーはその周辺の森の中にキャンプを作り，植民地政府からバクウェレに税金として課せられた野生ゴム採集やカカオ栽培の作業の手伝いをさせられていた．税金の要求が高まるほど，バカ・ピグミーもバクウェレとの民族関係を通じて植民地経済に組み込まれていったのだ．

　私が調査を始めた 2000 年代初頭には，森や川のキャンプで生まれた世代がまだたくさん存命で，廃村での暮らしについて語ってくれた．私は買ったばかりの GPS 端末を使って地名をマッピングするのに夢中になった．プロットされた地点が増えるにつれて，森がより立体的に想像できるようになっていった．しかし 2000 年代後半には定住・集住化以前の居住空間のほとんどが新たに設定されたンキ国立公園内に入り，また近くのコンゴ共和国国境地域の森林で，内戦時に使われていた武器を転用したマルミミゾウの密猟が行われるようになってしまった．これらの事情からバカ・ピグミーもバクウェレも森や川への十分なアクセスが難しくなっている．地名やお話として口伝えで語り継がれてきた歴史が消えてしまわないうちに，若い世代が再び自由に漁労や狩猟採集を行えるようになってほしい．私の作った地図も，その時少しは役に立てるかもしれない．

　　　　　　　　　　　　　　　　　　　　　　　　　　　　（大石高典）

漁労キャンプに向かってジャー川を行く
（二〇〇七年二月，カメルーン）

第2章

森と村の子どもたち

世界中が私たち少女と喜びを歌った．私たちは森で本当によく遊んで
よく歌っていたから．　　　　　　　　　　　　　　　　　　　　　　　　　　　　―コンガ―

私がとても幼かったころ，子どものころの仕事は，遊んで楽しく過ご
すことだった．幼いころは，ただ生きている．一番大切で素晴らしい
思い出は遊んだことだった．私は自由だった．　　　　　―ブロンディーヌ―

この章で探求される研究上の問い（リサーチ・クエスチョン）は，アカやンガンドゥの子ども
として成長するとはどのようなことか，ということである．この最
初の問いは，発達に関する鍵となる論点の上に構築されている．子
どもたちは社会的信念や価値観，生業技術，知識を誰から，どのよ
うに学ぶのだろうか．子どもたちはどこでも自文化に特有の文化的
価値や信念，実践を学ぶにちがいない．そしてこのような「子ども
期の仕事」はさまざまなメカニズムや手段を通して実現される．子
どもたちは観察，競争，模倣，教示などの多くの方法によって，そ
して父や祖父，兄弟姉妹，他の子どもたちなどさまざまな人から[1]
学んでいる．遊びは子どもたちが社会や生業に関連した技術を学ぶ
方法の一つなので，社会的学習は遊びを通しても生まれる．

　本章では，「はじめに」で紹介した民族誌的概要をさらに展開する．
とくにアカとンガンドゥの親の民族理論（parental ethnotheories）[*1]
と世代間の文化伝達のプロセス，愛着スタイル（attachment styles）
［p.150 を参照］，基盤スキーマ（foundational schemas）［p.152 を参照］
に焦点をあて，二つの集団の文化において重要な類似と相違を説明
する．両者は中央アフリカ共和国の南部地域で隣り合って暮らし，
同じ熱帯雨林から生活の糧を得て，ともに高い出生率と死亡率をも
ち，頻繁かつ長期間にわたる社会経済的な相互関係を築いているが，
異なる生産様式，男女関係，育児様式をもっており，まったく異なっ
た身体的（フィジカル）・社会的環境の中で生きている[2]．これらの相違は，社会

* 1 ［訳注］　両親が親としての役割をどのように理解しているのか，母親や父親として重要
なことは何か，こうした考えや信念が子どもの発達にどのように影響を与えるのかという，両
親の文化的信念体系に関連する考え方や信念のこと．ハークネスらによれば，「子どもについ
ての親の民族理論を理解することは，彼らの子どもが成長してコミュニティの成功したメン
バーになれるように親が使用する戦略を理解するための鍵となる．とくに，学習者としての子ど
もに関する親の民族理論は，親が子どもの学習環境について考える方法の基盤を提供する．こ
れらのアイデアは，ハークネスとスーパーが 1970 年代にケニア西部の農村キプシギのコミュ
ニティで最初に研究したトピックであり，子どもの知性と人格に関する親の民族理論に関連
している」．Harkness, S., Super, C., Moises, R., Bermudez, M., Rha, H., Mavridis, J. and Palacios,
J. 2009. Parental Ethnotheories of Children's Learning, In. D. Lancy, J. Bock, S. Gaskins, eds., *The
Anthropology of Learning in Childhood*, pp.65-81. AltaMira Press.

的学習が何について，誰から，どのように起こるのかに影響する．この章では，学習がアカとンガンドゥの子どもたちによってどのように，非常に特有で異なる方法で行われているのかをみていく．アカとンガンドゥにおける親の民族理論，文化伝達の様式，学習形態は，ブロンディーヌ，ナリ，そしてコンガの語りに埋め込まれている．

子ども期の仕事

　文化は，さまざまな手段，つまり親の行動や世話，成人期に向けた子どもの適応や準備を通して学習される．文化に左右される生活のさまざまな領域において，文化は親の実践に含まれており，この実践は子ども期の発達と重要な文化モデル（cultural model）*2 の伝達，文化モデルの基盤となる基盤スキーマに影響を与える[3]．この章で記載する民族誌の背景は，アカとンガンドゥの基盤スキーマを映し出す．アカの基盤スキーマには，異なる年齢と性別間の平等主義，シェアリングという価値観，社会的役割の流動性，個人の自律性の尊重，他者への信頼が含まれる．ンガンドゥの基盤スキーマには，はっきりと区別される性役割，年齢と性別による階層，両親・年上の兄弟姉妹などの年配の個人に対する服従と尊敬，クランやリネージを同じくする特別な他者に対する義務，物質的なやりとりが土台となった社会関係，邪術への強い信仰，そして他者への一般的な不信感が含まれる[4]．幼少期の記憶についての女性の語りは，アカやンガンドゥの子どもたちがこのような鍵となる基盤スキーマを誰からどのように教えられるのかを示している．

＊2［訳注］　ある文化に属する人々が，あることについて感じたり考えたりすることが，実際の行動にも大きな影響を与えるという前提に立ったとき，ある特定の事柄について人々がもっている知識や感情のこと．文化モデルは，社会的に伝達・経験され，人々が自身の身の回りの世界について理解や解釈を行うさいに基本的な手がかりを与える［pp.152-153 も参照］．Hewlett, B. S. and Hewlett, B. L. 2007. *Ebola, Culture and Politics: the Anthropology of an Emerging Disease*. Wadsworth Pub Co.

ンガンドゥの子どもたち

　ンガンドゥの子どもたちは，ほとんど毎日，さまざまな隣人や親
戚，遊び友達と出会いながら，騒がしい環境の中で成長する．ンガ
ンドゥの赤ちゃんたちは，一日のかなりの部分で，親やそれ以外の
人に過保護に世話され，一緒に遊んでもらい，抱かれている．ただ
し，一般的に世話をする者は幼児がぐずっても泣いてもすぐには反
応しない．ンガンドゥのよちよち歩きの幼児は仮母^{*3}，普通は幼児
の兄弟姉妹によって世話され，そして幼児たちはこのような「他の
母たち」から質の高い集中的な世話をしてもらい，豊かな社会環
境の中で人生の最初の年月を過ごす[5]．生後 18 か月から 2 歳ころま
でに子どもは母によって離乳させられる．母は乳房を縛るか，授乳
を妨げるために乳首に指の爪に使う研磨剤か何か苦いものを塗る[6]．
離乳中の幼児は食事補給のためにコメかキャッサバの粥を食べさせ
られ，母親が畑仕事や他のことで忙しい間，さまざまな年代の男女
の子どもたちのグループと一緒に遊びながら時間を過ごす．ンガ
ンドゥの幼い子どもたちは他の子どもたちと一日の大半をともに過ご
し，夜にはそれぞれ兄弟姉妹と簡易なベッドで寝る．この歳から幼
少期終わりごろまで子どもが母か父と過ごす時間は限られている[7]．
よちよち歩きと 3 歳から 4 歳の子どもは大人に服従し，尊敬するこ
とを教えられ，少女は頭に小さな荷物を載せたり，背中に赤ちゃん
に見立てた枝や葉っぱの束，もしくは弟や妹を縛って運ぶことを始
めたりして，母の活動を遊びながら実践するようになる（写真 2.1）．

　4 歳から 5 歳までに，少女は家事の技術を学び始める．弟や妹の
世話をしたり，料理や掃除の手伝いをする少女にとって，子ども期

＊3　生物学的な母以外で母のような役割をする者．アロマザー（allomother）とも言う．また，
このような生物学的な母以外からなされる世話をアロマターナル・ケア（allomaternal care）や
「共同育児」と言う．

はより早く終わる．少年は，少女のように弟や妹の世話をしなくてもよく，より多くの自由な時間があるが，ときに使い走りや他の簡単な仕事のような手伝いをする[8]．

写真 2.1 子ども期の仕事をするンガンドゥの子どもたち

6歳から8歳までの子ども，とくに少女は，ますます「女性の仕事」つまり家の掃除，水汲み，薪拾い，畑仕事，兄弟姉妹の世話といった手伝いをしなければならなくなる．この年齢では，少年たちは大人の男性と過ごし，少女は畑や家の中で大人の女性の周りにいることがより多くなる．そして少年も少女も大きくなるにつれて，とくに年下の兄弟姉妹が新しい幼児の世話を引き受けるようになると，村の中で小さい子どもの周りで何もせずぶらぶらしにくくなる[9]．

少年は，同じ年齢の少女に比べてより責任が少ないとされているが，彼らもまた洗濯や石油売り，もしくは家族の収入の助けとなる他の何らかの活動をするようにお呼びがかかる．とくにンガンドゥが市場経済により巻き込まれるようになったことで，子どもたちは世帯における労働力のきわめて重要な一部となった．年長の子どもたちは，同性の仲間たちと一緒に遊び，思春期の初期から中期まで，大人以上に同じ世代の友人とともに多くの時間を過ごす．少女たちは別で，日中の多くの時間を一人で仕事をしたり，大人のいるところにいたり，兄弟姉妹と一緒にいたりして過ごしている[10]．しかし，そうであっても，近所の付き合いとして，さまざまな年齢の男女の子どもたちのグループがサッカーなどで一緒に遊んだり，家で遊んだりするのを見かけることは珍しくない．そして，大きくなるにつれて，「月が輝き，夜が明るい」ときには，踊りや歌の遊びに参加

するのを楽しむようになる．多くのンガンドゥの子どもにとって，子ども期は大変な仕事と家事があるにもかかわらず，探検，友人，社会活動に彩られた楽しく忙しい時期である．子どもたちは日中の仕事の後にもまだ時間を見つけて遊ぶことができ，この遊びは重要である．それは，社会的スキルを学ぶ方法であり，社会的ネットワークを構築するための時間であり，また生活に関連する仕事を学ぶ時間でもある．

　ンガンドゥの子どもたちの社会的学習は早く，比較的短期間で行われる．文化の多くの側面は，保守的な伝達メカニズム，つまり，垂直的，集団的あるいは「同調」バイアスによるメカニズム［p.154を参照］を通して伝えられる[11]．ンガンドゥの間での父系的イデオロギーの社会的伝達は，文化の適応的な側面のようである．ンガンドゥの子どもたちが，この強力な父系的イデオロギーを獲得するのは，試行錯誤によってではなく，もちろん文化の迅速な獲得を可能にする仕組みを通じてである[12]．子どもたちは，兄や姉，友人，仲間などの他の子どもや親，祖父母，および他の大人たちからも同様に学ぶ．親は子どもたちに重要な文化的価値観を教えることにおいて主要な役割を担っている．男性，高齢者，および権威者への服従と尊敬は，主要な基盤スキーマであり，幼少期以降から強く求められる[13]．子どもは両親に従うことが期待され，そうでなければ迅速かつときには苦痛を伴うしっぺ返しを受けることがある．ブロンディーヌは「友達と踊るのは楽しかったけど，もし私が母親の手伝いを拒んだら，母は私を打った」と語った．

　父系クランのイデオロギーがもつ保守的な性質を理解することは重要である．ンガンドゥの子どもたちは，大人が特定の人々，自分たちのクランの特定のメンバーに依存していることを早くに学ぶ．これは社会の団結と調和を促進するのに役立つ．ンガンドゥは，調和を強く信じ，個人，世代間，およびクランの階層と連帯を促進し

維持する文化的制裁を有する．家族，拡大家族，クランの同盟，祖先は，個人よりも重要である．思春期の終わりと成人期のはじめまでに，ンガンドゥは特定の他者と結びついていることを学び，社会関係の育成と維持に時間とエネルギーを費やし，誰に対して義務を負うのか，誰と同盟を結ぶのか，そして誰に頼ることができるのかを学ぶ[14]．ンガンドゥの子どもたちは，物質的な土台に基づく社会関係についても早期に学ぶ．例えば，ンガンドゥの男性はしばしば，贈り物を与えることで，自分の子どもたちや妻に愛情を示す．男性たちは非常に忠実で家族に献身的であり，家族の世話を一生懸命行う．ンガンドゥにとって，社会的関係は，献身と義務，尊敬と服従というジェンダー化された階層を維持することと結びついている．

社会的階層が高く評価されるために，それを無視する潜在的な表示は，なんであれ社会的秩序の混乱と再編成への一つの潜勢力となる[15]．権威ある存在への男性の服従，献身，尊敬は維持されなければならない．世代間における財産と社会的地位の継承は不可欠である．家族の利益は，クランの利益を維持できるかにかかっている．経済活動，社会の継続性，遅延的生産と消費，長期的な計画と関心は，父系リネージや社会的献身，誰に敬意と服従を示す必要があるのか，どの集団に縛られ最大限の努力を投じる必要があるのかを覚えておくことの重要性と結びついている[16]．

アカの子どもたち

アカの乳幼児はいつも抱かれている．しばしば布の抱っこひもで脇に抱えられて，母親または他の世話人と互いに肌を密着させて寄り添っている．したがって，授乳は自発的で頻繁であり，乳幼児と養育者の身体的および感情的な近接性は継続的で親密である[17]．

例えば，アカの父親は，民族誌的記述で最も養育する父親*4と見なされている(18)．泣いたり騒いだりすると，両親や他の人は迅速に対応する．アカの赤ちゃんは，長い時間泣いたまま放って置かれることがほとんどない．夜の間，赤ちゃんは両親や幼い兄弟姉妹と枝や樹皮でできたベッドでともに寝る．1日を通して，授乳中の幼児は，母親と父親のすぐ近くにいる．母親がおもな養育者ではあるが，子どもたち，両親，祖父母およびその他の大人たちによって抱かれ，甘やかされ，遊んでもらい，養育されている(19)．アカの乳幼児期から子ども期は，豊かで親密な社会環境の中で，自立して行う探検，さまざまな文化的活動の実験，遊び，甘やかし，社会的学習を経験するという特徴がある(20)．

アカは，乳児期の終わりからシェアリングを教えられ，大人がするように頻繁にほとんど毎日，その日キャンプにいる人とは誰とでもシェアリングを行うようになる．このような考え方は普及しており，アカが捕獲した獣肉のほとんどが，また採集した果実や野菜，購入したり与えられたりしたささやかな品物が，キャンプのメンバーに分配される(21)．食物分配は一般的に女性が担っており，子どもたちにシェアリングを教えるのは通常母親である(22)．この広範なシェアリングは，平等主義を促し，良好な社会関係を維持する平準化メカニズムとして機能する．乳児期のはじめから，アカの子どもは自律性という尊重すべき価値観も学ぶ．母親の乳房は通常隠されておらず直接利用可能であるので，子どもは自発的に授乳する．このように，赤ちゃんは要求に応じて保育されるだけではなく，生後3歳から4歳までに，赤ちゃんが哺乳をやめることを選んだと

＊4［訳注］　バリー・ヒューレット（Barry Hewlett）はアカの父親が子どもの養育に積極的に関わり，子どもと多くの時間を一緒に過ごすことを実証的に記述している．Hewlett, B. S. 1992. *Intimate Fathers: The Nature and Context of Aka Pygmy Paternal Infant Care*. Ann Arbor: University of Michigan Press.

きに，離乳する．ただし離乳
は，次の子どもの誕生の準備
として，妊娠した母親によっ
て行われることもある[23]．
離乳すると，3歳から4歳の
子どもは，両親が採集や網猟
を行うときにどちらかに連れ
て行かれるか，キャンプに残
される．かりに子どもたちが
残されたら，祖父母や他の大
人，年長の子どもたちや兄弟
姉妹たちが「お留守番」組の
面倒をみるだろう（写真2.2）．

写真2.2　お留守番中のアカの子どもたち

　自律性に置かれたアカの文
化的価値は，自発的な哺乳や
離乳においてだけでなく，自
己指向の遊びや学習において
も明らかである．ナリは「子

写真2.3　山刀を使って穴を掘るアカの赤ちゃん

どもたちが山刀で遊ぶのは好ましくないけど，赤ちゃんが遊ぶこと
を決めれば，それを放っておく．もし赤ちゃんが自分を切って血を
見たら，山刀で遊ばないことを決めるだろう」と言った（写真2.3）．
他の研究者や私自身が行ってきた何年にもわたる研究において，山
刀で遊んでいた乳幼児や幼い子どもが自分自身を傷つけたという報
告はない．山刀の刃が非常に鋭く子どもに危険がある場合は，両親
が介入することは間違いない．私は子どもが熱い火のほうに這うと
きに親が止めるのを見た．親は子どもを正すことはめったにないが，
親が正すとき，しつけは一般的に折檻やからかいをともなう．そし
て親のために子どもに何かをさせることもあるが，その要求が無視

されても罰せられない．子どもを打つことは離婚の原因になる可能性がある[24]．思春期に至ってもシェアリングを望まないことに対しては社会的制裁が加えられるが，シェアリングを取り巻く期待を除いては，仕事や態度に関して他者から期待されることはない[25]．アカの親たちは子どもたちに何をすべきかすべきでないかをほとんど話さないし，あまりしつけもしない．なぜなら，アカは幼児や子どもを含む個人の自律性を非常に尊重しているからである．これは，「創造的」つまり「革新的」な自由と自律性の尊重と結びついており，歌，太鼓，踊り，お話でしばしばみられる．

アカは子どもたちのことをモナ（mona）またはモアナ（moanna）という［表2，p.7を参照］．自律的なアカの幼い子どもは，遊びに加わったり，生業活動，例えば「料理」したり，ヤマノイモを掘ったり，「夫と妻，母と父」ごっこをしたり，小屋を建てたりするのに参加し，子ども期の後半の多くを両親や他の大人，性別や年齢の異なる子どもたちの遊びのグループで過ごす[26]．子どもたちは，遊びを通して他の子どもたちから学ぶこともある．「子どもは生き方を知るために遊ぶの．子どもたちは両親がどんなふうに行動しているかを知るために遊ぶ」とナリが説明するように，遊びと遊びの一部である社会的学習は，子ども期の仕事である[27]．

6歳から8歳またはそれ以降の男の子はモナ・ボカラ（mona bokala），女の子はモナ・ンゴンド（mona ngondo）と呼ばれる．子どもの活動と興味は，親の小屋を超えて広がっていく．この歳までに，子どもたちは大人についていくことができるようになり，時おり森の果物や野菜を集めたり，家族が網猟をしたりするときには同行することを選ぶ[28]．一般的に，男の子は父親に従い，女の子は母親に従う．子どもたちは通常，同性の親から学ぶが，一般的に知識の取得は自主的で，自律性が最優先される．子どもたちはどの知識のある大人についていくのか，誰から学ぶのかを自分で決める．

思春期の男女は私に語った．思春期の若い女性は，「父は私に，女の仕事，料理の準備を教えてくれた．私の母は女の仕事についてもそうだし，どうやって狩猟し，動物を殺すのかを教えてくれたの」と言った．思春期の男性は，「父は，赤ちゃんを世話する方法や，なだめる方法，食事の与え方を教えてくれた」と語った．これらは異例ではなかった．ナリとコンガのように，この年齢の子どもたちは社会関係と生業技術について教えられ，アカのジェンダー化した仕事と役割の流動性を学ぶ．

　10歳までに，アカが最も必要とする，森の中での生活についての重要な知識や技術，つまりどのように網猟を行い，植物やハチミツを採集し，料理を作り，赤ちゃんを世話し，家を建て，籠を編み，病気の薬を作るのかを身につける[(29)]．しかし，子どもたちは広範な知識を得ているかもしれないが，身体が成熟し，このようなさまざまな活動を体験するためにより強い力と時間をもてる思春期まで，通常この情報は使用されない．子どもたちは好きなように行き来し，他のキャンプを旅し，仕事をしたりしなかったり，性的活動を始めたり，小屋を建てたり，美しさのために歯を加工したり，刺青を入れたりする．子ども期は寛大な時間であり，これは思春期の初めまで及ぶ．個人の自律性，選択の自由，個々の表現が最優先となる．子ども期を通して，そしてそれを越えて，アカは引き続き自由で，抱きしめられ，よく眠り，キャンプ生活の親密な関係の中で他者に絶えず囲まれている．

幼いころの記憶と子ども期

ブロンディーヌ──ンガンドゥ女性

　私には5人の兄弟と3人の姉妹がいたんだ．私は生き残った最初の

子どもで，生まれた後，2番目の子どもが生まれるまで時間がかかった．母のブリジットは，「あなたが生まれる前に二人の赤ちゃんが亡くなったわ．あなたが生まれた後ンガンガが私に，ヤシの葉を取ってきて家を建て，そこに2か月の間住むように言ったの．ンガンガは2か月が過ぎる前に母の私が自分の家に入ってしまったら，新しい赤ちゃんのあなたも死んでしまうだろうと言ったのよ」と言った．母は赤ちゃんの死は，地面からキャッサバの根が引き抜かれたときの損傷による，エキラ（ekila）*5［pp.161-162 を参照］の一種のためであると語ったんだ．

　最初の思い出は，私が3歳くらいのときのこと．友達が私を怒らせたから，その友達とたくさん喧嘩したことを覚えている．友達と遊ぶだろう．遊んでいるときに，友達はいつも私の持っているものを欲しがった．友達が私を怒らせたから，私は友達を殴ったり蹴ったりしたんだ！

　喧嘩していないとき，私たちは遊んだよ．イワシの缶詰の空缶で遊んだ．まるでそれが特別なものみたいにね．自分たちが作って遊んでいた小さな家に入って，夫婦ごっこをしたよ．まるで自分たちの家のお父さんとお母さんみたいに．両親が出かけているときに友達がみんな来て，一緒に遊んだんだ．少年たちが家を建てた．私は妻，友達は私の夫で，私は彼に飲み水をあげたんだ．私は赤ちゃんがいるふりをした．ときには，お互いの上にのってセックスをしているみたいに遊んでいた．私たちは幼くて，自分たちが何をしているのかはわかっていなかったけれど．あるとき，私はコオロギを採って，それを肉と見立てて夫と友達のための食事を準備していた．それを切って，水に入れて，茹でた．私が「私の夫よ，ここに来て！　あなたのための食事ができたよ」と言ったら，その少年はそれを茂みに投げ込んだんだ！

---

*5［訳注］　経血という意味でもあり，禁忌という意味でもある．アカとンガンドゥの両者が用いている概念である．Lewis, J. 2008. Ekila: Blood, Bodies and Egalitarian Societies, *Journal of the Royal Anthropological Institute (N.S.)* 14: 297-315.

私は跳びあがって彼を叩いた．とても怒っていたから！　私は泣きながら走って帰った．だけど，私たちは再び一緒に遊んだんだ．

　ときに，バナナの葉や他の葉を切って束にして背中に結びつけて，私たちの赤ちゃん，バナナの赤ちゃんにしたんだ！　最高の思い出は，母が私の背中にバナナの赤ちゃんを付けてくれたこと．それから，棒とバナナの葉をとって，傘のようにしてくれたから，私は赤ちゃんをもつ大人の女のようだった．私の友達もこんなふうに赤ちゃんとままごと遊びをしていた．友達は家をもち，泣く赤ちゃんをあやして寝かしつけるようにしていたよ．これは，私たちが幼いときのことだ．

　母が妊娠したとき，私は6歳で，とても怒っていた！　私はどうしてもその出産を見れなかった．だけど，母が赤ちゃんと家に帰ってきたとき，私は考えたんだ．「これは私の弟，世話しよう」って．私は弟を抱っこし，母が畑から帰って彼を連れて行ったときだけ友達と遊んだ．私はほんとによく兄弟姉妹全員の世話をした．弟や妹を沐浴させ服まで洗った．赤ちゃんだった弟や妹が泣いたときには飲み水をあげた．とても大事で，大変な仕事だった．私は「子どもはたくさん手間がかかる．私が大人になったら，子どもは二人しかもたない！」と思った．ここの女たちは，子どもは二人か，三人だけほしいと望むならば選択できる．

　私は幼かった当時のことを覚えている．母はいつも私に言ってたんだ．「お前はすぐに女の仕事を始めるよ」．ある日，母は私の腕をつかんで，それから大きなトウモロコシを取って，私の手をとりトウモロコシを植える方法を教えてくれた．私が子どもだったときの仕事は，服を洗って，水を汲み，食べ物を準備し，家を掃除し，畑で働くことだった．昼間，母が畑に行ってしまったときは，時々食べ物を置いていってくれた．私はそれを食べ，兄弟姉妹と分け合った．私は女の仕事が好きだった．真っ当な仕事だから．でも，一番大変なのは畑で働くことだった．

母は私を畑に連れて行き，一日中働かせた．私はヒリヒリと痛みを感じながら家に帰った．すごく痛くなったときは，母が私を病院に連れて行った．これが私の最も辛かったときの思い出だ．私の娘たちにも同じこと，つまり働くことを頼むけど．

　毎日一緒に畑に行くとき，母は私に言ったんだ．「畑のこの部分はあなたのためなのよ」と．母は私のせいでたくさん大変な思いをした．母は私と一緒にいたから，とても忙しかった．私の健康を心配して，食べ物を食べさせ，服のためのお金をいくらかくれた．畑では勇敢であるように教えてくれた．「いつかお前は結婚して，夫のために畑で働くだろう．夫によく尽くさないといけないのよ」とも言った．これは人生の非常によい教訓だと思った．私はその仕事で大きく強くなったんだから．これは夫にとってもいいことだ．

　最初の父が死んでしまったときを除いて，私がまだ子どものころの生活はそれほど大変ではなかった．母は父の弟と一緒になったけど，母が結婚したこの男が私の本当の父ではないことを私は知らなかったんだ．幼いころに私の本当の父親が死んだことを，私は大人になるまで知らなかった．幼少期で最も大変だったのは，寄生虫，脇腹の痛み，てんかんみたいな病気にたくさん罹ったことだった．

　両親が私を愛し，たくさんの素敵な服や美味しい食べ物を与え，よく世話をしてくれたことを私は覚えている．両方のオバやオジもかわいがってくれた．私は健康でいること，ただ友達と遊ぶことが大事だった．幼いころ多くの友達が亡くなったけれど，そのときの友達の何人かはまだ生きている．母は私に多くのことを教えてくれた．だけど，私がとても幼かったころ，子どものころの仕事は，遊んで楽しく過ごすことだった．幼いころは，ただ生きている．一番大切で素晴らしい思い出は遊んだことだった．私は自由だった．

テレーズ──ンガンドゥ女性

　私はナンベレで生まれたんだ．父はボセケ（Boseke）出身で，母は
ナンベレ出身だ．父はムバティ（Mbati）*6，母はンガンドゥだ．夫ア
ドリアンはボダ（Boda）出身で，この村はここから遠く離れている．
ボフィ（Bofi）だった．私はここナンベレで育ったんだ．両親がコンゴ
にいたから，祖母と一緒に住んでいた．結婚したときは，母，父，そ
して祖母みたいに，ここで近所同士で住んでいた．若かったころを思
い出すと，今のような鉄製の鍋はなかったから，母たちは土器の中に
水を入れて運んでいたんだ．この土器は本当に割れやすいんだ！　私
は友達と遊んで，母親たちが作るような小さな土器を作った．今と昔
で生活は違うよ．当時とても危険だったから，子どもたちはあまり遊
ばなかった．夜になるとやってきては，人々を殺す人がいたんだ．村
の間では戦争があったから，子どもたちは通りで遊ぶことも，森の中
を歩くこともできなかった．黒人たちは黒人同士で戦っていた．嫉妬
と文明化されていなかったせいで戦っていたんだ．

　かつて，ムバティはこのナンベレ村を手に入れるためにンガンドゥ
と戦ったんだ．ボガンダ大統領のときに，ムバティは誰が最も強いの
かを示すため，誰が最強であったかを知るために，ンガンドゥと戦い
にここに来たんだ．このとき多くの悪い黒人と白人がいたと父は私に
言った．私は両親と一緒にいて，私たちはこの悪い人たちとの戦いの
せいで森に逃げた．過去の人々は法をもたず，殺すことを恐れていな
かった．私たちは恐れていた．生活は困難だった．フランスの軍隊が
来て，男たちを連れて行って強制的に働かせた．だから父と母は私た
ち子どもを連れて，森に逃げたんだ．私たちはそこで食べて，狩って，
一日中森にいたんだ．夜はこっそりと村に戻り，家の戸をしっかり締

*6［訳注］　ムバティ，ボフィはそれぞれ農耕民の民族名．

めて，寝ようとしたよ．その時代には恐ろしいことがあまりにもたくさんあったんだ！　父は国境近くの軍隊によって金[ゴールド]を探すために強制的に連れて行かれた．長い間，父はそこで働いていて，母が父を探しに行っている間，私は祖母と一緒に過ごした．私の両親は長い間出はらっていた．祖母は名前をプリシラといった．本当によく私の世話をしてくれて，畑の耕し方，水を得る方法，キャッサバの根の植え方，収穫のやり方を教えてくれたんだ．

ナリ——アカ女性

とても小さいころは，あまり思い出がないでしょう．だけど，私は母の乳房にお乳があったときのことを覚えているわ．私が泣いたら，母は私に乳房を与え，私はこのお乳を飲んだの．私は，お乳を飲んで飲んだわ．だけどその後，私に歯がたくさん生えるころ，母のお腹がどんどんふくらんでいくのを見たの．理由がわからなかった．私は「お母さん，どうしてお腹がそんなにふくらんだの？」と尋ねたわ．私は母が病気だと思ったけれど，母は「いいえ，お腹の中に赤ちゃんがいるのよ」と言った．私は自分で母のお乳を飲むのをやめようと決めたわ．「もう私はこんなに大きいから，お母さんからお乳をもらうのをやめるの」と言った．母が赤ちゃんを妊娠していたとき，お乳の味が変わって，私はもうこれを欲しいとは思わなかったの．

陣痛が始まると，母は突然立ち上がって，森へ行って出産しようとしたけど，歩けなかったわ！　女の人がみんなやってきて，「押して！　押して！　赤ちゃんを押して，赤ちゃんが出てくるわ！」と言った．私は出産を見たの！「どうしてそんなにもたくさん血が出てくるの？　何かの動物がお母さんを傷つけているの？」と，母に尋ねた．母が赤ちゃんを押し出すと，母は泣いたわ．母と一緒に私も泣いた．女性たちは私に「ダメ，泣かないの」と言ったわ．なぜ母がそれほど痛かったの

かわからなかった．だけど，母が赤ちゃんを押し出して，初めてこの女の赤ちゃんを見たとき，私は「今，私には妹ができた」と言ったの．母は私にこの赤ちゃんを手渡したわ．私はこの新しい妹を見て，とてもうれしかった！　嫉妬はしなかった．母が少し仕事をしたら私は彼女を抱っこし，彼女が泣いたら私は水をあげたの．

　赤ちゃんが生まれた後，私たちはみんなで森に行って狩りをした．私たちは歩いて歩いて歩いたの．父が私を連れて，母が赤ちゃんを抱っこして．私はとても幸せだったわ．私たちが猟場に着くと，網が広げられた．母と私は木の後ろに隠れて見守った．父と他の男たちが動物を驚かせて飛び出させるために音を立てたの．私は網をひいて，カンムリホロホロチョウを捕ったことを覚えているわ．それから，私がカンムリホロホロチョウを捕まえたら，その鳥は鳴いたの．籠を持って，父と一緒にヤマノイモを探しに行ったことも覚えているわ．父と一緒に森の中を歩くのが大好きだったの．

　私たちは森でたくさんの時間を過ごした．肉，ナッツ，ハチミツ，キノコ，ヤマノイモ，イモムシといったあらゆるものを見つけることができるから，私は森の生活が大好きだわ．食べるものがほんとにたくさんあるの！　村より森のほうがずっとよかった．森の中はバカンスみたいだった．ときには，村の中で食物が十分ではないこともあったの．食事が十分でないときは，夜に泣いてしまい，母は翌日森に入って私のためにヤマノイモを見つけてくれた．両親がヤマノイモを探しに行ったら，私も小さな籠と山刀を持って，ヤマノイモを掘ろうとしたわ．一番辛かったたのは，友達が毒のあるヤマノイモを食べてしまったこと．ちゃんとしっかりと洗って，調理するのよ．それはおいしいけど，食べた後には嘔吐して下痢を起こす．私の友達はこのヤマノイモで死んでしまった．とても悲しかったわ．このとき初めて毒のあるヤマノイモで死んだ人を見たの．

　幼かったころに，私はキャンプで友達と一緒に遊んだ！　森で遊ん

だけど，キャンプの近くにいたわ．私たちは，森の中のツルでブラン
コをした．川でも遊んで，ウォーター・ドラム［p.80 を参照］をした．
モレンバイ・レンバイ（molembai lembai）*7 を踊って歌うの．私は森でほ
んとによく踊ってよく歌ったことを覚えているわ．両親の踊りを真似
したの．あるときは，私は両親の近くに小さな小屋を作り，友達と遊
んだり，結婚ごっこをしたりした．木片を抱き，母になって赤ちゃん
に授乳する真似をするの．私は背中に小さな籠を背負った．これは私
の最高の思い出なの．この赤ちゃんと小さな男の子と遊んだときのこ
とよ．私は小さな夫と一緒に小屋に行き，彼のために食べ物を準備し，
赤ちゃんに授乳したの．両親の真似よ．私は森と，森での遊びが大好
きだったの．

コンガ──アカ女性

　私はお乳をもらったことを覚えているよ．母は私に「あなたはほん
とによくお乳を飲んだわ！」と言ったんだ．それで，母は乳房をとっ
て縛りあげた．私はお乳を欲しいと思ってたけど，母はダメと言った
んだ．私は泣いて泣いた．すると母は「しばらくしたら，あなたはお
乳を忘れるわ」と言った．けど，まだ私は泣いて，泣いていた．母は
私に忘れさせるためにたくさんの食べ物をくれたよ．父と母はハチミ
ツを取りに行って，これを水に溶かして，私にくれた．お乳が欲しく
て泣いたら，母がザンボ（dzambo）というハチミツ水をくれた．何日も
悲しみにくれたけど，私がお乳を忘れるまでの間，母は代わりに多く
の食事をくれた．母は妊娠していたから，授乳をやめなければならな
かったんだ．母のお腹がふくらんで，それから森に行って子どもを産
んだ．私がキャンプで待っていると，母が赤ちゃんを連れて戻ってきた．

*7［訳注］ モレンバイを用いた踊りの名前．モレンバイはヤシの葉状体または他の植物を指
し，腰や胸に結んだり，衣服として踊りに使う．

122

私は「母が出産した赤ちゃんだ．私の弟だ」と思った．とても幸せだった．

　幼いころの最高の思い出は，友達と一緒に森で遊んだことだよ．私にはとてもたくさんの友達がいて，お互いをかけがえのない存在と思っていた．私は，歌ったり踊ったり，木々の揺りかごで揺れていたのを覚えている．私たちは小さな家を建て，結婚して，ヤマノイモを見つけて，赤ちゃんに食事をあげる真似をしたんだ．私たちの小さな夫はネズミを探しに行って，それを持ち帰って，直火で焼いて一緒に食べたんだよ．両親が呼んでも，私たちは遊んでいたから行かなかった！これが私たちにとって大きな楽しみだったんだ．

　私が生まれた後，母はもう一人の子どもを産んだ．この子が少し大きくなると，カメのエキラの病気になった．この子は痩せていて，大きくなっても地面を這っていた．ンガンガは彼を癒すことができなくて，この子は死んでしまった．彼は死に至った．死は死なんだ．私が辛かったときの悲しい思い出だよ．

　私が少女のころ，父はトゥーマという素晴らしいハンターだった．狩りに出ると，彼はいつも肉を持ち帰った．彼はダイカーとゾウを狩った．ゾウ狩りの前には，すべてのハンターがキャンプに集まり，一晩中踊ったよ．ハンターたちは強力な薬でいっぱいにした大きな鍋を引き寄せて，すべての槍を入れた．毎晩彼らは踊って，一晩中歌うんだ．ハンターが寝るとき，妻たちとは別に寝る．狩りの前はセックスをしないんだ．月経が来たら，女は男にも槍にも触れることができないし，料理を作ることもできない．月経中の女は男が触れるものに触れることはできないんだ．狩りの前に，男は特別な樹皮を噛んで，ゾウ狩りの恐れを取り除く．トゥーマだけは腕の周りに特別な紐を着け，この紐は姿を目に見えないようにするものだから，ゾウには彼が見えなくなるんだ．

　他のハンターたちはトゥーマの後ろにいるんだ．もし彼に，トゥーマになろうとしている勇敢な息子や兄の息子がいれば，この少年が

トゥーマの後に続き，他のハンターはその後に続く．彼はゾウを見ると すぐに，紐をつけて消えてしまうから，ゾウは彼がそこにいることがわからないんだ．彼はゾウの下にもぐりこんで，その心臓を槍で刺す．それから彼は走って，息子に第二の槍を刺すように求め，木の後ろに隠れる．そして，他のハンターたちに槍を置くように言うんだ．ゾウは吠え，木々の間を突進してぶつかる，ゾウは手が付けられないくらい怒るだろう！　そして，ゾウは向きを変えて，父を殺すために探すんだ．だけど，第二の槍でひっくり返って死ぬ．ゾウが死んだ後，父が再び姿をあらわし，みんなを呼びに来て，肉を分け，ゾウをキャンプに持ち帰るのを手伝う．私はゾウの肉が大好きだよ！　父がゾウを殺したら，みんなとてもよく食べた！　ゾウの肉をすべて食べるのに2週間もかかるんだ．今ではトゥーマはいなくなって，時代が変わってしまった．以前は食べる肉がたくさんあって，父はトゥーマで，ゾウを殺していた．だけど今は，肉を見つけることが難しく，肉にはとても飢えているよ．ヤシ油も肉も尽きた．今はあまりにも飢えている．

敬意についての教訓とシェアリングの学び

ブロンディーヌ──ンガンドゥ女性

　私が幼くてまだ3歳のころ，両親は，私にたくさんのことを教えたんだ．用心深くするように教えた．父と母は私に「森で遊んではダメだよ，ヘビがいて，木から落ちてくるかもしれないから」と言った．だから私は村で友達と遊んだ．両親は幼かった私に料理の仕方を教えてくれた．母親がキャッサバの大きな鍋を持って畑から戻ってきたとき，私を呼んだ．「ブロンディーヌ，見ていて，これがキャッサバの葉をつぶす方法よ，これがキャッサバを下処理して調理する方法よ」．

　両親がくれた教訓，夜に火を囲んで語ったお話だよ．両親は私に「夜

に森の中を歩くと，悪い人があなたを連れていって殺してしまう．だから，家の近くにいるほうがいい．人が悪い心をもっている場合，その人は邪術師で，病気を引き起こすから，いい人であることが重要なんだ」と言った．両親は，かつて私にある人の死について教えてくれたことがある．両親が調べたら，死の理由が邪術だとわかったというんだ．その後，私は邪術がとても怖くなった．夜，邪術師に連れ去られるのを恐れた．夜にさまよい歩く死霊が怖かった．神が天から放り出した悪人がいるんだ．

　父のジョセフは人を尊敬するよう教えてくれた．毎日，夜には火の周りでお話を聞いたよ．両親は私たちにまっとうなことを教えてくれた．父は私に「もしお前がここにいることやお母さんを助けるのを拒むなら，それは間違っているよ．それから，相手がお前に気づくまで，頭を下げていなくちゃいけない．相手を見たり話しかけたりしてはいけないよ．それと，尊敬をもって相手と話し，相手を見るんだよ」と言った．父は，兄弟姉妹，友達，オバ，オジを尊敬するように教えた．敬意を示さなければ，話しかけてもらえないだろうと．父は私を愛していたから，教えてくれたんだ．とても愛していたから，素敵な服や食べ物をたくさん買ってもくれた．

　両親は私を罰することもあった．父は怒りっぽかったから，たくさん私のお尻を叩いたんだ．母は少しだけ私のお尻を叩いて，大抵はいい人になることや，他人に敬意をもつことについて話した．私が拒んだら，両親は私に「友達のところに遊びに行ってはダメだ．友達と食事をするのもダメ．どこにも行かず家にいないといけない」と言った．また幼いころのこんなことも覚えている．友達と一緒に魚を釣るために川に行き，食べる魚を捕まえた．私が戻ると母は「どうしてあなたは釣りに行ったの？　私があなたを必要なときに家で働かず，友達と一緒に遊びに行くのなら，離れて他の場所に一人で住みなさい」と言った．だから私はそうしたんだ．出て行って，しばらくの間祖母と夜を

過ごした．母が私にお乳を与え終えたとき，祖母，つまり父の母が私をしばらくの間連れて行ったから，祖母と長い間をともに過ごした．父が私をたくさん打ったから，祖母が私を連れて行って，一緒に彼女と生活したんだ．

少年と少女が教わることに違いはない．同じように尊敬を教えられるけど，父は少年たちに狩りと魚釣りを教え，少女の仕事をしたいと少年が思ったら，彼らのお尻を叩いて，男の仕事をするように言う．少年が赤ちゃんの世話をすることもあるけど，ほんの少しだけだ．私たちの両親は，夫と妻が同じではなく，二人が平等ではないことを教えてくれた．なぜって父と母が一緒に歩いているのを見たら，父が誰で，母が誰で，誰が仕事するのかわからないだろう？　母は娘たちに女の仕事，料理，掃除，赤ちゃんの世話を教える．父は私に彼の服を正しく洗う方法を教えてくれたけど，それは私が若かったときに父が仕事について教えてくれたすべてのことだ．

祖母と祖父は薬について教えてくれたんだ．私を森に連れて行き，植物を見せて，それをどんなふうに準備するのか，どんな病気に効くのかを教えてくれた．祖父母が私にこんなことを教えたとき，私はたぶん 10 歳だった．二人は私に言った，「このディベンベ（*dibembe*）という胃の病気には，樹皮や葉が使える．ディバレ・ザコドゥ（*dibale zakoudou*）の葉が効くんだ．葉を粉にして水と混ぜ，浣腸用のポンプを使うか，液体を飲むこともできる．これがディベンベの治療法だよ」．私は病気に使える多くの植物や樹皮を学んだんだ．

祖母は私の人生でとても重要な存在だった．時々祖母は私のためだけに食べ物を隠すことがあった．祖母は，「今だよ，ブロンディーヌ，静かにおいで．お前のためにとっておいたこの食べ物を食べなさい．他の人たち，お前の兄弟姉妹たちに知らせちゃダメだよ．この食べ物はお前のためだけのものなんだ」と言った．兄弟姉妹は時々，祖母から食べ物を食べさせてもらっている私を見て，とても怒って，私たち

は喧嘩したんだ．祖母はまたこんなことを教えてくれた．「いつか，お前は私のように歳を取るだろう．老いてくたびれるんだ．杖をついて歩き，世話や食べ物を必要とするんだよ．老いることはいいことだけど，たくさんの手助けが必要になる」．私は彼女に「老いることはいいことかもしれないけど，私は絶対に杖で歩くことはないわ．きっといつも力強く歩くわ」と言ったんだ．

テレーズ──ンガンドゥ女性

　私の祖母は私の人生で最も重要な人だった．夜，祖母は火の周りで教訓を私に与えてくれた．あるとき，彼女はこのお話を私にしてくれた．

　　昔，ある家族がいて，父は子どもの一人に言った．「そこにいるお前，私に水を取ってくれないか！　私は喉が渇いているんだ！」．子どもは行ったけどしばらくしても戻ってこなかったから，父は2番目の子どもに言ったんだ．「そこにいるお前！　水を取ってきてくれ！　私は喉が渇いている！」．この子どもも行って，最初の子どもと同じように戻らなかった．父はこれをすべての子どもたちに一人ずつ言った．3番目，4番目，5番目の子どもが行った．誰も戻ってこなかった．そこで父は妻に言ったんだ．「私の子どもたちはみんな行ったきり帰ってこない．私はまだ喉が渇いている．お前が行って水を取ってきてくれないか」．妻は起き上がり，行った．だけど，妻も帰ってこなかった．夫は「妻と子どもを探しに行く」と言い，彼は家族と同じようにずっと戻ってこなかったんだ．

　そのお話を終えたときに，祖母は私に「孫よ，これは教訓だ．用心しなさい．危険なときなんだ．戦争があって，水汲みや畑に行く人を殺す人がいるんだよ．お前の人生にはとても用心が必要なんだ」と言っ

た．私は家族が畑で働くときも水を得るときも，集団になっていたことを覚えている．男たちは護身のために山刀を持って行ったんだ．

　危険な時代だったから，私は少し遊んだけど，あまりたくさん遊ばなかった．祖母は，「もう遊びは終わりだよ．もう働く時間だ」と言った．祖母は女の教訓を教えてくれたけれど，祖父も教えてくれた．しっかり働いて，人々に敬意を表すことを．家で重要なのは男だから，男が支配する．女は家ですべての世話をするけど，男が支配し，男が石鹸や服，薬などにお金を支払うんだ．女が支配しようとするならば，それは愚かであると私は教えられた．祖母は私に言った，「結婚したら，夫に多くの配慮と敬意を捧げなさい．あまり多くを話さないことだ．友達や両親，祖父母も尊敬しなさい．道で頭にたくさんの重い荷物を載せたおばあさんを見たら，そして彼女が疲れていたら，代わりに荷物を取るんだよ．祖母がお前に何かを頼んだら，『娘*8よ，私に水を持ってきて』と頼んだなら，お前は水を持っていくんだ，拒否しちゃいけないよ」．女になったら難しい仕事がある．このことは，私が教わった教訓の一つなんだ．

ナリ――アカ女性

　幼いころは何も知らないけれど，大きくなるにつれて特定の活動を開始し，知るための心の準備をするようになるわ．私が少女だったころ，母は私のために小さな籠を作ってくれて一緒に森に入った．森の中で母はヤマノイモを採り，私にそのツルを見せてくれた．母は，「森に一緒に行こう，ヤマノイモを探そう」と言ったの．小さな籠を持った私を森に連れて行き，ヤマノイモを見たら，彼女はこう言う．「聞いて，いつかあなたは女になる．これが森の中で食べ物を見つける方法よ」．

*8［訳注］　年配者が若者を見かけたときに，「私の娘」や「私の息子」と愛情表現として呼びかける言い方．

彼女は私にヤマノイモを見せ、「私の娘よ，見て．これが特別なツルよ．これが木の高いところにあるヤマノイモのツルで，これを見れば，お前が掘るべきヤマノイモがあるの．それからキノコを見て，ここにある，ここだよ．娘，これはいいキノコ，これを採って．これは悪いもの，もしお前がそれを食べれば，死ぬでしょう．学ぶべきことがたくさんあるけど，これから時間をかけて，お前は学ぶわ」．母は私の前に食べ物を用意して教えてくれたの．後で，私はよいヤマノイモと毒のあるヤマノイモの違いを学んだわ．私はヤマノイモのツルを覚えた．薬，キノコ，植物，ココの葉も覚えたのよ．

　私が大きくなって勇敢になると，網猟に参加し始めた．父は私に勇敢になる方法を教えてくれたの．私に犬を使ったヤマアラシ猟を教えたわ．ときに私は友達と一緒に狩りに行った．私たちがヤマアラシを捕まえてキャンプに持ち帰ると，父は「勇敢になってヤマアラシを獲ってきてくれてありがとう」と言った．猟場に行ったとき，男たちが網を張って，私と母は木の後ろに隠れた．もしダイカーが来たら，私はとても勇敢に網に入っているダイカーを捕まえるわ．角が鋭いから注意する必要があった．母か父がダイカーの頭を叩いて殺し，その肉片は分かち合われた．網猟の間，人々は自分の網を知っている．ダイカーがあなたの網に入ったら，大きいダイカーか小さいダイカーかわかるわ，だって音が違うから．獲物が誰の網で死ぬことになるのか，みんなが知っている．もし，それが自分の網であってもね*9．そして，それが分かち合うべきものなら，みんなに少しあげるの．

　私は両親から多くを学んだわ．母と父は私に「お前は少女で，自分で食べ物を見つける方法を知る必要がある．私たちが死んだら，お前が食べ物を見つけて，調理する方法を学ぶ必要がある」と言った．母は私に食べ物の支度を教え，大量に料理をしてみんなと分け合ったわ．母は私に分かち合うことを教えてくれた．母は「娘よ，お前が森の中で食べ物を持っていたら，それが少量でも分かち合うのよ．分かち合

うのはいいことよ」と言った．もし，私がほんのちょっとだけ人に与え，自分のために多くを取っていたら，「ああ，あなたはとてもケチで利己的ね．結婚してもこうするの？」と言う人や「ナリはケチで利己的で，すべてを自分のためだけにとっている」と言う人が出てきて，恥を知るわね．そして，母が私に何か質問して，私が拒否したら，母は「今は拒否できる．だけど，歳を取ったら，私たちがハチミツや肉を見つけても，小さな子どものようにふるまうお前には与えないわ」．

　これは私が子どもたちに教えた一つの教訓よ．子どもが貪欲で分かち合わないなら，私は「いいえ，娘よ，もし何かを見つけたら，あなたは友達とこれを分かち合うの，もし子どもたちが頼んだら分かち合うのよ」と言うわ．

コンガ——アカ女性

　少しずつ大きくなると，私は両親を見て学び始めたんだ．両親は私に，女になったら毎日何をするかを自分で決めること，それから夫と一緒にすべきことを教えてくれた．男と女の仕事はあまり変わらないよ．もし女が疲れていたら，男は木を探して火を起こし，水を手に入れて，料理するだろう．祖母も川で水を得る方法や木を探す方法，ココの葉を切り，食べ物を調理する方法を私に教えてくれた．私は祖母と一緒にいて，祖母が食べ物を調理し，それらをみんなにあげているのを見ていたんだ．もし与えること，分かち合うことを拒むなら，両親は「まあここの女の子はなんてケチなの，誰とも分かち合わないなんて．食べ物を見つけても，自分だけのものにしているなんて」と言うだろう．それから他のみんなも「あの子はほんとにケチ！　一つも分かち合わ

＊9［訳注］　アカの網猟では捕獲した獲物は網の所有者のものとなり，所有者は網猟に参加した人々に貢献に応じて分配を行う．分配された肉はそれぞれの裁量で貢献をしていない者や網猟に参加していない者にも分配を行う．竹内潔 1995「狩猟活動における儀礼性の楽しさ——コンゴ北部の狩猟採集民アカのネット・ハンティングにおける協同と分配」『アフリカ研究』46: 57-76.

ないなんて！」と言うだろうよ.

　母が赤ちゃんを抱いて森に行くと，私に赤ちゃんを渡して，赤ちゃんを沐浴させる方法，水をあげる方法を教え，赤ちゃんを泣きやませたものだよ. 私はいつも両親と一緒だった. 私が大きくなり，勇敢になると，両親と網猟に出た. 私がダイカーを捕らえると，木の後ろに隠れた両親を呼んで，頸を切ってもらうか，枝を見つけてその頭を叩いてもらった. 両親が動物を殺したら，私は一口分を切り取る. 私の小さな籠に頭か小片を入れる. フマ（huma）という自分の家で，私はこの小さなかたまりを調理して，友達を呼ぶんだ. みんなと少しずつ分かち合って一緒に食べたんだ. この肉を一緒に食べるのがとてもよかったんだよ！

満月の夜は明るい

ブロンディーヌ——ンガンドゥ女性

　たぶん私が 6 歳か 8 歳のころ，働くようになった. 私の一番の思い出の一つが，10 歳になったぐらいのときのことだ. 落花生を育てて，友達と一緒に売って，お金を得た！　私はお金をちゃんと管理して，そのお金で服を買ったんだ. いい服を着ていると，素敵な男の人の両親があなたに気づいて言う. 「まあ！　あのきれいな少女を見て！　彼女はきっといい奥さんになるわ！」. 人生のそのときに，その少女は言うよ. 「いいえ，私は他の家で寝るには若すぎるわ，だけど大きくなったら結婚するわ」. あなたが結婚したいか，学校に行きたいかによるんだ. 私は 2 年間学校に行ったけど，仕事のために学校を辞めた. それと先生が私たち生徒をあまりに打つから！　私は学校がよくないと思う. 生徒を打つから. でも，教育はいいことだと思う.

　他の一番の思い出は，7 歳か 8 歳のころのことだ. 夜に少女みんな

が一緒になって，グループで踊ったり歌ったりして遊んだんだ．その踊りはバッバッ［p.39 を参照］とアミテェ（amitee）*10，これは蹴ったり踊ったりする遊びだ．月が満ちて，夜が明るくなると，いつも私は仕事を早く終えて，友達みんなを呼んで遊んだんだ．少しだけ大きくなったあるとき，私には好きな少年がいて，彼も私を好きだった．踊りの間，その少年は私と一緒に踊り始め，私は「ああ，私は男の子と踊っているのね！」と言ったんだ．そして彼もこう言ったんだ．「ああ，僕は好きな少女と踊っているんだ！」．友達と一緒に踊りの遊びをするのは楽しかった．だけど，母が手伝いを頼むのを断ったら，母は私を叩いただろう．母は私を畑で働かせるために友達から遠ざけ，「お前は友達と遊んだらいけない．今，お前は働かないといけないの」と言うんだ．私は，「畑仕事は嫌だわ」と心の中で思った．けど私は仕事に行った後，「トウモロコシや食べ物があるから，この仕事はそんなに悪くない．この仕事は素晴らしいわ．だって母から女の仕事を学ぶのは好きだから」と思った．私は大変な仕事のせいで，長い間学校に行かなかったんだ．私は学校と勉強の大切さをわかっているから，今は子どもたちを学校に行かせないのは難しい．テレビに出ている女みたいにきれいなフランス語を話す女たちもいて，彼女たちは自分たちの車と素晴らしい服を持っている．私にはそんな機会はないけど，遊んで，一生懸命働いた思い出があるんだ．

テレーズ──ンガンドゥ女性

祖母が私に女の仕事を教え始めたころ，まだ私はとっても小さかった．遊びたかったけど，祖母は「ダメ，女の仕事がどんなものか見なさい．どうやって食事を作っているか，家族を世話しているか見なさい．

---

* 10［訳注］　フランス語の友情を意味するアミティエ amitié が現地語化されたもの．

畑でどんなに一生懸命に働いているか見なさい．いつかお前には夫ができる．朝にはベッドを整えて，前日の夜に使った寝室の掃除をすることを学ばないといけないよ．服を洗って，ちゃんと食事を作る．これが，女のするべき仕事だよ」．祖母は私に農作業，籠を持って根菜を取ること，料理をすることを教えたんだ．私は兄弟姉妹の世話をした．祖母が畑仕事に行くときには，私が行って世話したんだ．この子たちがお腹を空かせていれば食べ物をあげた．私がまだとても若いころに，祖母も私に「遊びはおしまい．いつかお前は結婚して，家で夫や友達に食事や飲み物を出す必要があるんだよ．夫が何か要求したら，お前は夫に応えないといけないんだよ」と言った．だから，私は女の仕事を始めたんだ．だけど，時々，月が夜を照らすときは，もし安全なら，私たちは踊りの遊びやカシェ・カシェ（*cache-cache*）という隠れん坊で遊んで，楽しみを求めたよ．

テレーズのお話

　これは仕事を終えたときに，祖母が火の周りで私に語ったお話．
　昔，ナンベレみたいな村があったんだよ．たくさんの人々，妻や子どもたち，ヤギ，ヒツジ，ブタをもつ男たちがいて，これらの他には，家，畑，川がある村だった．そこで，メレーというある男が，村から10km先に住んでいて，とても巨大だった．これは悪魔だったんだ．彼は，見たことのない，人ではないような姿をしていた．彼の家の裏に畑があって，ある時期はバナナや果実などがなった．そこで，キャッサバやバナナ，畑になるすべてのものを悪魔から盗もうと，メレーの畑にやってきた村の男がいたんだ．それで悪魔のメレーはすごく怒った！「誰が俺の畑から盗んだ？　俺は村の上を飛んで，家々，子どもたち，夫，妻，ブタ，ヒツジや，畑のすべてを呑み込むだろう」．すべてのものを呑み込むためにどんどん近くに飛んできたとき，彼は歌を歌った．

Kpa, Kpa mignon nga mini bato	俺は人々を呑み込むだろう
Kpa, Kpa mignon nga mini mbole	俺はヤギを呑み込むだろう
Kpa, Kpa mignon nga mini mazadji	俺は家を呑み込むだろう
Kpa, Kpa mig'non nga mini mai	俺は水を呑み込むだろう

　歌いながら，彼はどんどん近づいてきて，すべてを呑み込んだんだ！すべての家，ブタ，今やすべての人を！　彼は呑み込んで，呑み込んだ．ついには村のすべてを食べて，村のはずれに到着し，ちょうど妊娠している女を見つけた．悪魔は彼女を呑み込もうとした．まず頭を呑み込もうとしたけど，お腹がとても大きくて，うまく口に入らなかった．だから足から呑み込もうとしたけど，もはやそれ以上食べることはできなかった．彼の胃にはあまりにも多くのものがあった．彼は村全体を食べていたんだ！　男，女，子ども，家，水，ブタ，木々，それから今やこの女性を呑み込もうとして，彼女の半分だけを入れることができた！　彼女の頭，胸，腹部までを．腹部はあまりにも大きかった！彼女は吐き出され，悪魔は彼女に言った，「わかった，さあ女よ！　お前は妊娠しているから，俺はお前を食べることができない．小さな家と小さな畑と小さな川を吐くから，お前は働ける．子どもが生まれるまで待とう．子どもが生まれたら，俺はお前と赤ん坊を呑み込む．だけど，今はお前が妊娠していて，俺には呑み込めないんだ」．

　それで，悪魔は，小さな家，小さな川，小さな畑，それから焚き火のための小さな木を吐き出し，食事用の皿や鍋を吐き出し，太鼓を吐き出した．それから女に言った．「出産したら太鼓を叩くんだ．この太鼓の音で，俺はお前が出産したことがわかるから，お前を食べる！」と．女は，「わかった」と言った．悪魔は家に帰って女が出産するのを待っていた．今ではすべての人，ヤギ，ブタが胃の中に住んでいるんだ．胃の中で人々は話し，ブタがブーブー鳴き，ニワトリが鳴いていた．

まもなく女は二人の赤ちゃん，双子の男の子を産んだんだ．一人はザンガ，もう一人はザウーと名付けられた．二人の赤ちゃんは朝に生まれ，同じ日のうちに大人のサイズまで成長した．この二人の子どもたちは，ナイフ，槍，山刀，クロスボウを作り始め，終わったら母のところに行き，言った.「太鼓を叩いて．悪魔が来たら，僕たちが罠にかけて悪魔を殺し，胃の中の人々を救おう！」．女は泣いて泣いた！ 息子たちは「ダメだ，お母さん，泣いてはいけないよ」と言った.「太鼓を叩き，悪魔が来たら僕たちは戦争を始める！」．女は太鼓を叩き始めた．だけど，とても恐ろしかった！「ねえ，お母さん」と息子たちは再び言った.「家にいて，出てこないで．悪魔が来たら，僕たちは戦争を始めて奴を殺す！」．悪魔は太鼓を聞き，その女を求めて来た．やってくるとき，女を呑み込むために同じ歌を歌った，

Kpa, Kpa mignon nga mini bato	俺は人々を呑み込むだろう
Kpa, Kpa mignon nga mini mbole	俺はヤギを呑み込むだろう
Kpa, Kpa mignon nga mini mazadji	俺は家を呑み込むだろう
Kpa, Kpa mig'non nga mini mai	俺は水を呑み込むだろう

そこで，ナイフと槍を持った双子がこれを聞いて歌った，

Komba za Komba	神から神へ
Zaou na Zaou	人から人へ
Zanga za nzokpe kete mingelou	お前は悪魔の喉をかき切る勇敢な男だ

双子は槍とナイフを投げ始め，メレーを殺した．双子はナイフと槍をたくさん持っていて，悪魔は死んだ！ 母親は家から出てきて，「ありがとう，息子たち！ お前たちはとても勇敢よ！ お前たちが村のすべてを救ってくれたわ！ 私の勇敢な息子たちに感謝するわ！」と

言った．彼女は息子たちにキスをして，とても喜び，「お前たちは一緒に悪魔を殺した！」と言った．それから，息子たちはナイフで悪魔のお腹を切り裂き，すべての者が生きて帰った！　ヤギ，男，女，子どもたち，家，木，川，畑，すべてが同じ場所に戻った．「ありがとう，二人の子どもたち！　私たちは奴の胃の中で生き，それから死ぬだろうと思っていたよ．お前たちが私たちの人生を取り戻してくれたんだ！」と人々は言い，「さあ，二人は私たちの国の大統領になるだろう」と誰もが叫んだ！　人々は美しい家を建て，誰もがこれを助けた，ヤギやブタでさえも！　今や，すべてが終わって，人々は大きな焚き火を起こし，悪魔を灰になるまで焼き尽くした！　奴は死んでしまった！

　祖母は教訓のためにこの話をした．盗むことはよくないんだ．悪魔の畑で盗みを働いたたった一人の村人のせいで，悪魔はみんなを呑み込んだ．これは，私たちの親や祖父母たちが私たちにどんなふうに重要な教訓を教えてきたのか，ということでもあるんだ．私たちは，子どもたちや孫たちに教えるためにお話を語る．

ナリ ── アカ女性

　少し大きくなると，森に一人で行き，食べ物を探すことができるようになるけど，幼いときにはできないわ．森には危険がある．危険なのはヘビ，遠くに行くと，ヒョウよ．少女だったとき，私は父と一緒に罠を訪れたの．私たちが道を歩いていると，私はウンチ（caca）に行きたくなって，父に言ったわ．「ここで待ってて．私はウンチをしないといけないの」．小道を外れると，枝のある巨木があり，木は森に倒れていた．私は幹を登ってウンチをし，そのとき，木の根元にダイカーを見たわ．ダイカーはちょうどそこに倒れていた．私は「このダイカーは眠っているのかな，それとも死んでいるのかな？　父に，ここに来てこの肉を手に入れるように言わないと」と思ったの．私は静かに，ゆっ

くりと，ゆっくりと，この巨木の幹を降りて，静かに父が待つ小道へ戻って行ったわ．「早く来て，ダイカーを捕まえて，寝ているか死んでいるの！」

　私たちは一緒にその木のところに戻って，父はちょうどそこに横たわっているダイカーを見たの．父はとても賢明で知的だから，「ああ，娘よ，早くこっちに来なさい！　これはヒョウの巣だから，早く来なさい！　ヒョウはお前を殺すだろう．早く逃げ出さないといけない！」と言った．私は怖くなったわ．遠くへ逃げようとしていたら，ヒョウが唸っているのを耳にした．だから私たちは走りに走ったの．父は私に「あれはヒョウの巣なんだ．日中，母親は眠ったり子どもを育てたりする．そして夜には狩りをするんだよ．あのヒョウはダイカーを殺して，赤ちゃんにそれを持って帰ろうとしていた．ダイカーは母親とその子の食べ物になる．明日私は行くよ．あのヒョウの巣に繋がる道に沿って罠を張るんだ．ヒョウには多くの道があるんだ」と言った．そして翌日，彼は戻って静かに道を進み，ヒョウのなわばり周辺のいたるところに罠をしかけた．「あのヒョウがダイカーの肉をすべて食べて，ウンチに行ったとき，罠にかかったヒョウを捕まえることになるだろう」と父は言った．私は，「これはお父さんにとって危険な仕事だわ．ヒョウがお父さんを捕まえれば，お父さんは死んでしまう」と思った．父は戻って，ある道で，罠に捕らえられたヒョウを見つけた．ヒョウはもがいて弱っていたから，父は山刀で殺した．母親を呼ぶヒョウの子どもの声を父は聞いたけど，父を見たとたん，子どもたちは逃げた．これが私の思い出なの．父は，ヒョウは危険，とくに赤ちゃんがいると危険だと言ったわ．

　母は，私のためにフマという小さな小屋を作る方法を教えてくれたの．母は小屋を作り始めると，私を呼んで「どうやってこの小屋を作っているか見なさい」と言ったわ．私はそれを見て，それから，友達と森に入って，木を取り，切って，私たち自身の小屋を建てたの．両親

の近くに自分のものを建て，私はそこで寝たわ．両親と寝たいとは思わなかった．だって両親にはとてもたくさんの子どもがいたから．だけど，雨が降ったら両親と一緒に寝たし，寒かったりとても暗かったり，怖いと思ったりしたら，私は叫び出し，両親は「どうしたの？　私たちのところに来て寝なさい」と言ったの．私が両親の小屋にいて，両親が夜の活動であるセックスを始めたときは，私にはそれが聞こえたわ．私は，「ああ，私は別の場所で寝ないといけないんだ」と思った．両親は私に「自分の小屋に行きなさい」と言うから，祖母のところに行ったの．幼いころは祖母とたくさん寝たけど，大きくなって自分で小屋を作ると，友達と一緒に暮らすようになったわ．

　幼いころ，私は踊ったわ．少し仕事もした．私はモレンバイ・レンバイを踊った．女の子はみんな，葉っぱの束を作って踊ったわ．別のキャンプで踊りがあったら，私は友達と一緒に出かけて，踊って踊ったのよ．踊りが終わったら，私たちは自分のキャンプに戻って，もっと踊って歌った．私は踊りが大好きなの！　私は友達と一緒に踊るために出かけ，少年たちは女の子を探してたわ．「今はまだ，私は男の人を探すには若すぎるわ．待たないと」と言ったの．男の子と女の子の遊びの違いは，男の子たちは小さな網や小さな槍を使って遊んで，小さな動物を捕まえることよ．男の子たちはネズミを狩るか，パパイヤに槍を投げた．パパイヤを動物に見立てていたのよ．

コンガ──アカ女性

　私はほとんど遊んで遊んで，少しの仕事しかしなかったんだ．大きくなり始めたころ，母は食べ物を探しに森に行き，私も行った．ある時期に母はたくさんのヤマノイモを見つけて，私たちはヤマノイモを入れる大きな籠を手にした．私はヤマノイモの専門家になったんだ．私たちは他の女たちと一緒に森の中を歩いて行った．彼女たちは私に，

どんなふうに森の中で木材や食べ物を見つけるのか，どんなふうにそれを料理するのかを教えてくれたんだ．時々，私が友達と一緒に森に入ると，両親が「友達と一緒に森を歩いて食べ物を探すなら，小さな籠と山刀を持って行きなさい」と言った．それで，私たちはヤマノイモと木材を探して持ち帰ったんだ．食べ物を鍋に入れ，火を起こして，ヤマノイモを調理した．それができたら，私はヤマノイモを両親やキャンプの人たちに渡した．

このとき，私はひどい病気を抱えていて，お腹の病気で，とても痛かったんだ！ 森の中を歩いていると，この病気が私を襲ってきた！ 家に帰って，とても長い時間をかけて，たくさんの治療によって，私は少しずつよくなっていった．だけど，今でも時々この病気は襲ってくる．母は私に薬を与え，生きている間いつも私の健康に気を配っていた．母はこの病気の薬を知っていて，私は痛みで泣いたものだ．だけど，母が死んだとき，母はこの知識を一緒に持っていってしまった．母は若いときに亡くなったんだ．胸にひどい病気があり，治療はうまくいかなかった．この病気になった数日後に母は亡くなったんだ．父もちょうどそのころに死んでしまったから，辛いときだった．私はひどく悲しんだ．両親を失った．泣いて泣いた．私は「初めに父が，それから母が……．私は見捨てられた」と思った．

父と母は両方とも死んだ．だけど祖母が私に言ったの．「心にたくさん痛みがあるとき，もしお前がたくさん泣いたら，病気でやられてしまうよ．泣いてたくさん涙が出るのは，大人になったらよくないと思うはずだよ．少しの涙はいいこと，だって，お前は両親を愛していたのだから．でも泣きすぎるのはいいことではないよ」と．私は，父の弟，叔父さんと一緒に暮らすようになった．叔父が森に出かけると，キノコや肉を見つけて，私が調理した．そして，私たちは一緒に食べたんだ．叔父は私が大人の女になるまで，こんなふうに私と食べ物を分かち合ったんだ．

叔父とその妻には，エキラ・ヤ・ケマ（ekila ya kema）[*11] で死んだ小さ
な赤ちゃんがいた．とても辛いことだった．この赤ちゃんは死んでし
まったんだ．叔父がクロスボウでサルを殺してキャンプに持ってきた．
キャンプに着いたとき，叔父がサルを地面に置くと，赤ちゃんはその
サルのところまで這っていって，すぐにそばに座った．このサルを見
たすぐ後に，赤ちゃんは赤くなって痙攣し，数日後に死んだんだ．治
療は，サルの皮か頭頂をとって焼き，それから粉末にして鼻に吹きか
ける．それが脳に入る．もしくは，サルの頭頂からとった粉をこめか
みに擦り込むことができる[*12]．だけど治療を受けていない赤ちゃんは
死んでしまうんだ．サルは捕食者なんだ．妊娠している母親がサルを
食べると，母親は病気を赤ちゃんに与えてしまう．もしくは，子ども
がサルを食べる誰かを見たら，この病気になるだろう．それは私にとっ
てもとても辛いことだった．私は母と父を失ったばかりで，この赤ちゃ
んも亡くなってしまったんだ．

発達的な観点と文化横断的な観点

アカとンガンドゥの女性の語りに映し出された基盤スキーマは，
親の民族理論，愛着スタイル，学習，文化的価値観と信念の教えに
関する文化モデルを形成する[(30)]．主要な基盤スキーマは，人生の早
い段階で教えられ，社会的に承認され，子どもに学ばれ，すぐに実
践されていく．アカの場合，承認にはからかいや非難の表現が含ま
れる．ンガンドゥの子どもたちは，活動や食べ物，遊び場の制限，
そして体罰など，より深刻な影響に直面する[(31)]．認識人類学[*13] は，
文化的スキーマ，つまり内的作業モデル（Internal Working Model:

---

* 11［訳注］　アカの言葉でケマ（kema）はサルという意味であり，サルのエキラということ
になる．
* 12［訳注］　こめかみにカミソリで傷をつけて，薬を擦り込む治療法．

IWM）*14 が，人々が自分自身や他人，社会環境および自然環境をどのように見ているのかに影響を与えることを示唆する．愛着理論（Attachment theory）［p.150 を参照］は，内的作業モデルが「幼児の養育者との経験に基づく動的モデル」であり，幼児は安定的であれ不安定であれ内的作業モデルによって発達することを示している(32)．

　「内的表象」としての内的作業モデルは，他の人の行動を予測し，解釈し，行動の計画を立てるのに役立つ(33)．これらは自己と他者を理解するための基盤を提供する．内的作業モデルは養育者と乳幼児・子どもの相互作用や経験に基づいているため，アカとンガンドゥの子どもの背景，習慣，および親の民族理論，つまり「発達的ニッチ（developmental niche）」*15 におけるこれらの関係を探究することによって，内的作業モデルがより大きな文化の中でどのように子どもたちの発達に影響を与えるか，そして子どもたちの文化に特有のスキーマや認知モデルがどのように発達するかを理解することができる(34)．つまり，それぞれ文化的に特異なイデオロギーとスキーマを発展させながら，アカの子どもたちがどのようにしてアカの大人になるのか，ンガンドゥの赤ちゃんがどのようにンガンドゥの大

＊13［訳注］　それぞれの民族が独自の言語カテゴリーを用いて，世界を分類・認識する方法を明らかにしようとする学問分野．1950 年代米国において，ハロルド・コンクリンは，フィリピンのミンドロ島に暮らすハヌノオ（Hanunóo）が 1600 種類以上の植物を分類するとともに植物を詩歌に用いるなど，植物が豊かな文化的な意味を担っていることを実証した．これ以降，米国では世界各地に暮らす民族を対象に，動植物，色彩，身体，病気，地形，空間，親族名称など分類体系についての研究が盛んになった．Conklin, H. 1954. *The Relation of Hanunóo Culture to the Plant World*, Ph.D. dissertation, Yale University.
＊14［訳注］　自身や，他者，社会自然環境に対する人々の見方に影響を与える文化的スキーマ．内的作業モデルは「心の理論（theory of mind）」（他者の行動の背景にある心の動きを理解する機能）に感情的な要素を加えたような概念で，精神分析学と認知科学を橋渡しするものである．例えば，「相互に愛着を形成する子どもとその親密な他者は，自己や愛着対象についての内的ワーキングモデルを備えているとされる．これは，様々な場面における自己や愛着対象の心や行動，感情の動きについての仮定（例えば，「私が近くで遊んでいるとママは不愉快になるので，ママを失望させないよう少し離れていよう」）からなる」（髙田 2018: 13）．髙田明 2018「子育ての自然誌──狩猟採集社会からの眼差し（九）：母性神話の復権」『ミネルヴァ通信「究」』12 月号，pp.12-15.

人になるのかを理解することができるのである.

　文化は,アカまたはンガンドゥの子どもの発達をどのようにして
特徴付けるのだろうか.発達的ニッチ理論は,子どもたちが育つ背
景の重要性,育児の文化習慣,親の民族理論の重要性を強調する[35].
親が親としての役割を理解する方法,母親や父親として子どもに重
要なことは何か,そしてこれらの思想や信念が子どもの発達にどの
ように影響するのかということである.発達的ニッチは,子どもが
自身を眺め,他者やより大きな世界と愛着や関係を形成する方法を
順番に決定する,子どもの内的作業モデルを特徴付ける.文化に特
有の環境観は,このような世話の習慣,親のイデオロギー,そして
最終的には内的作業モデルに関連している[36].資源が豊富と見な
される安全な環境に住んでいる,あるいはそのように認識している
両親は,自然環境や社会環境は寛大であること,他の人々は信頼で
き,信用に足るということを子どもに教えるだろう.そして,周り
の人たちが信頼でき,関係性に価値があって永続的であると,そこ
では高度な投資を行う子育てが起こる傾向がある[37].愛着が不安
定な人々にとっては逆である.世界が敵対的であると理解され,未
来が予測できないと見なされているところでは,生殖戦略は「日和
見主義的で条件的」になる[38].

　アカは一般的に森林環境を恵みを与えてくれ,恵みを分かち合っ
てくれ,信頼できるものと見ているが,すべての関係と同じように,
時として問題となることもある[39].このような社会環境および自
然環境への見方は,アカの行動に多くの影響を与える.アカは「シェ

＊15 [訳注] スーパーとハークネスが,人類社会における育児および子どもたちの発達を
理解するために提案した理論的モデル.本文中に記載されているように,3つの要素(子ど
もたちが育つ背景,育児の文化習慣,親の民族理論)から構成されており,文化がいかに
子育てを構造化するのかを示す.Super, C. and Harkness, S. 1986. The Developmental Niche:
A Conceptualization at the Interface of Child and Culture. *International Journal of Behavioral
Development* 9: 545-569.

アリングを要求する」．つまり，アカはその瞬間を生きる「即時利得型システム」をもち，採集された食料や捕獲された獲物はその日のうちに食べられる[40]．アカは未来が未来を切り抜けてくれると信じている．また親密で寛大な乳幼児への育児形態をもっている．それは，自然環境に対してもみられるようなアカの関係の結び方と同様に，社会関係は信用でき安全だからである．アカの関係や行動は，自己や他者，自然環境を信頼し，寛大な見方をもつこれらの認知モデルと関連しており，シェアリングのイデオロギーの一因となり，また補強している．このようなイデオロギーは，子どもの社会情緒的発達にも深く影響する[41]．

ンガンドゥは森の中で知識を得，時間を過ごす．そして自然および社会的環境を食料と収入の手段を提供する富の源とみなしているが，森は予測不能でときには恐ろしい場所であることも知っている．より一般化された精霊の祖先であるさまざまな悪い精霊が，危害や病気，または死を引き起こすことがある[42]．邪術はほぼ毎日話題にされており，人々は邪術の犠牲者になることを心から心配している．邪術に関する強い信念は，他者への一般的な不信や，特定の社会環境および自然環境における不確実性を暗示し，親と子の間の特定の愛着スタイルに寄与する「他者への敵意という特性」とみなすことができる[43]．ンガンドゥは不確実かつ予測不可能な未来を計画する「遅延型利得システム」を実践する[44]．男女は，自分の子どもや家族に提供するために懸命に働く．畑や屋敷畑に作物を植え，守り，将来のために投資する．家族や友人に寛大で，他者や見知らぬ人たちにはお互いに敬意を表しあい，年長の親族をよく世話する．ンガンドゥは，経済的，社会的な災難に対する保障を提供する社会関係や同盟関係の維持と構築に多くの時間と労力を費やす．

アカとンガンドゥは一連の実践，親の民族理論，価値観，基盤スキーマ，文化的アイデンティティを維持してきた．これらはそれぞ

れ大きく異なり，社会環境，自然環境に対応する文化モデルの帰結である[45]．幼少期の影響はダイナミックで強力だが，人々はそれに永遠に縛られてはいない．多くの理由で，アカの子どもたちは有能なアカの大人に成長し，ンガンドゥの乳幼児は有能なンガンドゥの大人に成長する．両者はさまざまな手段を通して一人のアカやンガンドゥになる方法を学ぶ．自らを適応させ，大人になる準備をしながら，親の行動や世話から，他の子どもや大人から，子どもたちが成長する場であり急速に変わりつつある豊かな社会環境や自然環境から学ぶのである．

　どんな場所の子どもたちも，特有の文化的価値観，信念，実践を学ばなければならない．これはさまざまなメカニズムを通して達成される．この章では，アカとンガンドゥの子どもたちが多様な方法で，父親，祖母，兄弟姉妹，他の子どもたちといったさまざまな人々から学ぶことを見てきた．子どもたちの学習は，非常に特殊で異なる方法で行われる．アカとンガンドゥの親の民族理論，文化伝達の様式，社会的学習の形態を研究することによって，いつ，誰から，そしてどのように子どもが学ぶのかを理解することができる．次に続く二つの章の女性のお話は，成長して若い女性になるときの情報提供者たちを追っていく．ブロンディーヌ，テレーズ，ナリ，コンガは，彼女たちの日常生活，愛，喪失，婚姻関係，性体験を私たちに教えてくれる．彼女たちは，子ども期から女性期，子どもであることから彼女たち自身が子どもをもつことへの移行が何を意味するのかについて共有してくれる．私たちはまた，親密さ，愛，愛着という関係性は，絆が潜在的に非持続的であるという知識にどのように基づいているのかを理解するだろう．女性たちの語りは，彼女たちが成長し，さらに生活や愛，喪失を経験するときの，生きられた経験の多様性と類似性を浮き彫りにする．

フィールドノートから

2003年秋

——私は今まで調査の中で女性たちと話すことを楽しんでいただろうか．私は「3人の女性の家」と私が呼んでいる家に出入りしていた．幹線道路沿いの赤土の家で，三つの部屋に分けられた大きな部屋があり，それぞれの部屋で女性とその家族が眠る．裏には，エンバコを作る蒸留器，物干し用の紐と小さな台所がある．Bはとても陽気！　彼女は私に若いころにした遊びについて教えてくれて，そばにいる他の女性をつかまえて実演してくれた．彼女たちは手を叩き，歌い，踊り始める．彼女は燻製した幼虫とココを私に与え続けている．Lは非常に優しく静かで，話しているとき，彼女が世話をしている1歳の赤ちゃんといる．Nも静かだけれどフランス語をとても上手に話す．彼女は本当にとてもくたびれて悲しんでいるように見えた．人生は困難だった．Tは素晴らしい！　彼女は決して話すのをやめたがらないし，私たちがおしゃべりするときは彼女の家族や孫，娘が「彼女の記憶を助ける」ために，彼女の周りに集まる．Aはとても静かで，妊娠の真っただ中で，おしゃべりをするのが大変だった．私が彼女に質問をすると，彼女は答えが魔法のように空から降りてくるのか，突然現れるのか，天井に書かれているかのように，長い，長い，長い時間，上を見上げた．私はTやG，他の人たちから始めるのを待てない……．

2004年夏

——元市長がテレビを購入したので，100CFAフラン[*18]（セーファー）で午後5時から10時に大音量でテレビを見ることができる．起業心に富んだ思春期の少女たちは，レモネードスタンドらしき売店を出し，映画を見にく

る人にオレンジと落花生を売る．そして，夜が深まるにつれてショー
が「よりよく」，つまり暴力的またはR指定*19となると，入場料が上
がる．グローバリゼーションの驚異．

——今日，女性たちと話していたら，私は4歳ほどの小さな女の子が
ナイフをとり夕食のためにキャッサバの葉を切り，ナイフを研いでか
ら束ねた葉を細かく切り刻み続けているのを見た．彼女はその雑用を
済ませた後，よちよち歩きの幼児をおんぶしながら，妹である赤ちゃ
んの世話を手伝っていた．そして彼女自身がまさに小さな女の子だっ
た．また，他の小さな男の子が遊びで家を作って，彼の「家」の外で
本当の火を起こし始めている間，3歳の女の子がゴミと死んだコオロギ
を使って遊びで食事を作るのを見た．年長の少女たちがバッバッを踊っ
ているのを見た．その踊りでは10人から12人くらいの女の子が半円
を描き，一人ずつ女の子は他の子の腕の中に落ち，背中をまっすぐ押
し合う．彼女たちはこれで遊びながら歌う．「私は結婚して，遠くへ遠
くへ行くわ．さあ，行こう！」と歌う．月が明るい夜に，彼女たちは
こんなふうに遊ぶ．

2004年秋

——昨晩子どもたちの夢を見た．それは，子どもたちがしばらくの間
訪ねに来て，子どもたちに再びさようならを言い，子どもたちが「ママ，
ママ」と泣き始める夢．目を覚ますとそれは窓の外で「メー」という

---

*18［訳注］旧フランス領西アフリカおよび旧フランス領赤道アフリカで流通する共同通貨．
中部アフリカ地域では，チャド，中央アフリカ共和国，カメルーン，赤道ギニア，ガボン，コ
ンゴ共和国で用いられている．1ユーロ = 655.957CFA フランで固定．1円が約5CFA フラン
に相当する（2019年10月時点）．
*19［訳注］成人指定のこと．アメリカ映画協会（Motion Picture Association of America）
により制定されたアメリカ合衆国の映像作品における年齢制限等級の一つであり，Restricted
の略称．

ヤギの声だった．おかしい．でも目を覚ましづらかった．そう，子ど
もはいない．ただのヤギがいるだけ．

——今日，子どもたちに電話をかけようとムバイキ（Mbaiki）[20] に行
こうとしたけれど，夜の間，空がゆるみ，一日中土砂降りで川のようだっ
た．なんてツイてないんだろう．私は市場に行って，車に乗せてもら
うために，その中で2時間立っていた．だけど，運転手たちは私に「私
たちは行かないよ．もし行ったら，検問で警察に止められる．何しろ
トラックは昨日ブレーキをなくしてしまったんだ」と言った．

——昨日，ムバイキに着いて，子どもたちと話した!!!!!　子どもたち
の声を聞くのは素晴らしかった!!　子どもたちは素晴らしく，みんな
元気にやっている．すごい！　私は子どもたちが元気だと知ってとて
もうれしい！　私は3時間歩きロバイエ川を丸木舟で愉快に渡って，
さらに数時間歩き，途中で車に乗ることができた．ついに私は電話に
たどり着き，子どもたちに電話をかけた．「ママ，Lが私のものを着て，
Jは私をいらいらさせるんだ」．子どもたちの言葉が愛しい！　いつも
どおりの不満，愚痴！　1分10ドル！かかるけど，聞くのは何とも素
晴らしい．

——ここのとあるキャンプには，足にひどい熱帯性潰瘍をもつ少女が
いる．「ピグミーを診る」ためにドイツからここに来たドクターと私は，
彼女に薬などを見つけるためにナンベレの診療所に行った．もちろん，
薬はなく，包帯も，何も，本当に何もなかった．それで，ドクターが
私に理解できたのは一つだけの四つの異なる言語で私に役立たずとけ
たたましく叫んで，私を追い払った．彼が指摘するまでもない．毎日

---

* 20［訳注］　中央アフリカ共和国ロバイエ県の中心地［地図 1, p.6 を参照］．

役に立たないと感じている．ドアを開けると50人が自分の病気や傷を「治す」ため，私に会うためにそこにいるのだから．ドクターはただ彼のトラックに文字通り飛び乗って大声で叫びながら走り去ったので，ここに持ちもののほとんどを残していった．私はそれらを捨てた．それはそれとして，彼には正しいことが一つある．それは，役に立たないと感じ，とてもひどい病気や，他の場所では治療や予防が可能な伝染病での死を見るという当惑だ．彼は燃え尽きたのだと思う．いつ不公正に対する怒りが，すべてに向けたありきたりの怒りに取って代わられるのだろうか．つまりそれも，怒りがただの役に立たない憤怒になるから．私の考えは，もし世界の不公平を叫ぼうとするなら，人々が耳を傾けるような方法で叫ぶこと．変化や不正への意識を促すように働く方法で叫ぶ．ただ叫ぶだけじゃだめということなんだ．

——追記．その少女はちゃんと治り，私は彼女の治った足首の写真をドクターに送った．

考察のための問い

1. 生産様式，男女関係，子育ての形態は，アカとンガンドゥそれぞ
   れの社会的学習が，どのように，何について，誰から起こるのか
   にどんなふうに影響を及ぼすだろうか．あなたは子どものときに
   どのように学習したか．あなたの人生ではどのように社会的学習
   が起こった／起こっているだろうか．

2. 子ども期の遊びはなぜ重要なのか．遊びを通して，あなたが学ん
   だかもしれないことは何だろうか．

3. ンガンドゥの少女の幼少期は，少年より早く終了する．それは，
   女性がより早く働き始めるからであり，生業と家事についてより
   多くの義務があるからだ．このことは親族システムや出自体系を
   どのように反映しているだろうか．

4. あなたは，自分の文化の男女関係，子育ての形態，愛着スタイル，
   そして基盤スキーマをどのように特徴付けることができるだろうか．

［用語解説］ 愛着理論

　イギリス人のジョン・ボウルビィ（John Bowlby 1907-1990）は，精神分析学に認知科学と比較行動学の考え方を取り入れて，愛着理論（attachment theory）を提唱した．

　第二次世界大戦後，児童精神科医でもあったボウルビィは，「家庭のない子どもは何を必要としているか」という問いに対して，WHO（世界保健機関）向けに『乳幼児の精神衛生』を出版した．この本の中でボウルビィは，幼児期において母性的な養育が精神の健康，つまり精神衛生に不可欠であると主張した．さらにボウルビィは比較行動学の視点を取り入れて，愛着（アタッチメント）という概念を「生物個体が危機的状態もしくはそれを予期した不安や情動が強く喚起されたときに，特定の個体にくっつくこと（アタッチ）によって主観的な安全感覚を回復・維持しようとする心理行動学的傾向」として分析した．すなわち愛着とは「人間や動物の個体が，特定の他個体に対してもつ情愛的な絆」のことであり，とくに乳児期・幼少期において子どもの母親に対する絆が壊される母性の剥奪は，子どもの社会的・情緒的発達に重大な影響を与える可能性がある，と説いた．愛着に関する研究は，1969年に『母子関係の理論 I. 愛着行動』（3部作第 I 巻）として結実する．

　さらに，ボウルビィの弟子であり共同研究者であったメアリー・エインズワース（Mary Ainsworth）は，生後1歳頃の乳児を観察して養育者（母親）からの愛着の定着度合を測定する実証的な方法論を考案した．この実験方法に基づき，幼少期に子どもと養育者との間に培われる愛着を基盤とした対人関係の形態として，愛着スタイルの類型化がなされた．エインズワースらによると，愛着スタイルは子どもの成長後も感情，認知，行動に長期にわたって影響を与える．満1歳頃に評定された愛着形態に基づいて，将来子どもが社会に適応できるかどうかをある程度予測することさえできるという．

　他方，養育のスタイルは子どもが育つ社会の文化や規範によって多様である．本章で登場する狩猟採集民の愛着スタイルや内的作業モデル（IWM）に関する研究は，愛着理論を認知心理学や認識人類学とつなぎ，その文化的多

様性について論じることを可能にしてきた．例えば，エインズワースによる
愛着スタイルの類型化には，文化差をどのように取り扱ったらいいのか，つ
まりどんな愛着スタイルを標準・正常と見なすことができるのかという課題
がある．最近，ピグミー系狩猟採集民であるアカやエフェの社会を研究して
いる人類学者や文化心理学者らを中心に，母親だけではなく父親や仮母による共同育児の重要性が指摘されている．これらの知見は，母親と子どもの絆
のみを特別扱いする見方を相対化してくれる．このため，ボウルビィとエイ
ンズワースの母子関係にのみ力点を置いた議論の立て方自体が間違っていた
のではないかという，よりラディカルな批判が盛んになっている（Morelli et
al. 2017）．

参考文献

高田明（準備中）『子育ての自然誌』ミネルヴァ書房．

ボウルビィ，J. 1967『乳幼児の精神衛生』岩崎学術出版社（原著 Bowlby, J. 1951.
Maternal Care and Mental Health. World Health Organization）．

ボウルビィ，J. 1976『母子関係の理論 I──愛着行動』岩崎学術出版（原著 Bowlby, J.
1969. *Attachment and Loss: Volume 1 Attachment*. London: Hogarth）．

Morelli, G., Chaudhary, N., Gottlieb, A., Keller, H., Murray, M., Quinn, N., Rosabal-Coto, M.,
Scheidecker, G., Takada, A. and Vicedo, M. 2017. Taking Culture Seriously: A Pluralistic
Approach to Attachment. In H. Keller and K. A. Bard, eds., *The Cultural Nature of
Attachment: Contextualizing Relationshipsand Development. Struengmann Forum Reports*,
vol. 22, J. R. Lupp, series editor. Cambridge, MA: MIT Press, pp.139-169.

［用語解説］ スキーマ理論

　スキーマ（schema）理論は認知科学・認知心理学のモデルであり，知識を組織化する枠組みとして仮定される．スキーマ理論の前提になっているのは，「ある個人が何かを理解するということは，本人が世界についてもっている知識に深く関わっている」ということである．

　人間は外界からの情報を処理する過程で，構造化されたスキーマを用いる．情報を処理するうえで重要な役割を果たすスキーマを「活性化」させることによって，個人は次に来るシーンを予測したり，行間を読んだり，またスキーマに頼りながら過去の経験を思い出したりする．スキーマは世界についての経験や理解を可能にするモデルであり，人類学においては研究対象となる集団や社会のメンバーに共有されるものである．1980年代以前には，人類学者は文化の主な要素を基本的に物質的および象徴的なものとしてきた．しかしスキーマ理論の登場によって，文化の認知プロセスとしての側面を研究することが可能になったことに加え，スキーマの動態を観察することで，文化を分析的に説明するアプローチに道が開かれた．

　長期記憶に残る知識を組織化するものとして，スキーマの複数形であるスキーマタ（schemata）に注目したのが教育心理学者のリチャード・アンダーソン（Richard Anderson）である．彼は，個人が新たな経験をする中でスキーマタが常に構築され続け，多様化・特化するとし，以下の特徴を挙げている（Anderson 1977）．

（1）それぞれのスキーマは，他のスキーマタの中に埋め込まれており，それ自身の中に下位スキーマをもつ．
（2）スキーマタは，情報が得られるたびに変化する．
（3）新たな情報によって，既存の概念に再構築の必要があきらかになった場合には，再構成される．
（4）認知と解釈の際に用いられる心理表象と，その過程で新たに生成するスキーマは，その部分の合計よりも大きな全体を形成する．

このような理解に立つと、スキーマは入れ子状に階層化したものだと捉えることができる。認識人類学における文化モデル学派を立ち上げた文化人類学者、ブラッド・ショアー（Bradd Shore）は、複数の文化的な領域を横断してみられ、世界認識を組織化する基礎付けとなる上位のスキーマを基盤スキーマ（foundational schema）と呼んだ（Shore 1996）。基盤スキーマは、思考や感情の一般的なあり方であり、日常生活の一部分をなし、しばしば強い感情を惹起する。基盤スキーマはまた、下位のスキーマである文化モデル［p.107 を参照］および文化規範（cultural norm）の基盤であり、ものの考え方や説明の仕方、他者への期待の仕方を基礎付ける。基盤スキーマは、関連する一群の文化モデルを組織し、異なる文化モデルの間に繋がりをつくる。

　本書に出てくるアカの社会を例にとって説明してみよう。文化モデルは、子どもへのケア、肉の分配、網猟の組織のような、特定かつ個別の文化的な領域における人間の行動を説明し導く。悪い冗談を言うこと、物音を立てること、打たれる危険を冒すこと、死や病についての語りなどが、時に制裁を伴う文化規範として挙げられる。基盤スキーマは平等主義、シェアリング、社会的役割の流動性、個人の自律性の尊重、他者への信頼などであり、個別スキーマの活性化する文脈や領域を横断して、これら全てに影響を及ぼしているのである。

参考文献

Anderson, R. 1977. The Notion of Schemata and the Educational Enterprise. in Anderson, R., Spiro, R. and Montague, W. eds., *Schooling and the Acquisition of Knowledge*, Hillsdale, New Jersey: Erlbaum, pp.415-431.

Shore, B. 1996. *Culture in mind: Cognition, culture, and the problem of meaning.* New York: Oxford University Press.

その後，ボイド（Boyd）とリチャーソン（Richerson）が，非垂直的な伝達形態として，数理的なモデリングをもとに多数派の信念や実践をそのまま模倣するという同調バイアスによる伝達（conformist transmission）と，成功者の文化変異を積極的に模倣するという名声バイアス（prestige bias）による伝達を提案した（Richerson and Boyd, 2005）．同調バイアスに基づく文化伝達は，集団の中で多くの個体がもつ文化が過剰に学習されることになるので，保守的な伝達である．

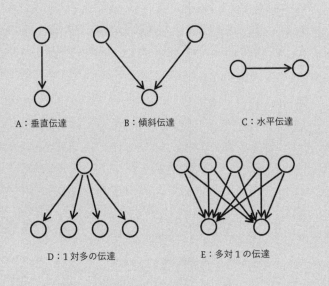

A：垂直伝達　　　B：傾斜伝達　　　　C：水平伝達

D：1対多の伝達　　　　E：多対1の伝達

参考文献

Cavalli-Sforza, L. and Feldman, M. 1981. *Cultural Transmission and Evolution: a Quantitative Approach.* Princeton, NJ: Princeton University Press.

Hewlett, B. S. and Cavalli-Sforza, L. 1986. Cultural Transmission among Aka Pygmies. *American Anthropologist* 88(4): 922-934.

Richerson, P. and Boyd, R. 2005. *Not by Genes Alone: How Culture Transformed Human Evolution.* Chicago, IL: University of Chicago Press.

観の目の子育て

　観の目という言葉を，剣術を通して自己鍛錬に励む友人に教えてもらった．宮本武蔵『五輪書』の一節で，相手を前にして，どこか一点に集中するのではなく，かといってその一点一点をおろそかにするのでもない，ただ全体をぼんやりと見据えることをいう．私自身は剣術に明るくないので間違っていてもご容赦願いたいが，おおよその意味は当たらずといえども遠からずだろう．

　この言葉を聞いてすぐに連想したのが，バカのハンターのことであった．私は10年ほど前からカメルーンのバカの人々を訪ね，調査をさせてもらっている．まだ調査を始めたばかりのころ，ある青年と子どもが狩りに行くというので同行した．森を歩いていると，先頭を歩く青年が急に静かになったので何事かと見ると，遠方の樹上にサルがいるという．ところが，そのサルは私には見つけ出すことができなかった．

　また，別のキャンプでのことだ．夜の8時頃，その日の調査を終えてくつろいでいた．キャンプというのは，草木を刈り払い，ドーム型に張った木の幹にクズウコンの葉を瓦のように重ね葺くモングルという伝統的小屋を数基建てた，森の居住空間のことだ．ランプの灯の周りで，子どもたちが遊んでいるのをぼんやりと眺め，うとうととしているときだった．うす暗闇からマンガという青年が現われた．マンガはおっとりした，気の優しい青年である．彼は暗い森の中を，ヘッドライト一つを頼りに戻ってきたのだった．右手には山刀が握られていたが，首元にはなんと大蛇ガボンバイパーが下がっている．ぬめぬめとした，緑とも茶ともつかぬ何百のうろこの塊が，ランプの明かりにぬうっと出てきたものだから，驚いた子どもたちは蜘蛛の子を散らすように逃げ出した．ガボンバイパーは猛毒で，噛まれればひとたまりもない．聞けば，マンガは一太刀でこの頭を落としたというが，そんなことは本当に可能なのか．青年たちの身体能力には呆気にとられるばかりであった（ちなみにガボンバイパーは，魚とも鶏ともつかぬ味で美味である）．

　さてこのように聞けば，バカのハンターたちの眼光鋭く，敏捷な身のこなしを想像するかもしれない．ところが実際は，実に落ち着いていて，そのたたずまいはさりげない．私の恩師木村大治は，彼らのそうした風采に早くから興味をもっていた．「単に口数が少ないというだけではなく，こちらの語り

かけに対する反応が一呼吸遅れるという感じで，いわば『手応えがない』」（木村大治 2003『共在感覚——アフリカの二つの社会における言語的相互行為から』京都大学学術出版会）．柔よく剛を制す，相容れないかに見える彼らの姿にぴったりである，と思ったのが「観の目」なのである．

　地面の枯葉に隠れた木の実，モリオニネズミの巣穴，ガボンバイパーのねぐら，木の幹を這うイモムシ，他の草木に混じりするすると伸びたヤマノイモのツル，そして息をひそめて人をやり過ごすダイカーの目と，空をも覆い隠す深い森の中では，自己を取り巻くすべてに自分が注意を向けているような錯覚に私は陥る．大人子どもが混じって，複数人で地中のモリオニネズミを煙で追い詰めていたときだ．一向に獲物が見つからず，何人かの子どもがおしゃべりをし始めた．そのとき，巣穴の一つの見張りを任せられていたエロンベ（8歳程度の男の子）が，真剣な眼差しで「森を聞け（*bà jé bele*）！」と促した．煙で息切れするモリオニネズミの声に耳を傾け，予期せぬ場所からの逃走に備えよという意味だ．ただ一匹のモリオニネズミに集中しつつも，くまなくあたりを注意するという身構えこそ，この「森」という言葉に凝縮されているのではないか．

　この「見るともなく見る」は，子育てにも通じているように思われる．「アカの親たちは，子どもの自律性を非常に尊重している」と著者は述べている．これまでの研究蓄積にも何度も登場する命題だが，しかし人々が実際に，この自律性をどう育てているのか，言葉を通して教えてもらうのは容易ではない．子どもをさりげなく見守るが，ここぞという時だけ口を挟む．自律性を育む観の目の子育てを，私は彼らから引き続き学びたいと思っている．　　　（園田浩司）

森の中ではね罠を仕掛ける子どもたち
（二〇一三年，カメルーン）

第3章

良き人生の諸構成要素

私は，自分の身体や考えに起こった変化についてこんなふうに考えた
んだ．「変化はいいことだ．女になったのだから．男は私に結婚して欲
しがるだろう．私は家や子どもをもち，とても優しく赤ちゃんたちに
接するだろう．人生はよくなるに違いない」と． —ブロンディーヌ—

愛は，夜の仕事*1．愛と遊びは，妊娠をもたらすなら，ともにいいも
のだよ． —あるアカの女性—

---

*1 ［訳注］ ここでの「仕事（work）」は，狭義の賃労働（labor）以外の生活を含
む広い意味で使われている．「仕事」に含まれる人間活動は，文化集団によって異なっ
ている．中谷文美・宇田川妙子 2016『仕事の人類学——労働中心主義の向こうへ』
世界思想社．

この章では，アカとンガンドゥの思春期から成人期前期までに起こる変化を追うことにしたい．この時期に，女性たちは成長・発達し，恋に落ち，そして結婚する．思春期における初潮のタイミングや，社会的かつ性的な探索範囲の拡大は，脳が発達する特定の期間に起こる．思春期の若者は，抽象的かつ革新的に思考すること，新しいアイデアを試し，探索し，計画を立てて問題に対する新しい解決策を見つけ出すことによって，新しく今までにないような諸状況に適応することができる．若者は，性役割やアイデンティティを育み，リスクを冒して，社会的評価を得ると同時に，長きにわたる愛着と社会的結合を形成しつつ，社会関係とネットワークを発展させる．思春期の若者たちは，生殖的には未熟で一定程度は他者からの食料供給に依存しているにもかかわらず，大人になり結婚することによって生まれる必要と責任を経験する前に社会的，経済的，観念的な経験を踏むことができる[1]．

　女性たちの語りは，（1）性的欲求や愛着，思いやりといったヒトの生物学，（2）政治経済的条件を含むヒトの生態学，（3）心理的枠組み（スキーマ）や着想，そしてジェンダーやセックス，愛に関する文化モデルといった文化の三者［pp.44-45 を参照］がいかに相互に作用しているかを明らかにしつつ，実体験の多様性を理解する上での文化や社会的再生産の特性を際立たせる[2]．現生人類は，たしかに他の動物とともに生物学的な遺産を受け継いでいるが，アロマターナル・ケア［p.108 参照］のような独自の特性も持ち合わせている．すなわち，われわれはただ他者に共感し，思いやりや愛を感じることができるだけではなく，行動や知識を素早く獲得し，累積的な文化（cumulative culture）*2［p.154 も参照］を手に入れることができる[3]．これらの特性は，性的欲求，愛，愛着の形態を多様化させている．本章で描き出されるように，男女間の社会関係をはじめとして，多くの人間行動を理解する一つの方法は，ヒトの生物学，文化，そし

てヒトの生態学の三者の相互作用をみることによって可能となるのである.

女性になることについて

　思春期は，脆弱性，リスク，機会，期待の時期であり，生物学的，行動的，そして知的な多数の変化が起こる過渡期である．思春期における初潮のタイミングや，社会的かつ性的な探索範囲の拡大は，思春期において脳が発達する特定の期間に起こる．その時期に抽象的な思考が可能になる[4].　若者は，「世界観，ジェンダーと政治にかかわるイデオロギー，平等主義など，文化的知識の鍵となる領域」を学び，理解する認知能力をもつ[5]．これらの決定的に重要な基盤スキーマ［p.152 を参照］は，アカの場合，生物学的発達に関連して継承され，意味付けられる．つまり，「血，禁忌，ハンターの食事，有害でとくに人間の生殖・安産・衛生へ危険を及ぼす動物の力」[6]にかかわる，エキラと呼ばれる月経についての知識である．アカとンガンドゥは食物禁忌をもっており，例えば，月経や妊娠のようなさまざまな人生段階に関連して，当人やその家族全員の食べられるものがしばしば制限される．ある思春期前期のアカの女性はこう説明した.「私が幼すぎたときは両親は教えてくれなくてわからなかったけど，大きくなったら，エキラについての知識を与えられたの．

＊2［訳注］　人間集団が，世代を超えて文化伝達を繰り返す中で，徐々に既存の文化を改良していくことによって生まれる，文化の累積的な発展のこと．文化進化学では，累積的文化進化（cumulative cultural evolution）とも言う．累積的な文化はヒト固有のものだと言われている．須山巨基 2019「累積的文化進化における文化アトラクターの影響——実験室実験を通じた網羅的検討」北海道大学大学院文学研究科博士論文，北海道大学．Tomasello, M., Kruger, A. and Ratner, H. 1993. Cultural Learning. *Behavioral and Brain Sciences* 16(3): 495-511.

この知識は，祖先から祖先へと，そして母と父の両方から私にもたらされた．世代から世代へと受け渡されてきたものなの」と，思春期のあるアカの女性は，次のような禁忌食物の長いリストを教えてくれた．それらは彼女が初潮を迎えたころに教えられたものだ．

私は森のヘビ，カメ，オオトカゲを食べないわ．ネズミも食べない．この禁忌は，私だけでなく少女全員が該当するの．もし食べると結婚できなくなるのよ．私には，妊娠中に大変なことになるという理由で，他にも食べないものがあるわ．それぞれの家族ごとに違っていて，私の母と兄弟姉妹は私と同じ禁忌をもっているの．ディカンダというそれぞれの父系クランで違っている禁忌があって，さらにサブクランでもそれぞれ違う禁忌があるわ．家族ごとにも違っているし，みんなそれぞれに自分の禁忌をもっているのよ．私は，両親が禁忌食物を食べて赤ちゃんが亡くなったときに，自分の禁忌と両親の禁忌が同じであることを知ったの．

　エキラにかかわる禁忌は，文化的実践の鍵となる領域を説明しはじめる．集団の成員が，良好な健康状態，問題のない出産，子どもの養育，そして狩猟採集の成功といった良き人生の基本的な要素を経験できるように共有される，生殖可能性，生産的活動，そして倫理的で個人的な特質を定義しながら[7]，思春期や成年期の若者が鍵となる文化的な心理的枠組を学ぶとき，アカとンガンドゥは，ただ文化的信念や価値観を創り出し，競争しているわけではなく，大切に「伝統の流れ」を守り引き継いでいる．つまり，過去の何事かを現在に持ち込み，おそらくはより秩序あり，予測可能で，安全な世界を作ろうとしているのだ[8]．
　若者は，社会の価値観やニーズを体現し反映する．また伝統を促進し，現在の世界の中にそのような文化的信念のための場所を創り

出しもする．しかし同時に，この時期は健康で安心に暮らすことの継続が脅かされかねない，リスクある環境に住んでいるアカとンガンドゥにとって脆弱な時でもある．しかし，それはアカとンガンドゥの若者自身の生存が脅かされるということではなく，周囲にいる人々，つまり両親，親戚，兄弟姉妹，そして友人にもかかわることなのである．小規模社会を対象に研究をしてきた人類学者たちは，このような社会で比較的死亡率が高いことを記述してきた．幼児死亡率はしばしば 10〜20%，未成年者の死亡率は 25〜60% にも上る[9]．研究者らはまた，このような社会の少なからぬ子どもたちが，一方の親もしくは両親を亡くしたために，子ども期後期と思春期を養父母と暮らしていることも明らかにしてきた[10]．生活史理論［p.196 を参照］は，大人と子どもの死亡率が，その後の人生の行動や生殖のさまざまな形態に影響することを示唆している．例えば，物質的に制限された環境で育てられた子どもたちは性的な関係を早い時期から始め，男女関係をより短期間で終わらせる生殖戦略をとるが，裕福な環境で育てられた子どもたちは，性的な関係を遅く始め男女関係をより長続きさせる生殖戦略を発展させる[11]．

　生活史理論は，生物は時間と労力の配分においてトレードオフに直面し，生活史戦略は，それぞれの種が時間と資源を成長，維持，生殖に配分する特徴的な方法である[12]という原則に基づく．生活史モデルは，ある若者が両親から独立した後の二つの段階を含む．すべての余剰エネルギーが成長に割り当てられる生殖前の成長段階と，すべての余剰エネルギーが生殖に割り当てられる生殖段階である[13]．思春期は，生殖が始まり，技能獲得の学習が進む時期である．そして若者たちが自立する方法を学習するにつれ，誰がどれだけの食い扶持を担うのかという点において，他者からの食料提供への依存が変化することを経験する．

　若者たちは，要約すれば，身体成長（成長，発達，維持）から生殖（縁

故による関係形成，配偶，養育）へと，投入する時間と資源の転換が起こるまっただなかにいるのだ．つまり，獲得が難しく質の高い資源の入手法を若者たちが学習する一方で，若者たちのエネルギー資源の投入先は成長から生殖へと変更されていることになる[14]．この変化の時期，食料提供への依存の断ち切りと生活史におけるエネルギー配分の変化の両方に巻き込まれ特徴付けられて，若者はとくに脆弱になる．二つの集団内と集団間で行った健康についての調査では，この脆弱性が思春期前期（10〜15歳）の子どもの低いBMI値［p.35を参照］をはじめとして，免疫機能の低下，寄生虫感染への感受性増加に反映されていた[15]．幼児にとって離乳期は変化と脆弱性の時期であるが，思春期前期もまた，まさしくそのような時期なのである．

　思春期前期の子どもでは身体成長から生殖へと投入時間や資源が移っていくので，この世代の子どもたちは社会関係，性的欲求，愛について鍵となる文化的知識を学んでいくことになる．実際，進化的観点から見た思春期の主要な機能は，生殖可能な状態を獲得すること，つまり新しく高い競争下にある生物学的資源であるセックスさらには生殖にアクセスするために必要とされる，肉体的かつ社会的な能力を発達させることにある[16]．

ンガンドゥの思春期

　ンガンドゥの若者たちは男女とも，同性の友人や大人たちと多くの時間を過ごしながら，結婚する時期まで家族の家に留まる．少女は，日中，母親の傍らで畑仕事をするか，弟や妹の面倒を見て過ごす．午後から夕方に仕事が終わったら，友人たちと通りに出て，社交し，踊りの遊びを楽しみ，少年たちに会うこともある．家族の厳格さ次第だが，少女が思春期後期に入り，とりわけ初潮後は，少女

の活動はより厳しくコント
ロールされる．処女性に価値
が置かれており，少なくとも
かつては処女性が注意深く守
られていた．もしある思春期
の少女が妊娠したら，未婚の
ンガンドゥのカップルは結婚

図 3.1 結婚した幸せなカップル（バリー・ヒュー
レット撮影）

することを「推奨」される．
もしカップルが結婚しなけれ
ば，女性の婚資は減ってしまう．婚資とは，花婿の家族から新婦の
家族に支払われる貨幣，家畜，そしてあるいは鍋や皿のような形あ
る品々のことであり，新婦の将来の生殖能力やその結果できる子ど
もに対する花婿の権利を明らかにし，新婦の家族に対して娘の損失
を補償する意味をもつ．同様に，もし強姦が起これば，男性は「価値」
の損失を少女の家族に補償しなければならない．女性はしばしば 10
代半ばから後半に結婚し，男性はその 3〜4 年後に結婚することが多
い．したがって，女性の初産は 10 代後半か 20 代初めになる（図 3.1）．

　少年たちは，少女たちに比べると，家族からより自由に扱われ，
管理されることもない．しかしこの年代で彼らは同性の遊び仲間や
仕事仲間とより付き合い始めるようになるだけではなく，年齢が上
がるにつれて年上の男性ともより付き合うようになり，社会的ネッ
トワークや同盟関係を構築する．第 1 章で説明したように，地理的
に近い場所にいる男性親族の数と年齢が重要である．思春期後期の
男性に複数のガールフレンドがいることはまれなことではない．と
くにいったん働き始めてお金を使えるようになっていたらなおさら
である．一部の結婚は，年長の男性が二人以上の若い女性と結婚す
るという一夫多妻婚だが，配偶者がいないままの男性もいる[17]．

　知識と能力ははっきりとジェンダーで分けられてはいるが，思春

期までにンガンドゥは多くの生計活動を知ることになる．少年たち
はどのようにして石油を売り，魚を捕まえ，狩りをするか，あるい
は畑を伐開するのかを知っており，とくに思春期後期になれば金[ゴールド]や
ダイヤモンドの採掘法を知っていてもおかしくない．この年代の少
女たちは，家族や子どもの世話をし，食事を作り，市場でものを売
り，薪を集め，植え付けから除草・収穫まで畑仕事を身につける．
思春期のンガンドゥたちは，一般的原則として，一人であっても仲
間と一緒であっても，村の外に頻繁に旅に出ることはない．この世
代のンガンドゥは，教会あるいは通りを歩きながら互いに交流す
る．仕事の後，夜間に外出して異性と交流することはあるが，多く
の親からは「好ましくない」とみられがちである．とくに思春期の
少女にとっては，「よからぬこと」が起こりうるのでなおさらである．

　ンガンドゥの若者は，家族や拡大家族のような近縁者からなるコ
ミュニティの中で，そこから離れることなく，自意識をいち早く発
達させる．そしてそのような社会環境で，若者たちは思春期におけ
る健康や発達を増進させる扶助や資源を得ることができる．

アカの思春期

　11歳くらいまでに，アカの少年たちは歯を尖らせるかどうかを
決断する．少女たちも同じように歯を尖らせるかを決断し，両親の
小屋にそっくりな自分自身の小さな小屋を建てる（図3.2）．思春期
前期の女性が建てた小屋は小さく，1人か，せいぜい2人までしか
入る余裕はない．思春期に入った少年たちも同じく自分たち自身の
ための寝場所を作ってそこにたむろする．ボカラ［表2, p.7を参照］
と呼ばれる思春期前期の少年によって建てられる未婚男子のための
差し掛け小屋は，不安定な長方形の構造をしていて，どこにでも3
人から8人，あるいはそれ以上が寝られるようになっている．しか

し，思春期の若者が両親や祖父母の家族のベッドに戻ることは，とくに寒い晩にはよくあることである．アカの女性は 12 歳前後で思春期に入り，15〜16 歳で月経が始まるのだが，いったん少女がエキラ，つまり経血を「見る」と，自分自身の小屋を建てて，少年が訪問するように誘い始める．

図 3.2 フマと呼ばれる小屋の中の思春期の少女

　アカの若者は 1 人か 2 人の同性の友人と継続的な友情を育み，ぶらぶらしたり，ともに生業活動に従事したりしながら，ほとんどの時間を友人と過ごす．しかし，若者は両親あるいは他の大人とよく寝食をともにするし，網猟の期間中や畑で働く間はその近くに留まる．

　この年代に好まれる活動は，訪問か踊りか他の何らかの目的で他のキャンプに出かけて行って異性をチェックすることである．相当なエネルギーと時間が，異性とふざけること，見込みのある相手を探すことに割かれる．それこそが若者が頻繁に近隣のキャンプを訪問する理由なのである．思春期の性的活動はアカの間では早くから始まる．若者の何人かは，第二次性徴が始まる前から性的活動を始めたと報告した．通常，第二次性徴は少女が自身の小屋に移るころである．これが本当の性交なのか，単に初期の性的な遊びであるのかは定かではない．しかしながら，いかなる種類の性的遊びも両親の監視や不承認にさらされることはない．もし若いカップルが性的関係を結ぼうと決めたら，まず少年が少女にアプローチして，少女がそれに同意すれば，二人は出かける．イエイエという名前の思春期前期の少年は次のように言った．「もし少年が自分のキャンプを

離れて美しい少女を見つけたら，自分の槍を持参して彼女の家の隅に置き，自分が来たこと，その少女を求めていることの印にする．すると少女が来て少年に会う．少女は，異なる少年たちを同じ日に迎えて順番に会うこともある．二人が恋に落ちれば結婚する」と．

　若者の生活のすべての側面と同様に，個人差は寛大に許容され，尊重される．多くの若者は早い時期に性的活動を始めるが，そうでない者もいる．男女ともに，複数のパートナーを好む者がいれば，そうでない者もいる．性的活動における個人の自律性と選択の尊重は非常に顕著である．ある思春期後期の少女が私に言った．「モロンゴが結婚しないで，つまりセックスを始めないでいることはいいことよ．彼女はセックスをまだ始めたくないし，結婚もしたくないのだから」と．避妊具は一般に使われていないが，ある若い女性は，二人の赤ちゃんを失った悲嘆に打ちのめされて，死ぬかも知れない赤ちゃんをさらにもつことが考えにくかったときに，母親が妊娠を予防するためにトウガラシをくれたと言った．

　訪れた思春期前期の少年であるボカラは，思春期前期の少女であるンゴンドの小屋の存在を性的関係と結婚への準備ができている印だと判断する．若者たちは自分で選んだキャンプを自由に行き来できる．これによって，将来のパートナーを見つけ，社会的ネットワークを作り上げ，仲間や「将来の巣の助力者（ヘルパー）」と絆を育むことが可能になる．社会的成熟とアイデンティティ構築の一部をなす性的な自由と探索は，アカが尊重する価値観である自律性と個人による選択に基盤を置いている．この早期の性的な自由によって，アカは，結婚や子育て生活に入る前に，大人の役割や社会的性関係を実践することが可能になる．もし二人の若者が互いへの関心を失わずに結婚することを決心すれば，二人は一緒に住むだけである．少年は少女の両親に斧，肉，ハチミツ，あるいは狩猟用の網といった贈り物をもっていくが，それ以外には何の儀礼もない．思春期の少年は，婚

資労働の期間中，結婚相手の女性の生まれ育ったキャンプに滞在する．その期間はさまざまであるが，一般的に 2 年，あるいは最初の子どもが生まれてから歩き出すまでである．思春期の少女は数年間妊娠せず，一般的に 18〜20 歳までに結婚し，妊娠状態を維持できるようになる[*3]．アカの男性は，19〜22 歳ころに最初の結婚を経験する傾向にある．結婚は望ましいゴールであり，結婚できる能力は思春期の素晴らしい特徴の一つだと見なされている．

月経，最初の結婚，愛

ブロンディーヌ——ンガンドゥ女性

　私にはクローディーヌという年上の友達がいて，彼女は若いときに結婚したがっていた．なぜかって？　彼女は，両親が意地悪だからと言っていた．彼女が初めて月経を経験したとき，母親のところに行って報告した．すると母親は彼女を責めた．「あんた，男と寝たんだね！」ってね．母親は，彼女を医者に連れて行って，男と寝たかどうかを調べさせたんだ．医者は母親に言った．「いや奥さん，あなたの娘さんは男と寝ちゃいないよ」と．月経が来たために，彼女はたぶん 14 歳のときに結婚したんだけど，すぐに赤ちゃんができた．でも夫の方がたくさんの女に手を出したから，すぐに離婚したんだ．

　こんなようなことを私は若いころに学んだ．市場にいる大親友と母が教えてくれたんだ．

　　ある歳になったら，お前は自分の血を見るだろう．これはどうやって自分の面倒を見るかということなんだ．もし血が出たら，男た

＊3［訳注］　思春期の少女は妊娠しても流産するため，妊娠状態が維持されにくい．

ちの食事の準備をしちゃいけないよ．男の安全のために．もし血が出ているときに男のために料理をしたら，男は病気になるんだ．まあ今はほとんどの女たちは構わず料理をしているけどね．もし出血がひどいなら，それはお前のお腹に問題があるんだけど，血の流れを和らげる伝統薬があるから心配することはないよ．布を使って，それを結びつけるんだ*4．それから，その布が汚れたら洗うんだ．これが女の生活なんだ．ある歳になったら，お前は誰か男と関係をもつようになり，子どもができる．これがお前に血が出る理由だ．これが，女になるということなんだ．

私は13歳で血が出始めた．お腹と背中が痛かったけど，痛みがひどいときには特別な薬を飲んだ．母が木から樹皮を取り，その茹で汁を浣腸した．私は自分の身体に起こった変化についてこんなふうに考えたんだ．「変化はいいことだ．女になったのだから．男は私に結婚してほしがるだろう．私は家や子どもをもち，とても優しく赤ちゃんたちに接するだろう．人生はよくなるに違いない」と．

この時代，私は幸せだった．友達と私は，誰と自分たちが結婚するだろうか，いったい何人の子をもつことになるだろうかと話し合った．私たちがいい服に身を包んで通りを歩くと，少年たちが目を留めて，「見てみろよ．なんてきれいな女の子だろう」と言う．男たちは，いい服を着た胸の立派な女を見ると考えるんだ．「ああ，この子は結婚の準備が整った女なんだ」と．

そんな一人の少年が毎日通りを歩いて家の前にやってきた．彼は私を見て，近づいてきて，自己紹介をし，両親に私との結婚を申し込んだ．彼は家の中にやってきて，両親にちょっとした贈り物だと言ってお金

---

*4［訳注］ 布は，経血を吸収するために，パッドのようにして用いられる．布は洗って再利用される．

をくれた．両親は，「さあ，今日から私たちの娘はあなたと夜を過ごし，あなたの妻になる」と言った．私はそれで，結婚のときが来たとわかったんだ．そのとき 15 歳だった．

テレーズ――ンガンドゥ女性

　私が 10 歳になったとき，戦争がずっと続いていて，まだ祖母が私の世話をしてくれていたんだ．彼女と長いこと暮らしたよ．自分の家族のことをいっぱい考えたけれど，祖母は私をよく守ってくれたから，彼女との暮らしはよかった．祖母は私に「お前は今少女だけれど，成長した女になるよ．そしたら結婚して働くんだよ」と言った．それからまもなくして，私は初めて自分の血を見て，何もわからなかった．私は，「おばあちゃん，私を見て．血が出た！　病気かしら？」と言った．祖母は「いや，私の子よ，お前は病気なんかじゃない．これが女の生活なんだよ」と答えた．

　今とはずいぶん違いがある．私のころは，女性が成長して胸が大きくなったら，大人の女になったということで結婚の時期だったんだ．だけど，今少女たちは若いうちに結婚して妊娠して赤ちゃんを産んでいる．違いがあるのはなぜかっていうと，私たちは自分で身を守ったからだ．今や少女たちはたくさんの知識に触れる機会がある．彼女たちはこれら全部を欲しがって，それも少しでも早く手に入れたがる．彼女たちは，男たちを使ってこういったものを手に入れようとして，母親たちも止めようとはしないんだ．これは悪いことで，なぜかというと，少女たちが自分の身を守らなくなっているからなんだ．今はたくさんの病気があるというのに．

テレーズの結婚のお話

　昔本当にとてもきれいな少女がいたんだ．たくさんの男が求婚したけど，少女はすべて断っていた．チンパンジーが彼女を見てぜひ結婚したいと思った．そこで，ずいぶん長い間毎晩のように人間の男の服を着て，ギターを持って彼女の家の外で美しい歌を歌ったんだ．彼女は彼の歌と美しい声を聴いて，「これまで私を求めてきた男たちはみんな断ってきたけれど，この人，私に歌ってくれるこの人，彼こそが私の結婚したい人だわ」と言った．彼女がそう両親に話すと，両親は「おお，娘よ，その男と結婚する前に，どんな男か確かめるために会わせておくれ」と言った．少女は断った．「いや，私はとにかく彼と結婚するわ」と．それで，その美しい少女とチンパンジーは同じベッドで，男とその妻として寝るようになった．だけど，その夫は毎晩8時にならないとやってこなかった．二人は一緒に暗闇の中で食事をとり，ベッドに向かい一緒に寝た．毎朝，まだ暗いうちの早朝に彼はベッドから這い出て家を出た．しばらく時間が経った後，彼女の両親がやってきて彼女に言った．「新しい義理の息子に会いたい」と．しかし娘は再び断った．「彼は夜だけやってきて，朝早く暗いうちに出て行くから」と．

　両親は話し合ってある計画を立てた．その晩暗くなってから，少女の父親は外から扉に板を渡して打ち付け，きつく締まるようにして家に帰った．チンパンジーの夫はいつものように午前4時に起きて扉に向かい外に出ようとしたが，扉を開けることができなかった！　彼は押しに押したけれど，扉はどうしても開かない．そこでチンパンジーの夫は，外に出る方法が見つかるまで家の屋根の中に隠れることに決めた．朝が来ると，少女の両親がやってきた．板を取り外して娘に「娘よ，今私たちはお前の夫に会いにここに来た．彼はどこにいるかね？」と呼びかけた．娘は「わからないわ！　彼はベッドを離れたけれど，姿は見えなかった！」と言った．ちょうどそのとき，偶然にも彼女の

弟がその辺りで小さな槍でネズミ狩りをしていた．彼は上を見上げて，チンパンジーの夫のつま先を屋根の上のヤシの葉柄の間に見つけて考えた．「おお，あの上にいるネズミを撃とう！」．彼は槍を投げ，それはチンパンジーの夫を直撃して，チンパンジーの夫は大きな呻き声を上げた．屋根から転げ落ち，森に逃げ込み，二度と姿を見せたり声を聞かせることはなかった！　彼女の両親は「ああ，娘よ！　お前は騙されていたんだ！　お前はチンパンジーと結婚していたんだぞ！」と言った．この話を聞いた村中の人たちは笑いに笑った．それから娘が水汲みや薪拾いに出かけるたびに人々は，「そら，チンパンジー夫人のお通りだ！」と言った．彼女はあまりの恥ずかしさに，ある日毒を飲んで死んでしまった．

　このお話の結論はこうである．もしあなたが少女であるなら，結婚する前に相手の男のことをよく知っておくべきだ[18]．

ナリ──アカ女性

　私の胸がふくらみ始める前，少し私が大きくなったくらいのころに，自分の歯を尖らせたの．歯を尖らせる年頃はとても怖いものよ．なぜそれが耐えがたいかというと，他の人が歯を尖らすのを見たから．たくさんの血が飛び出るのよ．でも，だからといってもし歯を尖らせずにいたら，それはよくないわ．歯を尖らせるのは美しさのためよ．もしあなたが少女で歯を尖らせると決めたのなら，その瞬間はやってくる．ある特別な人がこれをするのよ．その人は小枝を取り，あなたは口を開きそれを噛みしめる．私は自分の歯を尖らせるときはとにかく怖がったから，特別な人は私の祖父に近くに来て，私を抱き抱えるように言ったわ．

　その人がナイフを取り歯を削り始めると，私は泣き，沢山のつばと血を吐き出した．ものすごく痛かったのよ！　だけど，私の母は，「痛

くないわ．大丈夫よ．3日か4日もすれば痛みは引くはずよ．これは
美しさのためなんだから」と言った．それから口を洗い，痛み止めに
クパンガイ（kpangai）の葉を取って歯に付けた．もし歯を尖らせなけれ
ば，みんなの笑いものになってチンパンジーみたいと思われる．だか
ら歯を尖らせて自分はそんなんじゃないって区別しないといけないの．
これをするのはいいことよ．もし，妻か夫を探している男か女が，歯
を尖らせていない人に出会ったら，「そこにいるお前さん，お前はチン
パンジーみたいだ．まるでチンパンジーみたいな大きな歯！　お前は
要らないな」と言うに違いない．

　自分の胸がふくらみ始めたとき，私は「ああ，今私は女になり始め
たんだ！　これはいいことに違いないわ．胸が大きくなれば踊ってい
るときに少年たちは私を見て『なんて美しい胸をもったかわいい娘な
んだ！』って言うだろうから」と思ったの．モニマ（monima）という女
だけの特別な踊りがある．この踊りのためにモレンバイ［p.122を参照］
の葉と特別なクリームを準備して，顔と身体にこれを塗り付ける．そ
れで胸を手に持って，小枝をお尻に付けてこんなふうに踊るの．小枝
の茂みが揺れて，男たちはこれを見ると女が欲しくなる！　私たちが
もし結婚していなければ，男たちは「ああ，なんて美しい女なんだ！
美しい胸とお尻！」と言うでしょう．この踊りは，男たちに女の美し
さを知らしめるためのものだわ．美しく見えることは大事よ．ただ美
しさのためにね．

　若い男たちは，こんな美しい女たちを見て，彼女たちが踊っている
ところや胸やお尻を見ると，彼女たちと結婚したくなるわ．踊りの後，
少年たちは私を見てセックスを求めたけれど，私はいつも断っていた
の．そういう少年たちが怖かったから！　私は彼らに，「無理よ，もっ
と歳を取って，大きくなったら結婚するわ．でも今は私の胸はまだ小
さくて大きくなり始めたばかりなの．十分大きくなったら，私は結婚
して夜の仕事を始めるわ」と言ったの．私は，「もっと大きくなったら

自分はすぐにセックスを受け入れるわ,でも今はまだ幼すぎる」と思った.

そのころ,私はエキラを見たことがなかったけれど,母が「私はエキラを見ているけれど,それは大変なことよ」と言った. 彼女は,「娘よ,これがエキラでいつかあなたもこの血を見るのよ. 始まりの徴は胸がふくらんでくること,それからこれを見たらエキラがまもなく始まるとわかるのよ. これはもうあなたが女であることの表れなの」と言った. 血が高まる前に,私はお腹がとても痛くなった! それで両親が木の皮を取ってきて煮てくれたものを飲んだわ. 数日後に出血が始まった. 始まったとき,私はとても怒って自分のフマに行き,そこに何時間も閉じこもって誰とも口を利かなかったくらいよ! それだけ怒っていたの! 不愉快だった! 私には替えの服がないのに,血が服に付いたわ. とても恥ずかしかった. 誰にも自分を見られたくなかった. 血を見られたくなかったの! 私は出かけなくなった.

母と父は私に呼びかけた. それからまもなく母が私を見つけた. 母は私に「これは悪いことじゃないの,徴なの. お前はもう注意しないといけないということを意味しているのよ. もし男と夜の仕事をしたら,妊娠して赤ちゃんができるの. 年頃になって,少年たちと一緒にいたらお前の血が騒ぐ. 血を見た少女は男を探し始めるのよ」と言った. 私は,「男と出会う機会がないのに,どうして血が騒ぐのかしら? たぶん男が恋人としてやってきて,すぐ私は妊娠するんだわ」と思った. 母は,私が血の付いた服が恥ずかしくて引きこもっていると父に説明した. 母は私に「これは隠して,落ち着きなさい. 身なりを整えて服を川で洗ってくるのよ. 人に話す必要はないから」と言った. 母親というものは,常に娘の身になってくれるものよ. みんながキャンプを留守にしたのを見計らって,私は森に行き新しい紐を見つけ,血の付いた服を脱ぎ捨て,モレンバイの葉を集めて,血を染み込ませるのに使った.

小さいとき,私は母と父と同じベッドで寝ていた. だけどもう自分

の血を見た以上は父と同じベッドでは寝れなくなったの. もし寝れば, 彼は網猟に出かけても何も肉が手に入らないだろうし, 罠に何も食物がかかることはないの. 血が出ているときは父親のベッドに座ることすらできないから, 私は地面に座り込んだわ. でもずっと後になって私は, 「私は女になったんだ」と思った. 踊りに出かけると少年たちみんなが私を探しに来たけれど, 私は断った. もし女が男を知ったら, 二人を変えてしまう. 自分が変わるの. 妊娠したくなかったから, 少年たちとのセックスを断ったのよ.

父は私に「お前は私の娘で女になり始めている. いつか男と結婚するだろう. お前のためによく働く男を見つけるといい. 食物を探し, 賢く, お前のために物を探す男を. もし働かない男と結婚したら, お前が困ることになるぞ. 私はお前の父親で, お前の母親と結婚した. 私は肉を獲った. 賢かった. 彼女にハチミツをあげた. 同じようにしてくれる男を見つけないと苦労することになるぞ」と言った.

月がきれいなとき, 年頃の私たちは踊りに踊ったの. あるときジェンギの踊りが計画されて, たくさんの人が, たくさんの違うキャンプから踊りを見にやってきた. 私はそこにいて, ふくらんだ胸をもち, 既に初潮を済ませていた. 私は若く美しかったわ. 私は歌い, 踊ったの! そこに少年がいて心を込めてこう言ってきた. 「そこにいる少女は誰だろう? この人は私のものだ. この人とこそ僕は結婚したい」と. 彼は私と恋に落ちたの.

ある日, 彼は私に小さな果実をくれた. そして私にプロポーズした. 最初私は断ったの. 私には, 他にもう一人結婚を希望してくれる人がいた! それがココテだった. 彼は, 「あなたの娘は私と結婚しないだろう. でも彼女を愛していて, 彼女だけが唯一私が結婚したい相手なんだ」と言って私の両親に頼んだ. 両親はココテに「うちの娘には既に求婚してきた相手がいるから, それが問題だ. でももしあなたが私の娘とこの問題を解決して, 同意を得られるのなら彼女と結婚しても

らって構わないよ」と言った. そこでココテは私のキャンプにやって
きた. もう一人の男もやってきて, 結婚を申し込んできたの. 同時に
二人の夫が私によ! でも, 私はもう一人の男を受け入れなかった.
彼は「この娘は私を愛していない. 私は自分のキャンプに戻ろう」と
言い残した. ココテは再びやってきて結婚を求めた. 私は断ったけど,
両親が「ダメだ, お前は女で, 結婚することになっているんだ!」と言っ
た. 両親とキャンプにいた二人の祖母が私を呼んで, 「こちらに来てよ
くお聞き. お前の人生で, 二人の男が結婚を申し込んで, お前は断った!
ココテと結婚すべきだ. 彼と結婚すれば,面倒をよく見てくれるだろう.
ココテは賢く, お前をよく守ってくれるはずだよ」と言った. たくさ
んのモサンボ (mosambo), つまり助言を得た後, 私は彼を受け入れるこ
とにしたの.

コンガ――アカ女性

　両親が死んでまもなく, 私の胸は大きくなり始めた. 「ああ, 私の胸
よ! 今胸がふくらみ始めて, 踊りに行くと, 若い男たちに見つめら
れる. 私が踊れば彼らも一緒に踊るだろう. 少年たちは私の胸を見て,
結婚するように求めるだろう」と思った. だけど, 踊りに出かけて彼
らに見つめられると, 私は逃げた. この当時, 私たちは今のような服
をまったく着ていなかったから, 踊りながら胸を隠すことができなかっ
た. でも恥ずかしいとは思わなかった. このころ太鼓の音を聞くと,
友達たちは私に「踊りに行こう! このキャンプか, あのキャンプで
踊りがあるよ」と言ったものだった. それから私たちはそれぞれのキャ
ンプに5～6日間滞在して踊りまくった. 友達のうち何人かは, キャ
ンプに恋人がいて, その少年たちと出かけていった. 私はいつも「私は
行かない. 私はダメ. 幼すぎる. あなたたちは恋人と楽しんだらいいわ」
と言っていた. 少年たちを全員断ったんだ. あまりに幼くて, 私の心

は彼らの誰とも通わなかった．

　友達たちには恋人がいて，踊りの後に楽しんでいた．私は男の子も恋人もなく一人で踊っていた．まだ欲しくなかったんだ！　私は幼なすぎた．私には，今一緒に寝ている大きな孫娘がいるけれど，自分のフマを建てたがらないんだ．彼女は，「もし自分の小屋を建てたら少年たちが『ああ，この少女は結婚の準備ができているんだな』と見て，求婚してくるでしょう」と言うんだ．彼女が言うには，少年がやってきて，彼女のフマに入ろうとする．それが嫌みたいだ．彼女は学校での勉強を続けたくて，少年全員を，それから彼らとの結婚を断っている．「もし結婚して妊娠したらもう学校は続けられない」と言っている．学校が好きなんだ！　私に「学校に行けば，読み書きを学べる．知識があれば，物を売れるようになる．とってもたくさんのいいことを学べる」と言った．また彼女は，「学校を終えたら誰かと恋に落ちて結婚するんだ」とも言ったんだ．私が若かったころには，こんな選択はなかったよ．

　このころ，私は自分の血を見始めた．それが始まったとき私は寝ていて，朝，脚と服に付いている血を見た．私は「自分はまったく男を知らないのにどうして血を見ることになるんだろうか？　たぶん，私はもう大人の女なんだ」と自分自身に聞いた．母の死後に私はこの血を見たけれど，小さいとき私が母の血を見たときに母が私に「これは女になったことの徴なのよ」と言ったことを覚えていた．私は，森の中からツルを採り，切り取って，叩き広げて布のように柔らかくし，それを血に使うことを教えられていた．踊りに出かけると，少年たちがやってきて私を探した．結婚を求められると私は断った．私は血を見，成長した乳房をもつ女性だった．だけど当時，私は少女でもあった．私は幸せだった．世界中が少女であることの楽しみとともに歌っていた．森の中で私たちはそれだけ遊んだり歌ったりしていたから．

　だけど，そこに一人の男，私の最初の夫になるングアテが現われた．彼は私のキャンプにやってきて，私たちは結婚したんだ．

セックスという仕事と喜び

ブロンディーヌ──ンガンドゥ女性

　若いうちは結婚が怖かった．でも最初の夫のイサがやってきて，私は結婚を受け入れたんだ．結婚式はなかった．結婚式のために男は両親にお金，飲み物や食べ物を渡す．一部の女は結婚式を挙げるけれど，それは夫次第で，その可能性があればの話だ．両親に渡されるお金の額は人によって違っていて，もしその額が少なすぎれば両親は「ダメだ，それじゃ少なすぎるからもっと足してくれ」と言うだろう．私たちは一緒にその夜を過ごした．

　市場にいる親友たちが私にセックスについて説明してくれたし，親友たちの夫が彼女たちのところにやってきて甘い言葉をかけているのも見ていた．最初に男と寝るのはとても痛いと聞いたから，怖かった．もし少女が男を全く知らなかったなら，とても痛いから，初夜は戦争みたいになるんだ．最初に性的関係をもったときのこと，私はそれがとっても痛くて，痛みを止めるために夫の腕に噛みついたほどだったのを覚えている！　でも1週間もしたらもう痛くなくなって，私は夜の仕事に楽しみを見つけるようになった．男たちは最初のときがとても痛いということを知っている．それでゆっくりしようとがんばるけど，男たちにとってそれはそう簡単なことじゃないんだ．でも1〜2週間のうちには，少女にとって喜びになる．夜のセックスは，仕事であり楽しみだけど，一番大事なのは赤ちゃんだ．

　私は結婚して幸せだった．私は彼を愛した．一緒に暮らす生活はよかった．イサは，働いて食べ物，飲み物，それから私の両親への贈り物を買ってくれた．結婚した後，私たちが両親と一緒に住んでいたとき，イサが「親と住むのはダメだよ．僕たちは僕たちの場所で暮らす必要がある」と私に言った．それで私たちは自分たちの家に引っ越した．

いい夫であることの基準は，友達を家に連れてくるかどうか，私と私の両親に敬意を払うかどうかだ．いい父親は，自分の子どもに話しかける．自分のお金で子どもに靴や服を買い与える．医者にかかるお金をくれて，子どもたちが病気なら病院に連れて行く．子どもを病院に連れて行くのは，父親の責任なんだ．

　いい妻であることの基準は，働き者であること．家に着いたら，水を汲んで夫のために水浴びと食事の準備をする．いい妻は，家の母であるべきだ．自分の子どもをもち，子どもたちに尊敬することの大切さを教える．子どもたちに食事を与え，5～6歳までは夫と一緒に子どもたちを寝かせる．これがよき母親というものだ．彼女は自分の子どもたちに，夜焚き火の周りで，あるいは昼間畑で一緒に歩きながら，物を教える．よき女の仕事は簡単なものではないんだ．畑で働くときには，熱い太陽のもとで重労働をしてその仕事からお金を得るけど，それは本当に大変な仕事で，痛いし疲れる．頭の上にキャッサバや他の物を載せて運ぶ．それはセメント袋のように重い上に，さらに赤ちゃんを背負っていて，後になってくると疲れすぎて動けなくなるほど．夫も妻もそれぞれ大事な仕事を担っている．どちらかの方がより価値があるとは言えないんだ．

テレーズ──ンガンドゥ女性

　祖母が私の結婚相手を選んだ．その男は，私を見てとてもきれいで成長した女だと見て取った．彼の名前はアドリアンという．私は彼がやってきて結婚を申し込むまで彼のことを知らなかった．その男は，結婚のためのお金を祖母に送った．この男が家に求婚に来たとき，私は断った．でも祖母は，「いや，彼はいい人で暮らしぶりもいいから，断ってはいけない．性格もよくて食べ物もくれるから断らないように」と言った．その男はやってきて，日中一緒に家の中で過ごした．だけ

ど夜になると，私は祖母の家にいて，彼と夜を過ごすことはなかった．夫は毎晩自分の家に帰っていった．8か月経って，祖母が「こんなことではいけない．おまえは私の家にいすぎる．今日から，お前たちは一緒に夜を過ごさなければ．最初のときは，一緒に私の家で寝なさい．最初に一緒に寝るのはとても難しいから」と言った．私は，夫と寝なくて済むように，どこか別の場所に逃げて寝た．次の日，祖母は私に「怖がるんじゃない．これが女の生活なんだから．さあ今日こそお前は夫と寝るんだよ．いつまでも拒否し続けるのはよくない．男たちは女を迎えて女は夫に食べ物，服を与え，性的な関係の上でも夫の面倒を見るんだ」と言った．

　私は，祖母が語っているのは事実だと知った．私は既に成長した女だったから，それは辛い会話ではなかった．最初の性的な関係は難しかった．だけど，しばらくすると，男のために生活し，世話をするのは辛いことではなくなったんだ．夫が敬意をもって接してくれたから，この結婚はいいものだった．夜，家の中で彼は私に敬意をもって接し，村で彼は誰彼なく敬意をもって接していた．そして村の誰もが彼は私の夫だと知っていた．私は今でも心の中で彼に対する愛をもっている．愛は一番大事なもので，愛なしでは性的欲求も生まれない．私は一度も浮気をしたことがないんだ．夫が好きだったから，夫が死んだ後も他の男に性的欲求を感じたことはないよ．

ナリ──アカ女性

　母が私にセックスについて教えてくれたわ．彼女は私にどうやって夫と過ごすのかを教えてくれたの．私は，働き者の夫，これは魅力的ね，そんな人を見つけたいと思った．相手が働き者でなければ，愛することができるか自信がないわ．結婚では，ほとんどの場合は結婚前に相手を好きになるけど，必ずしもそういうわけではないの．私は初め夫

のココテを愛することはなかった．でもしばらく経って，十分に周囲に相談してから「この男を拒否したのに，父は結婚を焦って私はとばっちりを食らっているわ．この人を受け入れた方が得策ね」と思った．時々，男の方が女を愛していて，女の心が拒否して男を愛することがない場合には，男も女もザンボラ（zambola）という植物を使うことができる．この植物は誰かを自分に惚れさせることができるの．ある人がこの植物の薬と一緒にあなたに触れたなら，あなたはきっと彼と恋に落ちるわ．愛の媚薬はほんとうに強烈なのよ．でもココテは，この薬を私に使うことはなかった．

　最初，結婚は私には難しかったけど，しばらくすると私はココテに馴染んできて，彼を愛するようになったの．ココテが最初の日に小屋に入ってきたとき，あまりに恥ずかしくて口を利くこともできなかったわ．私たちは同じベッドで寝たけれど，私は何もしゃべらなかったの．彼が私と夜を過ごしたときは，大変だったわ．初めて私たちが夜の仕事を始めたとき，「これが私の夫．夜に私たちは楽しんで，朝には彼のために食事を作る．そうすればみんなが私は彼と結婚したと知るでしょう」と思った．ココテは私の夫だったけど，3日間，私は恥ずかしすぎて彼と話すことができなかったの．朝に私はココを料理し，夜には同じベッドで寝たけれど，私たちが話すことはなかった．3日が経って話し始めたの．自分たちが夜の仕事をがんばるのは，子どもを求めてのことよ．夫はたとえ疲れていても，樹皮をかじると「ペニスが硬く」なるモロンバ（molomba）を知っている．最初はこの夜の仕事が怖かった．私のヴァギナは小さくて，あまり頻繁にセックスするのは怖かったわ．でももう私は子どもを得るためのこの仕事を恐れなくなったの．楽しみがあるから．性的欲求を感じると，彼の脚をさするようになった．夜の仕事，それは楽しみのためのものであり，愛と，それから結婚しているという気分のためでもあるわ．

　私はこの男と結婚するまでの人生のすべての間，ここで両親と寝て

いた．夫と結婚したら，一緒に暮らしたい場所を探すの．だけど，最初私たちは私の両親のキャンプに住んで，夫は両親のために働いたわ．ココテは畑で働いた．肉を見つけ，ハチミツを両親のところに持ってきた．動物を捕らえ，私の母と父に届けるために罠を仕掛けたの．最初の子のエラカは私の家族とともに迎えた．出産の後，今度は夫の家族と住むようになった．私はそこに住むことが，ココテの家族と一緒に暮らすのが怖かった．それは，私がココテの家族がどう振る舞い，どんなふうに暮らしているのかを知らなかったからよ．以前に彼の家族が通りかかったときに見たことはあったけれど，よくは知らなかった．彼の家族はずっと遠くに住んでいた．でも私は彼の家族を知り始め，どんなふうに住んでいるのかがわかり始めると，もう怖くなくなったわ．彼の両親は私にとてもよくしてくれた．両親は「あなたは私たちの息子の妻なのだから，恥ずかしがらないで」と言った．私は夫の両親の娘であるかのように感じたわ．しばらく経って，夫の両親を自分の親だと思うようになった．ココテの母親のコヅマルが亡くなったときはとても悲しかった．彼女は私にとって母だったから．

ナリのお話

　ベンベ（bembe）[*5] がこの世界を作ったの．彼は女を作ったけど，男は作らず女だけを作り続けた．それから男を作ったけれど，やはり男だけを女とは別の場所に作り続けたわ．ある日トレと呼ばれる男がキャンプにいるすべての男を集めて森で狩りを始めた．彼らの中に女はいなくて，ヒョウタン[*6] だけをまるで女の乳房のように腰につけていたのよ．男たちみんなで動物を狩って食べた．翌日の早朝トレは一人で

---

*5　コンバと同様，アカ語ですべての生き物の創造主の意味．世界と人々を創造した後引退したとされる．
*6　[訳注]　女性の乳房の象徴．

森に行き，まるで聞いたことのない音を聞いたの．すべての女たちがそこにいた．女たちは水の上に筏を作りその上で遊んでいたわ．

そこでトレは隠れて，一人考えた．この人たちは男ではない，でも男みたいだ．ただ違いは，乳房があることだ．他の違いは，この人たちには睾丸がついていなくて平らなことだ．彼は女性を捕まえようと膝で這っていった．女たちは筏の上で歌って遊んでいたからトレが近づいてくるのに気がつかなかったの．一人を捕まえようとしたけど，女たちはみんな自分の小屋に帰ってしまった．女たちは自分たちのキャンプに帰り，トレも自分のキャンプに帰って友達たちに語った．「睾丸がなくて胸から何かが飛び出ているような体つきの人たちを見たんだ．行ってそいつらを捕まえて，何者かを確かめよう」と．男が女を知り，女が男を知るようになったのはトレのせいなのよ．

コンガ——アカ女性

ングアテと私が結婚したとき，彼は私を自分のキャンプに連れて行って，自分の母親と父親に会わせたんだ．彼の両親は，私のことをとても愛してくれたよ！　私に「息子のお嫁さん！　さあおいで，一緒に食べよう．私たちはあなたの親だ！」と言った．それからどっさり贈り物をくれたんだ！　結婚して間もないあるとき私が病気になり，その話を聞いて私の父親の兄弟がやってきた．彼は，「娘よ*7，お前は病気だ．私と一緒に来てよくなるまで一緒にいたらいい．治ったら，また戻れるよ」と言った．ングアテは私たちに付き添うことを断った．彼は私に「この結婚は終わった」と言った．私は父親の兄弟と一緒に出発した．彼の介抱で私はすぐによくなったんだ．でも彼は私に「お

＊7［訳注］　アカの親族システムでは，同じ性と世代のすべての親戚に同じ語を用いる．そのため，両親の兄弟姉妹にとって甥や姪は娘や息子となる．

前の結婚は終わった．ングアテは，お前が病気のときにお前から離れて私たちと一緒には来なかった．これは悪い夫だよ」と言った．私は，「いいえ，ングアテはいい夫だったわ．でも彼は性格がよくなかった」と答えた．悲しくなかった．そのとき，「私を見捨てない夫を見つけてやるんだ」と思ったんだ．

　もう一人男がやってきて，私に結婚を申し込んだ．モポコだ．彼は毎日訪ねてきた．私はモポコを断ったけど，長いことかかって私は喜んで受ける気になった．ある夜私は家で寝ていた．そしたらモポコが小屋にやってきて私の隣に寝たんだ．目覚めると隣に彼がいた．彼を見ても私は拒否しなかった．私たちはともに夜を過ごしたんだ．私たちの結婚が始まり，結婚の仕事も始まった．私は食事を準備して，モポコにあげた．私たちは毎晩セックスをした．私は幸せになったんだ．新しい夫ができて，みんなが「あなたは賢い人と結婚したね．たくさん狩猟をして，あなたをよく守ってくれる人だ」と言った．

　若いうちは身体を守り妊娠しないようにするという意味で，セックスを待ったのは正解だった．もし処女でないのなら，妊娠してしまうかもしれない．若いときに妊娠すると，身体を変えてしまうからよくないんだよ．若者の時間，踊る時間がなくなってしまうだろう．若いうちに妊娠して出産すると，早く大人のように皺々になって老けるんだ．身体が変わってしまうのはよくないよ．乳房も年老いた女性のように垂れてしまう．若いときには少年と遊んでも，セックスはしないほうがいいよ．森のキャンプでは，小さい子どもが親のセックスの真似をしているだろう．子どもたちが性的な遊びをしていて親がそれを見つけたら，「どうしてお前たちはこんなセックスごっこをしているの？」と言うだろう．それで子どもたちは逃げるんだ．

　私にとって一番のセックスは，2番目の夫モポコとのだった．私がモポコと結婚することを決めたのは，彼がたくさんの肉を捕ってくるし，とても賢くていい人だったからなんだ．モポコは強くて，よく働いた

から私の心にかなった．彼は他の人たちにもたくさん肉を分けた．私はモポコが好きで，他の誰とも子どもを望まなかったよ．私はモポコを拒否したことはないんだ．エレベ（elebe）という性的欲求を感じたら，モポコを待ってそれからセックスを求めたんだ．私たちは夜の仕事を，子どものためにした．それから，私は彼を愛していることを示したよ．私が若いころは，モポコは私が美しいと言った．私たちはいつも一緒にいて，森の中を歩いた．私を叩くことはなかった．モポコと結婚して，他の男との関係は終わった．それは女次第だよ．結婚の後も男を探す女もいれば，そうでない者もいる．

　いつも私はモポコのために働いたよ．私たちは一緒に森の中に出かけた．長年一緒に暮らし，一緒に働いたけれど，彼は死んだ．モポコが死んで，私は本当にとても悲しかった．やりきれなかった．「夫が死んだ．子どもを抱えて，私はどうしたらいいのだろう．どうやって子どもたちのために肉やハチミツを見つけたらいいのだろう．私は女で，こういったものは男が子どものために見つけるものだ」と思った．モポコは，エキラ・ヤ・ンゴア（ekila ya ngoa）*8 のために死んだ．彼はお腹の病気になって，血便をしていたけど，それが何かわからなかった．私はそれが寄生虫だと思って薬をあげたけれど，病気は彼のお腹の並びを変え，だめにしてしまった．彼の肛門は巨大になり，赤くなり，そして傷口のように開いて死んでしまった．

　結婚を求める男たちがいたけど，私は断った．もし私が別の男と結婚したら，その男は私を自分のキャンプに連れて行き，私の子どもたちはここに残ることになる．もし自分が死ぬか，私の子どもが死ぬかしたら，どうしたらいい？　私は子どもたちが大きくなるまで，子どもたちのそばにいたかったんだ．モポコの死後，私は他の男と関係をもたなかった．彼のことを心から愛していたから，小さな小屋に住んで，

* 8　ブタ肉を食べた後に起こる病気のこと．

苦労したよ．他の男を求めなかったんだ．私は子どもたちと私だけで暮らして，まだ私は強かった．月日は流れたけど，今でも，夜一人になるとモポコのことを思って泣くんだ．

　だけど，私たちが一緒だったとき，夜はフマの中のベッドでモポコと一緒にいて，遊んだものだったよ．たくさんの愛撫とくすぐりっこをした．遊んだ後，私たちは子作りをした．この遊びは結婚の間中続いた．ときに夫が歳を取りすぎるとくすぐりっこはなくなるけれど，セックスは続くんだ．ベッドでする結婚の遊び，これはいい思い出になっているよ．

セックス，愛，愛着
——文化，ヒトの生態学，ヒトの生物学の相互作用的性格

　若者は成長から生殖へとエネルギー投資が切り替わる時期に，社会関係，性的欲求，愛について鍵となる文化的知識を学ぶ．前述したように，進化の観点からみた思春期の主要な機能は，生殖可能な状態になり，最終的にセックスと生殖にアクセスするのに必要な社会的能力を発達させることである[19]．しかし，異性を魅惑したり，性的欲求を感じたり，愛着を形成するといったような，私たちのまさに人間らしい行動の多くはヒトの生物学，ヒトの生態学，文化の間の相互作用に影響を受けている．ほとんどの人間行動は，生物学的な要因だけ，あるいは文化的な要因だけで説明できるわけではない[20]．また人類は，進化の産物である生活史に意識的に影響を受けているわけでも，たびたび思いをはせるわけでもない．いったい私たちは，新しく生まれた子どもを見下ろしながら，「ああ愛しいお前，遺伝子の塊よ！　私が下すありとあらゆる判断は，きっと私の遺伝子が未来世代に延々と永久に受け継がれていくことを確かにするにちがいない！　やったぞ！　私は繁殖に成功したんだ！」な

どと考えるだろうか？　考えはしない．私たちは生物学的な存在であるとともに，大いに文化的存在でもある．

　進化理論の一分野である進化心理学は，人間の心の動きのうち生物学的，つまり遺伝的な基盤をもつものを特定すること，進化的な適応環境（Environment of Evolutionary Adaptedness: EEA）[*9] の間に進化した「人間性」と，人類に共通する特性^{ヒューマン・ユニバーサルズ}を理解することを一般的な目標にしている．ここでいう進化的な適応環境とは，人類史の90%以上を占める狩猟採集生活のことだ[(21)]．人間の心は，進化的な適応環境の中で繰り返し起こる問題を解決するように進化した，特定のモジュール[*10] をもっていると理解されている．ヒトは哺乳類や霊長類と系統進化史を共有しているから，このような生物学的基盤をもつ行動は，ヒトの系統発生史の一部であるかもしれない．共有された歴史は，生物学的基盤をもつ性質や「進化してできた心理」の一因となる[(22)]．進化に基づく人間行動の生物学的基盤を理解するにあたって重要なもう一つの側面は，個体発生[*11] における発達である．ヒトの生活史は年齢とともに変わり，この変化する生活史が人間行動に影響を与える．本章では，結婚したカップルがセックスや愛についてどのように捉えているのかに焦点を当てた．子どもたちと高齢者では，個体発生上の生物学的な変化が大きすぎるので，セックスや愛について大きく異なる見解をもつことになるだろう．つまり進化心理学的な見方は，人間行動のうち，生物学的な基

* 9［訳注］　進化論では，ある生物について現在みられる適応は，過去に受けた選択圧による自然選択の中で形作られたと考える．その選択圧をもたらしたと考えられる過去の環境のこと．現生人類の場合は狩猟採集生活を送っていた旧石器時代にほとんどの適応が起こったと仮定できる．David, B. 2014. *Evolutionary Psychology: The New Science of the Mind*. Psychology Press.

* 10［訳注］　脳は，均質にできているのではなく，機能的に分化した構造をもつ．ある特定の機能を果たす神経回路の集まりをモジュールと呼ぶ．長谷川真理子 2001「進化心理学の展望」『科学哲学』34(2): 11-23.

盤をもつ人類に共通の特徴を理解する重要性を強調する[23].

　一方で進化生態学者は，心を，ヒトが多様な自然／社会環境へ適応することを可能にする多目的なメカニズムとして理解する．そこでは，行動の多様性が，生物学に根ざした人類の共通性よりも強調される[24]．進化生態学は，いかに生物が周囲の環境に適応するかを考える．その環境には，物理的環境とともに，同種の個体間や他種に属する個体との相互作用も含まれる．そして環境によって生物に課される選択圧と，選択圧に対する進化的な応答を調べる[25]．この観点は，人類は特定の社会的，人口学的，あるいは政治的な環境の中で生殖適応度を最適化ないし最大化しようとすると仮定する．前述したように，家族による物質的なそして自然資源へのアクセスを含む子どもの成育環境が，いつその子どもが性的活動を開始し，どれだけ長くカップルの結びつきが続くのかを予測すると考えられる[26].

　進化＝文化人類学（Evolutionary Cultural Anthropology）は，文化の進化的な性質に焦点を当てる．それはすなわち，どのようにして文化が伝えられ獲得されるのか，どのように文化が変化するのか，そしてどのように文化が人の行動に影響するのかといった点である．文化は，自然選択によって求められる以下の特徴を有している．（1）変異を作り出すこと，（2）生まれた文化的変異による競争と適応度効果，（3）文化的変異の継承，つまり伝達，そして（4）文化変化の蓄積[27]．すべての事柄を試行錯誤によって習得するのはあ

＊11［訳注］　発生学では生物個体の発生全般を指すが，ここでは個体の生涯における生物学的な発達史のこと．とくに形質的，認知的，感情的，社会的な発達のうち，個体と環境との相互作用に起因する部分のことである．生物種としてヒトが共通してもち，遺伝的に生得的な部分である系統発生と対照させて用いられている．Lambert M. and Johnson, L. 2011. Ontogenetic Development. in Goldstein S. and Naglieri J., eds. *Encyclopedia of Child Behavior and Development*. Springer, Boston, MA.

まりに大変なので，ヒトは，技術や知識を学ぶに当たって，それぞれ異なるメカニズムを有している．両親からの垂直方向の伝達，友人からの水平方向の伝達，ときに間接的な教示になるので授受される知識や技術に偏りが生まれるリーダーからの一対多の伝達，あるいは周囲のすべての人々から同調的伝達によって学ぶことは，特定の技術や知識を習得する効果的な方法だ[28]．これらの伝達メカニズムにはそれぞれ特徴がある［p.154 を参照］．垂直方向と同調的伝達のような一部のメカニズムは文化の保全をもたらすが，それらとは異なり水平方向の伝達は急速な社会変化をもたらす．多くの文化的な信念や行動は，とくに家族や血縁関係にかかわるものは，自然環境への適応とはほとんど関係していないので文化的な伝達のメカニズムによって高度に保全される．言い換えると，文化の問題なのだ[29]．

　これが，アカとンガンドゥのセックス，愛，親密さを説明するのにどのように役立つのだろうか．愛と思いやりは普遍的だが，それらが親密な関係性の中でどのように経験され，表現されるのかは劇的に異なっている．アカとンガンドゥの両方が，ボンディンゴ（*bondingo*）と呼ばれる愛を婚姻関係にとって大事な要素だと考えている．セックスは愛，性的欲求，そして子どもを求める強い気持ちの表現だとされる．

　アカ語でボンゲディ（*bonguedi*），ンガンドゥ語でエレベと呼ばれる性的欲求と性的活動は「夜の仕事」である．夜の仕事は，「昼の仕事」よりも辛くはなく楽しいものであるが，あるアカの男性が「性的欲求は仕事なんだ．ペニスの仕事は子どもを見つけるための仕事なんだ」と簡潔に述べるように，それでもなお仕事なのだ．食物を得るための仕事に似て，子どもを探すための仕事は容易ではない．「食べ物を得るほうが難しい，でも両方ともたくさんの仕事が必要だ．性生活は，昼間の仕事のように飽きるものでもない．セックス

してそれから寝られるから，夜の仕事はより楽だ」というのである．

　アカの人々はこれらの点を最も強調する．ある若いアカの男性は「現在，自分は，子どもを授かるために一晩に5回セックスをする．もし5回やらなかったら，妻がいい顔をしないんだ．彼女は子どもを早く欲しがっているから」と説明した．アカのカップルは，夜の仕事に一晩の間にも一週間の間にも高い頻度で従事する．例えば，35歳で二人の妻をもつある男性は二日置きに3〜4回の頻度でセックスをしていると報告した．別の25歳の男性が「セックスは子を授かって，自分の父親のように大きなキャンプを作るための仕事なんだ」と不平を述べた．彼は，一晩に4〜5回セックスすると言う．

　ンガンドゥの男女も，「セックスは子を探すため」のものだという同じ思いを表現する．しかし，ンガンドゥでは男女ともに夜の仕事で感じる疲労について頻繁に不平が聞かれた．「セックスは仕事だ．射精したら，それが一仕事で，セックスの後は疲れる」というのである．あるンガンドゥ男性は，「一晩に3回セックスするのは子どもを授かるためで，決して楽しみのためなんかじゃない」と，とくに強調した．より多くのアカとンガンドゥの女性たちが，セックスは仕事で，ときに楽しいけれど，子どもこそが一番大事なのだと説明した．

　父系出自による社会組織の特徴，社会関係の特徴，政治経済的な条件など，文化生態学的な要因は，とくに女性の語りの中に見いだされるテーマを理解する上で重要だ．アカとンガンドゥの男女は愛を配偶者との親密な関係性の一部であると表現したが，愛がどのように表現され，示されるのかは実質的にかなり違いがある．夫婦の絆の中でみられる応答の多様性を理解するには，文化と社会の再生産の特徴を押さえておくことが重要である．

　アカもンガンドゥも愛の徴として定期的にセックスすると言及したが，アカの男女にとっては，激しく仕事をすることと物理的な近

接は，配偶者に愛を示す方法なのである．ンガンドゥの女性たちは，夫から贈られる布や宝飾品類が愛の徴なのだと時折言及した．ンガンドゥの男性たちは，配偶者からの愛は，家庭内における彼の要求や権威に対して払われる敬意によって示されると感じていた．そしてそれは，具体的には彼に食事を供したり，衣服の洗濯，そしてお金を渡すといった務めによる．ものの交換が社会関係を維持する上で重要な部分となっているのだ[30]．ンガンドゥにとって，愛と愛する者への献身は，フォーマルな階層制と義務の維持に結びついているだけではなく，前述したような，男性から女性への贈り物の贈与と女性から男性へのサービスの供与によっても表現される．

　アカにとっての妊娠と出産の重要性や，ンガンドゥ男性が自分の子どもを得るために妻たちへ性的にアクセスすることについての制度化された「権利」は，部分的に資源として駆動されている．ある58歳の女性は私に「私は年老いて，もう性的な欲求はないんだ．若かったころはセックスが好きだった．子どもと楽しみのためにセックスをしたんだ．今ではセックスは嫌いだが，夫と寝ることを拒めば，私は彼の家族にお金を払わなければならないよ」と説明した．しかし，性的欲求や妊娠する権利は重要で強力な感情であるが，親密さ，性的欲求，愛は複雑で，たしかにアカやンガンドゥが価値を置いている結婚生活の一部なのだ．

　思春期はヒトの生物学，ヒトの行動学，そして知性に関する変化が同時に起こるときだ．生物＝文化モデルは，女性たちによる愛，愛着，性的欲求，セックスの経験を理解するのに役立つ．文化モデルは，セックスの動機や親密な関係の中で表現される性的欲求の頻度に甚大な影響をもたらす．性的衝動は，おそらく私たちの身体の基本的な生理学的な構造によって制御されているが，親密さ，愛，愛着，性的欲求と活動の表現は，たしかに私たちの感情と文化モデ

ルによって影響を受けるのだ[31]．同時に，ジェンダーによる格差や，「定住的生活様式」対「遊動的な生活様式」という大きく異なる文化的に構築されたニッチにかかわるアカとンガンドゥの基盤スキーマは，これらの二つの文化で思春期の若者と若い成人が愛，性的欲求，そして性について学び，経験し，表現するやり方が非常に多様であることに貢献している．

　この章では，思春期の若者がいかに鍵となる文化スキーマを学び理解する知的能力を発達させるのかを見てきた．若者の生活は，変化する生物学的条件と社会的アイデンティティ，成熟過程と集中的な社会文化的学習と生理的発達の時期を反映している．これらの二つの集団に長期にわたって続いている文化的特徴，つまりアカ社会に広く普及し，かつ集中的に価値が置かれている自律性，シェアリング，身体的かつ感情的な親密さ，自然と社会に対する信頼感と，ンガンドゥ社会における回復力[p.19を参照]，尊敬，服従，勤勉さについては前章で述べたが，これらはどのようにアカやンガンドゥが文化的に特異なアイデンティティ，イデオロギー，そして女性たちが思春期や成人期前期について語る際のスキーマを発達させるのかについての理解を助ける．次章では，アカやンガンドゥの親密さ，愛，愛着が絆の潜在的な非持続性，つまりいつか関係が失われてしまうかもしれないことについての理解にどのように根ざしているのかを見ていきたい．

フィールドノートから

2004年秋

——Tがやってきて私たちにニワトリをくれたので，この私たちの晩ご飯の材料は，逃げようともがきながら「サロン」で縛り上げられて

いる．かわいそうだ．たくさんの「女の」ことについて私に話しかけ
てくるBと日中を過ごした．彼女は，私にとって物事，つまりセックス，
出産，月経といったようなことがどうなのかについて，とても素直で
好奇心旺盛だ．ばつが悪かったが，私が彼女に尋ねたすべての質問に
ついて考えさせられた……私は，人類学者として誰かに尋ねるだろう
一つ一つの質問について，それを問う自分自身に答える用意がなくて
はならないと思う．とにかく，彼女は私にこうも言った．「結婚してた
ら，夫は妻に月経があるのかすらわからないだろうけど，干されてい
る妻の服の洗濯物を見て，妊娠していないとわかるものなんだ．だか
ら女たちの中には夫から服を隠す者もいて，秘密を守るんだよ」と．へぇ
そうなんだと思った．

——今日，私たちは村のキャンプにいたので，10歳くらいだと思われ
るEが葉っぱを切って，夕食を作り始めた．Mは赤ちゃんと遊んでい
て，それでBが来て赤ちゃんを取ってあやし始めた．そこでBは，自
分自身がまだ幼くまだ胸も成育していないが，明らかに食べ物を欲し
がっている赤ちゃんにヨーデル*14を歌いかけながら，赤ちゃんのお守
りを試みた．いつも私を驚かせるのは，赤ちゃんの周りですべての年代，
性別の子どもたちがいかに快適そうにしているかと言うことだったが，
とりわけ思春期の少女たちは赤ちゃんと遊ぶのが好きなようだ．

——丸一日，具合が悪かった．理由は不明．ここではみんなが病気で，
ヤギさえも咳やくしゃみをしているくらいだ．子どもたちが恋しい．
昨日，子どもたちと話すとみんな元気そうだった！

* 14［訳注］ 甲高く澄んだ裏声の歌．

194

考察のための問い

1. 思春期と成人期前期は，心理的に，肉体的に，社会的に集中して学習し，発育し，そして探索する時期である．女性たちの語りに基づいて，あなたはどのようにアカとンガンドゥの発達環境を特徴付けるか？　両集団は，他者と確かな愛着を形成し，「よい自尊心」をもち，そして幸せになれているだろうか？　それはどうしてか？　あるいは，どうしてそうではないのか？

2. 愛，セックス，愛着は普遍的で生物学的な基盤をもつ行動か？それとも社会的文化的に構築された人間行動か？　あるいは両方だろうか？

3. セックス，愛，愛着に関するアカとンガンドゥの相違をどのように説明できるか？　両者それぞれの考え方は，自分になじみ深い文化とどこが同じでどこが違うだろうか？

［用語解説］ 生活史理論

　生物としての個体の一生，つまり，誕生から成長，生殖，老化，死までの
ライフイベントの連なりとしてのライフサイクルを生物学の用語で生活史
（life history）という．社会学における人生についての語り，つまりナラティ
ブを意味するライフストーリーや，歴史資料なども合わせて情報提供者の人
生を再構成したライフヒストリー［p.10 を参照］と類似した表現だが，異な
る意味なので注意されたい．

　生活史理論（life history theory）は，生活史の中で限られた生活資源（時
間やエネルギー）がどのように配分されるかを説明する進化生物学の理論枠
組みである．生活史にはもちろん個体間で変異がみられるが，それぞれの種
は，その種に最適な資源配分に適応するように生活史を進化させ，固有の特
徴をもつ．例えばヒトの生活史をチンパンジーやゴリラなど他の霊長類と比
較すると，子ども期が非常に長く，成熟に時間とエネルギーをかけて脳を発
達させることや，メスの閉経後の期間が長いことが際立った特徴として挙げ
られる．

　このような種ごとや地域集団ごとに異なる成長や発達の形態を，生活史理
論では生活資源のトレードオフの観点から説明する．生物の成長には，身体
の組織・器官を発達させるための身体成長ないし栄養成長と，子孫を残すた
めに生殖器官や生殖行動を発達させるための生殖成長の二つがある．この二
つがトレードオフの関係にある，すなわち個体が使える生活資源をめぐって
競合する，と考えるのである．ヒトは生まれてから繁殖年齢に至るまでに長
い時間を必要とするが，それは個体の発達において身体成長（栄養成長）を
追求したために，生殖成長を犠牲にした結果だと考えられる．

参考文献

デビッド・S・スプレイグ 2004『サルの生涯，ヒトの生涯——人生計画の生物学』京
　　都大学学術出版会.

健康と栄養状態からみた「良き人生」

　本章で登場した女性たちの心身はおもに連続的に，ときに初潮や初夜などのイベントによって非連続的に成長し，その過程で親密さや愛着，結びつきを通して感じる「良き人生」も少しずつ変わっていく．このコラムでは補足的に，脆弱性やリスクのある思春期に送る「良き人生」について，健康・栄養状態という側面からスポットを当てる．

　今が「よい」のか「よくない」のか．この判別は難しくも重要だ．

　カメルーンでの狩猟採集民を対象とした調査の中では，「元気？　調子はどう？」という問いかけに「そこそこだよ」と短く返す者もいれば，「聞いてよ，実は……」と不調の訴えとともに最近のできごとやストレスを語る者もいた．それらを決して嘘とは思わないが，不調の訴えが事実とも限らないし，不調の程度もまた明確ではない．健康・栄養を専攻した身としては，彼らが語る定性的な情報に基づいてよしあしを推察しながらも，他方で科学的な根拠をもつ定量的な指標と照らし合わせたいとよく思っていた．

　子どもの人生のよしあしを判定する方法の一つに健康状態の定量的評価があり，年齢に対する身長・体重，身長に対する体重と上腕筋量の関係がよく用いられる．日本の基準データ（標準成長曲線）は文部科学省と厚生労働省が作成しているが，多くの伝統集団においては標準成長曲線は存在せず，研究者自身がデータを集めて作ることが多い．

　日本の標準成長曲線は，統計学的に高い精度を担保するために，できるだけ偏りなく抽出された対象者について1歳あたりに2～3万人のデータが使われている．伝統集団でそれだけの数を集めることは不可能なので，集団内の偏りや代表性の問題（男女比や年齢別割合から，居住地域や混血率による差異など複雑なものまで）は後に回して「とにかく多く」をモットーに，広範囲に点在する集落をひたすら訪れ調査を実施した．ある広域調査では86の集落で約900人の子どもに会い，データを取らせてもらった．

　調査では，身体計測と年齢推定の2つを行う．身体計測は身長・体重・上腕囲・皮下脂肪厚（上腕筋下・肩甲下）の5点を，標準手技に従って学校検診医の気分でひたすら測る．現地住民には身長計も体重計も未知のもので，体重計が怖くて泣いた子もいた．とくに皮下脂肪厚をつまんで測るキャリパー［腕

を曲げたような形状になっている測定器〕が恐れられ，子どもが逃げることもあったが，無邪気な子どもが「カニだ！」と叫んで起きた笑いに救われたこともあった．集落の真ん中で調査道具を広げると皆の注目を集める．最初は遠巻きに見ていた周りの大人や子どもから「乗れ」「降りろ」「じっとしてろ」など指示が飛びはじめ，調査に一体感が生まれたことは何よりの思い出だ．

　年齢推定は，子どもたちを集めて「この子とこの子はどちらが先に生まれたか」を繰り返し聞き，全員を生まれた順に並び変えることに終始する．並び替えの後に，学校ができた，果実が豊作だった，研究者が来た，などの事柄がどの2人の間で起きたかを特定し，子どもの生年月日を推測する．地道な作業だが，人数が集まると±0.5歳程度の精度で推定でき，他の研究者にとっても有益なデータとなる．

　本章で語られた「良き人生」は，正常な身体発達とともにある．それは短期的に疾患を抱えているか否かだけではなく，年齢もしくは身長に応じて，長期的に十分な健康・栄養状態の下で身体が発育してきたことも意味する．本コラムで紹介したデータの収集は時間的にも（50人の計測と年齢推定で3時間はかかる），装備的にも（医療用の身長計は大きく，登山用のザックに入れて背負っていた）手間がかかる．しかし，「この子はよく成長している．良い健康状態にある」とエビデンスに基づいて述べられることはそれ自体に価値があるだけでなく，他の多くの研究をサポートできる知見となる．とくに年齢推定は手間さえかければ精度が上がり，対象者とのコミュニケーションを通じて仲良くなれるので，若手研究者は機会があれば一度試していただけたらと思う．　　　　　　　　　　　　　　　　　　　　　　　　　　（萩野泉）

バカの子どもに対する身体計測の様子
（共に二〇一二年，カメルーン）

キャリパーを用いた皮下脂肪厚の測定

第4章

結婚と母親期

——厳しくも喜びのある現実

赤ちゃんを抱きながら私は思ったんだ,「もう,私はこの幼い子どもの母親なんだ. 夫と赤ちゃんを私が支えなければ. 私はもう女なんだ」と.

——テレーズ——

子どもをさらに増やすのがとても怖かった. 産んでは死ぬの繰り返しで. 子どもが生まれて死ぬのはたまらなく辛い. 胸の中はそれはもう,死の苦痛でいっぱいなんだ. それぞれの死が頭から離れない.

——ナリ——

前章での女性たちの語りは，これまでほとんど調査されることのなかった比較的平等主義的な小規模社会における男女の日常生活，愛，結婚関係，性的経験を私たちに垣間見させてくれる．このような社会における親密さ，愛，愛着といった結びつきの特徴は，それが永遠には続かないかもしれないという知識に根ざしている．子ども期からずっと，悲嘆は女性たちの生活の不可避で容赦のない一部分を占めるのである．両集団の女性たちから集められた生殖にかかわる履歴は，彼女たちの語りに沿えば，子どもの 45% が 15 歳になる前に亡くなってしまうというリスクある環境で母になることの悲嘆と楽しみを物語ってあまりある．喪失への応答の文脈と特徴を検証することで，悲嘆という人類に共通する特徴を見つけだし，人口学的なそして文化的な文脈の差異が，悲嘆の経験の仕方にどのように影響するのかを検討することができる．私たちの適応設計 [p.240 を参照] の一部をなす悲嘆とは，「生き延びるために泣くこと」なのだ．それはすなわち，近親者や他の養育者に結果として生じる社会的ネットワークが確立され，愛着形態の再編成が起こるときである．

　これらの語りの核にあるのは，社会的地位，エスニシティ，ジェンダーの間にみられる相互作用の強さで，それが人々の健康状態とヘルスケアへのアクセスを決定する．それぞれの女性が，コンゴ盆地において女性になること，母になることがいかなることかを学ぶとき，彼女たちのお話では，その女性自身による固有の経験，行為主体性 [p.73 を参照] やその欠如についての感覚，社会的，政治的，経済的構造の中に埋め込まれた個人的なシナリオが強調される．

夜の仕事

　アカとンガンドゥの社会は子どもに高い価値を置く．そしてどちらも子どもを中心に置いた社会ではないにもかかわらず，子どもたちは強く望まれ，そしてかなりの時間とエネルギーが子どもたちを「見守る」，あるいは子どもたちのために「働く」ことに費やされる．アカとンガンドゥの人口のおよそ 40〜50% が 15 歳以下の子どもたちで構成されている．子どもたちは，さまざまな方法で村とキャンプの生活を形作っているのだ．

　アカとンガンドゥは，頻繁なセックスが妊娠と胎児の成長にかかわっていると信じている．アカたちは，男性の精子が妊娠と胎児の成長にとって必要不可欠であると説明して，胎児の成長に男性の貢献がいかに重要かを強調する．私が話したンガンドゥの人々は，男性と女性の両方が妊娠と胎児の成長のために体液を与えると述べた．ンガンドゥの間では，母親がどれだけ胎児の成長に貢献するのかについて意見が一様ではなかった．女性も絶頂（オーガズム）の間に「精子」を出して赤ちゃんの成長を助けるのだと言う人たちもいれば，女性が興奮すると物質が出るので，女性は一晩の間に毎回絶頂（クライマックス）に達する必要はないと言う人たちもいた．男性の精子が子宮の中に赤ちゃんを生み出し，「作り上げる」のだが，女性もそれに貢献することができる．先天異常や流産は父親の精子による性的な貢献が不足した結果だとされる．

　あるンガンドゥの男性が説明するには，「男も女も精子あるいはマリマ（malima）[*1] という物質を持っている．子どもを作るためにその両方がくっつく．だから，HIV ／エイズは男と女の間で感染する」のだ．しかし，彼は「男も女もマリマに貢献する．もし配偶者

＊1　ンガンドゥ語で，精子あるいは膣分泌液のこと．

の片方が病気なら，妊娠することはないだろう」と言う．いかに子どもができて「形作られる」のかについてのさまざまな説明の中で，一般的な合意点は，「女には男と同じようにマリマがあって，赤ちゃんができるには2種類の精子が必要だ……どうやって女が精子を出すのかわからないが．しかし思うに，赤ちゃんを作るためには，女は毎回ではないにせよ，時々は絶頂に達する必要があるだろう」というようなものだ．同じマリマという語が，男性と女性が性交中に分泌する物質を指しても使われる．

アカは胎児の発育について，新しい生命を生み出し「作り上げ」るには両方のパートナーの「精子」が必要だという点でンガンドゥと類似の理解をしているが，基本的に父親の精子が子どもを作り出すと感じる傾向が強いようである．あるアカのカップルは次のように説明した．「女は赤ちゃんに多くをあげない．とくに最初，赤ちゃんの成長をもたらすのは男なんだ．だから赤ちゃんがかなり大きくなる6か月くらいまでは毎晩2回セックスを続ける必要がある．それから後は，一晩に1回にペースダウンしないといけない」．ある晩に妊娠するのではなく，妊娠期間を通して蓄積される「精子」が子どもを作ると考えるのだ．それはつまり，妊娠期間全体を通じて繰り返される「精子」の出会いを通じて新しい生命は授かり，「作り上げ」られていくということである．

セックスは楽しむものだと見なされているが，楽しみは子どもを生み出し，「作り上げ」ること，あるいは相手に愛を示すことに比べたら二の次である．ンガンドゥはアカに比べると，男女ともより快楽が性生活の重要な一部だと言及する傾向にあるようだ．ンガンドゥの女性は私によく「セックスは楽しみであり，仕事であり，愛の徴で，子どもの成長に必要なもの」と言った．しかし，両集団とも，両親に出産後1年から2年もの間セックスしてはならないという産後の禁忌[*2]によって新生児を守る責任を課している．これによっ

て，新生児は親から集中的な世話と投資を受けることができ，生存が可能になる．産後の規制と禁忌は，次の出産までの間隔を空けることで，母親の健康を守ることにもなる[1]．

愛することを学び，悼むことを学ぶ
──子どもを産むことと喪うこと

ブロンディーヌ──ンガンドゥ女性

イサとしばらく一緒に暮らすと，月経がなくなり，ある食べ物の匂いを嗅いだり味を感じると吐くようになって，自分が妊娠しているとわかったんだ．ときには，お腹の赤ちゃんが私に土を食べるように叫ぶから，そのたびにちょっぴり土を食べた．それは心から望んだことなんだ．ある日には肉を，別の日にはココの葉を心が望むままに食べたんだ．

妊娠中はディブム (diboumou)，つまり妊娠についてたくさん考えたんだ．「自分はどうなるの？　死ぬのだろうか？　ひょっとしたら死産になるかもしれない．出産とはどういうものなんだろう？」と．他の女たちとたくさん話し，それから友達に「どんなふうになるの？　大変だった？　とても痛かった？」と尋ねた．友達は「ええ，痛いし大変だよ．赤ちゃんを産み落とすには強い心が必要になるわ」と言った．だから私は「ひえー！　とっても難しそう！」と言った．私はとても怖くなって，出産の痛みについて夫に話して泣いたんだ．すると夫は「妊娠しているときに泣くのはよくないよ」と言った．

私が小さいころに母は妊娠と出産の方法について教えてくれていたけど，それでも怖かった．母は「娘よ，お前は男のために苦しむことになるよ．妊娠して，赤ちゃんを出産することになるのだから」と言っ

* 2　出産後，性的活動を一定期間控えること．

た．私が母に「どうしたらうまくいくの？」と尋ねると，母は「お前は何か月も何か月も待ってそれから赤ちゃんの身体ができてきて，準備が整ったら，赤ちゃんは正しい位置に落ち着くんだ．赤ちゃんが出てくる準備が整ったら，トイレに行くときと同じように痛くなる．ウンチが出るように，赤ちゃんが飛び出てくるよ」と言った．私は怖くなった．他の女たちが出産するときに出す叫び声を聞いたことがあって，その声から出産の痛みについて知っていたから．とても怖かったんだ！

赤ちゃんに気づいた最初の1か月目は赤ちゃんはただの血に過ぎないんだ，2か月目も同じ．妊娠3か月目になると赤ちゃんに頭，手，足ができる．5か月目には赤ちゃんは母親のお腹の中で押したり，ひっくり返ったりするようになる．7か月目で出産する者もいれば，10か月が経って出産する者もいる．妊娠前は血は赤いけど，夫とセックスして精子が赤い血の中に放たれると，血は色を変えて黒くなる．血が黒くなると，赤ちゃんが人の形に変化していくんだ．母親がいい物を食べれば赤ちゃんはよく成長し，悪い物を食べれば赤ちゃんの育ちは悪くなる．夫の精子なしで赤ちゃんは成長できない．だから夫は，精子を与えて赤ちゃんを育てるために，セックスをし続けなければならないんだ．だけど，妊娠7か月目で，赤ちゃんは十分に形作られているから，夫は精子を与えるのを止める．もし夫が7か月目になっても精子を与え続けたら，赤ちゃんは精子を飲んで死んでしまう．あるいは精子を飲んだ赤ちゃんは大きくなりすぎて，難産になる．

妊娠中に行ういくつかの伝統がある．母は私にある種の病気から守るために，お腹の周りと腕に巻く紐を作ってくれた．ここ私の村では，ある男と女が妊娠しているのを知って，お守りの紐を付けずに外で食事をとっている妊婦を見たなら，赤ちゃんは身体から滑り出てきてしまうんだ．つまりエコンジ（*ekonzi*）[*3]で，赤ちゃんが流産してしまうんだ．女性器から赤ちゃんが出てきたら，妊婦は伝統薬を使って治療することになる．けれど，水が出てくるのを感じたらもう手遅れだ．こ

の水が赤ちゃんを殺し，赤ちゃんは死んだ状態で生まれてくる．ピグミーたちは紐を作るけれど，この村でもそうする人たちがいる．村の中は妊娠した女にとってこの上なく危険なんだ．私はグナウマ・チ・ヤ（gnauma-ti-ya）*4 も見たことがある．村で他の女とこれを見たんだ．たくさんの長い歯をもつ小さな動物で，小さなネズミのようだ．この動物はお腹の中の赤ちゃんを殺す．薬を飲んで運よくその動物を殺せたら，その動物が出てくることがある．それを見たときは怖かった．

　ある日痛みが始まった．私は歩きに歩いた．眠ろうとしたけれど痛みが強すぎた．私の中に寄生虫がいると思って浣腸用のポンプを使ってみたけれど，何も起こらなかった．それから樹皮から作った寄生虫に効く薬を飲んだけど，まだお腹と背中の痛みは続いた．私は誰にもそのことを言わなかった．畑に行ったけれど，痛みは続いていた！痛くて家に帰ろうとしたんだ．おしっこを漏らしながら私は「なぜ自分はこんなことしてるんだ？」と思った．私は叫びはじめ，近所の人が何事かと尋ねたので，「見て，一日中寄生虫のせいでお腹が痛くて，おしっこを漏らしてしまった」と答えた．だけど，近所の住人は「いや違うよ．おしっこだと思ったのは赤ちゃんのッポ（ppo）で，その痛みは寄生虫のせいではなくゼキ（zeki）*5 なんだ．もうすぐお前はディボタ（dibota），つまりお産をするんだよ」と言った．私は泣いて，震え始めた．座っていられなくて，イサは私を病院に連れて行った．イサは，「すごく痛いだろう」と言った．ふつう出産には母親がいて手助けをしたり，食事，バナナやキャッサバをくれたりするものだけど，私の母は離れたところにいて，到着したのは出産の後だった．

*3　流産をもたらす病気のこと．
*4　アカ語ではカタ（kata）と呼ばれる，歯をもつ小動物によって引き起こされる病気の名前．女性だけが罹り，流産をもたらす．
*5 ［訳注］　ッポは破水，ゼキは陣痛を意味する現地語で，オノマトペから派生した言葉だと考えられる．

出産の間，私は足を上にしてベッドに横たわっていた．看護師長は私に深く息をするように言った．私は唸りに唸った！　その人は唸るなと言ったけど私はとにかく唸った！　それで「痛い！　しゃれにならない．どうかお母さん助けて！　ひどい！　辛いよ．女にはあまりに大変な仕事だ！」と思った．出産の間，夫は部屋の外にいて，私の叫びを聞き「ああ，妻が叫んでいる！　何が起こっているんだ？」と言った．イサは私のせいで不安になった．それから赤ちゃんの頭が出てきて，私は言った．「ダメ！」．それから肩と他の部分が続いた．それから私は「ああ，生まれてきてくれてありがとう！」と言ったんだ．頭が出てくるときはひどい痛みがあった．だけど，頭が出てしまえば楽だった！　初めて赤ちゃんを見たとき，私はうれしい気持ちになった．「今自分はこの赤ちゃんの母親になったんだ」と思った．赤ちゃんはマルセルと名付けられた．夫の母親が名付けたんだ．

　出産後もたくさんの痛みがあり，たくさんの血が出て，私は特別な薬を飲んだ．初めて母乳を自分の赤ちゃんにあげたとき，私はどうやって授乳したらいいのかわからなかった．いざ赤ちゃんが母乳を飲み始めたとき，思わず乳首を引っ込めてしまった．だって痛かったから！看護師長は乳首の洗浄のためにアルコールをくれた．私は最初の母乳であるマイマ・マベレ・マ・テラ（mai ma mabele ma tella）[6] を赤ちゃんにあげたのだ．最初の母乳には乳房の病気があると考えて，捨ててしまう女性もいる．妊娠中に乳房が大きくなって腫れるから，出産後に最初の母乳を捨てるんだ．私はブイー（bouï）[7] を母乳を補うのに使ったけど，それからたくさん母乳が出るようになった．産後の痛み止めと乳房を癒やすのにエカマ（ekama）[8] も使った．

---

*6　初乳のこと．直訳すると，「胸の水は黄色」という意味になる．マイ・ヤ・エキラ（mai ya ekila）とも言う．

*7　水とコメやキャッサバ，トウモロコシを混ぜたお粥．

*8　鎮痛に使われる樹皮．

母と妹は2週間来てくれて，母は食べ物と薪と水をくれ，私のお腹を布でくるんで世話をしてくれた．母が帰った後，私は赤ちゃんをベッドに寝かせて，赤ちゃんが泣き出すと授乳するようにした．それで赤ちゃんが満足するとベッドに寝かせて仕事に戻った．赤ちゃんの頭がしっかりして，背中におんぶできるようになるまで抱っこしていた．幸せだった．私は母親になり，この赤ちゃんを支えなければならない．出産の日にすべての人々が「もうあそこの女は赤ちゃんの母親だよ」と言った．これは私の最高の思い出だ．だけど，しばらくして夫は私と赤ちゃんを捨てて出て行ってしまい，私は一人ぼっちになった．

　私の2度目の結婚はしばらくの間いいものだった．二人目の赤ちゃんがすぐに生まれたんだ！　私は一日中働き，歩いて畑に向かい，その帰り道に痛みが激しくなった！　速く歩こうとし始めたけれど，痛みのせいでそうはできなかった．木の近くに立ち止まって休んだ．すると，赤ちゃんが「ママ，今行くよ！」と言った．そして赤ちゃんは地面に落ちたんだ．雨が降ってきて，赤ちゃんは泥だらけになった．私が叫ぶと，近所の人がやって来て，へその緒を切って私の面倒を見てくれた．この二人目の赤ちゃんは女の子でロシーンという名前になった．この子ができた後，嫉妬深い人々が毒矢*9を送ってきて，私と赤ちゃんは被害を受けた．私は病院に行き，薬を処方された．でも全然効かなくて，私の両親はあるピグミーを呼んだ．私はこの人を知らなかったけど，やって来たそのピグミーは，誰が私にこんなことをしたのかを教えてくれたんだ．このピグミーは呪医で，彼には透視する力があった．私の身体を見て，お腹の中に毒のついた投げ矢であるダイカーの骨を見つけたんだ．毒矢はンドキ（*ndoki*）と言うんだけど，彼はその毒を吸い出した．それからお腹に薬を処方して，その後痛みと苦しみは引いたんだ．とても強力な毒だったから何日も調子が悪かった．それ

---

*9［訳注］　邪術による攻撃を受けたことを表す慣用表現．

からしばらくして，私が畑に行って戻ってくると，新しい夫のレヴィが言った.「妻よ，見てごらん．お前のためによい服を買ってきたよ」と．私は幸せだった.

　子どもの出産で父親に求められることは，赤ちゃんのために服を買って，出産のときに必要な灯りの灯油を買うこと*10，それから妻を助けて赤ちゃんを家の中で抱っこすることだ．もし出産の間に妻や赤ちゃんに何か起こったら，それは妻とまだ生まれていない赤ちゃんの世話を怠った夫のせいだよ．夫の責任なんだ．今は国の健康教育があるから，病院で産むのが正しい方法になっている．でもそれはとてもお金がかかるから，ほとんどの女は産婆の助けを借りて家で産むんだ．いい父親は，妻の妊娠中や出産後は夜をともにすべきでないことも知っていて，この産後の禁忌の期間を守るもんだ．女は再び妊娠するまでに2年待たないといけない．もし父親が待つことができないなら，コンドームを着けて妊娠しないようにする．最近裏の家で赤ちゃんが生まれたばかりだけど，夫があげないから服もまだ着ていないし，身体もとても小さかった．こういう状況は夫の恥だよ．

　ちょうどいい子どもの数は6人．子どもがたくさんいればいるほど，家族の助けになる．家族は素晴らしいもので，もし病気になっても子どもが助けてくれる．でもあまりに子どもの数が多すぎてくたびれてしまったら，浣腸用のポンプを使って堕胎するしかないんだ．でもこれはとても悪いことだ．胎盤を逆さまにして埋めて，それ以上赤ちゃんが生まれてこないようにすることもある［p.32を参照］．奇形児が生まれたら，悪魔の赤ちゃんだと思うだろう．そんなこともあるものなんだ．でも，母親は「私はとにかくあなたの面倒を見る」と言うだろう．女が赤ちゃんを授からない場合は，浣腸用のポンプを使って水を注ぎこんで性器をきれいにして，伝統薬を使う．子どもができな

───────

* 10 ［訳注］　電気がないため，夜間や早朝の出産では灯油ランプが点される.

いのは邪術のせい．産後2日間経つと子どもは名付けられる．父親の頭に名前が浮かんで名付けるんだ．時々，母親に夫がいない場合は祖父母が名付けることもある．

　赤ちゃんが産まれて2〜3か月経ったら，トウモロコシとキャッサバを潰して水を加えると，濃い粥のようになる．それに少量の砂糖を加えて赤ちゃんに食べさせる．これを「クルのブイー（*bouï de koulou*）」［ブイーは p.206 を参照］と呼ぶ．産後2，3か月経っても母乳の量が不十分だと赤ちゃんがたくさん泣く．けど，このブイーをあげれば赤ちゃんは喜ぶんだ．もし，ある女に授乳中の子どもがいて，でも妊娠出産して赤ちゃんができた場合には，二人の子どもにまるで双子のように授乳することになる．上の子が歩き出したら授乳を止める．布を乳房に着けて言うんだ．「この子を見た？　おっぱいが痛いから，止めるときだよ！」．それでもし，その子が泣くようだったら，たっぷり食事を与えて，抱っこして歌ってあげるんだ．母乳を飲めなくて，その子は怒っているだけじゃなくて，とても悲しがっているんだから．

　もし赤ちゃんのために十分な量の母乳が出なければ，木から樹皮を取り，水に浸して飲む．モグガ（*mogouga*）は，赤ちゃんのために母乳が出るようにしてくれる．思い出すよ．ある女に弟がいて，弟には妻がいて子ができた．でもその妻が亡くなってしまった．それは邪術のせいだった．その男は婚資を払っていなかったんだ．ここでは婚資は習慣なんだけど，お金を準備するのに苦労したんだ．妻は死んだけれど，病んではいなかった．力一杯歩いていた．彼女は若くて，小さな赤ちゃんがいたんだ．ある日道を歩いていて倒れ，それから「ああ，心臓！心臓が！」と叫んだ．それから死んだ．彼女の両親は「誰かが娘の心臓を盗んだんだ！」と言った．だけど，彼女の父親は彼女の母親の死後に他の女と結婚していた．この2番目の妻こそが邪術師だったんだ．2番目の妻は，亡くなった女が小さいときは世話をしていたけど，お金のためにこの若い女の心臓を取ったんだ．この妻は，少女の婚約者に「お

前がこの子，私たちの娘と結婚すれば，私たちにはお金が入る」と言っていた．しかし，婚約者は家族に払うための婚資を準備できなかったから，借金して結婚することになった．この若い母親が亡くなったとき，赤ちゃんは4か月だった．

若い母親の妹は，葬式のとき，その赤ちゃんを引き取るとメッセージを送ってきたけど，しばらくすると自分の子が生まれて，姉の赤ちゃんに授乳できなくなった．そこで赤ちゃんは，残された若い夫の姉妹のところで面倒を見るように送り返された．ところがこの女は5年間授乳をしていなくて母乳が全然出ない．そこで彼女は樹皮を取り，刻んで水に入れ，色が変わったモグガの薬を毎日飲んだんだ．2日後，少量だが母乳が出た．最初それは黄色い母乳だった．でも赤ちゃんが母乳を飲み続けると，まもなく白い母乳が出てきた．これは，母親を失った赤ちゃんの世話として，正しいやり方だったと思う．難しいことじゃない．このあたりの文化ではこうやって子どもを養うんだ．赤ちゃんの父親は，授乳してくれる女にお金や他のものを渡す．他の女たちも授乳している女を助ける．もし彼女が畑に行って不在なら，妹が赤ちゃんに授乳する．だけど，あまりに多くの女が同じ赤ちゃんに授乳すると，その子は病気になってしまうんだ*11(2)．

私はもう一人女の子を産んだ．その子はフローレンスと言ったけど，9か月で死んでしまった．彼女はエキラ・ヤ・ケマ，つまりサルのエキラで死んでしまったんだ［p.140を参照］．はいはいを始めて，エキラに触れてしまった．赤ちゃんがこの病気にかかると痙攣を起こして，サルのように手を固く握りしめ，背中をのけぞらせる．高熱も出る．たった2日間の発作で，あっという間に赤ちゃんは死んでしまった．サル

---

* 11［訳注］仮母による授乳（allomaternal nursing）．生物学的な意味での実母以外の女性，つまり仮母が授乳すること．Hewlett B. S. and Winn S. 2014 Allomaternal Nursing in Humans, *Current Anthropology* 55: 200-299.

のエキラというのは，母親が特定のサルを食べて，赤ちゃんがその母乳を飲むと，エキラで病気になるんだ．私はこの子をとても愛していたから，本当に悲しかった！　フローレンスには飛びっきりの服を着せて，バナナの葉を敷いて彼女を墓に入れた．

　時間が経って私はもう1回妊娠できると思った．だけど，勇敢にもまた赤ちゃんをもとうと思えるようになるには3年かかったんだ．この期間に二人身ごもったけど，二人とも妊娠中に死んでしまった．一人は寄生虫が原因だった．お腹の中で寄生虫が暴れて子どもが死んでしまって，治るのに長い時間がかかった．二人目は，私がお守りの紐を身に着けなかったのが原因だった．誰もお守りの紐を作ってくれる人がいなくて，その赤ちゃんはエコンジで死んだ．外で食事をしているときに，誰かが母親が食べているのを見て，赤ちゃんを失ってしまうんだ．亡くなった一人は妊娠4か月のときで，もう一人はそれより少し後だった．一人は男の子でもう一人は女の子だった．私にはひどい痛みととてもたくさんの出血があった．ベッドの上で気絶した．ベッド全体が血まみれだった．死んだ赤ちゃんが出てきた後，私は赤ちゃんを洗って家の近くに埋めた．二人を失ったことがたまらなく悲しかった．私の赤ちゃんだったから．

テレーズ──ンガンドゥ女性

　3年の間，私は自分の祖母と夫と一緒に暮らしたんだ．この間は，とてもよかった．夫はたくさんの肉や魚や贈り物を祖母に持ってきてくれて，いい時間だった．夫は，いわゆる婚資，結婚のためのお金を祖父母に払い，罠やヤギや酒を渡した．これは何を意味しているのかと言うと，「私は自分を愛するように妻を愛しています」ということなんだ．こうすることで，夫が妻を愛していることがはっきりするし，物を渡すことは，娘を失うことになる両親への補償のようなものなんだ．

4か月間夜をともにして，私は妊娠した．祖母は，私が妊娠しているとわかったようだった．月のものがなく，いつもくたびれていて，調子がよくなかったから．ときに私はたくさんつばを吐いたり，嘔吐したりした．寄生虫の病気のように熱を出したから，祖母に「何が起こっているの？」と尋ねた．祖母は私に「お前が妊娠しているってこと．ただそれだけだよ」と言った．

　祖母は妊娠中のお守りに3本の紐を作ってくれた．一本は胸に，もう一本は腰に，最後の一本は脚の下の方に着けた．胸の周りの紐は，胸が大きく腫れるンドゥマ（*ngdouma*）*12 のためだけに作られた．お腹の周りの紐は，赤ちゃんがエコンジ，つまり流産しないためのもので，妊娠したとわかり次第身に着けるんだ．これら以外に2種類の薬があって，1種類は木から樹皮を取って煎じて飲む．祖母は，ンガンガに頼んで紐を作ってもらい，それにお金を払っていた．頼む相手は，ピグミーでも村人でもいいんだ．

　妊娠中は肉を食べると吐いてしまったから，キャッサバ，イモムシ，バナナを食べた．まさに妊娠中だったときには，雨が激しく降ると土の匂いがして，とても食欲をそそられた．この地面の匂いに惹かれて土を食べたけど，ほんのわずかな量だよ．妊娠中は，エキラを守った．赤ちゃんができたら，エキラについてわかる．もし特定の食物を食べたら，お腹の中の子どもに直接に障りが出る．それで，自分が食べたあの食物がその子どもにとってのエキラだとわかるんだ．私の場合，サルがエキラだった．魚のエキラ，ネズミのエキラとか，私は多くのエキラを食べた．魚やネズミを食べてから出産したら，鼻血が出て，私は自分にはこういったエキラがあるんだと知ったんだ．若かったころ，両親が私のエキラを教えてくれた．結婚して，妊娠して，出産が終わるまで，エキラを食べることは決してなかったよ．私には孫が一

*12　胸の感染症のこと．

人いて，イヴォンヌって言うんだけど，彼女も魚のエキラを持っていた．イヴォンヌは口の中に大きな傷があって，生まれてきたときに早く呼吸をしていた．これはエキラのせいだ．私はブル（*boulou*）[*13] という葉を焼いて砕いた粉を使う方法で孫を治療したけど，その後しばらくして，薬が効かなくて彼女は死んだ．エキラは難しいんだ．

　出産前にお腹が痛くなって，「おばあちゃん，この強い痛みは何なの？」と叫んだ．祖母は私に，「大丈夫だよ．ただお前の赤ちゃんが生まれてこようとしているだけだから」と言った．私は家の中をぐるぐると歩き回って，歩きながら泣いていた．どこにも病院はなかった．赤ちゃんが出てくる準備が整ったとき，私は家の中で，祖母と出産を迎えようとしていた．祖母は，お産を助ける方法を知っている女を呼んだ．赤ちゃんの水であるッポが出て，私はマットの上に横たわった．とても痛かったよ．叫んで震えた．産婆は「泣かないで，いきんで，いきんで，いきんで！」と言った．そして赤ちゃんが生まれた．小さな女の赤ちゃん，エリーズ．生まれた後，産婆は赤ちゃんを私のお腹の上に置いた．それで私は胎盤を出して，胎盤は家の外に埋められた．ディキ・ザ・ズンダ（*diki za zounda*），つまりへその緒はヤシの破片で切られて結ばれた．最初に赤ちゃんを見たとき私は幸せで，祖母もこの赤ちゃんを見てうれしがった！　祖母は水を汲んで，私を洗ってくれた．エリーズは泣き，授乳をせがんだ．でもそのときはまだ母乳をあげられなかった．黄色い母乳は火の中に捨てなければ，悪魔がやってきてそれをなめて赤ちゃんが死んでしまうから．赤ちゃんを抱きながら私は思ったんだ，「もう，私はこの幼い子どもの母親なんだ．夫と赤ちゃんを私が支えなければ．私はもう女なんだ」と．

　私は結婚して，小さな女の赤ちゃんが生まれた．夫と一緒に自分た

[*13]　焼いた植物の葉をつぶした粉末を鼻，目，口の中に入れるという伝統医療の方法．

ちの家に住んでいた．私は夫と赤ちゃんの世話をした．これが当時の私の生活だった．強盗も戦争もなかった．村の中には，もう恐怖はなかった．私は2年間待った後に，バジルという男の子を産んだ．息子を妊娠したときに，その妊娠に問題はなかった．しかし陣痛が始まると，息子がなかなか出てこないから，産婆はお腹に手を突っ込んで引っ張り出さねばならなかった．それだけ大きな赤ちゃんだったんだ！　赤ちゃんの頭が通らなかった．私はいきんでいきんで，疲れ果ててそれ以上力が入らなくなるまでいきんだ．それで産婆がお腹に手を突っ込んで引っ張り出したんだ．バジルが生まれたとき，生気がなかった．彼は死んでいた．そこで人々が空気を身体に送り込んでしばらくしたら，泣き出した！　彼が出てきた後，私は意識がなかった．周りの人たちに抱え起こされても，意識を失ったまま座っていた．夫が私にボウルに入ったキャッサバをくれて，食べさせようとした．それは食べられなかったけど，祖母が食べ物をくれたとき，私はたくさん食べられた！　赤ちゃんが生まれたとき，私には意識がなく，それで赤ちゃんが泣くと，祖母が赤ちゃんに母乳を与えていた．私はただただ疲れていた．

　私には順番に6人の子どもができたけど，そのうち3人が死んだ．一人は大きくなってから亡くなったけど，それ以外は小さいうちに死んだんだ．大きくなって死んだのは，最初に産んだ子どもだった．その少女エリーズは亡くなったとき15歳だった．彼女のお腹はふくらんでいて，2か月間闘病してから死んだ．2番目の子のオーガスティーヌは大人の女に成長してたくさんの子どもがいる．3番目は息子でクリスチャン．結婚して夫婦喧嘩のときに妻に打たれた．それで身体中に傷ができて死んだんだ．長い間その子と一緒に暮らしてよく知っているから，大きくなった子どもを亡くすのは辛い．生まれたばかりの赤ちゃんのことをよく知らないのは当たり前だ．一緒に暮らし始めたばかりなんだから．

ここには，あまりにも死が多い．私たちの近所の娘エヴェットが亡くなって，母親はとても辛そうだ．とてもその子を愛していて，幸せそうだったから．彼女は子どもを産まずに死んだ．彼女の夫がエイズ持ちで，あの子にうつしたんだ．その男がやってきてエヴェットに求婚したとき，彼は自分が健康で頑丈だと紹介した．自分が病気であることを知らずにだ．エイズは急な症状がないし，検査を受けなければ罹っていてもわからないんだ．その夫は長いこと患った．二人はこの近くで一緒に住んでいたけど，夫は健康を害した．彼の病気はひどく悪化した．それで少女の両親がンガンガにお金を払ったんだ．ンガンガは彼に「これは邪術ではない．エイズだ」と話した．その後，彼はがりがりに痩せて病気は妻のエヴェットにうつった．彼女はまだ少女だった．その夫は少女よりも先に死んだ．エヴェットは自分がエイズであることを知った．彼女は，自分の夫がその病で死ぬのを見た．彼は下痢をし，身体中に傷ができていた．母親が言うには，彼女は「私もこうやって死ぬのよ」と言ったそうだ．夫が死んで6か月後にエヴェットは亡くなった．この病気のせいで多くの辛さを被った．私のころには，この病はなかった．身体を大事にしていた．でも今少女たちは一晩中出歩いてはすぐに結ばれ，多くの男たちと寝る．私のころには両親がいい男を知っていれば，娘のために相手を選んでくれた．いい男がやってきて，両親が娘をその男に与えたのだ．ここでは今多くの少女たちがエイズで死んでいく．私のころにはこんな病気はなかったんだ．

ナリ──アカ女性

　結婚後に私たちは夜の仕事に励んだ！　すぐに私は妊娠したわ．月経がなくなり，時とともに私の身体に変化が生じたの．私は「この妊娠で，すぐに自分は夫ココテの赤ちゃんを授かるんだ」と思った．も

のを食べると気持ち悪くなるから，これが妊娠だとわかった．決して吐かなかったけど，キャッサバのようなある種の食物を嫌悪するようになったの．私は少し土を食べた．シロアリの塚から少量の土を取って，火に入れてそれを燻製して，それから食べた！　妊娠すると，そんなものを食べるのよ！　妊娠中に，赤ちゃんがお腹の中で私を叩くと，私は「ああ，こうやって私の子どもができていくんだわ．成長し始めたんだ！」と思った．私は以前に出産を見ていた．女が叫び，痛がる様子を見たけど，母は私に「お前は痛みを感じるだろう．それから赤ちゃんの水が飛び出てきて，その後すぐに赤ちゃんが出てくるんだ」と言った．痛みを感じ始めたら，このことを思い出したわ．

　痛みが始まったとき，私は自分の母親に向かって叫びまくった！それだけ痛かったの．これが赤ちゃんの痛みよ．母とキャンプにいた他の女たちは，その水であるマイ・ドバッ（*mai dogba*）*14 を見て，その色を見て「ああ，わが子よ，赤ちゃんが生まれるよ！」と言ったの．それから，彼女たちは私をキャンプの端に連れて行って，私に「いきめ！いきめ！」と言った．私は痛みを感じた．その痛みのすごかったこと！赤ちゃんの頭が出始めて，私は母に「私を支えて！　支えて！」と言った．それから，彼女は「いきんで！　いきんで！」と言った．集中してかなり強くいきむと，頭が出てきて，赤ちゃんは地面に落ちたの．母がトング（*tongou*），つまりへその緒を切り，赤ちゃんを洗って，エク（*ekoukou*），つまり胎盤を埋めたわ．彼女は赤ちゃんを服に包んで私たちの家へと抱っこして行った（図 4.1）．私は最初に乳房から出てくるマイ・ヤ・エキラ［p.206 を参照］という黄色い水を火の中に捨てた．その水を火の中に捨てるのは，赤ちゃんがエキラにならないようにするため．それから赤ちゃんに母乳を与えることができるようになるの．黄色い水はエキラの色，自分が食べたすべての動物の色で，それがエ

* 14　破水のこと．ッポと同義である．

キラを与えるの。私はその水
を火の中に捨てて、赤ちゃん
が泣いたときは母が赤ちゃん
に母乳を与えた。初日以後は、
私は自分の白くていい母乳を
赤ちゃんに与えることができ
たわ。

初めて赤ちゃんを見たとき、

図 4.1 アカの若い母親とその子どもたち

私はとっても幸せだった！
これが私たちの結婚でできた娘なんだ！　私たちは赤ちゃんを愛する
わ。赤ちゃんができたら、ずっと自分のそばに置いて、いつでも母乳を
あげられるようにする。出産後セックスはお預けね。赤ちゃんが初めて
歩けるようになるまで、夫とベッドをともにはしないわ。もしそれを
破ってセックスをしてしまったら、赤ちゃんはディボンゴ (*dibongo*)[*15]
という病気になってしまう。男がセックスの後に赤ちゃんに触ったら、
その赤ちゃんは黄色い下痢をして、がりがりになって死んでしまうの
よ。これはその子の両親の責任なの。

私にはたくさんの子どもがいる。一人の子は、私が豚肉を食べたた
めに、エキラ・ヤ・ンゴアというエキラのせいで、まだ歩き始めたばか
りで死んだの。それは病気のある肉で、これを食べるとその肉が子ど
もを殺すの。私の4番目の子も同じ病気で死んだ。私の他の子は這
い始めたばかりのころに、当時流行っていたマボンゴ (*mabongo*)[*16] にや
られた。とても多くの子どもたちが、マボンゴが流行している間に死
んだ。子どもたちが死んだ後、私はンガンガを探して会いに行き、な
ぜ私が自分の子を亡くしたのかを調べてもらったわ。それは単なる病

＊15［訳注］　両親が産後の性交禁忌を破った場合に、子どもに起こる病気のこと。
＊16［訳注］　ディボンゴと同様に、性交禁忌が破られた場合に子どもがかかる病気
で、膝に症状が出る。

気なのかそれとも邪術なのか？　ンガンガは「単なる病気だ」と言った.

　毎回私は葉を取って墓に入れ，その上に赤ちゃんを寝かせた.夫と寝たときに再び同じ赤ちゃんを妊娠できるようにと，墓から泥を取り，水とつぶしたモササンガ（*mossassanga*）の葉っぱとを混ぜたものをお腹に塗りつける女もいる.でも私は子どもをさらに増やすのが怖かった.産んでは死ぬの繰り返しで.それ以上子どもを失うのが怖かったから，私は「ココテ，これ以上あなたとはセックスしない」と言った.彼がセックスを求めてきたら，私は「いや.もう夜の仕事はしないわ.子どもを妊娠して，その子はまた死ぬだろうから」と言った.彼は，「勇気が出たらどうか続けさせてくれ.お前にその勇気ができたら再開しよう」と言った.しばらくの間，私たちは夜の仕事を止めた.私には，はいはいを始めたころに死んだ二人の赤ちゃんがいた.子どもが生まれて死ぬのはたまらなく辛い.胸の中はそれはもう，死の苦痛でいっぱいなんだ.それぞれの死が頭から離れない.そして，心がはり裂けそうになる.ココテは夜の仕事を止めてしばらくするといらいらするようになって，家庭の中で問題が出てきたわ.私たちはセックスをするかどうかでケンカした.それで再開することにしたの.

　今私は妊娠していて，まもなく出産するわ.多くの年月が経てば私はさらに多くの子どもを得るわ.私が出産しても，ココテの母親はくたびれすぎていて助けてくれないわ[*17].最年長の娘エラカは結婚して，夫のキャンプに行ってしまった.私と一緒にいて，手助けして，食べ物をくれて子どもの世話をするのはココテ.他には誰もいないわ.キャンプにいる私の友達はそのときが来たら助けてくれるだろうけど，彼女たちも自分たちの子どもの世話がある.出産のときの出血が多くなる恐れがあるから，妊娠するのは歳を取ってからも，早すぎるのもよくない.死のリスクがある.失血のために病気になったり死んでしま

* 17［訳注］　ナリの義理の両親は，この赤ちゃんが生まれて2年後にともに亡くなった.

うこともあるわ. すでにいる小さい赤ちゃんが病気になってしまえば死んでしまうかもしれないわ. この子を危険にさらし, さらに他の子も死んでしまうかもしれない. あまりに急いで再び妊娠してしまった女の中には, 赤ちゃんを堕ろすために, 伝統薬になる樹皮を飲む者もいる. こうすると, 今いる赤ちゃんが生き延びられるの. 私はそうしない, もしこうなったら私は新しい妊娠を守ってお腹の中にいる赤ちゃんの面倒を見るわ. どんな堕胎も拒否するわ. 堕ろしてしまったら, お腹の中にいるこの子を殺すことになるから. それは悪いことよ. 出産をするわ. 産むのは人で, この創造で生まれるのも人. 人を殺すってことなのよ.

　私はもう自分の子を失うつもりはないわ. 私は二度と妊娠したくはなかった. この赤ちゃんが, 前の赤ちゃんが死んだように死ぬのが怖いの. 生まれたら, 赤ちゃんをすぐにンガンガのところに連れて行くつもりよ. 私はこの赤ちゃんを毎日毎日守るわ. 子どもをもつと, 子どもをたくさん抱っこする. 畑に行くときは子どもを連れて行く. いつもよ. もし離れているときにその子が泣いたら, 自分のそばに引き寄せる. いつも子どもと一緒に踊り, 子どもと一緒に歩く. 夫と一緒にハチミツを探しに行くなら, 子どもを連れて行く. これは子どもの健康のためになる. 私には, この子どもが最後. 私は歳を取った女で, 十分な数の子どもがいる. 私たちは夜の仕事をしているけれど, もう1回自分が妊娠するとは思わない. それはコンバ, つまり神様次第よ.

コンガ——アカ女性

　私が妊娠したとき, モポコが「ああ妻よ, お前は妊娠したんだね!」と言った. 彼は私に食べさせるのに食物を見つけると決めた. イモムシ, 幼虫, 肉, ハチミツを見つけた. 私は妊娠していて, それらを食べたがったんだ. 私はどんどん大きくなって, すごい量を食べるようになった!

図 4.2 森の中で，アカの新生児を洗う

モポコは私が妊娠して，とってもうれしそうだった！　痛みが始まったとき，私は母を求めて呼んで叫んだけど，母はもう死んでいた．出産のときが来て，私はお腹に痛みを感じた！　モポコは鍋を取り，熱い湯を注いで私の足を浸けた．そして私のお腹に触れたんだ．それで痛みが少し収まった．だけど，これが赤ちゃんの痛みだった．ある女が私を，それから赤ちゃんからの水を見て，「このお産を成功させるために，私の言う通りにしてね」と言った．彼女は私にいきむように言った．私は赤ちゃんを押し出して，その頭が出そうなとき叫んだ．彼女は「叫ぶんじゃない，叫ぶんじゃない，いきんで！」と言った．それで，赤ちゃんは葉っぱの上に産まれ落ちたんだ．

　その女は赤ちゃんを私の家に抱いていき，私は身体を横たえた．赤ちゃんが泣くと，「この赤ちゃんが生まれてきて私は幸せだ」と思った．私はこの子，この男の子を私の両親のキャンプで授かった．赤ちゃんが歩くようになると，私たちはモポコの両親のキャンプに移って暮らした．怖かった．もしこの子が亡くなってしまったら，彼の両親は私を責めるに違いない．「この子に何が起こったのか，お前は自分の子どもに一体何をしたんだ？」と．だけど，私は子どもを連れて行き，義理の両親はこの子に会って，この子が自分たちの息子の子だと知った．子どもを抱いてお乳を与えること，それが女のすることだ．男は，妊娠をもたらすために，夜に一生懸命働かなくてはならない．男は精子を持っていて，女は，子づくりの重労働をする男のために，その子どもをお腹の中で守るんだ．

　赤ちゃんがいる状態で，あまり急いで再び妊娠するのはよくないこ

とだ．もし赤ちゃんがいるのなら，その父親とベッドをともにすることはない．その赤ちゃんが歩き始めると，再び夫とともに寝てセックスを再開することができる．産後に身体が痛むようであれば，セックスを始める前にまずは健康を取り戻すべきだ．あまりにすぐにまた妊娠してしまうと，最初の赤ちゃんがディボンゴの病になるだろう．赤ちゃんの死の原因を作ることになる．もしその赤ちゃんがベッドにいて，その父親がセックスを求めてやってきたときに，彼の膝が赤ちゃんに触れれば，赤ちゃんは病気になるんだ．もしその赤ちゃんが母乳を飲んでいて，母親のお腹の中に赤ちゃんがいれば，お腹の中の赤ちゃんが母乳を飲む赤ちゃんを蹴るんだ．赤ちゃんは下痢を起こして重症になり，弱って死んでしまう．

　私は生まれる前の子どもを何人も亡くしてきた．1回は私がお守りの紐を着けることなく村の男から得た肉を食べたからだった．妊娠していた初期に流産したこともある．小さな動物がいて，私がお腹の中にこの動物を感じたとき，薬を採集してそれを飲んだ．この小さな動物はカタと呼ばれる [p.205を参照]．カタはネズミのようだ．そのサイズは赤ちゃんの指くらいだけど，たくさんの歯が生えた大きな口と尻尾をもつ．苦い薬を飲むと，お腹が動き出してこの薬がその動物を殺すから，それが身体から出てくるんだ．私はこれを自分の目で見た．この病は私に起こったけれど，薬を飲んでも効かなかった．その赤ちゃんはまだあまりに小さくて，カタのせいで死んだんだ．私の他の子どもたちは，大人になってから死んだ男の子一人を除いて生き延びた．

悲嘆の適応設計

　誕生の際にはどんなに脆弱で助けようがなくみえても，成長すると，学び，探策し，そして他者への愛着を発達させて，生存に欠かせない保護と世話を継続させるという点で，ヒトはとても積極的な

主体になる[3]．愛着と，他者の要求に応えて他者の心を「読む」能
力は，私たちの進化した心理の一部である．その中で私たちは愛す
ること，愛着を形成すること，欲求や親密な感情を互いに表現する
ことを学んできた[4]．私たちはまた，嘆き悲しむ心理を進化させて
きた．それは痛みを感じ，愛着の対象である愛する人々の喪失を悼
む能力である．この節では，個人的かつ文化的な文脈におけるアカ
とンガンドゥの死や悲嘆についての経験に視野を広げる．喪失につ
いていうと，私の調査期間中には毎週１回，ときには２回の死があっ
た．ナンベレ村では毎晩のように，先立たれた人々による「悲嘆の
泣き声」を太鼓や歌の伴奏付きで聞いていたし，あるいは日中には
ンガンドゥ女性たちが，泣き，むせび泣いて，愛する人の死を「告
知」しながら幹線道路を歩き下っていくのを見た．何度かは，村の
幹線道路を，母親たちが自分たちの子どもの亡骸を運んでいくのを
見た．友人や家族がその後に行列を作り，ゆっくりと付いて歩いて
いくのだ．

ウッドバーンのモデル

　ジェイムズ・ウッドバーン［p.85 を参照］は，狩猟採集社会にお
ける死について研究を行った数少ない一人だ．彼は農耕民や牧畜民
に比べて狩猟採集民は比較的悲しみが一時的な傾向がある，つまり
即時型利得システムであるために，社会的な継続性は強調されない
と提案した．対照的に，彼は遅延型利得システムである農耕民と牧
畜民の社会では，特定の血縁者，つまりリネージに基づいた親族に
対してより長く悲嘆が維持されるという仮説を立てた[5]．私がアカ
とンガンドゥの思春期と成人期初期について行った研究では，両方
の集団がともに多くの死を記憶していることがわかった．思春期の
アカの個々人は，身近に起こった死を平均で 18 人たやすくリスト

アップし，ンガンドゥの個々人はやはり平均で 30 人の死を記憶していた．ある思春期の個人は，比較的まだ短い半生の間に起こった 52 の死を挙げた．

私は，即時型利得文化と遅延型利得文化における死の見方の違いについて，ウッドバーンの仮説を概ね支持する結果を得た．死の儀礼は，即時型利得システムのアカ社会よりも農耕民である遅延型利得システムのンガンドゥ社会でより長かった．アカ社会では，たいてい死と同じ日かその翌日に，遺体はすぐさま埋葬されるが，ンガンドゥ社会では遺体は数日間弔問客との対面のために横たえられたままにされ，成人の場合のみだがその人を覚えておくために数年間にわたって儀礼が行われる．アカの埋葬はまた，物理的に時間と努力を必要としない．また，アカに比べて，ンガンドゥの男女はともに，より多くの男性，とくに父系の男性についてよく記憶している．これはウッドバーンの農民の悲しみは特定の個人，つまりリネージのメンバーに対して大きいという予測と矛盾しない[6]．

一部のデータはウッドバーンのモデルを支持したものの，他のデータは彼の提案に懐疑的なものだった．まず，彼の記述は狩猟採集民が農耕民や牧畜民よりも嘆き悲しまず，「一時的」に嘆き悲しむという印象を与える．アカは死んだ個人を素早く埋葬し，記憶する死者の数が少ない傾向にある．しかし，アカは多くの亡くなった家族メンバーのことを覚えていて，アカの感じる喪失がンガンドゥよりも「一時的」なものだと示すものは何もない．また，アカもンガンドゥもそれぞれの人の死因について知っていた．ウッドバーンは，狩猟採集民は農耕民ほどに死の原因に関心をもたないと述べていた．アカはンガンドゥほど関心をもっているわけではないが，その理由の一部は，あまりにも多くのンガンドゥの死が邪術のせいにされているためで，そしてアカはンガンドゥほどには邪術に対して強い信念をもっていないためだと考えられる．

多様性と共通性を説明する

　ウッドバーンの研究がそうであるように，文化的多様性を強調す
る研究もあるが，悲嘆の普遍的な形態を強調する研究もある[7]．こ
こで私は，アカとンガンドゥの社会における悲嘆の感覚の多様性と
共通性にかかわる要因を検討してみたい．悲嘆への特定の反応を理
解するにあたっては，以下の三つの文化生態学的な要因が重要であ
る．それは，(1) 父系の出自と社会組織の性質，(2) 社会関係の性
質，(3)「即時的」対「遅延的」な思考形態である．

　ンガンドゥ社会における強い父系クランによる社会組織は，土地
と作物といった物質的，また配偶者といった生殖的な資源を防衛し，
保護するメカニズムを提供している．その結果，地理的に近い場所
にいる血縁者の数，年齢，性別，つまり男性同士の同盟が重要になる．
ンガンドゥは植えられた作物のような物品と財産を蓄積するが，そ
れらは遊動的なアカや他の農耕民から守られるべきものである．ま
た集団内および集団間における女性をめぐっての敵対心は珍しいも
のではなく，対立と暴力をもたらしている[8]．

　比較すると，アカは遊動的で，集団内および集団間における敵対
心はまれである．その結果としてクラン組織は弱い．父系クランの
組織はメンバーに，多数の特定の他者を記憶させる[9]．この場合，
ンガンドゥは全体的により個人的な死，とくに資源防衛に重要な男
性の死を記憶する．その一方でアカは，父系母系の家族であるかど
うかや，性別に関係なく死を記憶する．なぜならアカにとって，野
生食物資源の入手可能性に対応して，柔軟であることが重要だから
だ．アカには地理的に近い生物学的な血縁者，とくに男性の血縁者
の数，年齢，その性別はさほど重要ではない．蓄積された物品や所
有物の保持を防衛する必要がほとんどなく，したがって男性間の同
盟も必要ないからである．ンガンドゥの強いイデオロギーは，年長

者，男性，祖先への恭順と尊敬を強調する．祖先霊は，継続的な尊敬と恭順を示されて，生者の生活世界に積極的な意味をもち続ける．

ンガンドゥにとって，社会関係と遅延的利得システムの関与は死を越えて拡張される．生きている者に与えられる公的な義務や関与が，死者にも等しく与えられるということは重要である．経済活動，社会的継続性，遅延型の生産と消費，長期間にわたる計画や関心は，父系リネージ，社会的関与，そして各個人が誰と結びつき関与したかを記憶することの重要性において結びついており，この結びつきは死後にも及ぶ[10]．

アカは，すでに述べたように，「即時利得的な」価値観と社会組織を有している．蓄積や長期の負債や義務，あるいは特定の血縁者や他のパートナーとの関与を強化することには最小限度しか投資しない．関与は，ウッドバーンが言うように，「墓場で終わる」[11]．

この二つの集団の間にみられる他の文化的相違は，社会関係の基盤が物質的か感情的かということである．研究者の中には，バンツー諸語を話す中部アフリカ地域の人々の社会関係の物質的基盤について書いている者たちがいる[12]．社会関係が，物の交換なくしては続かないのである．ンガンドゥにとって，愛した者の喪失によって感じられる悲嘆は，亡くなった者がその人に提供していた物を喪失することに対する悲嘆に関連付けられているようだ．同様に，死別への悲嘆の減少は，その死者の遺品を受け取ることとしばしば関連付けられる．慰めは，死んだ者から衣服，金銭，薬など何かの物を受け継ぐことによってもたらされるのだ．13歳の少女が「母親の兄の死後，服とお金をもらえたから，私は再び幸せな気分になれた」と説明したように．別の少女は，祖母を「ただ生きることに疲れたから」亡くしたが，収入を得るのに使える鍋をもらった．その鍋は，彼女が言うには，ただ悲嘆を和らげただけではなく彼女の人生を変えた．彼女は働かなければならなくなったからだ．しかしながら，

一部の人々には，物質的なものを受け取っても悲嘆を強く感じる状態が続く．例えばそのような事例は，同じ週に父親と母親を立て続けに亡くし，当時8歳で母親の弟のところに送られたある少年の場合に当てはまる．「彼は父親のようだ．食べ物をくれるし，一緒に住んで二人で釣りにも行く．でも」と言い，彼はむせんだ．「母親みたいな人はいない．母が恋しいし，母も父も逝ってしまったからまだとても悲しい」．

　アカの悲嘆の表現は，亡くなった人と築いていた関係にもっと直接的に結びついているように思われる．その関係は，何かの供与という形では表現されないようなものだ．喪失後にアカを慰めるのは家族と一緒にいることだ．家族と友人たちとの親密な輪の中で，アカの思春期の若者たちは，別れの場面や喪失の悲嘆のただなかにあっても安心を得る．キャンプにいるときは，これまでの章で書いたように，アカはしばしば空間が許す限り近くに座り合って，仲間と常に近しい身体的な接触を保つ．母親や父親，あるいは他の血縁者は自分たちが悲嘆しているときに若いアカを抱きしめる．この身体的な近接こそが，思春期のアカが悼む際，悲しみを癒す安心感の源なのだ．ある思春期初期の男性は，オジを亡くしたことを深く嘆き悲しんでいた．

彼のことをとても愛していた．彼は私と森に狩りや散歩に出かけたものだ．人が死んだら，その人の人生は終わりだ．すべてが終わりだ．その霊魂はコンバ，つまり神のところへと上がっていく．死んだのが赤ちゃんか大人かは関係なく，私は同じ悲しみを感じるし，父が私を慰める．自分が最も愛する人の死が一番悲しい．悲しいときは泣き続けるが，死が終わって悲しみが薄れても，私はその人を愛し続ける……私は，兄弟や姉妹と遊ぶと，再び楽しくなって悲しみが減るんだ．

ンガンドゥとは対照的に，アカは誰も，愛する者の死後に自らの生活が困難になるとは述べなかった．しかしアカは，キャンプで自分たちを慰め，食事を与え，そして自分たちを「再び楽しく」してくれる家族の成員の名を挙げた．

　思春期のアカには，自分自身や愛する者の死という考えに恐怖を示す者も少しいた．しかし，大多数は死を怖がらなかった．ある16歳は，顔をしかめながら「死は世界中みんなのものなんだ．若い者も年老いた者も」と言った．年齢に関係なく，多くがこれと同じ心情を示した．ある12歳は，死を怖がらない理由を「多くの人が死んで，その亡骸と多くの死を見た．私は死を知っているから怖くない」と関連付けた．しかし，ある15歳は，実際のところ彼は死を恐れていると言うことを打ち明けた．なぜなら「死んだらおしまいで，死んだ人間に何が起こるかは謎だ．だからぼくは怖いんだよ」と．

ンガンドゥ

　ンガンドゥにとって，悪い死，つまり自殺や殺人による死に対立するような，時宜にかなった死あるいはよい死，例えば高齢者もしくは「悪人」だけが死ぬべきだという観念はない．しかし，ほとんどのンガンドゥは，大人は死後戻ってくることはないので，年齢に関係なく大人が死ぬときが「一番悲しく」感じると述べた．一方で，大人になる前の10歳までの子どもは戻ってくることができる．多くの場合，みなが良いと認識している良い霊魂は，「神のもとへ上がっていく」．その神のもとは，頻繁にではないが，しばしば「天国」と表現される．しかし，邪術師として多くの人を食べた悪い霊魂は，「森の中に入って泣く」ことになる．天国は，まさに今住んでいるような大きな村ではあるが，しかし病気，飢え，死，あるい

は邪術はないと語られる．悪い霊魂には，2〜3歳位の年頃の子どもの邪術師も含まれる．そのような子どもたちは，「邪術師だけがもつもの」，つまり器官を身体の中に持って生まれてくる．そして，父親あるいは母親の邪術師と一緒に人々を食べ始める．そんな「悪い子どもたち」は，生まれ変わらずに神のもとへ上がっていくが，そこで神に地面に投げ返され，「森の中で泣く」ことになる．悪い霊魂が地獄や煉獄に行くと言った者は誰もなかった．むしろ森に行き，そこで「家族や神と一緒にいられないことが辛くて」夜に泣くのだ．悪い霊魂は人々に問題を起こし続ける．とくに夜に出歩くときに，人々を怖がらせ，病気の原因となる．思春期の人々にとって，夜の森は恐ろしい場所なのだ．ある 13 歳の女性は静かに漏らした．「森はいいけれど，悪い霊魂がいる．私は森が怖い」と．

　教会の影響が，死を取り巻く儀式にみられる．もしその家族が教会の宗教に深くかかわっているならば，儀式的な嘆き，歌，あるいは踊りはなく，むしろ静かな教会式の葬式になるだろう．しかし，もしその家族があまり，あるいはまったく教会活動にかかわっていないのであれば，家族の庭に置いたテーブルの上に遺体を安置し，人々が座れるようにマットを敷き，そして家族，友人，知人が故人を弔問にやってきて嘆き悲しむ．深い悲しみの嘆きは，しばしば夕方に始まり，夜長い時間にわたって続く．男たちは太鼓を叩いて歌い，女たちが歌に加わる．男たちは踊りもするが，女は踊らない．これも夜遅くまで続く．食べ物が振る舞われるか，あるいは人々は食事をとるために場を離れて，また戻る．子どもたちはその場にいて，家族はその夜の間中往き来する．故人が重要であればあるほど，悲嘆の集いはより長く続き，家族や友人が参加しに遠方からやってくる．テレーズは，「死とともに」何が起こるのかをこう述べる．

夫や妻を亡くしたら，故人の両親が葬儀のための肉とコーヒーを要求

する．そして故人の家族がこれを提供しなければならない．故人の配偶者は，地面に座って，1～2週間服を替えてはいけないんだ．身体を洗わず，地面の上で眠り，食べ，座る．食べるけど，食欲がないからたくさんは食べない．地面に敷いたマットの上で寝て，もし雨が降ったら家の玄関で寝る．それから故人の両親が来て，「これで十分だ．身体と服を洗いなさい．あなたは十分に悲しんだ」と言う．義理の両親は新しい服，水と座るための椅子をくれる．悲嘆に沈む．こうやって悲嘆が表されるのだ．

　亡くなったのが10歳以下の子どもであれば，その子どもは「戻って」くることができる．つまり，生まれ変わって再び生まれてくると言うことだ．子どもは，しばしば同じ家族に戻ってくるが，必ずそうとは限らない．家族は，「失った子」を前世のときの身体的な，あるいは性格上の特徴，例えばひっかき傷やあざ，おそらく笑い方などから見分ける．一歳未満の乳児は，亡くなったら直ちにヤシの葉で包まれて家の外壁の横に埋められる．母親は，墓から取った土を自分のお腹にのばして塗り，その子どもが早く戻ってこれるようにする．

　もう少し大きい子どもが亡くなった場合，大人に対して行うような追悼の集まりはない．ほとんどの場合，近親者と遊び友達，あるいは子どもの世話を手伝った者が参加する．クワ（kwa）と呼ばれる遺体は，女性の近縁者によって洗われ，よい服を着せられ，清潔なシーツに包まれ，木製の棺に入れられて，家の近くに埋葬，すなわちルンゴゾ（loungozo）される．強く宗教に属していない人々の場合，亡くなった人の思い出に敬意を表して，歌い踊り，飲食する．死後1年の儀礼も行われる．死後1年の儀礼は，「亡くなった家族に会って夢を見る」ために行われる．「私たちは，失った家族を思い出し，再び夢に見るために儀礼をする」というのだ．教会に属し

ている者たちの間では，1年後により静かなカトリック式のミサが，亡くなった人を思い出すために行われることがある．

アカ

　死んだ者は，よい霊魂であればコンバのところに上がっていくし，悪い霊魂であれば地上に投げ返されて森の中で泣くことになる．ンガンドゥの思春期の人々にとって，夜の森は恐ろしい場所だった．しかし，アカにとってみれば，夜にうなり声を上げる悪い霊魂に関係なく，森は常に母であり，父であり，恵みを与えてくれる存在であり，愛する者として見なされている．アカの思春期の誰一人として，夜に森の中で泣いている霊魂への恐怖を表した者はいなかった．人々が「コンバのところに上る」と言うとき，その場所は森の中のキャンプのように述べられ，ンガンドゥと同様に，そこには病気，死，あるいは邪術がないと考えられている．アカは，「そこには，すべてのキャンプがあって，すべての家族がいる」と言う．天国や楽園（パラダイス）に相当するアカの言葉はないが，思春期のアカには，天国に相当するサンゴ語の単語を用いて，死後の世界についての考えを述べた者たちもいる．聞き取りをした思春期のアカたちは，楽園や神，そして不信心のために人々が罰せられるといったキリスト教的な観念の影響をほとんど受けていないようだった．全員が，幼い子どもたちの生まれ変わりを信じているようだった．例えば，ある若い男性は私にこう説明してくれた．「すべての霊魂は，赤ちゃんも大人も一緒だ．でも，赤ちゃんは戻ってくるから，儀式は大人にしかやらない．赤ちゃんは同じ母親のところに戻ってくるが，大人は戻らない」と．

　葬式について，ある少女は，「さようならを言うためのもので，これが地上での最後の時間よ．これは死んだ人が，人々の記憶の中で，さようならと言うものなの」と説明する．彼女は続けて，「埋

葬の場所は家に近い．私たちが離れても，死んだ人はキャンプにそのまま残るわ．私たちは，その人を思い出すために埋めた場所を訪れるのよ」と言った．小さな子どもや赤ちゃんの死は，しばしば，その子どもが同じ母親か同じキャンプの別の女性のところに戻ってくるまでの一時的な別れだと考えられている．しかし，ある思春期のアカが言ったように，「それでも悲しいことには変わりない」のである．

　ンガンドゥでそうであったように，アカの間では死因は実にさまざまな種類のエキラ，木から落ちるなどの事故，そして邪術まで幅広く考えられている[13]．キャンプでのある死の後に，私は思春期の少年に次のように聞かされた．

誰か死ぬと，男も，女も，子どももみんなたくさん泣くんだ．みんな集まって，その人について話し，それから葬式を始めて森の精霊ジェンギに向けた踊りをする．女たちは遺体を洗い，男たちは遺体を埋めるときに入れるディココ（dikoko）つまり樹皮を探す．男たちは埋葬の場所を整えて，遺体を地中に入れ，土や泥でそれを覆う．埋葬後にはささやかな儀式があって，男も女も踊り，歌い，泣く．これは死と同じ日か翌日に行われる．儀式は短い．2〜3日間踊って，それで終わりになるんだ．

　高齢による時宜にかなった死や，「良い」死，あるいは殺人の責を問われての「悪い」死という感覚はなかった．1年目の儀式であるペリ（peli）について，若いアカ女性は，「死んだ時期に行うささやかな儀式で，その日が到来すると，その人へのたくさんの感覚や感情が生まれるの．人々は，一緒に踊り，食べ，歌う．それはその人の思い出のためよ」と言った．それはまた，寡婦に追悼期間の終わりを伝えるときでもある．1年目の儀式では，寡婦たちは頭髪を

剃り，身体を洗い，きれいな服を着用して，女性の近親者に特別な油を肌にすり込まれる．寡婦たちは，それで再婚の準備が整うのである．私の最初の現地調査の間，それは雨季だったが，森のずっと奥の方で大きな「追悼の儀式」が行われた．多くのキャンプから人が集まり，歌い，踊り，食べ，飲み，そして失った愛する人を思い出した．このような機会は，大きな影響力のある誰かが死んだときにだけ行われる．あるアカの歳を取った男性は私に「私は森に暮らして，よく食べ，家族がいて，いい生活を送っている．……でもそこには死があって，人生は終わるのだ」と言った．

悼みの経験と表現は多様である．しかし，そこにはいくつかの共通点も存在する．進化心理学者は，遺伝的あるいは生物学的な基盤をもつヒトの心の普遍的特徴を見つけ出すことに関心を抱く．このような特徴は，頻発する適応上の課題に答えるために，進化的な適応環境，つまり人類が狩猟採集を行った長い期間［p.188 を参照］の間に進化したものだと考えられている．人類が直面した頻発課題の一つは，彼らを生業，防衛，子育て，心身の健康というさまざまな方法で支える個人たちの定期的な死だっただろう[14]．頻発する喪失という適応的な課題に対して，その喪失に対する悲嘆という応答がみられ，ンガンドゥとアカの間に通文化的な共通性がみられることは，人類が「悲嘆」という心のモジュール［p.188 を参照］を，愛着ないし近接のモジュールの裏面として，ある程度もっていることを示唆しているのかもしれない[15]．乳幼児は，自分自身の世話をしたり守ったりすることはできないので，泣いたり，手を伸ばしたりすることで，他者への近接を図ろうとする．進化的な適応環境の時期に，近接を求めた幼児が生き残ったのだ[16]．まさに同じようにして，おそらく，喪失に続いて起こる嘆き，哀悼，悲嘆という表現は，生存可能性を高めてくれる人を喪失した後に続くコミュニケーションの必要性のため進化した，心理的特性の典型である．幼

児が泣いたり大騒ぎしたりするように，悲しみ悼む表現は，喪失を経験した個体の要求を伝えるのに役立ったに違いない．

喪失とこの心理的な暴力への生理的な応答に続いて生存が脅かされたとき，悲嘆は重要な感情になった．それは，悲嘆を経験している人から生殖的な利益を得る可能性がある他者からの応答を引き出すのである．悲嘆している人には，悲嘆をなだめることや同情の社会的な相互作用が，既知の人物たちとのより近しい繋がりと，喪失の結果として生じる新たな社会的ネットワークの両方をもたらす──それらのすべてが，個体の生存可能性を高めることに役立つ．悲嘆はまさに「生存のための叫び」なのだ．

アカとンガンドゥの研究から得られたデータでは，いくつかの共通した形態がみられた．悲嘆は，喪失への一つの応答である．これは明らかに，ヒト以外の霊長類を含む他の文化でもみられることである．悲嘆の表現は，他者からの応答を引き出す傾向がある．それに応答する者たちは，悲嘆している思春期の個体に遺伝的に関連している傾向がある．そして悲嘆表現の「鎮静」や悲嘆の軽減のために行われる応答の実践は，特定の文化的形態に従う．生物学と文化を統合したアプローチを取ることで，私たちは文化，ヒトの生態学，ヒトの生物学の間の相互作用を理解することができるだけでなく，悲嘆のみならず親密さや愛着について全体的な観点から検討することができる．アカとンガンドゥの比較は，いかに生態学的，心理学的，そして文化的な構造と関係性が愛と悲嘆の個人的な表現形態に影響するか，悲嘆，愛着，そして愛を経験したり表現したりすることに，どのように固有の文脈が影響するのかについて洞察を与えてくれる．

死亡率と悲嘆は，多くの理由から研究するのが難しいテーマだ．人々とその喪失経験について話すことは困難だが，同様に問題があるのは，死の原因だ．つまり，多くの死は治療や予防可能な感染

症や寄生虫病による．人口の増加，ヘルスケアサービスへの安定したアクセスの欠如，森林伐採の増加による森の食物資源の減少，定住化した人口による過剰利用，そして保全プロジェクトによる土地の欠乏*18とともに，アカとンガンドゥの健康リスクは増加している[17]．現在，ンガンドゥは基本的な生物医学的なケア*19に限定的にしかアクセスできない状況にある．例えば，政府の支援による地域診療所が子どもの予防注射，妊婦のケア，そして一般的な健康サービスを提供している．これらのサービスは，アカが常に使えるものではなく，また手が届くものでもない．このこと自体は農耕民の子どもの死亡率を下げそうだが，同時にンガンドゥの子どもたちは，食生活の中に肉が少ないので貧血になりやすい．そしてより定住的な生活様式のために，マラリアなど寄生虫にさらされやすい[18]．ンガンドゥのHIV／エイズの感染率は狩猟採集民よりも高く，それが成人死亡率の増加をもたらす．地域診療所はアカよりもンガンドゥをよく診る一方で，宣教師やイタリアのNGOであるCOOPI［p.93を参照］，ユネスコ，そして他のNGOなどの援助努力によって設立された診療所はンガンドゥよりもアカをよく診察する．両集団はともに，診察料や薬品代を支払うことができないために，ヘルスケアへのアクセスの恩恵にあずかれないことがある．

　アカとンガンドゥが直面する健康問題は，文化的な表現や意味を再配列するだけではなく，両集団を病気に対して脆弱にする力に

---

* 18［訳注］　森林伐採などの開発が進むにつれ，自然保護を目的とした保全プロジェクトが進められるようになった．保全プロジェクトは，地域住民による森林利用を排除した自然保護区を設定することによって進められることが多い．その場合，地域住民が狩猟採集や漁労，焼き畑農耕など生業活動を行うことができる土地は制限されることになる．服部志帆 2012『森と人の共存への挑戦──カメルーン熱帯雨林保護と狩猟採集民の生活・文化の両立に関する研究』松香堂書店．
* 19［訳注］　生物医学（biomedicine）とは，西洋医学，つまり近代医療のこと．

よって決定付けられている[19]．ヘルスケアと同様，先住民文化に声と行為主体性(エージェンシー)を与えるために，支配的な文化における法的で，教育的で，社会的なシステムへのよりよいアクセスを与えようと活動している組織は，人道的な目的に突き動かされているのだが，かえってそれらの文化に特有の文化的価値と信念形態を徐々に衰えさせ，価値を低く評価してしまうことがあまりに頻繁に起こっている[20]．援助組織，開発プログラム，そして国や国際的な政策は，周縁化の歴史的な基盤と現代的な過程を理解しようと努力するよりも，人権を侵害する支配体制の中の強力な力として働く[21]．構造的な暴力や周縁化の実践と効果的に闘うためには，その闘いは知識の構築から始める必要があり，アカやンガンドゥの価値と信念を尊重しなければならない[22]．地域住民の文化と必要なものを理解するのに，あまりに少ない時間と努力しか割かれていないのである．

　この章では，アカとンガンドゥが被っている構造的な暴力，つまり周縁化，ヘルスケアへの異なるアクセス，教育，政治経済的な力の欠落が，多くの早すぎる死や本来なら避けられる死をもたらしているだけではなく，ますますグローバル化する世界の社会的，政治的そして経済的な陰謀の中に埋め込まれていることを見てきた．アカやンガンドゥの語りから，ジェンダー間の格差や文化的に構築されたニッチの相違，つまり遊動的であるか定住的であるかによる基盤スキーマの違いが，これらの二つの文化で人間の感情や行動が経験され表現される方法の多様化に貢献していることは明らかだ．
　次章では，アカとンガンドゥの女性たちの性役割，夫婦関係，世帯間の平等性，女性の評価について，生業形態，文化的イデオロギー，地域経済を説明要因として検討する．

フィールドノートから

2000年冬

　私たちは森の中のボニンゴ・キャンプにいる．今朝，生後2週間の赤ちゃんがいる若い母親が死んだ．その赤ちゃんは夫の母親に世話されることになるだろうと私は聞かされた．彼女にも小さな子がいるから，その幼い赤ちゃんにも授乳できるはずだ．一日中人々はこのキャンプに集まっていた．女たちは木の下に座り，追悼の歌を歌っている．私は少し前に幾人かのアカの女たちと水浴びに行き，別の若い母親と道中で出会った．彼女は，顔にちょうどこぼれ落ちるようとする涙を目に浮かべながら，赤ちゃんを抱いて歩いていた．そして時折嘆き，赤ちゃんに悲嘆を歌ってもいた．水浴び後，私たちはその若い母親の赤ちゃんと一緒に寄り集まって座った．太鼓は一日中鳴っていた．思春期前期の少女たちの集団は一緒に座って，踊りで身に着ける葉っぱの飾りを作っていた．そしてその後彼女たちは立ち上がって，皆でくっついて一斉にすり足でリズムを取りながら踊り始めた．踊りながら，彼女たちはヨーデルを歌った．他の者は踊りに加わり，この悲嘆にくれて泣く歌を唱和した．私はこれほどもの悲しい歌を聴いたことがないと思った．他の者たちと分かれて座る若い女が一人いて，自分の赤ちゃんを強く抱きしめていた．死んだ女性の夫は，彼女が埋葬された赤い盛り土の隣の，自分の小屋の外に座っていた．見るのが，とても辛い．しかし，葬式の踊りの儀式は若い母親の死を嘆き悲しむと同じくらいに生命の祝福であるかのようにみえた．

　村では，今日も一日中悲嘆にくれたむせび泣きが聞こえた．家から家へと，その近所出身の男が死んだという報告が回ってきた．それで悲嘆の歌を聞いた．一人の女が地面に座って唸り，泣いており，彼女

の周りに円を描くように他の女たちが歌い泣いている．毎日これが聞こえる．Sの小さな男の子が2日前に亡くなり，彼の姉妹の小さな赤ちゃんがその翌日に死んだ．昨晩は二人の子どもが，知っている誰かが死んだので，泣きながら通り沿いを歩いていくのを聞いた．私の家には，毎日病気や怪我をした人たちがやってきて，治療を求められる．今日は，脚にひどい火傷をした男だった．他にも，小さな矢が目にぶつかった少年や，高熱を出して痙攣する赤ちゃん，頭にひどい火傷をした少女，脚の下の方に大きな怪我をして，傷口が開き，感染している別の少女，黄熱病で？　その3日後に亡くなった年老いた女性など，とてもたくさん．ひどい状況だが，人々を治療する薬も診療所も何もないのだ．

　死んだ男の遺体が今日到着した．私たちは，トラックが来たときに全員が再びむせび泣くのを聞いた．私たちはEの家にいたが，小さな子ども全員がトラックが通り過ぎるのを見に走り出て，それから戻ってきて私たちに「死体が行っちゃった」と言った．その後道を歩いて行くと，みんなが突然叫び始めて私たちの方に走ってきた．邪術師が出てきたからだという．この女は，邪術でゆっくり自分の夫を殺したのだ．これは，彼女が毒託宣［p.28を参照］を飲んでわかったことだ．だからその後，その男の兄弟が彼女を刺そうとしたが失敗した．それから女は刑務所に連れて行かれた．そしてヤシ酒の「バー」を持っているMという男が，彼の妻が出産したが死産だったと私たちに言った．

2002年冬

　死と喪失の研究を止めないといけない．あまりに大変だ．この幼い少年は，誰も「自分にとっての母親のような」人はいないと言い，母親と父親のことを考えて泣き出した．もうこれ以上は続けられない．

2007年秋

　今日村のキャンプに歩いて行ったら，Mが座っていて，年老いて，疲れて，悲しく見えた．それで私は彼に何が悪いのか尋ねたら，彼は妻であるMがひどく病気だったので，森を離れて彼女のための薬を取りにきたのだが，途中で「村人C」が彼を止め，キャンプにココの葉か何かを取りに行かせたと言った．そのときまで，Mが話している辛いことが何なのか私にはわからなかった．彼は森のキャンプに戻って，Cのためのものを取って村のキャンプまでやってきたが，ここに来るまでに夜になってしまった．今朝彼は薬を得るつもりだったが，それは遅すぎたのだ．森から来たGは彼の妻Mが夜の間に死んだと言った．それで彼は，静かに，涙を流してそこに座っていた．

　ドン[20]は塞栓症[21]で月曜日に死んだ．私はただ家に帰りたかった．3日前の晩8時30分頃に，E，J，Aが扉をノックして私にBから緊急の手紙が届いていると言った．Bは大使館に電子メールを送り，そこからTがメッセージを印刷してムバイキに来る誰かに託した．それでムバイキのある女性が手紙を持っているというのだ．ひどい，最悪の夜．私はそれがひどい知らせだとわかっていた．だから一晩中子どもたちのことを考えていた．私は朝になるまでそこに座っていた．結局，行けることになり電話をかけようとした．幸運が重なって，電話が繋がり，Bは私に知らせを話してくれた．電話したとき私は外にいて，みんなが私の話を聞いていた．Eがみんなに私をじろじろ見ないように言う中，私は父の訃報を聞いた．Bは，私が母と子どもたちに電話する前

＊20［訳注］　著者の父親．
＊21［訳注］　血液中を漂う血塊などの塊（栓子）によって，血管がふさがれ血流遮断が起こる循環障害．

に落ち着くように言った．母は大丈夫だったが，子どもたちはみな本当に動揺していた．子どもたちは私を必要としていたが私はここにいた．今は子どもたちから遠く離れているので，子どもたちの必要に値することは何もできなかった．何も．子どもたちが私を必要としているときにそこに自分がいないことは，世界で最悪の感覚だ．できる限り早く出発しよう．ドンと二度と会えないのだと考えると，とても辛い．彼は私が知る唯一の父親で，もう彼は旅立ってしまった．夜が明けるなり，Eは来た．そして彼は，私が「苦しんでいる」とわかり，そこにいたと言った．ここの人たちはとても優しくて，とても強い．そして，悲嘆がどんなものかを知っている．

2010年秋

朝の時間を使って，元気なTと話した！　彼女の家の裏に座り，以前のように彼女の孫や娘たちがそばをうろつき，会話に加わる．Lの赤ちゃんが死んだ．前回私がここにいたときは，元気に母乳を飲んでいて，太った，健康な1歳児だった．もう彼女は亡くなってしまったのだ．Lは頭を下げて「これがここでの人生なんだ」と言った．私は想像すらできない．ここはあまりに悲しく，このような死や悲しみはあまりに頻繁だ．今日は村のキャンプへNにも会いに行った．彼女が疲れ，悲しく見えたので，私は具合が悪いのかどうか尋ねた．彼女は，Kの母親が亡くなったと言った．彼女は喪に服していたので顔に灰を付けていた．私たちは差し掛け小屋の下に座ってほんの少し話した．彼女はその義理の母親ととても親しくしていたので，私はとても悲しかった．

考察のための問い

1. 幼い子どもや思春期の少年少女として，アカとンガンドゥは愛する者の多くの死を経験していた．母親にとって，この過去の死や喪失についての経験は，自分自身の子どもの喪失に対処する準備になっているだろうか？

2. 子どものおよそ半分が死んでしまう環境にいたとしたら，自分に子どもができたら死ぬかも知れないと知りながら，またおそらくそれを恐れながら，自分自身に愛という贅沢を許すことはできるだろうか？　それは難しいことだろうか？

3. 母親の，あるいは父親の愛は，与えられた立場に伴う特権だろうか，それとも生得的な感情だろうか？[(23)]

［用語解説］適応設計

　人類を含む生物にとって，身体だけではなく心も進化の中で生まれてきたとする立場がある．そのような立場からヒトの心の動きについて理解を試みる進化心理学（evolutionary psychology）は，心に関する感情，認知，セクシュアリティなどの諸形質を生物学的な適応としてみる．ある心理学的な特徴をもつ個体がそれをもたない個体に比べて，生存し子孫を残すのに有利であるならば，自然選択のメカニズムが働いてその形質が選択され，遺伝的な繋がりをもつ集団（種）内に広がりやすいと仮定できる．したがって，現在もしヒトが普遍的にもっている心理学的形質があるのであれば，それは過去において個体の生存と繁殖に重要な役割を果たした可能性が高い．ヒトを含め，生物進化において，そのような役割を果たしたと措定される進化的な設計（デザイン）のことを適応設計（adaptive design）という．なお，ヒトの身体と心は，人類史のほとんどがそうであった狩猟採集生活の中で適応的だった形質によってできていると考えられることが多い．

［参考文献］五百部裕・小田亮編 2013『心と行動の進化を探る——人間行動進化学入門』朝倉書店．

母になるとき

　私はいつの間に母になったのだろう.

　妊娠がわかったとき？　出産した瞬間に？

　ついさっきまで名字に「さん」付けで呼ばれていたのに, お腹のなかから赤ちゃんが出てきたとたん, 医師や看護師から「おかあさん」と呼ばれて戸惑った. 急に「おかあさん」なんて言われても, どう返事をしていいものやら…….

　もっとも, 私の初めての出産は大量の出血, 緊急の帝王切開と予期せぬことが次から次へと続き, 出産前に思い描いていた状況とは全く異なっていた.「体重 3,418 グラム, 身長 53 センチの女の子です」と報告を受けたのも束の間, 娘はその日のうちに NICU（新生児集中治療室）のある病院へ搬送され, 専門的な治療を受けることになった.

　出産から数日経つと母乳が出るようになる. 自分の思いとは裏腹に, 身体は「おかあさん」への歩みを進めているのだ. しかし娘は NICU で処置を受けており, 授乳はおろか抱っこしてやることもできない. 私は起きている時間のほとんどを泣いて過ごした. いつか授乳してあげられる日が来るだろうか, もう来ないんじゃないかという思いが頭の中をぐるぐる周り,「おかあさん」と呼ばれるたびに鬱々とした気分になった.

　そんなとき頭に思い浮かんだのは, アフリカの森で出会ったママたちのことだ. 皆とてもたくましく, 5 人も 6 人も子どもがいるのが普通だったが, 一方で彼女たちの多くは死産あるいは産後すぐに赤ちゃんが死んだという経験をしていた. いったい彼女たちはどんな思いでその後の日々を過ごしたのだろう. 飲ませてやれないにもかかわらず滴り落ちる母乳を, どのような気持ちで眺めたのだろう. なにより, こんなに辛い思いをした後に, どうして再び子をなす勇気をもつことができたのだろう. フィールドの記憶をたぐり寄せてみても, 思い出せるのは底抜けに明るく力強いママたちの笑顔ばかり. 果たして私は彼女たちのような母になることができるだろうか.

　その後, 幸いにも娘は順調に回復し, 3 年後には長男が, その 1 年半後には次男が生まれた. 2 人目, 3 人目の妊娠・出産に不安や恐怖心がなかったわけではないが, そうした思いよりも新たな生命を育むことへの期待や希望の方

が大きくふくらんだのは，名実ともに「おかあさん」として過ごした時間が醸成した強さと，先達であるアフリカのママたちの陽気な笑顔がくれた勇気のおかげだったかもしれない．

　長女が3歳半，長男が6か月のころから2年間，我が家は人類学者である夫の在外研究のためフランスで暮らすことになった．現地の幼稚園に通い始めた長女は，はじめは言葉がわからず毎日泣いていたが，ほどなくフランス語を理解するようになり，気がついたときには一人でお人形遊びをするときのセリフもフランス語になっていた．私のことを「おかあさん」ではなく，フランスの子どもたちのように「ママン」と呼ぶのも時間の問題かと思っていたが，その予想は見事に外れた．娘はある日突然，私のことを「おかあ」と呼び始めたのだ．日本から持ってきた昔話の絵本にでも触発されたのかと思ったが，理由は違っていた．フランスの幼稚園では，子どもたちどうしはもちろんのこと，子どもと先生であっても愛着を込めてファーストネームで呼びあう．ジョエル，ナタリー，エリック……どんなに年上の先生であろうと，"マダム○○"や"ムッシュウ○○"などと呼ぶことはない．こうしたカルチャーに触れた娘は，私のことを「さん」付けで呼ぶのはよそよそしいと感じたようだ．それで「おかあ」になったというわけである．「おかあ」の呼び名はそのまま我が家で定着し，長男も，そしてフランスで生まれた次男も私のことを「おかあ」と呼び，今に至っている．子どもならではのユニークな発想には舌を巻いたが，我が子に唯一無二の母として認められたように感じて，それに「おかあさん」よりも「おかあ」のほうがアフリカのママたちに近付けたような気がしてうれしくなった．

　私はいつの間にか母になっていたのだ．　　　　　　　　　　　（四方篝）

にぎやかな沐浴の風景
（二〇〇五年，カメルーン）

第5章

女性であることの帰結

男は結婚がどんなものかわかっていない．何人も妻をもつことはとても危険なの．私なら別れて，他の相手を見つけるわ．うまくいかなくなって多くの妻が離婚する．他にも妻をもつのはひどいことよ．男は生活，服，食事や自分の子どもの世話を女たちに頼っているわ．

―シルヴィ，ンガンドゥ女性―

私の最初の夫は他の妻を見つけてきた．私は狂ったように嫉妬して，彼を叩いて，こんなことは無理よと言った．それから彼とは別れたわ．

―ジャバ，アカ女性―

この章では，家庭内暴力と，複雑で大きな問題，すなわちジェンダー，階層，行為主体性，権力，周縁性，グローバリゼーションとの関係について説明する．狩猟採集民と農耕民の女性の生活では，どのような制約と機会が与えられているのか，そして個々人が多文化社会という世界でどのような戦略を用いているかを探求する．テレーズ，ブロンディーヌ，ナリ，コンガは，人間関係，家庭，地域社会をつくる集団において女性であることの意味を定義し，家族，友情，母親からみた親族関係，そして社会における性役割の形成を説明する．

平等主義，階層，ジェンダー関係

　ンガンドゥとアカの密接な社会は，文化的スキルの獲得，社会化，生産，再生産が起こる場である家族から始まる．男性と女性は世帯を支えるための生業活動に加わる．両集団は，家族のために懸命に働く．個人差は，夫と妻の関係，そして一般的にはアカとンガンドゥの関係にも存在する．アカとンガンドゥの役割，社会的アイデンティティ，日々の活動，文化的信念，アカの母親や妻であることとンガンドゥの母親や妻であることが意味するところについての考えは，生業形態や出自形態，結婚後の居住形態，地域経済，政治形態から影響を受ける[1]．

　ジェンダーの階層化と性別分業は，部分的には生業活動による生産の種類と，生物学的再生産と同様に社会的再生産の役割によって決定される[2]．アカのような平等主義社会では，女性と男性はお互いに相補的な立場を取っているとみなされる．ジェンダー関係におけるこの調和は，男性と女性の両方が働き手であり調達者であり，子育てと生業の務めを共有しているという性役割の流動性に見いだされる．遊動的な狩猟採集社会では，物資，財産，土地がほとんど

またはまったく蓄積されないため，貯蓄したり，保護したり，遺産として受け継がれるものはない．ンガンドゥおよびほとんどの農耕社会のように生業が女性の集約農業と関連しているところでは，女性の価値は，相続人やその他の働き手および男性間のクラン

図 5.1 女性の仕事をするンガンドゥ女性

の連帯にとって重要なクランの構成員を生み出す能力と，世帯生産と経済の増加をもたらす[3]働き手であり稼ぎ手としての女性の能力の両方に見いだされる．一夫多妻婚におけるより多くの妻は，より多くの相続人，より多くの働き手，より多くのクランのメンバーとなり，そして家計における所得の増加，家族やクラン，集団の強化に役立つ．生産量の増加はしばしばジェンダーの不平等や階層化を増加させることに繋がり，社会構造，親族システム，女性の評価などを変化させることがある[4]．

　ンガンドゥ女性は，年間を通して作物を植え除草し，収穫する畑から得られた食べ物，つまり日常の食料に対するカロリーと世帯収入のおもな貢献者である[5]．女性は仕事に多大な時間を費やす（図5.1）．キャッサバの収穫のために自分たちの畑で一日を過ごした後，キャッサバの塊茎を水に浸すために重い籠を川に運ぶ．そして，キャッサバを天日干しで乾燥させ，製粉し，最後に食事の準備をしなければならない[6]．女性はインフォーマルな市場経済［p.88 を参照］に参加して，キャッサバや落花生，トウモロコシ，プランテンバナナ，ヤシ油など畑の生産物や林産物を売って，アカと取引する．また，自分たちで蒸留した密造酒［p.22 を参照］や夫が持ち帰るかアカと交換した肉を売る者もいる．男性の仕事はより季節的な傾向

があり，もしンガンドゥの家族がコーヒー畑をもっている場合は，男性も一般的にすべてのコーヒー作物の除草と収穫にかかわることになる．しかし，この男性の仕事の多くはアカによって行われている[7].

ンガンドゥ世帯には著しい不平等がある．男性にまず食事が出され，食べ物の大部分が盛られる．女性は銃や槍などのどんな狩猟具にも触れることはできない．女性が村の警備隊のような政治的地位を占めることはまれである．女性に対する暴力は珍しいことではない[8]. 多くの女性は10代中頃から10代後半までに結婚するが，男性はその3年から4年後に結婚する．結婚が一夫多妻婚の場合，同居する妻たちは同じ家を共有するが，別々の部屋でそれぞれの子どもと一緒に暮らすか，同じ敷地内の別の家に住むことになる（図5.2). 拡大家族は近くかしばしば同じ土地にそれぞれの家を建てる．ンガンドゥはそれぞれの家の中でかなり私的な生活を送っており，

図5.2 一夫多妻婚のンガンドゥ家族（バリー・ヒューレットの好意による）

図5.3 赤ちゃんを抱えるアカの男性

そして家族の食事や家事，社交は家の裏庭で行われる[9]．

　アカは民族誌的記録の中で，最も平等主義的な文化をもつ集団の一つである．アカの男女は，網猟と採集という生業形態と部分的に関連した平等主義的な立場にあり，等しく食事と家事労働に貢献する[10]．季節ごとの移動が男女の貢献に影響し，アカが村人の畑で働き村のキャンプで暮らすときは，女性たちはキャッサバ，トウモロコシ，ヤシ油のようなより多くの「村」の食物を労働と交換で持ち込む．夫婦と子どもたちが森のキャンプに戻ると，男性の貢献は増加する[11]．女性は頻繁に網猟に参加する．女性がナイフや槍を手にし，赤ちゃんを抱っこひもで自分の脇に抱いている姿を見ることは珍しくない．場合によっては，男性なしで，アカ女性のみで網猟をすることもあるが，通常は家族全員が参加する（図5.3）．男性は森の植物や塊茎，ナッツの採集に参加する．男女の両方が利用可能な資源へ平等にアクセスできるが，女性は一般的に食料源となる肉と植物の両方の分配を行っている．体系的に研究された他の文化の父親よりも，アカの男性は幼児に集中的な養育を行う［p.112を参照］．広範囲にわたる性役割の柔軟性は，アカの特徴である．男女は，普通は生業と育児の役割を共有している[12]．

ジェンダー化された現実の諸側面，あるいは女性の生活

ブロンディーヌ──ンガンドゥ女性

　私は結婚した．夫のイサと一緒に暮らして，彼は私に食べ物と素敵な服をくれた．一緒に住んでいたけど，ほんの短い時間だったんだ．人生の素晴らしいときだった．私は夫が大好きだった．関係は友情みたいだったけど，それをはるかに超えたものだった．トラブルがある日は，夜に喧嘩してお互いに叩いたけど，そんなことはあまり起きな

かった．喧嘩の理由は，イサが私に洗濯する服を渡し，夕方に戻った
ときに，「俺の服はどこだ？　どうしてまだ洗ってないんだ？」と言っ
たことだよ．彼が戻ったときに私が家にいなかったら，「お前は他の男
を探しているんだ！」と言った．だけど，私は別の男を探していなかっ
たし，イサだけだったんだ．

　結婚していた間，私は子どもと夫の世話をした．魚や肉を売ってお
金を稼いだり，子どもの服や家の物を買った．これが私の最高の思い
出だった．私が通りを歩くと，人々は「そら，小さなキンタマ野郎の
お通りだ！」と叫んだものだった．私はたくさんのお金を稼いで，睾
丸のように腰からぶら下げた布にくるんで運んでいたから．私には夫，
畑，一人の子どもがあって，一緒に暮らしていた．この結婚は長続き
しなかった．最初の夫イサはとてもケチで，私はしばらく妊娠できな
いようにさせられていたんだ．

　ある友達が初めて結婚したときのことを私に話してくれた．彼女は
妊娠して，夫に「妊娠しているの」と言った．夫は「いや，これは俺
の赤ちゃんじゃない」と拒絶し，出て行って，ある樹皮で堕胎のため
の浣腸薬を作った．彼女は夫がなぜ赤ちゃんを自分の子どもではない
と思ったのかわからなかったけど，2か月間妊娠を守って，その薬を服
用しなかったんだ．「お前が赤ちゃんを堕ろさないのなら，俺は出て行
く」と夫は言い，友達は「それじゃ出て行って，私はこの赤ちゃんを
産むから」と言った．それで彼は出て行った．彼女は妊娠中，姉と暮
らし，娘を産んだ．赤ちゃんはどんどん成長し，8歳のときに夫が帰っ
てきて，夫は「これから俺は娘を連れて行くぞ」と言った．友達は彼に「い
いえ，私たちは終わりよ．だって私が妊娠したとき，あなたは私の妊
娠を拒んだのよ．今，あなたが娘と一緒に戻ることなんてできないで
しょう」と言った．彼女の夫は，「すまない，もう一度考えなおそう．
俺はお前にお金をやるから，子どもを俺にくれ」と言った．友達は怒っ
たけど，その後で，もし時々娘と会えるのならお金を受け取ると言っ

たんだ．それで，夫と娘は去って行った．でも彼女は悲しんでいなかった．だって，娘が成長したら自分に会いに来てくれることを知っていたから．今，彼女の娘は，赤ちゃんがいる大人の女になり，彼女を訪ねてくる．もし女が離婚を求めた場合，小さな子どもたちは母親と一緒に残る．もし子どもが大きくて，夫が相手にお金を渡すなら，子どもを手放すのを拒むことはできないんだ．だけど，子どもが「ママはどこにいるの？」と泣いて頼んだら，母を訪ねに来ることができるんだ．

　別の女の夫が家に2番目の妻を連れて帰った．2番目の妻はとても若く，美しく，そして1番目の妻はとても年老いていたので，ひどく2番目の妻に嫉妬していたんだ．ある日，夫が出て行ったときに1番目の妻がお金を取り，2番目の妻を両親に送り返した．夫は帰宅して，「2番目の妻はどこにいる？」と言った．それから，妻を連れ戻した．だけど，1番目の妻が水と土を時々取ってきて，それを2番目の妻のベッドの上に置いたんだ．家には寝室用の部屋が二つあって，ある日，1番目の妻がンガンガと呼ばれている伝統医のところへ行って薬を買ってきた．この薬を持って2番目の妻の部屋に入り，ベッドの上に置いた．それで夫が2番目の妻と一緒に寝たときに，ペニスが勃たなかったんだ！　夫は「どうして俺は仕事ができないのだ．彼女は若くて美しい．歳を取った1番目の妻のときでもうまくいくのに．何かがおかしい！」と言った．夫はペニスに「どうして，お前は1番目の妻のために仕事をするんだ？」と言った．しばらくして2番目の妻の両親がやってきて，彼女を連れ去って「年老いた女である1番目の妻が，私たちの娘にあまりにも多くのトラブルを引き起こす．この結婚は終わりだ」と言った．夫は，「いいや，1番目の妻と離婚する．彼女はいい人ではないんだ」と言った．彼は1番目の妻と離婚し，2番目の妻と一緒に暮らしたんだ．

　時々，男と妻が長い間一緒に暮らしてきて，女が歳を取り，一人でもしくは別々のベッドで眠るようになっても，女が夫とのセックスを拒めば，夫はこう言う．「村長に会いに行き，俺のお金，婚資を返すよ

うに求めるぞ」と．女が夫とのセックスを拒否した場合，女は代償を
支払わなければならないんだ．離婚の原因となるのは，夫が別の妻を
探している場合や，妻が夫に従わず尊敬しない場合，妻が食事を準備
せず夫の両親に与えない場合，夫婦がしょっちゅう喧嘩している場合，
夫か妻があまりにも狂っている場合，夫が妻のベッドを路上に投げ捨
てる場合がある．家は男のものだから，女が去るんだ．

　多くの場合，夫は大変なんだ．倹約家の性分ではない夫は，働いた
お金をすべて飲酒に使ってしまう．男に二人の妻がいる場合，夫はこ
れまで1番目の妻と多くの時間を費やしているから，2番目の妻を好
むんだ．2番目は新しいからね！　より多くのお金と贈り物がもらえる．
夫はすべての子どもたちを愛すけれど，夫が2番目の妻をより愛して
いる場合は，寝室でこっそりと彼女に追加でお金を与えるんだ．それ
が秘密にされている場合はいいけど，もし彼女が他の妻に話してしま
えば揉め事の種になる．

　結婚後は，畑で働き，物を売り，家で働き，子どもをつくる．女の
美しさは女がする仕事に表れる．この仕事は簡単ではない．畑では，
暑い太陽の下で働き，その仕事でお金を得る．だけど，それはとても
大変で，苦痛をともない，疲れる．頭の上に重い荷物を載せて運び，
薪を見つけ，服を洗い，庭を掃除する．すべてが大変な作業で，その
作業の後は，ほとんど動くことができないほど疲れるんだ．

　よき夫であることの資質は，家族を大事にし，妻に敬意をもって，
その両親にも敬意をもつこと．よき妻の資質は，一生懸命働くことと，
家に着けば水を汲んで夫のために風呂と食事を用意することだ．妻は
家の母なんだ．いい父親は子どもたちに教える．お金で子どもたちの
靴や服を買う．教育のためにお金を与え，子どもが病気のときは病院
に連れていく．子どもを病院に連れて行くのは父親の責任なんだ．夫
も妻も重要な仕事をしているんだよ．

　この年頃までに少女の気分はなくなり，女の気分を抱くようになるんだ．私は結婚して，畑で働いて，家に帰り，子どもたちのために働いていたよ．これが女の生活なんだ．両親や他の人たちの助けを借りずに自分だけで，自分と家族のために働く．これが女というものの性分なんだよ．

　結婚当初私たちは言い争ったりしなかったけど，しばらくすると言い争うようになった．その内容は，祖母が歩いていたとき，夫が，「お前のおばあさんはどうして歩いているんだ？　お前のために別の夫を探しているのか？」と尋ねるというものだった．祖母は夫に「いいや，私たちは別の夫を探してなんかいないよ」と言った．私はとても美しく，多くの他の男が私を望んでいたけど，夫だけを愛していた．争うのは，ほとんど夫と私だけだった．祖母は，「ダメだ．こんなことはよくない．言い争うんじゃない」と言ったものだ．だけど，私たちはとにかくお互いによくぶつかって言い争った．夫が私をたくさん叩いて傷つけたら，私も叩き返した．もう一つの言い争いは，夜の間の営みについてだ．一緒に夜を過ごしたときに，夫がセックスを望み，私が拒んだことだった．私はあまりにも疲れていて，「いや．今日は嫌よ．あまりにも疲れているの」と言ったんだ．夫は私に腹を立てたし，私も夫に腹を立てた．

　たとえすべての子どもたちが一緒にいても，夫と私の関係は時間とともに変化したよ．私がとても若かったころには何の問題もなかったんだ．だけど，30歳から35歳までの間，夫はとても嫉妬深くなった．私が水場に行ったら，夫は「やめろ，他の男を探しているのか！」と言って，私を叩いたんだ！　私たちは夫の嫉妬のせいでたくさん喧嘩した．この変化は，私が最初とても若かったけど，30歳になって，夫は別の妻を探しに行ったからだ．たぶんそのせいで．夫は私も他の男を探すだろうと思っていたんだよ．夫はそのことを私に話さなかった．私は

夫に尋ねて，夫は私を叩いた．夫が出て行って一晩中外にいたときに，
2番目の妻がいることに気がついた．人々が私に「あなたの夫が別の女
といるのを見たわ」と言った．ゆっくりと私は夫に他の女がいること
を知るようになっていったんだ．私がこの女を見つけた後，夫は「なあ，
俺を許してくれ．妻よ，彼女はこの家の女ではないんだから．俺を許
してくれ．もう終わりにするから」と言った．だけど，私は夫にとて
も腹を立てていたんだ！　夫と喧嘩し，夫は私を叩いた．私はとても
怒った．夫の足をつかんで，持ち上げて，投げた！　夫は飛び上がり，
山刀を探しに行った．私は家から走り去り，夫は叫びながら私を探し
て道路を駆け回っていたから，私は森に隠れに行ったんだ．とても怖
かった！　ただただ森の中に隠れて，それからゆっくり戻ったんだ．
友達にしばらくの間泊まらせてくれるよう頼んだ．人々は夫が私を傷
つけないように仲介してくれた．ゆっくりとゆっくりと私は家に戻っ
て，今はもう大丈夫かどうか夫に尋ね，夫は「ああ，妻よ．すべても
ういいんだ．家に戻ってきてくれ」と言った．その後，夫はただ私と
だけ一緒に過ごしたんだ．

　私の最悪の思い出は，夫と私がこの戦いをしたときだった．私は何
日も仕事をせず，夫とも話もしなかった．夫はこう考えていると言った．
「ここにいる妻は私と喧嘩して，今や私に話しもしない．多分この結婚
は終わった」と．夫はとても悲しみ，私に「ああ，妻よ，すまなかった．
お前に贈り物があるよ」と言った．その後，言い争いは終わったんだ．

　夫がお金を手に入れると，私にほんのわずかな金額をくれたけど，
それほど多くの回数ではなかった．私がお金を手に入れたら，それを
隠したものだった．私は夫の下僕ではなかった．結婚したとき，夫は
スプーンや鍋やお皿のためにお金を使いたがらなかったから，私がこ
れらすべてのものの代金を払ったんだ．夫は私よりも多くのお金を稼
いだけど，私に多くのお金をくれず，自分が欲しいもののために使った．
私は子どもたちの服にお金を使い，子どもたちが病気になったときは

私が病院に連れて行き，学校のためにお金を払った．夫は自分のお金を使って別の妻を探した．私はとても怒っていたけど，何も言わなかったんだ．夫は子どもたちの面倒を見なかった．だからこそ，私は学校や病院，それから子どもたちに関わるすべてにお金を払わなければならなかったんだ．私は夫と一緒にいた．人生で赤ちゃんを作るには二人の人間が必要だから．だけど，一人が弱い人間なら，もう一人が子どもたちの世話をしなければならない．もう一人が仕事をしないといけないんだ．

　人生のこの時点で，私は「私は女だ．人生を知っていて，これはいいことなんだ．私は強いんだ」と思った．子どもたちは大きくなった．

ナリ——アカ女性

　私は結婚して，子どもと一緒に夫ココテのキャンプにいた．ココテは私と森を歩くのが好きで，私は幸せだったわ．ココテは私や子どもによく肉やハチミツ，果実を見つけてくれた．私はヤマノイモを採集して，食事を作って，家の準備をしたの．これは素晴らしい思い出なのよ！

　いい生活だった，私は健康で，働いて，ココテも働いたわ．ココテのために私は働いて，彼が何か頼むと，私は彼のためにそれをしたのよ．あるとき，私はココテと子どものために食べ物を探しに森に一人で出かけたわ．エスマ（esuma）というヤマノイモを見つけるためにね．このヤマノイモが好物で，とてもいい代物なの！　このヤマノイモを見つけるために，大きな棒を取って地中に差しこんで，掘って，掘って，掘るの．もしツルを見つけたら，地中深くにヤマノイモがあるわ．堀り棒を使って掘るの．棒でヤマノイモを突いて，引っ張るの．とても長いから，ヤマノイモを切って切って，地上に引っ張り出すのよ．それから，水で洗って，キャンプに運んで，調理して，家族にあげる

の．調理したヤマノイモを夫が見たら，「おお，俺にこれをくれるなん
て，なんて立派な女なんだ！」と言うわ．それから夫の家族は，「私た
ちの息子のために，あんたは立派で素晴らしい女だ！」って言うわね．
このヤマノイモはとても美味しいの．魚か肉と一緒に料理するわ．私
がこれを料理すると，みんなが「まあ，なんて素晴らしい女なの．こ
れが夫への愛の証明よ」って言うの．ヤマノイモを見つけるのは大変
ではないけど，掘るのは本当に大変な作業なの！

　時々私は自分の家族を訪問したものよ．1週間滞在することもあっ
て，ときにはココテが許してくれて，一人で出かけたこともあったわ．
トラブルはいつも，私が家族を訪問すると言って3日か4日そこにい
たときに起こったの．私が戻ったときにココテはいつも「お前は恋人
を見つけたのか？」と尋ねたわ．今では彼から許しを得なければ行か
ないわ．若かったときは友達と踊るために他のキャンプに行ったりも
した．若い妻だったときでさえ行きたいと思ってた．たとえ私が結婚
して彼に夢中だったとしても，行きたかったわ．だけど彼が「ダメだ，
ここにいろ，別のキャンプに踊りに行くな」と言ったの．彼は多分私
が別の恋人を探すのだと思っていたから，ダメと言ったのよ．私は他
の恋人を決して探していないわ．ただ踊るのが好きだっただけ．だけど，
彼の心は嫉妬した．彼は「ダメだ」と言ったわ．時々彼は私をボク，ボク，
ボク（bok, bok, bok）と叩いて，「お前は別の夫を見つけたんだ！」と言っ
たわ．結婚してすぐのころは「これは問題だ」と思った．今では結婚
してから多くの年が過ぎ，私は疲れているから，それは問題ではないの．
ココテは嫉妬しないわ．でも時々，私が踊っていると，彼は，「もしか
したらある男が私の妻に会うかもしれない，奴は別の妻を探している
んだ」と考えるの．でも結局，結婚してからこれまでずっと私はココ
テが大好きなのよ．

　結婚すると，心は両親や子ども，夫のためにあるの．ココテが若かっ
たころの結婚生活では，彼は私をよく叩いたけれど，今では私を叩か

ないし，尊重してくれる．彼が問題を抱えていてたくさん話すときは，私は何も言わないわ．彼が話し続けても，私は何も言わないの．夫が怒って話しているときに，もし女も話すと，叫び合いが始まり，これが問題を引き起こすわ．彼が話を聞くようになるまで私は静かでいるの．彼が静かになったら私は話す．これは敬意の念よ．敬意は愛の一部なの．愛は結婚において最も重要なこと．心が一番大事なのよ．

コンガ——アカ女性

　私はいつもモポコのために働いたんだ．私は女の教訓を学んだ．私たちだけで一緒に森に行って，食べるものを見つけたものだよ．このとき私はある病気に襲われた．歩くことができないほど痛かった．力を取り戻すまでに３か月もかかったんだ．モポコは女がヤマノイモをどうやって見つけるのかを知らなかった．家族はちゃんと食べていなかったんだ．子どもたちが食べ物を探したときは，他の人が与えてくれたけど，それは私，つまり子どもたちの母親が食べ物を与えたときのように十分ではなかったんだ．

　でもその後，私はキャンプで友達と一緒にこんな感じで座って，おかしなお話をし始めた．かつて，ある女とその夫が，夫がその女を叩いたからという理由で喧嘩を始めたんだ．それでその女が彼を叩いて，彼が泣き始めた．私たちはこれを真似て，とても面白かったんだ！笑ったよ！

　以前，結婚はいいものだった．結婚では多くの女が強かったんだ．夫とだけ一緒に森の中を歩く．夫は妻と同じようにしたんだ．今や女は結婚で強くない．これは，娘への母親の教育なんだ．結婚するときに，女の中には夫のために働かず，夜中に夫と離れて眠るのがいるんだ．以前は嫁いだら，結婚したままだった．今では，結婚には多くの問題がある．今日の結婚は持ちこたえられないよ．少女はお金が大好

きだからたくさんの男を探す. 結婚は長続きしない. これはよくない. 今は生活が大変だよ. お金のために村から来る男と寝る女もいるんだ. 以前はこんなことはしなかった. これはエイズを引き起こす可能性があるんだよ. 変化には悪いものもあるんだ.

　離婚の他の理由はこういうことだ. ある家族の中で, もし母親か父親が赤ちゃんをもうけて, 邪術師にするために, この赤ちゃんに邪術を与えたいなら, 赤ちゃんを連れて行き, 自分のお腹からほんのわずかなかけらの邪術師の臓器を吸い出すんだ. これを口の中に含んで, 赤ちゃんにキスして「ブー, ブー, ブー（boo, boo, boo）」とこんな感じで, それを赤ちゃんの口の中に入れるんだ. 赤ちゃんはそれを食べ, その子が大きくなっても胃の中にあるんだ. 臓器は大きくなり, その子とともに成長し, その子は邪術師となる. 子どもが邪術師になりたくない場合や母親が子どもを邪術師にしたくない場合は, 母親はンガンガを見つけるんだ. ンガンガは子どものお腹の臓器を調べ, その場所にカミソリで薬を擦り込み, 臓器を吸い出してその子のお腹から出すようにする. それからンガンガは臓器を取り, 切断し, 終わる. だけど, ンガンガがそうしなければ, 邪術はそこにとどまり, 子どもは邪術師になるんだよ. もし母親が赤ちゃんと夜を過ごして, 母親が眠っているときに, 赤ちゃんがベッドから起きて母親を起こして, 泣いて, 泣いて, ベッドの上でいっぱい小刻みに動いたら, 母親は子どもが邪術師であることを知るんだよ. 赤ちゃんは夜中たくさん泣いて, 日中は泣かないんだ. それで母親は子どもを調べてもらうために, ンガンガのところに連れて行く. 父親が邪術師で赤ちゃんを邪術師にさせたい場合, 母親は父親にとても腹を立てるんだ. それでその母親は父親と離婚し, 別の夫を見つけるんだよ.

　離婚のまた別の理由は, 夫が子どもをたくさん殴った場合だよ. 母親は「どうしてあんたは私の子どもたちを殴るんだ？」と言う. 母親と父親は子どもたちのことで喧嘩し, 母親は夫と離婚するんだ.

痛みと熱情の声

ブロンディーヌ──ンガンドゥ女性

　イサが去った後，2番目の夫レヴィが私と出会い，結婚を申し込んだ．彼はあまりによく話すから口の中に唾液がなくなったんだ！　私は2番目の夫レヴィを愛していた．いい結婚だったけど，月日が経って，私は夫への敬意がなくなってきたんだ．結婚の中で重要な感情は敬意なんだよ．もしあんたが夫を愛しているなら，夫への敬意を示すことだよ．結婚してしばらくした後，エンバコ［p.22参照］をたくさん飲むと，夫は私を叩くようになったんだ．あるとき，争う音を聞いて私の友達がやってきて「どうして妻を叩くの？　やめて！」と言った．結婚して数年後に，レヴィは飲んで，話して，話して，叫んで，争うようになったんだ．時々私は叫び返したけど，ほとんどは彼が眠るまでじっとしていた．レヴィもまた私を無視したけれど，最初の夫イサのようではなかった．レヴィは他の妻を探したんだ．彼は私に尋ねなかった．私は「こんなことはもうできない」と思ったんだ．もし彼が事前に尋ねていたら，もし彼が「妻よ，他の妻を探してもいいかい？」と尋ねて，私に説明していたら，私は「はい」と言っていただろうに．だけど，彼は他の女性と結婚して私をないがしろにしたんだ．私にお金も食料も与えなくなって，もう一人の妻と夜のほとんどを過ごすようになったんだ．彼は尋ねなかったから，私はあまりにも気が狂いそうだった．私は彼を叩いた．レヴィが2番目の妻を連れてきたときは，彼女のことも叩いたんだ．

　あるとき，一人の男が他の妻を探し求める．たぶん他の女が美しくて，彼は「彼女と結婚しよう」と心の中で言うんだ．もし彼が1番目の妻に「2番目の妻をもらっていいかい？　お前の仕事を手伝ってくれるよ」と言ったら，2番目の妻をもつことはいいことになる場合もある．2番

目の妻が妹のようになって，1番目の妻を尊敬するんだ．もし彼女たちがともにいい心をもっていたら，彼女たちは一緒に畑で働き，家の仕事を互いに助け合う．それはいいことだよ．しかし2番目の妻が従順でなく尊敬もしないなら，そのときは戦争になるんだ．

　たくさん叩いて喧嘩した後，私たちは和解を試みて，しばらくの間一緒に暮らした．2番目の妻が来たとき，私たちの夫が「お前たち，二人の妻よ！　争うんじゃない！」と言ったんだ．彼女がやってきたとき，私たちは一緒に働いて家族のために食べ物を準備して，一緒に食べた．だけど，それからレヴィは私を無視し始めたんだ．彼は2番目の妻とあまりにも多く寝て，私ではなく彼女の服と靴を買ったんだ．私は彼の首をつかんで「あんた！　どうして私と一緒に寝てくれないの？　今夜は私の番でしょ！」と言ったんだ．ある晩，彼が2番目の妻の寝室に入ったとき，私は彼の首をつかみ，「ちがう．彼女とじゃなくて，私と一緒に寝るのよ！」と言った．もし夫がちゃんと責任をもって二人の妻がうまくいくようにしていたら，とてもうまくいっていただろうに！　だけどそうしないで，一人と3晩，もう一人と2晩眠るなんて，うまくいかないよ！　たとえそうしていても，夫ともう一人の妻が夜にベッドでお互いに話すのを聞いたら，耳を傾け，とても怒るだろう！　私は嫉妬した．私は苦しんで，彼の怠慢のために彼と離婚したんだ．

　レヴィが去った後，生活はとても困難だった．私は二人の子どもたちと孤独だった．

ブロンディーヌのお話

　かつて二人の妻と結婚したビロという男がいた．ビロは片方の妻をもう一人の妻よりも愛していた．ある日，ビロは森に行った．いつものように食べ物を手に入れるために森に行って，ビロは自分をブタ[*1]

に変えて殺した．ブタである自分の足を切り，腕を切った．それから大きなベッドを作り，ベッドの下に火をつけた．そしてビロは自分自身をローストし始めた．それからビロは再び人になったけれど，動物はロースト用の火の上でブタの姿に留まっていた．ビロは妻たちのために家に帰り，ブタを森に残した．翌日，ビロの二人の妻はマコンゴ（makongo）の葉*2 を家の中で使うために森に探しに行った．そして妻たちはこのブタを森の中で見つけた．妻たちは「このブタは誰だろう？」と歌い始めた．

Eh Mbilo na ndje ko na kele nande eh?	ビロ，どうして私があなたを食べるの？
Eh Mbilo na ndje ko na kele nande eh?	ビロ，なぜ私はあなたを食べるの？
Eh Mbilo na eneke dibale bodja ngoya eh?	ビロ，私はあなたのブタの心臓を見た？
Eh Mbilo na ndje ko na kele nande eh?	ビロ，なぜ私があなたを食べるの？

妻の一人がブタの心臓を取って食べた．もう一人の妻はブタを食べることを拒んだ．一人の妻が心臓を食べたとき，ビロは家にいて，自分の心臓が傷つき始めたと感じ，ひどく痛がった．「ああ，俺の心臓が！」とビロは泣いた．「これはなんて痛みなんだ！」と言った．二人の妻が帰ってきたとき，ビロは「誰が森の中で私の心臓を食べたのか？」と尋ねた．二人の妻は答えるのを拒んで，「いいえ，私たちは森の中で何も見なかったわ．何を言っているの？」と言った．でも，ビロはもう一度「誰が森の中で俺の心臓を食べたのか．俺の心臓は大変な痛みで苦しんでいるんだから」と尋ねた．ビロは自分のブタを見るために森

*1［訳注］　この地域には野生のブタは生息していないので，カワイノシシ（*Potamochoerus porcus*）のことだと思われる．しかし，著者によれば，ンガンドゥはブタとイノシシを区別しないということなので，原著の表現のまま「ブタ」と訳出した．
*2　古くから伝統的住居に葺く葉．［訳注］クズウコン科の*Megaphrynium macrostachyum*と考えられる．

の中に入った．着くとブタの心臓は消えていた．「くそ！　妻の一人が
俺の心臓を食べたんだ！　誰が俺の心臓を食べたか確認するために水
の裁判官のところに連れて行く！」．ビロは家に駆け込んで，二人の妻
を連れて大きな川に向かい，1番目の妻に「川に入れ」と言った．1番
目の妻は水に入った．ビロは川のそばに立ち，妻は彼女の膝まで水に
入って，歌い始めた．「ビロ，ビロ，どうして私があなたを食べるの？
私たちが森に入ったとき私はブタの心臓を見た．どうして私があなた
を食べるの？」

　1番目の妻が歌って歌って，水は彼女の膝の高さに留まった．ビロ
は彼女が自分の心臓を食べる人間ではないことを知っていたから，出
てくるように命じた．ビロは2番目の妻に水の中に入るよう命じた．2
番目の妻が大きな川に入ったとき，水が彼女の膝まで上がって，この
妻が同じ歌を歌い始めた，「ビロ，ビロ，どうして私があなたを食べる
の？　私たちが森に入ったとき私はブタの心臓を見た．どうして私が
あなたを食べるの？」

　ビロは水が上がるのを見て，彼女に歌い続けるように命じた．そし
て「ああ，俺の心臓を食べたのはお前だったんだ！　1番目の妻は川
に入って歌い，水は動かなかったが，お前が歌うと水が上がる！　歌
い続けろ！」と言った．水はどんどんと高く上がっていき，彼女の腰
より上になり，それでもビロは歌い続けるように彼女に命じた！　水
は彼女の胸まで上がり，彼女は歌い続ける．水は彼女のあごまで，口，
鼻まで上がる．それでも彼女は歌い続ける．「ビロ，ビロ，どうして私
があなたを食べるの？　私たちが森に入ったとき私はブタの心臓を見
た．どうして私があなたを食べるの？」

　ついに水が彼女の頭を覆い，彼女は姿を消す！　ビロは1番目の妻
を連れて村に戻る．ビロが1番目の妻とだけ村に到着したとき，1番
目の妻の両親は彼にこの意味を話すんだ．「ビロ，私たちは一人の妻だ
けを迎えるようにあなたに言ったでしょう．あなたは一人の人間を愛

するための一つの心と一つのペニスをもっているのだから.だけど,あなたは私たちの言うことを聞かなった.これが,あなたの妻の一人があなたを殺してあなたの心臓を食べたいと思った理由なのよ」.

　二人の妻はときには一緒に働くことができる.夫がいて,歳を取っていくと,夫に別の人と結婚するように頼むかもしれない.もし仕事がたくさんあって,男が二人の妻をもつならば,一人が畑で働き,一人が食事の準備をして,夫を支えるんだ.時々,1番目の妻が歳を取っていて日中の仕事と夜間の仕事にうんざりしている場合,彼女は夫に別の妻を見つけるように頼むんだ.それから彼女は口論にならないように仕事をうまく振り分けるだろう.ある日,1番目の妻が畑で仕事をしたら,他の日は家で仕事をする,それから二人は日中と夜の仕事を共有するんだ.だけど大抵は,難しいことなんだ.

テレーズ——ンガンドゥ女性

　家の中で決断を下すのは男だけだよ.夫が私から隠したものはたくさんあった.女は家の中ではより小さな力しかなくて,決定を下す権力はほとんどもっていないんだ.女は男以上の決断を下すことはできないよ.だけど,男が去って女が留まるときは,女は権力を得ることができる.男が家に帰ると,彼女はこの力を失うんだ.それは私にはいいことではなかった.私は強かったけど,夫が生きていたときには力がなかったんだ.だけど子どもたちのために,私は夫から離れることは決してしなかった.

　夫が死んだときは私にとって非常に辛い時期だった.夫の死後,結婚は終わりと決めたから,私は二度と結婚しなかったよ.一人で子どもたちみんなと暮らしていた.私たちは一緒に働いて,それでただ暮らしたんだ.私は家で権力をもった.同居していた子どもたちみんなの決定を下して,子どもたちが話を聞かず私の権威に敬意を払わない

場合は，子どもたちを叱った．男のようになったんだ．子どもたちが聞く耳をもたないなら，「お前たちの父さんは死んでしまったんだ．だけど今は，私がお前たちの母と父のようなものなんだ．お前たちは私が言わなければならないことに耳を傾けない．お前たちは誰の言うことを聞くのか？　お前たちは今，誰に耳を傾けるのか？」と言ったものだ．

　私の娘オーガスティーヌが結婚したときも，家の中で力をもっていなくて，夫のモルムールだけが力をもっていた．これがここの女のやり方なんだ．結婚後しばらくして，オーガスティーヌは病気になって死んだ．私は娘を失って，娘は私にとって妹のようなものでもあったから，このことが最も辛いことだったんだ．娘は赤ちゃんと他の子どもたちがいる大人の女だった．本当に悲しかった．オーガスティーヌの子どもたちの世話を手伝って，私たちはみんな一緒に私の家に住んでいたんだ．娘が死んで，娘の夫も間もなくして死んだ．娘の子どもたちには母親も父親もいなくて，私と一緒に住むようになり，私が子どもたちを守ったんだ．オーガスティーヌはこれらすべての子どもたちを残し，私には他に4人いたから，全部で8人の子どもたちが私と一緒に住んだんだ．それは大変な責任だったよ．私は子どもたちのために畑を育て，キャッサバやバナナ，トウモロコシ，それから多くのものを与えた．キャッサバを売って服や薬のお金を稼いだ．健康のために，病気になったときには診療所に連れて行った．私は子どもたちをとても愛していたんだ．子どもたちに歌を歌い，みんなで踊ったものだよ．少しだけエンバコを飲んで，しばらくの間幸せを感じて，子どもたちみんなは私が踊っているのを見て笑ったんだ！

　母と父を亡くしたから，子どもたちも大変だったんだ．隣人の死を耳にしてその葬式に行ったりすると，子どもたちは自分たちの喪失を，失った両親を思い出した．子どもたちは泣いて，私は「もしお前たちが泣き続けるなら，お前たちの母と父の霊魂がお前たちを連れ去りに

来てしまう」と言ったものだった．子どもたちはこれを怖がって，亡くした両親のために泣くのを止めたんだ．

　ここではあまりにも多くの死がある．娘の死は，私が祖母を亡くしてからほどなくだった．私はとても辛かった！　私は女で，子どもがいた．夫と一緒に畑で働いていた．　祖母は私の子どもたちをとてもよく世話してくれていた．今はもう，彼女はいないんだ．私が若かったころ，祖母は私を見守ってくれていた．私たちはともに人生を歩んできた．祖母はとても歳を取っていたから亡くなった．私は祖母と娘エリーズとオーガスティーヌを失ったんだ．とても辛かったよ．

ナリ──アカ女性

　私の結婚生活では，しばらくして，ココテが別の結婚相手を探したの．私はココテがそうしていたことを知らなかったけれど，しばらくして，キャンプの人たちが私に話しかけてこう言ったの．「お前の夫が別のキャンプの妻と結婚しようとしているようだよ．そこに着いたらわかるよ．お前がヤマノイモや食料を見つけているとき，彼は他の女と遊んでいるんだよ」と．彼が帰ってきたときに，私は彼に「どこにいたの？」と尋ねた．彼は「仕事に行っていたんだ」と言った．私が次に仕事に出かけたとき，ココテは他の女のところに遊びに出かけたわ．それで私は彼の後をゆっくりと，ゆっくりとつけていき，彼はその女のキャンプに着いたわ．ココテは彼女の家に入って，私はそれを見たの！　この女サキと夫が一緒にいて，私も彼女の家に入ったわ．私はその女を連れて行き，彼女を叩き始めたの．彼女の家を壊しても，誰も彼女を助けなかったわ．みんなが「お前は彼女の夫を盗んだ」と言ったわ．ああ！　私はとても怒っていたわ！　彼女を叩いたわ！　ココテはこの戦いを見て，私たちのキャンプに逃げ帰ったの．私は枝を取り，それからすべての力を込めて彼を叩いたわ．私が彼を叩いた後，彼は

泣いたの！　もう一人の女との２回目の結婚は終わったわ．サキは自分のキャンプを去り，私は二度と彼女に会わなかった．数日後，みんなまた元気になったわ．ココテは他の女を見つけるのはよくないことだとわかっているの．

コンガ——アカ女性

　私たちの結婚生活でひどかったのは，娘セモリが死んだときだった．セモリはちょうど歩き始めたばかりで，胸の病気になった．私たちは何度も何度も伝統薬を試したけど，彼女は死んでしまった．娘セモリのこの死がどんなに私たちを苦しめたか！　私にはセモリより年上の子どもたちがいたけれど，彼女の死後に別の子どもを授かることはなかった．それはひどく難しかった．「子どもが欲しいと強く思うことは，これで終わったのかもしれない．たぶん，私はもう歳を取りすぎている」と思ったよ．

　私が若かったころ，モポコは私をとても愛していた！　私が料理の準備をして，彼に大きな部分をあげると，彼がこれを食べてね，私に愛を叫んだ．若い時の結婚生活は，私たちただ二人だけで，何も問題はなかったんだ．それだけのことだった．私たちが歳を取っても，モポコは私を愛し続けた．彼はよく私に「お前を本当に愛している (*Ame mo linga ofe mingui*)」と言ったんだ．今はもうその愛が終わっただけ．モポコが死んだから．愛は彼とともにあるんだよ．

課題に立ち向かう——嫉妬，怒り，離婚

　アカとンガンドゥ女性の性役割，彼女たちの活動，信念，振る舞い，アカの母親や妻であることとンガンドゥの母親や妻であることが意味することについての考えは，文化，例えば出自の規則，結婚後の

居住形態，地域経済，政治形態に影響される(13)．アカの社会組織は，結婚，家族，拡大家族における平等的な関係を基盤に成立している．個人は他者に対して権力をもたず，大人のすべてもしくはほとんどの意見が集団で検討され，重要な決定が大きな集団でなされる．男女両方がかなりの自由と政治力をもっている．アカのキャンプは小さく，平等的で，小規模自給農業が増加してはいるが，狩猟採集の存在様式に基づいている．定住化した農耕民であるンガンドゥは，より密集した階層化が進んだ人口と，さらなる技術*3，交易ネットワークや土地や物の所有をともなったインフォーマル経済をもっている．政治的権威と権力は，人々を序列化する階層制として組織化されている．個人，とくに女性では，私的な自由がより少ない．女性は男性に比べて，政治，集団，世帯の範囲内でより小さな力しかふるえない．どちらの集団でも，共有される信念や価値観によって特徴付けられる社会的・政治的組織は，政治的出来事における権力や日常生活における権力，世帯の平等，性役割，そして夫婦関係という観点から，何が正しく，何が正しくないのかを裁可する(14)．

ンガンドゥの父系であり父方居住の家父長制度は，ジェンダー化された社会階層化という一般的形態を導く．出自の父系規則は，男性，その子ども，その息子の子ども，そしてその兄弟の子どもが同じ出自集団のメンバーであることを意味する．この出自集団は一般的にお互いに近接して暮らし，共同所有する財産をもち，経済的に互いに助け合う．所有，政治的同盟，有形財産は，このような男系出自に沿って相続される(15)．男性と女性はその集団外，つまり父系リネージの外で結婚しなければならず（外婚），女性が産むどの子どもも夫と夫のリネージに属する．父方居住制は男性優位の社会的繋がりを強化するので，男性間の同盟はより顕著になり，ひとた

*3［訳注］　ここでは，ある社会がもつ物質文化に関する実用的な知識の総体．

び結婚したら，女性はしばしば男性以上に孤独になり，もはや彼女たち自身を支える家族中心の社会的ネットワークからの保護を見出せないことになる[16]．このことが，女性に対する家庭内暴力の頻度を増加させる．

ンガンドゥは幼児のときから，男女の仕事や，男性の役割と女性の場所の間には違いがあることを教えられる．母親は娘に，回復力[レジリエンス]［p.19を参照］と強くあること，家族のための女性の仕事と畑でのきつい労働に誇りと満足を見つけるように教える．父親と子どもたちとの関係は，しつけ，慣習の厳守，尊敬，そして父親が家族に与える権威によって特徴付けられる．

権力は一般的に統制されており，父系の親族システムに内在化されているが，ンガンドゥ女性には社会的自律性と行為主体性[エージェンシー]がある．部分的には，これは彼女たちが一家の稼ぎ手であること，そして彼女たちが地域の市場経済へのアクセスと参加を増やしていることからもたらされている．彼女たちは畑から商品を作り，販売し，交換して，自分たちの現金収入を得る．それを夫と共有するかもしれないし，テレーズのように共有しないかもしれない．主たる耕作者として，彼女たちは地域経済と世帯収入に関与し，十分に貢献している．したがって，女性の仕事は男性の仕事よりも価値が低いとは見なされてはいないが，男性の仕事の方がより強い力や知性を必要とすると認識されている．ンガンドゥ女性は，母親や妻としての役割に価値や社会的アイデンティティ，満足感，美しさを見出している．「女の美しさは女がする仕事に表れる．美しさは，女が家族のためにどのように働くかということなんだ」と語られるように．テレーズが私に「私は女だ．人生を知っていて，これはいいことなんだ．私は強いんだ」と言ったように．

アカには，狩猟採集社会における女性の役割と地位に影響を与える，マルチローカリティ［p.81を参照］という婚姻後の居住形態と，

父系か母系かのどちらかといった単系ではない，双系の親子関係に基づいた出自形態がある[17]．女性は拡大家族から孤立せず，望むときに自分たちの生まれたキャンプで生活するために戻る．男性と女性は等しく世帯に貢献する．女性の貢献は男性の貢献と同じくらい価値があるものと見なされている．アカは流動的な性役割をもち，男女ともに狩猟と採集を行い，母親も父親も子どもの世話をする．男性と女性は資源へのアクセスが比較的等しく，キャンプや世帯の意思決定において，発言も同等である．ンガンドゥ女性と同様に，アカの女性たちも集団のメンバー，母親，妻としての役割に価値を見出している．「私は夫と赤ちゃんがいる女だった．私は幸せだった」．出自の規則，婚姻後の居住地，狩猟採集経済，政治形態のこのような形態は，平等主義の文化モデルに関連している．

　平等主義の特性とは何か．多くの人類学の教科書の定義によると，平等主義とは，権力，名声，基本的資源へのアクセスが平等，もしくはほぼ平等でなされなければならない[18]．両集団とも，この古典的な定義によれば，比較的平等主義的な社会である．性別，年齢，および一時的な特性に基づいて，すべての人が基本的資源にアクセスできる．政治的権力と権威はおもにンガンドゥ男性の手に委ねられているが，ンガンドゥ女性は世帯，集団，社会的，経済的，政治的関係に影響を及ぼすことを試みることができ，またそれを試みる．生産様式と基盤スキーマから生じる平等性は複雑である．より客観的な男女不平等と平等の指標は，健康と栄養の測定によって見つけることができる．例えば，アカは民族誌的記録において最も平等主義的な社会の一つであると言われているが，アカの男性はより高いヘモグロビン濃度[*4]，そして虫歯と喪失歯の少ない，より健康な歯をもっている．このことは男性がよりタンパク質に富んだ食事をしているためだと考えられる．すなわち，男性が狩猟の際により多くのタンパク質を摂取し，女性が炭水化物の多い食事をとっているこ

とを意味している．ちなみに，女性の虫歯および歯の喪失の有病率は，母乳育児の栄養要求によって説明されるかもしれない[19]．

平等主義的なジェンダー関係の特性を理解するためには，夫婦関係の特性を理解することが重要である．アカの夫婦は一日を通して一緒にいることが多く，非常によくお互いを知っていて，定期的に多くの活動で協力している．その一方で，ンガンドゥの夫婦は一日のうちで一緒にいることはあまりなく，共同活動にあまり参加せず，お互いのことをあまりよく知らない傾向がある．アカの間での性役割と務めは柔軟で，それぞれの機能は似ている．性別ごとの務めは共有され，性役割は流動的である．ンガンドゥの性役割と務めは主として固定されていて，まれにしか共有されることはなく，あまり融通がきかない傾向がある．この議論が続くにつれて，アカの平等主義がはっきりしているのに対して，アカとンガンドゥの男女関係と性役割は，両者ともにそして他の文化とも十分に通文化的な共通点をもっていることがわかる．

夫婦関係についてのアカとンガンドゥと行った予備的な話し合いでは，何人かの人々が自分の配偶者を平手で叩くか殴ると述べた．家庭内暴力はアカの間では珍しいことだったが，ンガンドゥの配偶者による暴力は頻繁にみられた．この本のために行った研究でははじめに，女性のグループが私のところへやってきて話をするように求めた．一人のンガンドゥ女性は夫との口論の後に腫れた目と抜けた歯で現れた．三人のンガンドゥ女性もやってきて，「粗暴なセックス」について話したがった．しかし，私はまた，ンガンドゥの夫婦がお互いに大きな愛と敬意をもっていることも目にしている．私

＊4［訳注］　血液中のヘモグロビン含有量のこと．ヘモグロビンは血液中の赤血球に含まれ体内に酸素を運ぶ役割を担っている．肉には身体に吸収されやすいヘム鉄が豊富に含まれるので，摂取するとヘモグロビン濃度に反映すると考えられる．吉野芳夫・久安早苗 1987「鉄に関する最近の研究と知見」『栄養学雑誌』45(4): 155-164.

たちの友人である 58 歳くらいのンガンドゥ男性は，私たちがナンベレに到着する 1 か月前に妻を亡くした．その村に私たちがいた間は毎晩，彼が隣の部屋で静かにすすり泣くのが聞こえた．「私は彼女をとても愛していた．ここで彼女と一緒にいたくてさびしいんだ．彼女なしの人生は耐えられない」と彼は言った．

　アカは配偶者をまれにしか叩かないが，それが起こるときは女性の方から叩くことで戦いの口火が切られがちだった[20]．あるアカ女性が「彼が何日間他の妻と過ごしているのか忘れたときに彼を叩いた」と説明したように，二人のアカ男性は怒った妻との経験を次のように詳しく述べた．「俺の妻はとても勇敢なんだ．妻は俺を叩くけど，俺は妻を叩かない．俺が森の中を歩き他のキャンプを訪ねたから妻は俺を叩いた．他の女を見つけたと思ったんだ」．またもう一方の男性が，「俺は，妻が別の男を見つけたから妻を殴った．そこで妻は丸太を取って俺を殴り返したんだ．俺たちは離婚したよ」と報告したように，アカの夫や妻が配偶者を殴る理由は似ていた．すなわち，夫や妻があまりにも長くタンブラ（tambula），つまり歩き回って，あまりにも長く離れていることは，別の相手を探し見つけようとしているのではないかと疑われるのである．アカ女性には，夫がただ単に 2 番目の妻をもつという考えを提案しただけで，夫を殴ると述べた者たちがいた．ある年長のアカ男性は，配偶者の暴力に関する経験を次のように要約した．「俺が妻を殴ったのは，嫉妬していたからで，妻の愛を失うことを恐れたからだ．妻も俺があまりにも長く歩き回っているときには殴ったよ」．相手を失うことへの恐怖に対して殴るという考えは，アカの間では共通のテーマである．しかしながら，ある男は次のように説明した．1 番目の妻が赤ちゃんを産んだときに，別の妻を家に連れてきた．1 番目の妻が最初は嫉妬したけど，二人の妻は一緒に働き，大丈夫だった．他の女性は実際に，夫が仕事の手伝いのために別の妻を見つけることを自

ら提案した．その女性は，夫が自分と子どもたちを決して見捨てたりしないことを知っていたから，嫉妬はしていなかったと言った．

　一部の結婚では，一夫多妻婚はうまく機能するようだ．夫や妻が別の人を探すこと，または不貞に対する反応は，個人によって異なる．しかし，ほとんどの人は嫉妬し，かなりの数の人がとても攻撃的であった．これから定住化という現代の傾向，農耕化と地域市場経済への参入といった生業形態の変化が，夫婦関係を変えるに至るのかどうかはまだわからない．

　対照的に，ンガンドゥ女性は，嫉妬や棄てられることへの恐れから夫に向かって自分から暴力をふるう可能性は低かった．ある人々にとっては，家庭内暴力は普通で，年に数回起こり，一般的に男性によって引き起こされる．もし夫が妻を殴り始めても，めったに妻が夫を殴り返すことはない．ンガンドゥ男性が殴る最も一般的な理由は，妻が自分を尊敬しない，もしくは夫の要求に従わないことであった．妻たちが夫の服を洗わなかった，夫が頼んだときに食べ物を出さなかったということである．彼らが述べた暴力の理由は，妻の不服従や尊敬の欠如と必ず関係していた．男性の中には「妻が俺の要求に従わないときにだけ殴る」と報告した者もいる．

　暴力の理由として挙げられるもう一つの一般的な理由は，セックスの拒否である．実際に，ある特定の集団のンガンドゥ女性は，自分たちが「粗暴なセックス」と呼ぶもののために，時々夫を恐れるということを共有していた．一人の女性が私に言った．

夫が遠くから帰宅したときは恐い．夫は性器に触れないままでいきなりセックスを望んでくるから，私の中はいつも乾いているの．私は触れられること，つまり前戯が大好きで，それから欲望をもつようになるの．けれど，夫は私にわずかに触れただけで，いつもとても早く挿入してくる．それで，夫はただ興奮して，それからどんどん進め，力

づくで，粗暴なセックスをするの．その後，いつも私は泣くわ．それに後になって痛みや出血があるの．セックスを拒否したらいつも夫は私を殴って，また夫がお金や服，タバコ，もしくは食べ物を求めて，私がそれをあげなかったら，いつも殴るの．

　黒い瞳をした一人の若い女性は私に言った．「彼はいつもセックスを望み，私に強制するの．それは粗暴なセックスで，その後，私は傷つき，出血する．心がとても傷ついて私は泣くの．私が拒めば，彼は何度も殴る．ここの女にとって生活はとても大変で，日中は厳しい労働を，夜には夫との粗暴なセックスをして，私たちは泣き，出血しているの」．

　あるンガンドゥ男性は，子育てが手抜きにみえたことに腹を立てたと説明した．「妻は家の中で火にかけた鍋に油を入れたままにして外に出た．娘が鍋に近づいて，手を火傷したんだ．俺はその子をちゃんと見守ることを怠った妻を怒り，叩いた」という．ンガンドゥ男性の数人が，共妻[*5]に自分より多くのお金や服などの物を与えたときや，他の女性と一緒にいるを見かけたときに，時々妻が彼らを殴ると暴露した．ある事例では，その新しい関係が確実に終わるように，妻は3日から4日間，夫に食べ物を出すのをやめた．ンガンドゥ女性は，夫たちが，妻が他の男性と関係をもとうとしていると考えたり，もしくは夫に人前で敬意を示さなかったときにもまた妻を殴ると話した．例えば，ある女性は夫の許可なしに教会で他の男と話をして殴られた．

　アカの結婚では，一夫多妻婚が妻によって前向きに捉えられた例もいくつかあった．ある女性は，夫との32年間の結婚生活がどのようなものであったのかを説明した．夫が別の妻を家に連れて帰っ

*5［訳注］　一夫多妻婚におけるもう一人の妻．

てきたときについて，「ここではこんなやり方なの．自分が病気で
たくさんの子どもがいるのなら，2番目の妻が助けになるわ．私た
ち二人に嫉妬はない……だけど，最初に夫は私の了解を得なければ
ならなかった．私が拒否したら，彼は2番目の妻をもたなかっただ
ろう」と語った．私が話をした他のンガンドゥ女性たちもまた，私
に「10人の赤ちゃんのうち9人が死亡するような，とても多くの
誕生と死の後セックスを望まなくなって，彼がある日他の妻を連れ
てきたとき，もう嫉妬しなかったわ．私たちは友達なのよ」と言った．
さらに，別のンガンドゥ女性は次のように言った．「私たちが結婚
して1年が経って，2番目の妻がやってきた．私はすぐには赤ちゃ
んに恵まれなかったから，夫は彼に赤ちゃんを産んでくれる別の人
と結婚したわ．今，夫は四人の妻と一緒にいて，私は嫉妬を感じない．
他の妻たちは私とは友達だけど，彼女たち同士では互いに戦ってい
るの．彼女たちは夫の愛を分かち合うことに嫉妬しているの．彼女
たちは若いからね．私は1番目の妻で，嫉妬はしないわ」[21]．一夫
多妻婚では，先に結婚していた妻がずっと年上で閉経後の場合，2
番目以降の妻が同じ家族の出身者である場合，先に結婚していた妻
に子どもがいない場合，2番目の妻が産後の禁忌期間中［p.202 を
参照］に連れてこられた場合，または最初の妻が元気でない場合で
はうまくいくようである．そしてまた，夫が事前に妻の許可を求め
ることも良好な関係に一役買うようである．

　家庭内暴力の話は珍しいことではないが，他の女性たちは私に，
彼女たちが夫に感じる愛や，夫から受けた愛，そして結婚で経験し
た幸福，そしてときには一夫多妻婚への満足について話した．アカ
もンガンドゥも，互いの敬意と愛の上に構築された関係をもってい
る．愛と思いやりは普遍的で，私たちの進化した心理の一部である
が，親密な関係の中でどのように経験されるかは文化によって非常
に大きく異なる．アカとンガンドゥの両者とも，愛を夫婦関係の重

要な要素として認識している.

　愛着，愛，欲求の形態と同様に，アカとンガンドゥの暴力の形態を理解する一つの方法は，ヒトの生物学と文化の間の相互作用に着目することである．アカとンガンドゥの男女間の暴力と両者の攻撃についての説明は，性的な嫉妬に対する進化した傾向に基づいている．嫉妬は進化によって生まれた傾向である．人類史の初期に嫉妬を示さなかった男性の性的パートナーは，あまりに長くうろつき[*6]，他の男性によって妊娠させられ，誰か他人の遺伝子を将来の世代に繋げることになった[(22)]．一方，離れていく配偶者に反応しなかった女性たちは，父親の助けなしで子孫を育てるよう取り残された[(23)]．進化心理学は，男女間で競合し，矛盾する性的戦略のパラドックスに焦点を当てている．すなわち，男性は豊富な遺伝子を利用しようとし，女性は高い継続的な投資を提供することができる最も良い遺伝子をもつ男性を探し求めるのである[(24)]．

　嫉妬は男女の異なる生殖的利益がもたらす脅威と対立への応答である[(25)]．暴力は，愛する人とその人が提供する資源の喪失または喪失の恐れへの応答であり，配偶者を維持するための戦略である．暴力は，男女が裏切られ，怒り，傷つけられ，嫉妬していると感じたために起こる．しかし，文化の影響も同様に重要である．このことは，ンガンドゥ男性および女性による暴力の説明で明らかである．つまり，幼児期から，男性家長に対して示される尊敬の欠如および不服従は厳格に制裁されている．ンガンドゥの子どもたちが服従しなければ，両親や年上の兄弟姉妹に叩かれる可能性がある．夫に従わないかまたは尊敬しない妻にも同じことが言える．アカでは，文化の平等主義的な性質が，男女両方の互いに対する攻撃性に影響を及ぼし，実際，女性は男性よりも相手を殴る傾向が高かった．

*6［訳注］　性的関係を結ぶ相手を探して歩くという意味.

アカとンガンドゥの結婚歴について尋ねると，離婚が結婚生活の共通した特徴である．両者の間で離婚の最も一般的な原因は，配偶者が他の誰かと寝ているか，別の相手を探しているのを見つけたことであったが，これはアカの間ではより頻繁に聞かれた理由であった．2組のアカの夫婦は，「私は，最初の妻が他の男と寝たから離婚した．彼女をとても愛していたから，私はとても傷ついた」と話した．別のアカ女性は，「夫は別の妻を見つけて，私は怒ってありえないと言ったの．もう，私たちは終わった．私は彼を拒み，私たちは離婚したわ」と説明した(26)．

　ンガンドゥの男性は，妻が夫を尊敬しなかったという理由で妻と離婚する傾向が強かった．ンガンドゥの女性たちは，子どもをまったくもてなかったという理由で夫が去ったと述べた．あるアカの男性は，一晩に5回セックスをしていたにもかかわらず妊娠しなかったため，妻のうち二人が彼のもとを去ったと述べた．離婚の理由と男女のどちらが離婚を主導したのかは，かなり多様であった．

　二つの集団のおもな違いは，どちらの配偶者がその結婚に見きりをつけたかということであった．ほとんどのアカの男性は妻が彼らのもとを去ると言い，そしてアカの女性は同意して，彼女たちが結婚に見きりをつけると言った．対照的に，より多くのンガンドゥ男性は自分が妻のもとを去ったと言い，ンガンドゥ女性はこれに同意した．再び，生物文化モデルがこの異文化間の相違を解釈するのに役立つ．両者の最も一般的な原因である不貞は，進化した心理と一致している．もし，妻が他の男性と寝ている場合，男性は生物学的父親であることの確実性，つまり自分が投資している子どもたちが生物学的に自分の子であると知っていることについての確からしさを失うリスクがある．一方，女性は夫が不倫している場合，資源へのアクセスの喪失または保護を失うリスクがある．ンガンドゥの階層的ジェンダーとアカの平等主義の形態は，離婚の形態にも影響

する．ンガンドゥの男性は離婚の原因として尊敬の欠如を引き合い
に出すようになり，一般的にンガンドゥの男性が妻のもとを去る．
アカの間では，離婚の理由はさまざまで，男性が離婚に主導権を取
るような傾向はない．愛，愛着，不貞をしばしば引き起こす裏切ら
れたという感情は，私たちの進化した心理の一部であり，私たち人
類の経験の一部でもある[27]．

　文化的信念や実践は，とても深くアカとンガンドゥの男女関係，
性役割，平等と不平等に内在化されており，地域経済と政治形態に
内在化されて，今までのところもちこたえている．しかしながら，
グローバリゼーションの強力な力が世界中で生活様式を変化させて
いるように，定住化と農耕がアカの間で続く傾向があるならば，ま
たンガンドゥがより深くグローバルな市場経済の中に固定されるよ
うになるならば，このような基本的な文化の形態は崩壊するだろう．

フィールドノートから

2003年冬

　どしゃぶり，空から流れる川のようだ．私は，家の中のここに座っ
て書いている．椅子の上，私の方の隣で遊んでいるカマキリがいる．
猫のようだ．自分のヒゲと触覚を小さな虫の腕で洗いながら，私が動
くとすぐに私を見て頭を回す．見飽きない．この虫が私に向かって悪
い動きをしたら，ぐしゅっと潰すかもしれない．だが，彼が行儀よく
ふるまう限り，私たちは友人でいることができる．私は孤独で退屈に
違いない……だが，どうしたら孤独でいられるのだろうか．私は絶え
ず人々に囲まれていて，人々は絶えず物を要求している．そして，私
はそれを誤解した．ンガンドゥは，物質的な品物の交換を通して維持

し強化される関係をとても重要なものに位置付けている．もし私がここで家をもち，集団の一員になろうとするなら，私は与えなければならない．ンガンドゥの貪欲さや私の利己心というより，まさに物質的交換を通して関係を築き維持しようとしているのだ．しかしそうだとしても，絶え間ない要求にはうんざりするものだ．たとえ表面上であっても誰かれかまわず相手から何かを要求されることなく，家を出て歩きたいだけだ．まあともかく，私は正式にその遊んでいるカマキリにパスティス［p.22 を参照］という名前をつけた．私は彼が座っている場所の近くに，本物のパスティスを一滴置いた．私は，B とバンギで手に入れた小さなボトルをもっている，パスティスは酔っぱらうだろう．歩くときにふらふらになるだろう．今日，パスティスはしばらくして消えた．それから私はパスティスが道でよろめき倒れるのを見ていた．パスティスがついに家にある彼の椅子まで戻るまでは長い道のりだった．私の隣で椅子に座っているときに，パスティスは前後に揺れている．私は虫をアルコール中毒にしたのだと思う．

　私は数週間パスティスをペットとして遊んで，その後パスティスは卵を産んで，去っていった．

2004年秋

　今日，A と B と少年と一緒に畑で働いて，疲れた!!　昨日はナッツを割って過ごした．私たちは畑に着くために果てしなく歩いた．とても暑くて，暑苦しい行軍だった．私たちが川で服を洗っている途中で，A が自分の足を見下ろしたまま，川にヒルがいると言ったから，もちろん私も足を見下ろした．たくさんいた．私たちが働き始める前に，A は祈って，それから彼女が働いている間，日陰で遊ばせるために赤ちゃんを座らせた．私たちはたくさんのキャッサバをすっかり植えて，収

穫の準備が整ったとき，私が植えたものすべては「私のもの」になる
とＡは言った．彼女の畑のその部分はもう私のものだった．それが彼
女の優しさだ．キャッサバの根が入ったタライ，とても小さかったが，
これを頭に載せて運んだから，首で嫌な音がして，今は疲れて首が痛
い．ここの女性たちは毎日これをどんなふうにやっているのだろうか？

　赤ちゃんと一緒に，病気と闘いながら，厳しい要求の多い夫もいて？
Ｅに聞くと，彼は「まあこんな感じだよ．アメリカから来た人がこの
食物，つまりキャッサバを食べると，慣れていないから胃に問題，つ
まりガスが生じる．女の仕事も同じ．その仕事に慣れないから疲れる
んだ」と言った．興味深い言い換えだ．

2007年秋

　今日私は夕食用のトリ肉の代金を払い，代わりに昼食用の卵をもらっ
た……今日はこれでおしまい．毎朝コーヒーレディのところへ行って
いる．彼女は火の上で沸かした巨大な鍋からコーヒーを差し出し，そ
して彼女の隣にはもう一つの大きな油の鍋があって，彼女はそこに生
地の玉を落として揚げパンを作る．私はヤギの糞コーヒーをカップに
入れて楽しむ．コーヒー豆は乾燥させるために，地面の上のセメント
の厚板やプラスチックの防水シートに置かれている．ヤギがその上に
糞をして，乾燥したコーヒー豆が乾いたヤギの糞のように見えるから，
そういう名前をつけたのである．でも美味しい．そこでは，50セン
トで二つの揚げパンを手に入れることができる．悪くない．コーヒー
ショップのベンチに座ると，彼女は，おしゃべりしたり，コーヒーを
かき混ぜたり，熱い油の鍋に生地を少し落としたりしながら，火のそ
ばの真ん中に座っている．誰か新しい人がコーヒーを飲みにくると，
彼女は汚れたカップを取って，汚れた水の中にすーっとカップを入れ
て，それにコーヒーを張って，スプーン4，5杯の砂糖を加える．はい

どうぞ．ヤギの糞コーヒーだ．

今日，二つの奇妙なものを見た．一つはヘビのような巨大ミミズで，かなり濃い緑色をしていて，12インチくらい[*7]の長さ，頭はとんがってはいない．Aが言うには，噛まないが，もし触ったら電気ショックを受けて，とても悪い病気になってしまう．さらに彼が言うには，不運ももたらす．そして，もう一つ最高に奇妙な奴がいた．ナメクジのように透き通ってぼんやりとした形のゼリー状のもので，一つの身体だけだが，すごくたくさんの，虫のように周囲を動く付属器官からできている．それぞれの付属器官は端のほうに一つの黒い目か斑点をもっていて，それが一つの身体のように動くけれど，ぴくぴくと動くすべてのもとと一緒にじりじりと前に進む，とても異様だ……

今日，なんと私の足の上をヘビが這っていた．フリップフロップ[*8]を履いてそこに座ってJと話していた．そのとき，私の足の上に絹のような柔らかい感じがした．本能的に蹴り上げて，とても長～いヘビが空を飛んでいった．Aがすぐにその投げられたものを殺して，私のところに走って戻ってきて，噛まれたかどうかを尋ねた．私は「いいえ，そうは思わないわ」と答えた．一群の人々がやってきて，私の足に牙の跡がないか調べた．「やれやれ」と彼は言って，「ああよかった．強い毒のあるヘビだったから，もし噛まれていたら，死んでいただろう」と続けた．噛まれたら死ぬなんて，私は驚いたサルみたいに仰天した．周りのすべての女性が私を抱きしめながら手を取り合って「メルシー，メルシー，メルシー」つまり，よかった，よかった，よかったと言った．それから，少年がやってきて，私の隣に座って，ヘビを見張り続けてくれた．私の小さな保護者．本当にありがとう．メルシー．

*7［訳注］　約30cm．1インチは2.54cm．
*8［訳注］　かかとのないサンダル．

考察のための問い

1. パートナーを失うことへの恐れの反応として殴るという考えは，アカの間で共通のテーマであった．対照的に，ンガンドゥ女性は，嫉妬や棄てられることの恐れから配偶者に暴力をふるう可能性は低かった．このことが，彼女たちの特定の基盤スキーマ［p.152を参照］の反映でありうることについてどのように考えるか．私たちの「進化の産物としての心」［p.240を参照］は私たちの感情や行動にどの程度影響を与えているか．平等主義社会の間で何らかの形態の暴力が起こることは驚くべきことだろうか．

2. 離婚は，アカとンガンドゥにとって結婚生活の共通点である．両者の離婚の原因は，アメリカ，フランス，イギリス，または日本の離婚の原因とどう違うだろうか．

3. 両集団の女性たちは一夫多妻婚の難しさについて語ったが，少数の女性は夫が２番目の妻を家に連れて帰ったなら，それが自分たちにとってどれほど有益であるかについても述べた．一夫多妻婚の潜在的な諸利点として，どんなことが考えられるか．なぜ一夫多妻婚はある女性たちには都合がよく，他の女性たちには受け入れがたいのだろうか．

4. 異なる生業形態は，社会の中での平等主義の出現にどのように影響するだろうか．なぜ，狩猟採集社会と農耕社会において，男女が経験する個人的および政治的自由のレベルは異なるのだろうか．

女としての呼び名

　30代になったころから，村の中で，私を「ママ」や「マダム」と呼ぶ人が出てきた．これまでずっと娘のように私を名前で呼んでくれていたのに，何より私は結婚もしていないのに．私は少なからず村人のこうした変化に戸惑っていた．

　大学院に入ったばかりの私がカメルーンを訪れたのは2006年だった．せっかくならば奥地の熱帯雨林で調査したいと，首都から600km離れた村に入ることにした．そこには，ピグミー系狩猟採集民の一集団であるバカと呼ばれる人々と，複数の農耕民が住んでいた．

　私はその村の中で4人の身体障害者と出会い，のべ2年半近く一緒に生活してきた．彼／彼女たちは私の頼りになる友人であり，先生でもあった．その中でも同世代の農耕民女性モニークにはここで暮らすための女性の営みを教えてもらった．

　モニークは幼少期にポリオに罹り下半身のマヒを抱えていたが，よく働く女性だった．毎朝，家の裏手にある井戸から，頭に20リットルバケツを載せ，四つん這いで水を運ぶ．一方私は子どもサイズのバケツも上手く運べず，台所に着くころにはたくさんの水がこぼれていた．何をしても足を引っ張る私に，彼女は「ゆっくりで大丈夫」となかば呆れ気味に優しく接してくれた．私にとって姉のような存在だった．彼女は，腰痛を患っている高齢の母と，結婚したばかりの弟夫婦，それに幼い甥と養子にもらった娘と暮らしていた．彼女は家族の中でも長女として頼りにされていた．世話好きのモニークはいつも子どもたちに取り囲まれ，彼女の話題が村で挙がるときは決まって「逞しい村の母」と賞賛されていた．ただしモニークもまた私と同じ未婚女性であった．

　ここで私の経験に戻り，周囲から「母」と称されることの意味を考えてみたい．村に入った当初，20代半ばの私は村の娘として接してもらっていたが，しばらく経つと「結婚は？」と心配する人が現れ，30歳を過ぎたころから「子どもを作らないのか？」と幾度となく質問されるようになった．しまいには「結婚しなくても子どもは作れる」と真剣に諭されるようになった．私とそうした話題をすることに気が引けるようになったのか，その後しばらくの間，村人が結婚や子どもに触れることがなくなった．すると突然，これまで名前で

呼んでいた村人の何人かが，結婚もしていない私を「ママ」や「マダム」と呼ぶようになっていた．

　同世代の未婚のモニークと私が村人から「母」と称されるようになったのには，共通する社会的側面があるように思えてならない．ある一定の年齢に達した「母」ではない女の存在は，地域社会の中での一種の緊張を生んでいると私は実感している．

　モニークには昔，遠い西部の町から木材伐採会社に出稼ぎに来ていた恋人がいた．彼との間に娘をもうけたが産まれてすぐ亡くなってしまった．恋人は村に来なくなり，現在は弟の娘を自分の娘として育てている．

　村の女性の多くは，15歳を過ぎると結婚し，子どもを産む．モニークのような未婚女性は少数であった．私が成人の身体障害者を対象にした広域調査では，男性は7割近くが既婚者であったのに対して，女性は6割以上が出産経験があるにもかかわらず，既婚者が4割に満たなかった．アフリカ農村では女性が生計を支えていると言われてきたように，この地域でも女性が担う生業や養育などの活動は男性に比べて多い．そのため，結婚相手に求められる資質も男性に比べて女性の方が厳しいという状況があるのだろう．

　障害をもつ女性が村の中で婚姻関係を結ぶことが困難な社会状況下で，人々が彼女たちを「母」と称することは，地域社会の一員としてともに生活していこうとすることの表れのように思える．そして結婚しない異邦の研究者である私もまた，「ママ」や「マダム」と呼ばれることで，村にもう一度受け入れてもらったのかもしれない．「尊敬」を込めた呼び名には，マイノリティの立場にある女性をも包摂する農耕民の共在のあり方を感じる．

（戸田美佳子）

娘と収穫に行くモニーク（二〇〇九年、カメルーン）

第6章

世代間の繋がりと祖母たち

老人の話を聞くことはいいことだよ．なぜって，若者に教えるべき知識をもっているからなんだ．老人が死んだら，この知識はなくなってしまうよ．

—テレーズ—

若き日々を過ごしたんだ．今は老いたよ．子どもと孫がいるんだ．私に子どもがいなかったら，辛かっただろう．子どもなしに死んだら，終わってしまう．死んでも子どもがいれば，その人の精神は続いていくんだ．

—ブロンディーヌ—

過去数十年の間，アカとンガンドゥの女性たちの，社会的，文化的であり，政治的，経済的でもある生活形態に重大な変化があった．ブロンディーヌ，テレーズ，ナリ，コンガの経験は，彼女たちの子どもたちや孫たちのものとは異なっている．伝統的な習慣は，新しい考え方や生き方，行動に取って代わられつつある．この章では，彼女たちの子どもたちの世代のものとは異なる彼女たちの世界観や，彼女たちが歳を重ねながら目撃してきた変化について掘り下げたい．

　女性たちが，閉経と年老いた母親や祖母としての役割の中に見出す価値についてそれぞれの思いを述べるとき，彼女たちの語りから，子育てを終えた後という母親期の岐路で女性であることの意味を学ぶことができる．ブロンディーヌ，テレーズ，ナリ，コンガは大人になった子どもたちとの関係や，両親とこのような子どもたちの間にみられる持続的な絆について述べる．女性たちが，どんなふうに積極的に孫たちを教え導くかを述べる．そしてお返しに子どもたちや孫たちは，このような女性や祖母から何を学ぶかを説明する．彼女たちは，「年老いた」女性になることがどのようなことであるのか，高齢者がどのように他者に扱われ価値を置かれるのかを説明する．アカとンガンドゥは，中央アフリカ共和国の現代的であり歴史的でもある二つの異なる生き方の事例を私たちに与えてくれる．女性たちの語りでは，経済的かつ政治的な変化の影響，加齢やジェンダー，生涯を通じた家族関係についての見方に焦点が置かれる．

母親から祖母へ

　世界の多くの社会において，高齢者の価値や扱いは，世帯や集団への貢献次第であり，文化価値や信念と同様に，生態学的，経済的，環境的な要因にも左右される[1]．実際の年齢のわかる女性はア

カヤンガンドゥの社会にはほとんどいないので,「年老いた」アカ
やンガンドゥの女性になることは,実際の年齢で決まることではな
い.短い平均余命に影響を受けるわけでもない.両集団の平均余命
は,他の狩猟採集民*1と比べると,子ども期を越えてかなり長い.
ナリは祖母であり,3歳の子どもの母親でもある.彼女の社会では,
祖母になったからといって,「年老いた」とみられることはない.
というのも,彼女は生殖し続ける能力をもっていて,活発で強いか
らである.テレーズは,「年老いた」とみなされているが,まだ活
気に満ちており,毎日畑に仕事に行ったり孫たちの面倒を見たりと,
家族の中で重要な役割を果たしている.彼女は決してひ弱な老女で
はない.事実,彼女は非常によい健康状態にあり,わずか3年前に
は大きな丸太を頭の上に載せて畑から息子の家まで運ぶことができ
た.ブロンディーヌは「若い」祖母であり,もはや新たに子どもを
もつことに興味がなく,閉経に近づいてはいたが,自身を「年老い
た」とは思っていなかった.コンガは,子どもたちにたびたび食料
を与えられ世話をされていて,本人は自分が歳を取り弱くて病気で
あると考えていたが,孫たちの世話を手伝い続けており,ときには
幼い孫たちが吸うための乳房を提供していた[2].彼女たちは,それ
ぞれに家族や集団から程度こそ違うが地位や敬意を与えられ,世話
をされてもいる.

　女性が中年に達しその時期を過ぎると,彼女たちの機会,影響力,
政治的・経済的・社会的権力にアクセスする権利は変化する.巣の
中の母親から巣における助力者（ヘルパー）へと立場を変えながら,人生におけ
る生物学的な岐路に立ち,そして岐路を過ぎたアカとンガンドゥの

*1［訳注］　南米のパラグアイに住む狩猟採集民アチェ（Aché）を対象に行われた
人口統計学の研究がある.Hill, K. and Hurtado, M. 1996. *Ache Life History: The Ecology
and Demography of a Foraging People*. Routledge.

女性たちは，一般的な幸福感をもつ．年老いた女性たちは，歌や遊び，踊り，成人儀礼におけるリーダーとして(3)宗教的かつ政治的な領域において重要な役割を果たしうる．文化，伝統的な価値，信念，知識の提供者として，彼女たちの価値や地位は向上する．年老いた女性として，彼女たちは助言を与え，世帯や親族において権威を高める(4)．敬意を払われる祖母として，彼女たちは孫の世話役や仮母（アロマザー）の役を務める．人生を家族のための労働に費やしてきたアカやンガンドゥの女性たちは，年老いると，子どもたちや孫たちから与えられ世話されるようになる．両集団の女性はともに，年老いてから，子どもたちや孫たちを世話する必要性について語るのだが，後述するように，ンガンドゥの女性たちにとって家族の世話をする必要性はより大きい．アカやンガンドゥの女性たちは，それぞれ他者の生存に貢献しながら，大人になった子どもたちや孫たちに必要とされ，彼女たちもまた子どもたちや孫たちを必要とするようになる．

　閉経や老いは人間の生の普遍的な段階であるが，人生におけるこの時期の理解や経験のされ方は，文化によって形作られ具体化される．アカの間の平等主義は，男女間だけでなく，高齢者と若者の間でもみられる．これはつまり，高齢者は髪が白くなったり身体的に弱くなったり生殖能力がなくなったりキャンプや世帯への貢献が低下したりするからといって，より敬意を払われるわけではないということである．かりに，歳を取った者が他者から敬意を示されたとしても，多くは一時的な特性*2，性格，気分によっている．ンガンドゥの女性たちが子どもたちに教えこむ尊敬の教育は，彼女たちが年老いて特別に扱われるようになったときによい効果をもたらす．アカ

<hr />

*2［訳注］　著者によると，人の性質を指し，一時的にみられる知恵，優しさ，寛大さが挙げられる．例えば，心理学や社会学の用語で「向社会性（プロソーシャリティ）」と呼ばれる，利他的な行為を通じて社会に参加しようとする傾向も含む．

やンガンドゥの女性たちは，閉経または生殖期を終えた女性，敬意を示される母親，寡婦，祖母といった人生の岐路で，次第に家族の世話に頼るようになりながら，劇的に変化する世界を生き抜いているのである．

女性の人生からの考察

ブロンディーヌ——ンガンドゥ女性

女ってものは強いにちがいない．強さは力量と心次第．心は，よい意味でも悪い意味でも，いろんな意味で自分を導くんだ．

子どもがいて，そのうちの一人の娘にもまた子どもがいるという女もいる（図6.1）．彼女たちは母娘で一緒に赤ちゃんを育て，互いが育児をしているのを見るよ．これはいい．私には二人の孫がいて，孫の世話で娘を助けた．私の娘ロシーンの赤ちゃんがとても小さかったとき，私は赤ちゃんに自分のお乳をあげたんだ．赤ちゃんに服を与え，赤ちゃんを洗った．孫にふさわしい食べ物や伝統的な薬を与えた．孫がいるのはいいけど，人生のある段階で妊娠するのはよくないんだ．子どもをもてないようにする手術について聞いたことがあるけど，教会の修道女たちが嫌がるから，ここではそんなことはできないよ．

ある年齢で月経が止まったら，それはいいことだ．もし50歳になっても月経が止まらなければ，まだ子どもをもつことができる！

図6.1 世代間の繋がり——若いンガンドゥの母親とその子ども，そして祖母と彼女自身の子ども

私は50歳で二人の子どもを産んだ女を知っている！　ここでは，人によるけど，月経が止まるのはおそらく60歳だ．このとき，女の身体の中に血はとどまり，女は大きく強くなっていく．血が止まり，こうやって強くなるんだ．身体が燃えるみたいに熱くなって頭が痛くなったら，女の血は熱くなるんだ[*3]．女は，人生のこのときがくるのをわかっている．兆候は，年老いて毎月の血がなくなることだ．この時期にきたら，子どもを作るのをやめる．これはいいことだ．月経がなくなる！　女は夫と関係をもっても，妊娠することはない．男のようだよ．

　今，私はいつも疲れているんだ．私の身体は変わってきた．白髪だ．年老いたら，みんなに敬われるようになる．なぜかというと，まず年老いているからだよ．それから次に，年老いた女たちはみんなを尊敬しているからなんだ．人は，「お母さん，子どもがたくさんいるんだね」と言う．それからとても尊敬するだろう．かつて私は子どもがいて若かった．若き日々を過ごしたんだ．今は年老いたよ．子どもと孫がいるんだ，私に子どもがいなかったら，辛かっただろう．子どもなしに死んだら，終わってしまう．死んでも子どもがいれば，その人の精神は続いていくんだ．

ルイズ──ブロンディーヌの友人でかつての義妹

　ブロンディーヌの行動は男のようね．森に行って，ココの葉を集めて，バンギに売りに行く．彼女はアカと一緒に森に狩猟に行くの．売るために村に肉を持ち込む．それは，彼女に夫がいないからだと思う．これが，彼女が男の仕事をする理由よ．彼女はとても強い女よ．冗談を言って，人と一緒に笑うから，たくさんの人が彼女を知っている．優しくてみんなと一緒に笑うから，私はブロンディーヌが好きなの．

* 3［訳注］　更年期におけるホットフラッシュと考えられる．

ガスパール——ブロンディーヌの兄，58歳

　妹はすごくいいよ．人と問題を抱えるのを望まないんだ．だけど，
欠点を探したら，見つけられる．妹は酒を飲むことが大好きなんだ．
酒を飲んだら，みんな彼女を愉快だと思うだろう．彼女は本当に一生
懸命働くし，人を区別せず好むんだ．北部で夫と暮らしていたころ，
彼女は自分の両親や家族がそばにいなかったけど，人々と互いに敬意
をもって暮らしてきた．彼女は穏やかに生きるのが好きなんだ．最高
の思い出は，ブロンディーヌがまだ結婚していたときのことだよ．彼
女の夫がたくさんの魚を獲って，彼女が私の家に持ってきた．私の子
どもたちと一緒にこの魚を全部食べたんだ．彼女はたくさんのお金を
稼いでいて気前がよかった．きれいな服を買って，私の子どもたちに
与えてくれたんだ．夫がいないのは大変だよ．彼女の人生は困難だ．

テレーズ——ンガンドゥ女性

　私はもう老人だ．体調がよくないんだ．村での女の仕事は畑に行く
ことだよ．もう私は前みたいに必死で働くことはできない．村にいて，
薪拾いや，しないといけないちょっとした仕事をするくらいだよ．娘
たちやその夫，その子どもたちが時々私のところにやってきて一緒に
暮らすんだ．私は子どもたちの世話をするのが好きだけど，多くを子
どもたちに与えることはできない．とても年老いていて，時々病気に
もなる．もう私は，食べ物を得ることができるほど強くはないよ．だ
けど，子どもたちに頼って元気に暮らしている．子どもたちが私の世
話をしてくれるんだ．畑で食べ物を見つけ,私のために料理してくれる．
私自身は，庭へ出て火を起こす．孫たちのために水をくんできて身体
を洗ってやる．コーヒーをいれてみんなと分かち合う．家を掃除したり，
皿を洗ったりもする．籠を手にとって畑に行き，キャッサバの葉と薪

図 6.2 年老いてなお畑で一生懸命に働くンガンドゥの祖母

を切り，家に持って帰る．料理して家族にあげるんだ．夜には孫を洗ってやり，ランプを灯して家に持ち込む．それから眠るんだ（図 6.2）．

これが，ここに暮らす女の生活だ．アメリカの女たちのために一つ言わせてもらいたい．「家をきれいにして．鍋と皿をきれいにして，子どもたちの面倒をよくみなさい．子どもがいたら，人々はあなたを尊敬するよ．子どもたちや子どもたちの将来について考えてほしい．訪問者にきちんとあいさつをして．夫を尊敬して．それから，夫の家族を尊敬して」．これは，世界の他の女たちにも言わなければならないことなんだ．

私が若い女だったころ，多くの子どもを産んだ．夫といて，私たちは子どもたちと一緒に働いた．ボカサ[p.63 を参照]はこのとき大統領で，メダルを与えるために私と他の女たちをバンギに連れ出したよ．私たちが多くの子どもを産んだたくましい女たちだったからだ．数年もしないうちにどこかでメダルをなくしたけど，これは 30 年前のことだ．ボカサは村長に「たくさんの子どもをもつ女に会ったら，彼女たちの名前をノートに書き残しておくように．彼女たちをバンギに連れてくるバスを送る．そこで私は彼女たちにメダルを与える．たくさんの子どもを産んだのだから，彼女たちを祝福することはとても重要なんだ．子どもたちは未来だ」と言った．メダルをもらったから，人々は私を尊敬した．子どもたちはかけがえがない．子どもたちは私たちの未来だ．年老いて私にはたくさんの子どもたちがいる．私は生命の根のようなものだ．

夫が死んだあと何年も経って，子どもをもつ機会がなくなった．私

は具合が悪くなり，月経の時期がきた．ひどい痛みがあったけど，血は出なかった．もう血を見ることがない時期にきていて，身体が熱くなっても血は熱くならなかったんだ．この時期の前と最中には，女はいろんな感情をもつんだ．夫が妻のところにやってきてセックスを求めても怒って，セックスの後もまだ怒ったままだよ！　だけど，セックスは行われ，セックスは終わる．そのときがやってきたら，老女だよ．女たちにとってはいい．月のその日がやってきても慌てなくてもいいからね！　私はもう老女だよ．生活は変わってきた．私はたくさんの子どもを産み，子どもを産むのは終わったけど，これはいいんだ！生活では同じ活動を続ける．夫とベッドで眠り，人の世話をして，家の仕事を続ける．

　私と同じくらいの年で知恵のある女は，長寿の精神をもつすごい女だ．自分が知っていること，つまり畑仕事，子どもたち，家，他者への敬意についての知恵を与え，どうやってよい人生を生きるのかを教えるんだ．私には残りの人生があって，今幸福だよ．年老いて，子どもたちは私を世話してくれる．私がこんなふうに年老いて弱った女になっても，子どもたちはまだ私を必要としてくれる．老人は知恵をもっているから必要とされるんだ．老人は昔の話を知っていて，子どもたちによい助言をするんだよ．子どもがいなければ，誰も世話をしてくれない．ンガンドゥにとって家族がいないのは，死ぬことと同じだ．もし歳を取って病気になったら，弱って死んでいく．でも多くの子や孫たちがいて歳を取って死ぬのは，いい．葬式で泣く人もいれば，「泣くんじゃない．彼女のために泣きやむんだ．ダメだ．泣くんじゃない．彼女は多くの子どもたちとともによい人生を過ごしたんだ」と言う人もいるだろうから．

バジル——テレーズの息子，50歳

　私の父はボフィで，ボダ出身なんだ［地図 1, p.6 を参照］．母の父は
イソンゴ（Issongo）*4 でムバイキ出身だ．母はイソンゴだ．母の母は
ナンベレ村出身のンガンドゥだ．父がボフィだから私はボフィだ．私
は母の言葉と父の言葉を話す．イソンゴはダッコ大統領の時代［p.62 を
参照］にンガンドゥと戦うためにここに来たけど，長い間一緒に住んで
いたからンガンドゥとは戦えなかったんだ．だから，彼はンガンドゥ
とともに戦った．母はいい女だった．父は私たち子どもたちを世話し
なかったんだ．家で子どもたちみんなのために料理を作ったのは母だっ
た．母は多くの人々によい助言を与え，多くの人を世話した．彼女は
私に，妻と子どもたちを元気にするよい助言をしてくれた．

　母親についての一番いい思い出は，私が子どもだったとき，学校に
入学させてくれたことだ．母は私の人生がよくなることを望んで，学
校に連れて行った．母は私にフランス語の読み書きを学んでほしかっ
た．彼女はエンバコを売るために作り，売ったお金で私に衣類を買い，
学校に行かせてくれた．父親はそんなことはしてくれなかった．母は
たくさんのことをしてくれたけど，これが一番いい思い出だ．母は私
をとても愛してくれた．彼女は子どもたちみんなの世話をした．3 人
は亡くなったけど，子どもたちみんなの世話をしたのは母だった．父
は何もしていない．父はとても嫌な人だった．私が病気になったら，
私のために薬を見つけてきてくれるのは母だった．父は酒を飲み，母
と喧嘩をした．あるとき，父は母を殺すために斧を持ってきたんだ．
酒のせいで起こる問題だよ．父は酒を飲むと，母と喧嘩したんだ．私
は 8 歳で兄は 10 歳だった．父は母を殺そうとしたから，兄と私は枝を
手に取って母を守ろうとした．父は兄と私に対しても狂っていたんだ．

＊4［訳注］　著者によると，バンツー系の言語を話す民族集団である．

私たちは母を寝かせるために隣の家に連れて行って，村長に父に忠告するようにお願いしに行った．村長は父に彼の妻，つまり私たちの母と喧嘩しないように忠告した．この後，村長は私たちを家に連れて帰った．

兄と妹たちと一緒に育ったから，私は家を出て行く方法がわからなくて，母は私の面倒を見続けていた．結婚したとき，母を置いていったけど，彼女の世話をやき続けた．小さいころ母は私をとても一生懸命世話してくれたから．母は私を学校に連れて行ってくれた．今，仕事があるのは母のおかげだよ．彼女が私のためにやってくれたすべてに対して報いないといけない．もし私が彼女を見捨てたら，誰が彼女の世話をする？　姉シャンタルはバンギに住んでいて，ここナンベレ村にはほんの少しの間だけやってきて夫のもとへ帰る．妹セレステは長い間母と一緒に住んでる．だけど，彼女たちには母を助け世話する能力がないよ．母が住んでいる家は私が建てたんだ．家を建てるのは大変な仕事だけど，母と自分との間に大きな隔たりがあってほしくないんだ．

母について思うのは，焚き火を囲みながらしてくれた助言やお話のすべてだよ．どんなふうに人とうまく生きていくのか，人と生きていくための礼儀を学んだ．私はこういったお話が大好きだった！　今，私の子どもたちはまだまだ小さいけど，大きくなったら，私は子どもたちにこういった話をするよ．うまくやる方法や生きる方法を知ることは重要だからね．母は私によい人間になるように教えたんだ．私はいつも母の言うことを聞いた．母が何かするように言うと，その通りにした．拒めなかったんだ．拒んだら，誰が母のためにやってくれる？母は私にすべてのことを教えてくれたよ．

シャンタル──テレーズの娘，39歳

私が生まれたとき，世話してくれたのは母だった．母は私たちを清

潔にし食べものを与えるために最善を尽くしたよ．とても強くて勇敢
だったんだ．男のように一生懸命働いた．母が狩猟をしたから，私た
ちは肉を食べることができた．私たちは畑でどんなふうに働くのか知
るために，母と一緒に畑へ行った．母が一生懸命働いてくれたから私
たちは学校に行けたんだ．

　夕方，焚き火の周りで私たちにお話を聞かせてくれた．母は私たち
に語ったんだ．

「お母さんやお母さんと同じ世代の人は，村同士で民族間の戦争がたく
さんあったから，大変だったよ．ナンベレ村の人々と戦うためにムバ
イキから人々がやってきたわ．ムバイキから来た人たちは，ナイフや
斧を殺人のために使った．隠れるために多くの人たちが森に逃げ込ん
だ．殺人者から逃れるために，私たちは両親と森に逃げ込んだ．私た
ちは戦争の手から逃れたの．独立前は，白人たちもやってきて，ここ
の人たちを統治した．白人たちはナンベレ村にやってきて，力ずくで
娘たちと性的関係を結んだわ．私たちはこんな白人たちから逃れるた
めに森に逃げた．私にとってはとても大変なことだった．私が若い娘
だったころ，白人たちがやってきて，人々に悪いことをしたのよ．人々
に荷物を運ぶのを強制し，他の村まで一緒に旅をさせた．白人たちが
きて，私たち，お母さんとお父さんに重い荷物を村まで運ばせること
もあった．私たちはこの地に到着したら，荷物を置いて，森に逃げ込
んだわ．大変な時代だったのよ．」

　母は私たちの世代が両親に反抗的だと，次のように言った．「私たち
の世代は,両親にとても従順だった．両親が望むことを拒まなかったわ．
殺人者から逃れるために家族と一緒に森に隠れているときは，両親の
指示に従わなくてはならなかった．人殺しの手から逃れるために両親
がすべきことを言ったら，従わなくてはならなかったわ」と．

母が私にくれた別の助言は，どんなふうに女になるかということだった．私が小さいころ，母は私に「娘よ，朝は庭を掃き，夫や子どもたちのためにコーヒーをいれて，それから料理を作って，祖母や祖父を尊敬しなさい．決して，他人に礼儀正しくないことはしてはいけないわ．祝福を与えなさい．そうすれば，あなたの人生は確実なものになる」と言った．母は私たちに人々を尊敬するように教え，「村の年老いた男や女に親切にするように，そうすれば老人は秘密を教えてくれるだろう」と言った．うまく人生を送るようにこんな教訓を私たちに与えてくれたんだ．母が私たちをとても愛してくれたから，家で私たちはとても幸福だ．母が私たちのためにいい選択をしてくれたから，私たちはともにうまく生きている．母は，何か手にしたらいつでもそれを私たちと分かち合ってくれる．いつも私たちのそばにいる．誰にでも優しいから，私は母を愛しているんだ．

ンベンギ——テレーズの孫息子，20歳

　老人は，今を生きる子どもたちのための知識の図書館のようだ．僕たちがイモムシのキャンプ*5 で一緒にいるとき，イモムシを食べた後に，おばあちゃんは僕たちに民族間の戦争とか強制労働の時代とか過去の話を聞かせ，逃れるためにどうやって森に隠れたかを語ってくれたよ．彼女は僕たちに，自分が少女だったときにした娘たちの踊りを教え，自分がいかにいい踊り手であったか，友達の中で最も上手な一人（！）であったのかを語った．それから，いいお話と歌を聞かせてくれた．おばあちゃんのおかげで僕はさっき言ったような歴史や人生の話を知った．なんだかんだ言っても，僕はおばあちゃんが好きだけど，

---

*5 ［訳注］　ンガンドゥやアカにとって重要な食料であるイモムシを採集するためのキャンプのこと．

ほんの少し嫌いなところもある．おばあちゃんは酒を飲んだら，危険な存在になるんだ．それで問題を起こす．だけど，僕たちのおばあちゃんだから，尊敬してるし，愛しているよ．

ヴァネッサ——テレーズの孫娘，24歳

　おばあちゃんのテレーズは，私たちに昔の話を教えてくれるわ．彼女は私たちに語るの．

「私たちの生活は，今のお前たちのような生活ではなかったよ．私たちの時代，私たちは両親を尊敬していて，生活はまったく違っていたんだ．今は，人々を死に追いやるエイズのようなたくさんの変化がある．私，つまりお前のおばあちゃんが若かったころは，エイズを知らなかったんだ．私たちの時代の結婚は違っていた．男が結婚を望んだら，相手の女の子の両親を訪ねて，彼女の両親がいいといえば，妻をもらうことができたんだ．だけど，男は女と結婚するために，義理の家族のために一生懸命働かなくちゃならなかった．ある男が私と，つまり，お前たちのおばあちゃんと結婚するためにやってきたとき，私は逃げて隠れたから，この男に会わなかった．私は彼と長い間接触しなかったよ．だけど今では，男が女のところにやってきたら，同じ日に男と接触する．これはよくないよ．抑制なしに生きると，エイズにかかってしまうんだ．正しい生活を送れないと，若くして死んでしまう．お前たちの人生は私たちのころのものとは違うんだ．」

　次のことは，おばあちゃんが私に言ったことよ．まず，「男の後をついて行ってはいけない」．次に，「自分の生活を守る」．それから，「自分の身体を守る」．最後に，「両親を尊敬し話を聞く」．私はおばあちゃんから人生を注意深く歩むことを学んだわ．

ナリ――アカ女性

　朝，私は川に行って，水をキャンプに持ち帰るわ．それから森か畑に食べ物を探しに行く．食べ物を探しに行くときには赤ちゃんを抱いている．アカの女になるには，ユクア（*yukwa*）つまり籠の作り方を知らないといけないの．肉やココの葉，ヤマノイモを見つけに森に行くためにこの籠を使うのよ．薪を切り，キャンプに持ち帰る．この籠を食べ物でいっぱいにし，水を得て，食べ物を料理し，それを子どもたちみんなや隣人，キャンプのみんなと分かち合う．

　食後，私は赤ちゃんを洗って，皿をきれいにする．友達とも話す．夜は火を家の中に持ち込んで，ベッドを整え，それから眠る．夜，忙しくなかったら，そして疲れていなかったら，私たちは踊って歌うの．夜は子どもたちにお話をすることもあるわね．畑に行くこともあるし，森に行くこともあるし，漁獲りに行くこともある．ココテが銃を買って狩猟をするようになったから，私は網猟をしなくなった．網猟をしなくなってずいぶん経つわ．このキャンプではもう誰も網猟をしないの．ボガンダに住む人々は網猟をするけど，この道沿いの私たちはもうしないわ．ココテと他の男たちは，罠をかけて，銃を使う．女たちはキャンプにいるわ．男たちは村よりも森に住むことを好むの．男たちは女たちをキャンプに残し，肉や食べ物を見つけて持ち帰る．女たちは村の生活を好むの．そう，これは大きな変化ね．私はこの変化がうれしいわ．生活はよくなって，子どもたちも前よりも健康よ．

　将来のことは誰もわからないわよ．将来ってどんなものかしら？私は農業をやり続けたい．もし私がこの仕事をしたら，ココテと家族と一緒に作るもので子どもたちを養うわ．今，私は森に自分の畑をもっていて，村の女たちのためにもう仕事をすることはないわ．村の生活は森の生活よりいい．私は森に食べ物を探しに行くの．今，食べ物を見つけるのは大変よ．村では子どもたちを学校に行かせられるし子ど

もたちはより健康だから，村の生活の方が好きだわ．子どもたちにとって学校はいい．学校に行ったら，物事を理解するための教育と出会える．子どもたちは先生になって，他の子どもたちを教えることだってできる．子どもたちは教育に取り組めるし，お金，つまり給料だって得られる．だけど，私たちは注意しないといけないわね．あまりに長い時間，同じ場所に居すぎると，人々はひどい病気になる．

人々が病気になったら，かつて私たちは伝統的な薬を使ったわ．近くに住む人がンドキ［p.207 を参照］，つまり毒に感染させる人なら，毒に冒される．それで，ンガンガを見つけることができなければ，簡単な病で死んでしまうの．ンガンガを呼んで，到着したら，ンドキを見破り，ンドキに冒された人の心臓から汚れを取り除くわ．朝，皿をとって，キャンプにいるメンバーそれぞれにそれを渡す．するとメンバーはそれにつばを吐き，ンガンガは伝統薬をとって，キャンプのみんなのつばと混ぜ合わせる．ンガンガはそれを病人の身体に塗るわ．私が見たのはこんな病気よ．村で私はたくさん働いて，痛みに襲われた．仕事の痛みよ．森で私はたくさんの潰瘍ができたり病気になったりした．だけど，いつも子どもたちを最優先した．私はすべてにおいて子どもたちによくしたわ．私は子どもたちを困らせるものはなんであれ好まなかった．子どもたちは私の眼のようよ．人生でかけがえがないの．

私が本当にとても歳を取ったら，子どもたちは私の世話をするわ．私はキャンプにいるだけね．娘や息子が森に行ったら，私は赤ちゃんの面倒を見る．老人は男でも女でもよく働いたら，敬意を抱かれる．老人は長い人生を生き，今はくたびれてしまったの．キャンプの女全員が食べ物を準備し老人に与える．多くのことを知っているから，私たちは老人に敬意をもつわ．世代を越えて，祖父母は生きるための知識を私たちに与えてくれる．今の若者は以前の人々が知っていたことを知らない．偉大なトゥーマたちは死ぬ前に，知識を息子に与え，死んだら役割を交代したけど，前の世代から引き継ぐことを今の若い人

が知らないのはよくないわ.

エラカ──ナリの娘

　母は私に言ったわ.

「娘よ, 私はあなたの母よ. 私が若かったとき, 両親と一緒にキャンプ
で暮らしていて, 私はとても勇敢で美しかったの. 男たちは私をめぐっ
て争った. 私は若くてよい踊り手だったから, みんなが私を見たがった.
男たちは私と結婚したがったけど, あなたのお父さんココテが私に妻
になってくれるかと尋ねに来るまで断り続けたわ. お父さんは私の勇
気を称賛していた. それでも私は多くの日々を拒んで過ごした. ココ
テは私と結婚するためにすべてにおいて最善を尽くしたわ. ココテは
私の両親に獲物やハチミツを持ってきて, とても一生懸命働いたのよ.
それで彼の家族と私の両親は, 私に彼を拒まず結婚を受け入れるよう
に助言したの.」

　私が小さいころ, 母は私に彼女が勇敢だったことや森に両親と一緒
に網猟に出かけたことを話したわ. 私は両親が殺した獲物を見たの.
父が動物を殺したら, 肉を料理しキャンプにいる人々と分かち合うの
は母だった. 子どもたちの一人が病気になったとき, 夜であっても母
が私たちのために薬を見つけに行ってくれたのを見た. 母が私に語る
ところによると, 人生の中で困難だったのは, 父が罠で動物を殺して,
その大きな動物をキャンプに持ち帰ったときだった. 母は肉を料理し
すべての人たちと分かち合った. でも, キャンプには私の父が殺した
動物に嫉妬した邪術師がいたの. みんなが動物を食べ, 眠った後, こ
の邪術師はやってきて, 母の小さな妹の心臓を食べ, 妹は死んでしまっ
た. 母親には辛い時期だった.

母が私に語った教訓は，「食べ物をめぐって人は人を殺すから，お前が大きな少女になったら，人と物を分かち合うのがよい」ということだ．母は，夫や子どもたちの食べ物を見つけるために一生懸命働くように私に言った．私は母と一緒にたくさんのことをしたから，母を愛している．森に行き，母が食べ物を見つけたら，私と分かち合うわ．私が食べ物を見つけたら，母と分かち合う．母はいつも私のそばにいて，私の人生によい助言をしてくれるのよ．

ココテ——ナリの夫

妻は私にとても心を寄せていたんだ．私の前に別の男が彼女との結婚を望んだけど，彼女はその男を拒んだ．私が彼女の両親に贈り物をしたら，両親はナリのために物を持ってくることを私に望んだ．私は彼女の両親が望んだものをすべて持っていき，妻は私のキャンプにやってきたんだ．妻が私の家族のキャンプに来たとき，妻は本当に気立てがよくて優しかったよ．私が肉やハチミツを見つけたら，彼女はこれを私の両親と分かち合った．私の両親は彼女に満足したんだ．彼女は私の母親やキャンプの人たちと一緒に一生懸命働いた．彼女は優しかったけど，もう一人の妻と一緒にいる私を見るのを嫌がった．もし私ともう一人の妻を見つけたら，たちまち怒り出し，家でたくさん話し合うことになった．

ナリは私に「ねえココテ，私の夫よ，一緒に暮らして何年も過ぎて，私たちは両親を亡くしたけど，今は子どもたちを育てるために一生懸命働かないといけないわね．今は食べるのは難しくて，生活は大変だけど，今は子どもたちの世話の手助けになる畑があるわ」と言った．また「私はあなたの勇気を見てきたわ．一緒に森を歩けて，私は幸せよ」とも言った．妻のナリは，私をとても愛している．私が行くところへはどこにでも来て，いつも私の近くにいるんだ．生活では，私たちは

子どもたちとうまくやっていて，私は妻をとても愛しているよ.

コンガ──アカ女性

　私はセックスの仕事を終えた．もう恋人を探していない．セックスは終わったんだ．私はエキラ，つまり経血を見ない．ンジョンビは私の最後の子どもで，出産後，彼が年長の子どもになるまで，私はエキラを見ることはなくなったよ．この後私は「ドォ，ドオー，ドオー，ドォ (*doo dooo dooo doo*)」と身体が熱くなり，「サ，サ，サ，サ (*sa sa sa sa*)」と汗をたくさんかいた．私は汗をかいてかきまくった．あるときは身体が熱く，またあるときは汗をかいた．病気に違いないと思ったよ．これが何かわからなかった．母はこのこと，エキラが止まるときのことを話していたけど，けっして正確な兆候については語らなかった．「歳を取ったら，血は止まる」．これが，彼女が私に言っていたすべてだった．彼女は決して熱い身体や夜にかく汗については話さなかった．私は，身体が熱くなり汗が出たとき，私のお腹で血が止まるためだと気がつき始めた．子どもがいたら，血はそれ以上出てこない．すべての子どもたちの後，卵が尽きるから．お腹の赤ちゃんはみんな終わり，血は止まる．うん (*Mmph*)！　この血は終わるんだ！　私には子どもがいた．妊娠していないし，新しい子どももいない．血を見なくてもよくなってうれしい．私は，「ああ，たぶん私の服は血で汚れている」なんてもう考えないよ．こんなことを考える必要はもうない．終わったんだ．私は男のようだよ．

　今，おばあちゃんになるのはいい．私には孫息子と孫娘が一人ずついて，人々は「ああ，彼女はおばあちゃんだ」と言う．私は今孫たちの面倒を見ることができるから，おばあちゃんになるのはいいことだよ．孫と私は一緒に歩くんだ．両親が森に行くとき，私はその子どもたちをみている．子どもたちをきちんと食べさせ，世話をする．私た

図6.3 孫娘に授乳している年老いたアカの祖母

ちは子どもたちをとても愛しているんだ. 子どもたちは食べ物を探して私にくれる. こんなのは私の世代で経験するんだ. うん, それが人生というものだ. 私はこの人生に幸福を感じているよ (図6.3).

私は年老いた. だんだん歳を取り, いつか杖を使って歩くかもしれない. 老いというのは, たくさん働いて今はもう働かないということだと思う. 子どもたちは私くらいの世代の人のために働くだろうしそれで忙しい. そうやって, 食べ物や必要なものを与えてくれる. 歳を取るのはいいけど, 歳を取ったら疲れるんだ. それから, 死ぬ日がくる. 今私がかかっている病気は, すぐに私に広がった. 今の私にとって病気はとても厄介だよ. 以前みたいにはほとんど働かないし, キャンプにいる. 以前みたいに働かず, とてもくたびれている. 働く力がないんだ.

私はこの生活がいい. 年老いるのは悪くないよ. 歳を取ったら, 小さな子どもたちと一緒に歩く. みんながやってきては, 私に敬意をもって接してくれる. 子どもたちが食べ物を見つけたら, 私とそれを分かち合う. 私は年老いて白髪だから, もう休んでいるんだ. いつも家族に与えるものは心. おばあちゃんになるのはいい. それは人生の終わりなんだ. 若いのもいれば歳を取っているのもいるし, 忙しいのもいれば, 死を待っているのもいる.

私は死を恐れないよ. 死はもう一つの眠りだ. 静かに, 煩わされることなく, 働くこともないんだ. 今は問題や厄介事があるかもしれないけど, 死とともにこんなことから自由になって休む. 私は死を思う. 子どもがいたら, 子どもが生きる. 「私には子どもたちがいて, これか

ら子どもたちは私の代わりになるだろう」と思うだろう．死とはこういうことなんだ．すべての人が死ぬ．人は生き，人は死ぬ．死んだ後，子どもがいれば，その人の代わりになる．私は決して死を恐れないよ．死がやってきたら，死についていくよ．選択肢はないんだ．

モカンジャ——コンガの息子

　母は，自分は若かったときとても美しく，男たちが自分をめぐって争ったと言った．踊りがあると，母は友達とみんなで歩き，美しさを見せるために踊ったと，ときには私に語った．多くの男たちが彼女に結婚を求め，母は多くの男たちが家に入ってくるのを見たけど，父がやってくるまで男たちから逃げていたんだ．それから，母は結婚した．母は私にどの女とどの男が邪術師か，肉やハチミツのために人を殺したのは誰かを語った．彼女は私に，「大きくなったら，獲物を殺し，キャンプの人すべてと肉を分かち合いなさい」と言ったよ．

　私にとって最高の思い出は，母と父と一緒に暮らしていたころのことだ．私たちは森に行き，父はハチミツを見つけ，動物を殺したんだ．私たちは一緒にハチミツと肉を十分食べた．最も辛かったのは，父が死んだときだ．悲しかった．母はとても悲しんだ．森では私たちだけになって，母は一人で歩き，一人で座った．父の死後も母はよく働いて，私たちに食べ物をくれている，だから私は母を愛しているんだ．母はいつも自分たちのそばにいる．私たちが移動したり働いたりするとき，母は私たちの子どもの世話を楽しんでしてくれる．母が私たちや子どもたちの世話をしてくれるから，私たちはともに幸せなんだ．

モボウボウ——コンガの娘

　少女だったころ，パヨ（*payo*）の実を見つけるために森へたびたび出

かけたと母は語った．母は森に網猟へ行き，獲物を捕まえて，キャンプへ持ち帰った．母の両親はともによく食べたんだ．母は私に歌うのが好きだと言った．父がキャンプに他の妻を探しに行ったとき，母は暗闇の中を歩き，父とこの女と喧嘩して，父を家に連れて帰ったことや，嫉妬したことを話した．

　私は母がいつも自分たちのそばにいてくれるから大好きなんだ．彼女は私たちを尊重し，父の死後も私たちの世話をよくしてくれる．夜が始まると，私たちは火を囲んで，母は私たちに面白い話を聞かせてくれる．彼女は父親でも母親でもあったから，私たちは母をとても愛しているんだ．

祖母からの教訓

ブロンディーヌ──ンガンドゥ女性

　私は今，子どもたちに子どもたちがいる年齢だ．私はおばあちゃんで，おばあちゃんであることを神に感謝している．だけど，これは大変なことでもある．私はたくさん働き，とても疲れているんだ．あらゆる仕事のせいで身体に痛みを抱えている．かつては夫のレヴィと一緒に働いていたけど，今私は独り身で，独りで働く．このことが辛い．

　子どもがたくさんいることは重要だ．もしたくさんの子どもたちがいれば，助けてもらえるから．歳を取ったら，子どもたちが家を建て，贈り物を買ってくれるんだ．たくさん子どもがいたら，人生はいいよ．私はおばあちゃんなんだ．私の子どもたちには子どもたちがいる．子どもたちは次の新しい世代だ．私は子どもたちに教訓を与えるんだ．「他人に敬意を払わないといけない．老人に会ったら，老人に与え，老人を助けなさい．髪に白髪の混じった人を助けるのを拒んではいけないよ」と言う．両親から聞いたお話を孫に伝える．孫娘たちが結婚する

とき，夫に敬意を示すために，長い間貞節を守るように言う．子ども
たちに短い間に結婚して離婚することはよくないと言う．私は子ども
たちに，禁忌について教えるんだ．

禁忌は祖父母から祖父母へ，それからまた祖父母へと昔から受け継
がれてきた．私の母が父と結婚したとき，両親はエキラ［pp.161-162 を
参照］をもっていて，それを守った．母と父は私に「お前がこれを食べ
たら，病気になるだろう」と，この禁忌を教えたんだ．これは，人々
がエキラについて学ぶ方法だ．私が思春期のころ，母と父はこのこと
を私に教えた．今，私は子どもたちと孫たちにこのことを教える．両
親は私が小さいころ，私のためにエキラではないよい食べ物を料理し，
私に与えた．両親は私がとても小さいころ，このことを教えなかった
から，私は歳を取ってもこの知識がなかったんだ．エキラは世代から
世代へと受け継がれる．私は成長し妊娠したとき，エキラを守った．
これが子どもたちを守る方法なんだ．子どもが生まれどんどん成長し
大人になって子どもをもつようになったら，子どもたちはこのエキラ
を守らないといけない．これは私が子どもたちに教えていることなんだ．

人生で最も重要なことは働くことだ．私は畑に行き，キャッサバを
獲って，エンバコを作って，お金を得る．この営みは大切なんだ．人
生で最も重要な人は，孫たちだ．私は孫たちのために働く．ああ，幸
せだ．私は誰にも頼らない．私は働くんだ．私には子どもや孫がいる．
男が来たら，口論と問題が起こる．私は自由なんだ．

テレーズ──ンガンドゥ女性

かつて私は美しかったけど，今は歳を取ってしまって，美しさは私
を置いて行ってしまった．夫は死んだけど，私が畑で働いたから，私
の子どもたちはみんな生きることができたんだ．子どもたちのことを
とても考えているよ．夫の死や子どもたちみんなの世話をすることは

苦しいこともあった！　だけど今，子どもたちや孫たちはみんな健康
だ．みんなで歌い，踊り，楽しくて笑うんだ．

テレーズのお話

　昔，若い女と結婚した男がいて，二人は女の両親の家で一緒に暮ら
した．男は女と家に入り，女は身ごもった．両親は男に「娘は妊娠し
ているから，家で働けない」と言った．妻は，森で自分が食べる肉を
見つけてくるように夫に言った．それで，夫は森に行き，肉を見つけ，
妻のところへ持ち帰った．夫は妻に「妻よ，聞いてくれ．肉を見つけたぞ．
料理して食べよう」と言った．妻はこれを聞くと，「いいえ！　私は働
かないわ！」と言った．夫は「妻よ，飲み水くらいはくれないか？」
と言った．すると妻は，「いいえ！　私は働かないわ！」と言った．夫
は妻の両親を呼んで，「どうか，仲裁してください！　私が妻のため
に狩猟をしてきた後，妻は食べ物を準備しないし，飲み水を持ってく
ることもない！　私に食べ物も飲み物もくれないんだ！　これは問題
だ！」と言った．両親はこれを聞いて彼に，「だけど，娘は妊娠してい
る！　どんな仕事もできないさ．お前がすべての仕事をしないといけ
ない！　食事を準備して飲み水を自分で得るんだ」と言った．
　男は考えた．「これは本当に大問題だ！　妻の両親は俺にすべての仕
事をしろという！　これはいったいなんという結婚だ！　どうして俺
が女の仕事をしないといけないんだ？　妻が俺の服を洗い，水を与え，
食べ物を準備するものだろう」と．夫はとても腹が立ってきた．夫は
妻の仕事をせねばならず，とても怒った．「妻が働かない！　妻の両親
がやってきて働けという！　妻のために，俺が食べものを準備し，妻
がそれを食べるという！　ああ，なんて俺は苦しめられているんだ！
ひどく疲れた！」と思った．男はこの家を出て行くことを決め，女を
残して長い旅に出た．だけど，旅の途中である考えが芽生えた．妻が

あの家で妊娠のせいで寝ている間，両親の家へ向かう道を戻っていった．男は木をとり，先を鋭く切り，道にしかけ，わからないように覆った．まるで何もないかのようだった．ただのよい道のようだった．男は家に戻って，「やあ，妻よ，俺に飲み水をくれ」と言った．妻は歌を歌った．両親を家に呼ぶ少女の呼び声の歌だ．

Tooeeee to tooeee mbilo e too	こんにちは，お父さん，
To mbila send, Ba ba bou	夫が私を助けてくれないの.
Ma mele-lema, Ma mele-leki	私はとても一生懸命働いていたからとても疲れているわ.
Baabaa, baabaa, baba leki!	急いで，急いで，私はお父さんの助けが必要なの！

　両親は歩き始め，罠に落ちてしまった！　尖った木の先が身体を貫通し，両親は死んでしまった．少女は歌い続け彼女の両親を呼んだが，両親は来なかった！　そこで夫は，妻が歌っている間に，両親の身体を小さな塊に切断し，両親を肉のように料理し始めた[*6]．夫は，「妻よ！何か食べ物を作ってくれ！」と言った．すると妻は，両親を呼びながら歌い続けた．男は再び要求し，女は歌い続けた．男は料理した義理の両親の頭や腕，足などの塊をとって，家に持ち帰った．妻は「大きいのが欲しいわ！」と言い，夫は，「ああ，食べよう！」と言った．二人はともに両親を食べた．妻は「まあ，この肉はなんておいしい！」と言った．夫は妻に，「お前は両親の肉を食べているんだよ．お前の母と父だ．なぜかって？　お前は俺のために働かなかったからだ！　だから，ここでお前は一口また一口と両親を食べたんだ！」．妻は「ああ，もう私には両親はいない！」と嘆きはじめ，夫は「これから，お前は

---

*6[訳注]　ンガンドゥに食人習慣があるわけではなく，戒めとしての表現と考えられる.

俺が求めたら俺のために働くんだ」と答えた.

　この教訓は女のためのものだ．女が結婚したら，夫のために働くように家にいて，夫のためにすべてのことをしないといけない．夫がいたら，食事を準備し，夫の服が汚れていたら洗濯する．夫が出て行き戻ってきたら，帰ってくるのが見えたら，椅子をとり，夫が座れるように，座るための特別な場所を差し出さないといけないんだ．これは，子どもたちや孫たちに教えている教訓だよ．

　私は，エンバコを少し飲んで，背中に布をまとったときのことを覚えている．まるで若い女のように踊って踊った．子どもたちと孫はみな笑いに笑った！　私は長い間生きてこの歳に至った．今，私はこんな日々のすべてとともにあり，子どもたちや孫たちとともにいる．これはとてもいいことなんだ．最も辛いのは，両親や祖母，息子や娘，夫の死を考えるときだ．亡くなった人全員を思い出して辛くなるよ．

　私には孫たちがいて，孫たちは私の家で私と一緒に眠る．私は娘たちの夫たちが好きだ．夫たちは私に贈り物をくれるしいいよ．私は，娘たちにすべての教訓を与える．「娘たちよ！　お前たちには夫がいるだろう．お前たちは夫を尊敬しないといけないよ．毎朝，早くに畑に行かないといけないし，家族や子どもたちの世話をしなければいけない．子どもたちは一番大切なものだよ．子どもたちは人生だ．今はHIVという病気があるから，夫は一人じゃないといけない」と．娘たちにこう言うんだ．息子に私は言う．「息子よ，お金を稼いだら，妻や子どもたちに使わないといけない．お金を稼いだら，家を建てないといけない．隣人と喧嘩するんじゃないよ．妻と喧嘩するんじゃない．お前が喧嘩をすると，混乱が生まれる．家族の平穏と静けさを守らないといけないんだよ」と．

　私には教えることが本当にたくさんある！　人生の教訓についてよい例を与えるために，孫たちにたくさんの歌と一緒にお話を教えるん

だ．子どもたちはいつも人生の教訓を理解するわけじゃないから，何度も何度も子どもたち全員が理解するまで教訓を教えるんだ．私は孫と遊ぶ．私が孫たちに教訓を与えていると，孫たちは時々遊び始めてしまう！　だから私は言うんだ．「遊ぶんじゃない．私はお前たちのために食べ物を準備したし，いい教訓もあるんだよ！」と．だけど，孫たちは逃げてしまい，私は後を追いかけるのにへとへとになる．これはこれでいい時間だよ．

ナリ——アカ女性

　私は子どもがいる大人の女よ．勇敢な女．私は子どもたちに教えたから，子どもたちは多くのことを知っているし，伝統薬についても知ってるけど，これはほんの少しで，子どもたちはすべてを知っているわけではないわ．私は子どもたちとヤマノイモを見つけるために森に行く．森に行ったら，私はモパナ（*mopana*）という掘り棒でヤマノイモを掘って掘って掘ったわ．子どもたちはこれを見ていて，私は「これはいいヤマノイモよ」と言ったの．悪いのを見つけたら，「これは悪いものよ」と子どもたちに教えた．娘たちにも教えたわ．「私みたいに，男のために家を建てなさい．細長いクズウコンをとって，それをこんなふうにして．もし男の人を見つけたら，お母さんを思い出しなさい．友達と森に行って食べ物を見つけたら，物を作ったり肉やハチミツを見つけたら，お母さんを思い出しなさい．お前は肉を売ることができるし，ヤマノイモを見つけることも，それを持ち帰って分かち合うこともできるのよ．生活をうまく守っていきなさい」というふうにね．息子たちには，狩猟や油ヤシを探し，魚釣りや罠を学ぶように教えたわ．「お母さんが話しているときは，聞きなさい」と言ったわ．父親は息子たちにたくさん話し教えたの．「村人のために働くなら，勇敢に働きなさい」とね．これが，子どもたちや孫に教えることよ．

コンガ——アカ女性

　私は，踊りは喜びを表すのに大切だと子どもたちに教えてきたんだ．
うれしいとき，太鼓を使って楽しみのために踊り，誰かが亡くなった
ときは儀式として踊る．単なる踊りと儀式の踊りがある．娘の夫の弟
が亡くなった．彼は，イモムシの季節の間に亡くなった．イモムシを
獲るために木に登っていたけど，紐が切れ，地上に落ちて亡くなった
んだ．私たちは月が上ってくるのを待ち，ンジャンバ（njamba）は彼の
ために踊りを計画した．ンジャンバは女で，女の踊りの専門家のこと
なんだ．素晴らしい踊り手であり，女の踊りの偉大な専門家であり，
伝統薬の知識をもっているんだ．もし偉大な踊り手になりたければ，
ンジャンバを見に行き，鍋，山刀，お金をいくらか与えるといい．支
払いを済ませたら，踊りの才能が得られるように，彼女は薬を処方する．
すると素晴らしい踊り手になり，疲れ知らずで踊れるようになるんだ．
踊ると，人々は「とってもしなかやな女がいるよ．なんて素晴らしい
踊り手なんだ」と言うよ．

　人々は，踊りを行うときにンジャンバを招くこともある．彼女は特
別な踊りを知っているんだ．薬に使う樹皮をとり，人々はみんな薬を
与えてもらうのと踊ってもらうために彼女に物を与える．ンジャンバ
は月が上ったときに踊る．月光のもとで踊るとうまくいく．だから人々
は月を待つんだ．彼女は，ジェンギや男のための踊りを行う．踊りの前，
男たちはモレンバイ［p.122 を参照］という踊りの衣装を胸や腰から地
上にかけて身に着ける．ジェンギが踊るとき，ジェンギは曲がりくねっ
て進んだり，くるっと引き返したりしながら動き，ジェンギが近づく
と人々は大声を上げるんだ．ゾウのような危険な動物を殺す精霊もい
て，狩猟の精霊を慰めるために踊るんだよ．トゥーマがいたら，彼は
ゾウを見つけるためにキャンプの他の人たちと一緒に踊る．男たちは
狩るためのゾウを見つけ，トゥーマは槍でゾウを殺し，ゾウは死ぬ．

トゥーマは肉をキャンプに運ぶために女たちを呼ぶ．それから，人々は肉を得た喜びを示すために踊りで祝うんだ．すべての人が，祭りのためにジェンギのために，ゾウの死を祝うために踊る．私たちは，人々が満足していて幸せだったから，お祝いのために踊ったんだ．

　老人はこの知識を息子や娘に引き継ぐ．ハンターであれば，歳を取りもはや狩猟ができなくなったとき，この知識を息子に引き継ぐんだ．ハンターは，「息子よ，お前の父親がする話を聞きなさい．私は狩猟の仕方をよく知っているんだ．この紐をとり，準備しなさい．狩猟のためにキャンプから遠くへ行ったとき，この紐はお前に動物をひき寄せる」と言う．ハンターが弓矢で動物を殺すとき，狩猟薬ンドンビ (ndombi) をつける．この薬を腕に塗ると，動物に矢は命中し，その腕は動物を殺す．銃と，手に擦り込まれたンドンビの薬で，動物は死ぬんだ．

　女たちの中には，ンボンド［p.28を参照］を使う者もいる．邪術師であると非難されたら，彼女たちは，「いいえ，私は邪術師ではないわ．私は他の人に，自分が邪術師でないことを証明する．私にンボンドをちょうだい．そしたら，証明するわ．私を邪術師だと言うなら，私はンボンドを飲んで，それから死ぬ．邪術師と疑われ，ンボンドを飲むことが恥ずかしい」と言う．ンボンドはたんに邪術のためのものではないんだ．もし狩猟キャンプにいたら，人々はみんな網猟に出かけて狩猟を始め，たくさんの動物を殺すけど，動物が獲れなくなる．なぜって，邪術師が人々の中にいるからだよ．どんな動物を得ることもできなくなって，みんなは「以前に私たちはたくさんの動物を殺した！　なのに今，狩猟をしても何も得られない！」と言う．年老いた賢者はンボンドをとり，問題の源を見つけるために，キャンプの脇でそれを準備して飲むんだよ．「前に私たちが狩猟をしたとき，たくさんの動物たちがいた．今はなんにもいない．これは邪術のせいか？」と言う．それから，賢者は一人ずつ邪術師を探す．もし，それが彼の知っている人なら，彼はこのことに気づいて，邪術師を見つけ出すわ．賢

者は邪術師に「猟場をひらきなさい*7. さもなければ，ンボンドを飲みなさい」と語るんだ. 邪術師は恐怖を感じ，猟場をひらくよ. あるいは，女がエキラを見たとき肉を持っていたから，動物があまり獲れなかったのかもしれない. 森にはエカマ［p.206を参照］という木があって，樹皮をはぎ，それを粉にする. それからキャンプに行って，赤い樹皮をとり，すりつぶして，エカマの粉と混ぜ合わせる. キャンプにいるすべての女に来るように言い，血を出してもらうんだ. 女は，カミソリでお腹を切り，お腹から血を出す. すべての女からの血をとり，それから粉をとって，混ぜ合わせるんだよ. これを網に，キャンプの中にある網すべてに塗ると，エキラは終わって，狩猟は続く. これは老人が若者に与える知識だよ.

　老女は女たちに魚の獲り方の知識を引き継ぐんだ. 人々はこの方法で獲らないけど，私は子どもたちに教えるよ. 老人が漁労に使う葉もある. 魚釣りをするなら，この葉をとり，手で絞って手にくまなくつける. それから魚釣りをすると，魚がすぐにかかる. 手や腕についている薬が魚をひきつけるんだ. 本当にすぐに魚はやってきて，獲った魚でたちまち籠はいっぱいになる.

　老女は，夫をすばやく見つける薬ザンボラ［p.182を参照］をくれる. 好きな人がいて，この薬を飲むと，その男はすぐにやってくる. ザンボラは木の葉で，これを粉にして水に加える. 川に行って，これで身体中を洗い，それからすぐ. もう少しこれをとって，クリームにまぜて，身体中によく塗る. 男がぶらっと出てきたとき，彼は家にいる女を見て，「これは，僕の女じゃないか. 彼女を自分の妻にする」と言うだろう. すぐに彼は夫となる. 老人は賢く，いつの時代も若者に昔からある知識を教えてきたんだ.

*7［訳注］　再び動物が獲れるようにすること.

社会の継続と変化──異なる世代の女性のものの見方

ブロンディーヌ──ンガンドゥ女性

　ありがたいことだ（神様のおかげだ）．多くの女たちが死んでしまったけれど，私はこの歳に達したので，感謝している．私には子どもがいて，生命がある．女たちの多くは，男を求めてエイズになって死んでしまった．村にはたくさんの死がある．ここには，ダイヤモンドを探しにやってきたダイヤモンド男がたくさんいた．やってきては若い女の子たちにお金をあげて，エイズにした．かつて私たちは HIV を知らなかったけど，時間が経って，この情報を得た．今は知っているんだ．もし人が痩せていて下痢をしていたなら，エイズだとわかる．男が近づいてきたら，コンドームを使うけど，もしこの男が使わなかったら……．年配の女でさえも愛人がいて，家族みんなに広げてしまうこともあるんだ．もし，女が結婚していたとしても，彼女を望む他の男はいて，愛人がいるんだ．女に心があるなら，拒むだろう．だけど，心がないなら拒めない．女が愛人を拒んだら，男は彼女にンドキを送って，女は恐怖を感じる．私の友達や隣人にこんなことが起こったのを見てきたんだ．夫が旅で家を離れているとき，他の男が来てこの男の妻と関係をもつ．強い心をもたない女は受け入れる．夫は気が付き「おい，お前は俺の妻に何をした？」と言うだろう．男なら，妻を殴り，家の外へ妻を放り出す．それから，夫は妻の愛人を殺すんだ．

テレーズ──ンガンドゥ女性

　かつて人々には力があった．人々は変身する邪術の使い方を知っていたんだ．森に狩猟に行ったら，ヘビを使うことができた．人々は，ヘビにサルを殺しに行かせた．動物へ，例えばヒョウ，ゾウ，サル，

ダイカーへの変身の仕方を知っていて，それで狩りをすることができた．人々はこの方法を学んだ．かつて村人は邪術を使った．かつて生きることは危険だった．今は違っていて，この知識はなくなったんだ．

母と父が私を産み，私が成長したとき，生活は変わらなかった．だけど今，学校，フランス語みたいな言語の学習，テレビ，バイクといったたくさんの新しい変化がある．学校で教育を受ければ，自分がどうしたらいいかわかる．だけど，教育がなければ，どうしたらいいのかわからないだろう？　かつて教育は火のそばにあったんだ．火のそばの教育は，今ではそれほど重要ではない．今は，多くの言葉を書いたり話したりできることが大切なんだ．父と母は，火のそばで私に教えた．私に人生は困難だと教えた．過去から人々の間で多くの戦争や対立があって，両親は私に「どこにも行かないように」と言った．私は家族といなければならず，夜になると，両親は「危険だから，お前は私たちとここにいなさい」と言った．今は違っている．

私が若かったころ，病院はなくて，人々を治療するのは難しかった．病気になって治療を受けに行かないといけないかもしれないから，今は病院が必要だ．病気のとき，人々は医者に診せるために病人を運び，医者は病人に手術をすることもできるんだ！　私は手術を受けたことがあって，していなければ死んでいた．医者は病人に生命を与える！生命と健康が一番だよ．健康ならすべてがあるけど，病気なら，何にもない！　私の時代は，死があり，男たち女たち子どもたちも死んでいたけど，今日のようではなかった．今，人々はほとんど毎日のように死ぬ！　昔はHIV／エイズはなかった．今はたくさんの病気がある．

今はテレビや映画がある．バンギでシャンタルのところを訪れたとき，私はテレビを見た．司祭が私たちに見せたんだ．これはよかったけど，テレビには悪いこともあった．多くの人々がテレビから教育を得て，子どもたちにいいテレビを見せたら，見せた人は多くのことを発見する．私が見たいいものは，イエス・キリストについてのものだっ

た．それはとてもよかったよ．司祭が私にイエス・キリストのことを語るとき，受け入れられなかったけど，テレビでイエス・キリストを見せられたら，私は信じたんだ．テレビで見た悪いことは戦争で，殺人や戦闘によって人々は死に，家は燃やされた．私はこんな戦闘や殺人を子どもたちに見せたくないんだ．ある日，私は近所の子どもたちがテレビの方に向かっていき，悪いテレビを見ているのを見た．それから，子どもたちはテレビで見たように戦いを始めた．これは悪いことだ．

　私は悪いことも，悪い変化についても考えていて，それは銃だと思う．白人が銃を持ってきて，人を殺すのに銃を使う人々も現れた．私の息子バジルは銃で怪我をしたんだ．バジルはヤギを飼っていて，市長の妻はそのヤギを買いたがったけど，価格がとても高いと思った．彼女は夫にヤギが欲しいけど払えないと言い，市長はとても怒って，警察官に私の息子を撃つように言った．

　かつて子どもをもつことは簡単だった．今はお金がかかるから大変だ．今は，子どもがたくさんいて子どもが病気になったら病院に行けるけど，もしお金がなければ，子どもたちは死んでしまう．かつて私たちは伝統薬を使い，それはよく効いたけど，効かないこともあった．今，子どもたちは学校に行く．それは必要なことだけど，お金がかかるんだ．子どものころ，私は物々交換をした．私には山刀があり，もし相手が私にとって必要な罠を持っていたとすると，私たちは山刀と罠を，もしくは肉を交換したんだ．この物々交換は，アフリカのここでは交換形態の一つだ．そのころ白人たちがいなかったから，私たちは交換していたんだ．

　かつては今みたいな服はなかった．人々は樹皮や葉を使っていた（図6.4）．胸に何もつけずに歩くか，服の代わりに動物の皮を身に着けていた．私が子どもだったころ，動物の皮から作られたカンボ（*kangbo*）を着ていた．白人たちがやってきたとき，衣類を持ってきたよ．私た

図6.4 かつて着ていた服の作り方を実演しているアカの女性

ちを一生懸命働かせ，お金を少し与え，そのわずかなお金で服を買わせたんだ．白人たちは黒人たちに物を買うことを教え始めた．私たちの物々交換をやめるように教えたんだ．私たちが今お金で売買しているのはそのせいだ．かつて私たちは必要な食べ物や物を物々交換していたけど，今はお金だ．お金は神様なんだ．

　過去からみると，他にも多くの変化があったよ．かつて塩はなくてトウガラシも油もキューブ型の調味料*8 もなかった．こんな物は使わずに私たちは調理したんだ．私たちは，ペヤ（*peya*）*9 をとって，それで料理した．私たちは私たちの「塩」，つまりムクワ（*moukwa*）という油ヤシの葉からとった塩を使っていた．葉を焼いた後，その灰を，インゴ・ティ・バセンズィ（*ingo ti basenzi*），つまり料理用の塩として使ったんだ．おいしくなかったよ．だけど今，私たちはキューブ型の調味料，塩，火を使う．遠い昔から続いてきたやり方は終わり，もはや焚き火さえない！　私たちはタワ・ティ・バセンズィ（*tawa ti basenzi*）という土鍋を作った．かつて私たちは水や料理用の鍋を作るために土を使ったんだ．いい家はなかった．人々は大きな木の下にある小さな家に住んでいて，その家はボンボ（*bombo*）という樹皮で作られた．屋根は，葉や小枝で覆われていたよ．よいベッドはなかった．人々は，木の枝やケレパ（*kerekpa*）と呼ばれるヤシの葉柄でできたベッドや老人のベッド

*8 ［訳注］　ネスレ社製の化学調味料であるマギーブイヨンのこと．アフリカ西部や中央部の各地で広く使われている．
*9 ［訳注］　著者によるとパヨ（*payo*）とも呼ぶ［p.303を参照］．胚をすりつぶして使う油脂調味料で，イルヴィンギアナッツ（*Irvingia* spp.）である可能性が高い．

で眠った．夜，灯油のランプはなくて，パカ（*packa*）という大きな木の樹液を使ったんだ．

かつて私たちの教育は，焚き火の周りで行われてきた．男も女もお話を通じて子どもたちを教育してきた．かつて人々はタムタム（tom-tom），つまり太鼓で意思疎通を行った．唯一神ではなくて多くの神を信仰していたんだ．キャッサバがあったけど，野生のヤマノイモも食べていた．野生のヤマノイモは植えられたものではなくて，森の中でどこにでも生えていた．このヤマノイモについて教えてくれたのはアカだ．かつて私は母と父と一緒に網猟に出かけた．両親は私に大きな木の近くに隠れるように言った．私は網猟が好きだったよ．網猟は私に食べ物を与えてくれるから．だけど，子どもができてから網猟はあきらめた．はじめ網猟はアカがやっていたけど，後からンガンドゥが網猟を開始したんだ．それから，白人たちは銃を持ってやってきて，私たちが網猟をすることはなくなった．

男女の関係もまた変わった．かつて関係は時々よくなかった．多くの男が女と喧嘩したから．男は女を弱いとみなしていて，多くの仕事を与えた．女は人間だから，今，男女の関係はましになっている．女は自由だ．かつて男は赤ちゃんの身体を洗ったり，料理をしたりしなかった．それは女がする仕事だったけど，今は男が赤ちゃんの身体を洗い，料理をしているのを見ることがある．これはいい関係だ．今，一夫多妻は悪いことだ．だけど，かつてそれはいいことだった．一人の男が三人の女と結婚できるなら，妻たちはみんなでこの男のために仕事を分かち合って，料理や掃除，仕事をしたんだ．今，男は女を抑圧的だと思っているよ．妻は一人がよくて，二人はよくない．男は複数の妻をもったら，問題が起こることを知っているよ．たくさんのお金を与えないといけないし，たくさんの物を必要とする多くの子どもたちがいることになるからね．

私みたいな老人は，ンガンドゥの女になるのがかつてどんなことだっ

たかについて多くのことを知っているんだ．新しくて若い女たちはこのことを知らない．自分たちが必要なことのすべては学校で学べると信じているのはよくないね．私は，学校に行くためにバンギに行った若いンガンドゥの女を知っている．彼女がここに帰ってきたとき，両親は彼女に食べ物をあげたけど，彼女は食べるのを拒んだ．両親がこの娘にキャッサバの根を水洗いしに行くように言ったのに，拒んだんだ．彼女は学校の新しい知識のほうが大事だと感じていたんだ．老人の話を聞くことはいいことだよ．なぜって，若者に教えるべき知識をもっているからなんだ．老人が死んだら，この知識はなくなってしまうよ．

ナリ——アカ女性

　私が幼かったころ，アカは森にいたわ．今，アカの多くが村に来て服を手に入れ，塩や油で味付けした食べ物を食べるように変化した．変化は悪くないわ．私が幼かったころ，人々は動物の毛皮や葉を使っていたわ．歩くと前へ後ろへと揺れた．今私は美しい服と靴を持っている．今，私たちはかつてのアカと同じではないわ．かつて，村人は私たちに大変な仕事を与え，私たちは村人の決まりに沿って生活していた．私たちは森に住むのが好きだったの．村人たちが私たちを嫌っていたから，私たちは村に来るのを好まなかった．森で食べ物を見つけるのはずっと簡単だった．私が若いとき，村人とアカの関係はよくなかったけど，今はいいの．村人は力ずくで私たちの物をとっていかないから．この変化は，アカと争うのはよくないと言った司祭のおかげよ．

　ジョンギという老女がいたわ．彼女は勇敢で女の長のようだった．彼女はすべての女に，「来て，来て．それから，聞いてよ」と呼びかけるの．だから，違うキャンプから女たちみんなが集まってきた．小道

318

から集まった女たちみんなは，ジョンギに長になってもらうために投票したわ．ジャック神父は，彼女に長になるように言った．彼女が友達を呼ぶと，友達はやってきた．それから一緒に話したわ．「お母さんたち，妹たち，私はみんなに集まるように呼びかけているんだ．私たちは村の女のためにとても一生懸命働いているけど，彼女たちは私たちにほとんど何もくれない．ほとんど何もくれないから，飢えの恐れがあるんだ．女たちよ，今日から子どもたちが食べる物を見つけるために，それぞれ自分の畑で働くんだ」と．お母さん［ジョンギ］は，すべての女に言ったわ．

　私がンゴンド，つまり思春期のころ，私たちに恵みを与えてくれる森の神ジェンギを見たわ．私はジェンギのために踊った．今，私は聖なるキリスト教の神を信じているから，ジェンギを悪魔のように思う．司祭がジェンギは神ではないと言ったわ．私はジェンギから去ったの．唯一神を信じている．私は森に行ったら，肉や魚，ココの葉を見つける．ジェンギを信じていたころ，今ほど食べ物を手にすることはできなかった．ジェンギは私の子どもたちにとっても最善の知識ではないのよ．私がジェンギを信じたなら，子どもたちも信じるでしょう．だけど，私が聖なる神を信じたなら，子どもたちも同じ神を信じる．私と同じように今はもう子どもたちはジェンギを信じないわ．子どもたちは，ジェンギについての知識をなくすでしょうね．

　唯一神はいい人だから，私たちはジェンギの知識を失う必要があるの．私が死んだら，ジェンギではなく神のところへ行くわ．これが神の民＊10 というものよ．司祭は，ジェンギは悪いもので，不可思議で，邪術的で，因習的（トラディショナル）なものだと言うわ．神を信じるのはよいことよ．神は見えないけど，私たちを生かしているのよ．ジャック神父は，唯一神が人々を守っていると言ったわ．かつて私たちはジェンギが私たち

＊10［訳注］　キリスト教徒の自称．

を守っていると考えていたけど，神はジェンギより偉大だから私たちは変えたの．神は人々を守るための力をジェンギよりも持っている．私たちにとってジェンギは死んだのよ．神は神聖だから，私たちは神だけを信じているわ．神は唯一の存在だけど，ジェンギはたくさんいるわ．私はジェンギのために踊るのが好きだけど，それはただ踊る楽しみのためよ．神が一番よ．神は力や生命を与えてくれて，私は死んだら神のもとへ帰るの．ジェンギは私に何もくれないわ．ただ踊りだけ．森からの肉，ハチミツ，野生のヤマノイモ，すべては神からもたらされる．司祭は私たちに，ジェンギは邪悪で，私たちがジェンギを信じたら，ジェンギは私たちを焼き殺すだろうと言ったわ．

　神父が私に「お前は神によって創造されたんだ．神を信じると，神が見えるだろう．だが，神を信じなければ，ジェンギはお前を焼き殺すだろう．ジェンギはお前の血を求めているんだ」と言ったから，ジェンギへの信仰を変えるのは私にとって難しくなかった．多くの人は同じ理由でジェンギを去ったわ．ジェンギのための踊りの後，ジェンギは人々を連れ去って焼いて食べるもの．司祭はこんなふうに私たちに語ったの．司祭たちは白人だから，このことをどうやって知ったのかしら？　だけど，私たちはジェンギが強力なことを知っているわ．ジェンギは森からやってきて，私たちに多くのものを与えてきたけど，後で血を求めるのよ．

　私たちは昔からの生き方のいくらかを失って，いくらかを維持している．私たちは私たちの間で親しさと愛情を保ってきたの．私たちは物を分かち合う．ある日，私には何もないかもしれない．そのときに隣人は私に与えてくれ，いつか私は彼女に与えるだろうから．分かち合うのは食べ物だけではなく多くのものよ．子どもたちの世話もまた同じ．子どもたちはとても重要よ．私たちはどこへでも子どもたちと一緒に行くの．

コンガ──アカ女性

　現在と過去の違いは，かつて私たちはとてもよく食べたということ
なんだ．今，私たちはキューブ型の調味料で料理して，ヤシ油がある
けど，肉は少ない．かつて私たちは自然の塩で食べ物を料理して食べ
た．今，私たちが働くと，村人の男たちや女たちは私たちにお金をく
れる．かつてココの商売はなかったけど，今はあるんだ．服や靴を買
うことだってできる．この商売から得た多くの物を家に持っているよ．
鍋，皿，服，山刀を持っているんだ．かつてはよい服を持っていなくて，
森でとれるントゥル（ntoulu）の葉をまとっていた．私たちは赤ちゃん
たちをカンボという動物の皮で作られた抱っこひもで抱っこした．今，
私たちは幼い子どもたちを布で抱っこする．宣教師は人々に知識と布
を与えた．だけど，今は商売を通じて服を得ているよ．今，ンガンドゥ
の女との関係はよい．かつて私たちは自分たちでは畑を作らず，村か
ら来た農耕民の女がいたら畑に一緒に行った．その女は自分の畑で働
かせるために私を連れて行った．仕事が終わったら，女は私にキャッ
サバ，ギニアヤム，キャッサバの葉をくれた．私はこれをキャンプに
持ち帰り，食事の準備をしたんだ．今もンガンドゥの女と仕事で助け
合っているよ．

　私が若かったころ，モレンバイ・レンバイ［p.122を参照］といういい踊りがあった．私は踊って踊ったんだ．ジェンギのためにいい踊り
をするのが好きだった！　ジェンギはアカのためにとても上手に踊っ
たから，人々はみんなジェンギのためにたくさん踊った．ジェンギに
はいろいろな種類があるんだ．単純な踊りだと，ジェンギは地上で踊る．
空中で踊るものもある．ジェンギは精霊なんだ．私たちは，ジェンギ
を呼び出して，誰かを殺してその人の生命力，つまり悪魔の力[11]を得
た彼の父親あるいは彼の母親がいることを知らせるために踊った．も
し，自分の母親か父親を殺してその力を得たならば，悪魔の精霊であ

るジェンギと一緒に空中で踊ることができるんだ．私が若かったころ，ジェンギは人々に突撃し，人々は泣き叫んでいた．この得体のしれないジェンギを見て逃げ出したものだ．かつて，私たちがジェンギのために踊ったころは，踊りはとても得体のしれないものだったんだ．もう，ジェンギと同じ力をもっていた祖父母たちは死んだ．今，子どもたちが知っているのは，ただの単純なジェンギだけだよ．私が過去について知っているのは，ジェンギが踊ったとき，人々はみんな距離をとっていたということだ．このジェンギはとても危険だったんだ．だけど今では，人々が踊ってジェンギに触れているのを見かける．古いジェンギは人々の血を得るために踊った．ジェンギは自分がさらに強力になるために血を得ようと，人々を殺した．ジェンギは人々を殺すために連れ去り，森の中に消えていったんだ．仲間のうちの一人がキャンプで消えるのを見たとき，私たちはこのジェンギがこの人を連れて行ったことを記憶にとどめた．彼は森の精霊なんだ．

　普通のジェンギは森のそばの村に住んでいる．力をもっているけど，その力は人々を殺すためのものではないよ．女はジェンギに近付けないから，私は彼の力がわからない．だけど，男は彼の力を知っているんだ．ジェンギは女には悪いことはせず，女はよいジェンギを怖がらない．女はジェンギとともに踊りたいだけなんだ．いつジェンギが来るかは男だけが知っている．女はジェンギについていくらか知識があるけど，この知識を男たちと共有しない．私たちはいつジェンギが来る用意が整うのかを知っている．ジェンギは小径を作り，私たちは彼のところまで花を持っていき，踊りの準備をする．私たちがジェンギ

*11［訳注］　著者によると，邪術的な力のことであり，「空中で踊る」ような「悪い」ジェンギ，つまり「悪魔」の精霊は，人々の生命力を取ってわがものとすることで力を増大させると信じられている．同様に，ジェンギの父親あるいは母親である邪術師は自分の親をはじめ他者の生命力を取りこむことで自身の力を増大させてジェンギと一緒に「空中で踊る」ことができるようになる．

に挨拶をしなければ，彼は怒って去ってしまうんだ．

　私は子どもたちに教えてきた．子どもたちに，「ジェンギが踊っているのを見たら，ジェンギに近づいてはいけないよ．ジェンギがお前を押してお前は死んでしまうから．いいジェンギがお前を押してもお前は死なない．だけど，お前は熱のような痛みを感じるだろう」と言った．これは，ジェンギが踊っているときに，近づいてほしくないことを示しているだけだから，悪いことではないんだ．私はこの知識を両親や祖父母から得た．両親や祖父母は私に生き方を教えたよ．私はこの知識を得たけど，今の人々は両親のそばで生きることを望まないんだ．人々はどこにでも行ってしまう．両親が死んでしまえば，人々は両親がもっていたジェンギの知識がわからないよ．

　狩猟のために，男たちは女たちよりも森を愛するんだ．女たちは村を好む．男たちが森で狩猟をしているとき，女たちは村へ戻り，休んだり動物を売ったりする．私がもっと幼くて小さな子どもだったころ，変化を知らなかったけど，今私にはわかる．小さいころ，私は森で暮らすほうが好きだった．私だけじゃなく，アカの男も女も多くがそうだったんだ．私たちは森で暮らす必要があった．

　今，私たちは健康でいるために働き，村人を手助けしているから，村に住みたいんだ．ボガンダが大統領だったとき，私たちはこの変化に気づき始めた．ボガンダは中央アフリカ共和国に白人たちを連れてきた．白人たちがナンベレ村に来たとき，たくさんのアカが森に暮らしているのを見て，よいことと思わなかった．白人たちはアカとンガンドゥは同じだと考えた．ンガンドゥは私たちが動物のようだと言ったんだ．私たちは森で小さな家に住んでいて，上半身が裸だった．私たちは素足だった．私たちアカは初め，動物を殺して村人のところに持っていくために網猟をした．その後，村人は多くのアカが網猟を行い，白人たちがやってくるのを見た．白人たちは新しい植物を持ってきて，森にこの植物の種を撒いたんだ．塩やお金，飴やネックレスを持って

きた．白人たちは私たちに厳しい仕事をさせなかった．だけど，私たちの血をとった．私たちの血から病気を見つけるテストをしたんだ．病気を見つけたら，私たちに薬をくれた．白人たちは私たちの血をカバンにいくらか入れた．私はこれで白人たちが何をしたのかわからない．

　白人たちは，私たちがンガンドゥと一緒に住んで，ンガンドゥといい関係でいることを望んだ．初めて来た白人は，アメリカ人の宣教師でバーバラ・ウッドと呼ばれていた．彼はアカに村でンガンドゥの隣に住んでほしがった．2番目はカトリックの宣教師で，私たちに村から離れて森の中に住まないように言った．宣教師たちは，私たちが村の横に引っ越したら，私たちのために学校や病院，教会を建てると言った．森での私たちの生活の仕方は悪いとは言わなかったけど，村の横に住んで，森へは休暇のように行くのがよいと言ったんだ．

　ここ出身の人々は長い間網猟をしたけど，今私たちは網猟をしない．だけど，おそらくバサコの道で他の人々はやっている．網を作るのがとても大変だから，私たちは網猟をやめたんだ．若い子どもたちは，網をどんなふうに作るのかという知識を失いつつあるよ．若い子どもたちは銃を使いたがる．食べ物を見つけるのがずっと早いんだ．もし網猟を失ったら，自分自身で「自分の人生をどんなふうに生きていったらいいのか？」と考えるから，この網猟についての知識を失うのは悪いことではない．だけど，人々は新しい知識を学ぶ．新しい知識を見つけるのはいい．それから，よく食べてよく寝ることだ．

　今，「油ヤシを見つけろ」と言うと，子どもたちは拒む！　かつて子どもたちは決して拒まなかった！　かつてアカは村人たちのために働いたけど，仕事に対して十分な報酬がなかった．革命がなかったから．私たちはとても一生懸命働いたけど，ほんの少しの塩を得るだけだった．今私たちは働けば，お金を手にすることができるように要求する．よい仕事だと，食べるための食料を勝ちとる．もし働かなければ食べ物はないんだ．かりに疲れていてキャンプにいたら，働かないから食

べ物もない.

　私たちの生活は変わってきた. 私たちは森でたくさん暮らした. 太陽から逃れていた. 私たちは1ヵ月間村にやってくるだけだった. このごろ, 宣教師の教えによって人々は農耕を始めた. アカの人々は土地を買わない. 土地は白人たちのもので, 村人の土地ではない. 私は少しだけ農耕をする. 木を伐り燃やす. 私はタロイモ, トウモロコシ, キャッサバの根茎を植える. 子どもたちは私を助けてくれるよ.

　今, 私たちは服を着て, ラジオを持っているんだ. あるアカは, 自ら村人のようにふるまう. 女たちは宝石を身に着けたり, 腕にブレスレットを着ける. 以前はそんなものはなかったよ. 村の女たちはとても一生懸命働く! 彼女たちは自分たちの畑で働き, 食事を準備して, 子どもたちの世話をするんだ. 村の男たち, 女たち, それから子どもたちはみんな服を身に着け, 村の人たちの服は清潔だ. 村人は足に靴を履いて歩き, 私たちアカは靴を履かずに歩く. 村の両親たちは子どもたちに敬意を抱き愛しもする. それから, 子どもたちは両親を愛し尊敬するんだ. 子どもたちは学校に行く. 今, 私たちは変わりつつある. 私たちは子どもたちに敬意を教え, 子どもたちは学校に行く. 私たちはンガンドゥとともに, 子どもたちを愛する. 同じなんだ. 変化の中にはよいものもあるよ.

　多くのものごとが変化しているけど, 父親が赤ちゃんの世話をすることは変わっていない. 父親はかつてのアカの父親みたいに赤ちゃんの世話をする. かつて, 父親が赤ちゃんを抱き, その妻は他の子どもを抱き, 人々は一緒に歩いた. 今もまだそうしているよ.

グローバルな世界と地域世界の交差点にある人生

　年老いた女性の人生は, 激動の歴史, 社会, 政治, 経済の変容に対して, 変化し続けるヒトの生物学と社会的アイデンティティ, 力,

威信，権力，特権の移り変わりについて物語る．結婚はとり決められない．子どもたちと孫たちの世代は自らが望む人と結婚する．ンガンドゥの婚資は，動物や物，お金という贈り物で支払われる．市場経済が普及するにつれ，換金作物や賃労働の比重が大きくなり，若いンガンドゥや年老いたンガンドゥ，そしてアカの女性の仕事の内容や日々の生活も大きく変化し続けている．上昇する教育費や医療費，衣類や食料のせいで，複数の妻を迎えることができるンガンドゥの男性も少なくなり，より小規模な家族をもつようになっている．HIV／エイズという伝染病についての世間の知識と個人的な経験は増加しつつある．ナンベレ村で私が知っているンガンドゥの年老いた女性の中で，学校に行った経験があるのは少数で，フランス語を話せる者はまだ少ない．しかし現在，ンガンドゥやアカの子どもたちや孫たちの多くが学校に行くことができる．近現代史において初めて，アカは中央アフリカ共和国の国語であるサンゴ語とフランス語を教えられている．子どもたちは限られているとはいえ，初等教育の次の段階に進む機会がある．実際，最近ナンベレ地区出身の二人のアカの少年は，高校2年生に進学した．ンガンドゥの生徒の中には少数だが，バンギ大学*12 に通える者もいる．ナリが言うように，変化の中にはよいものもある．

森のキャンプに長期間滞在するアカはほとんどいない．アカの家族の中には，村に近いところで小さな畑をもっている者もいる．女性たちは，森で採集をするよりはむしろこのような畑から食料を収穫することに時間を使う．家族で行う網猟，とくにこの研究を行った小径沿いでは減少した．アカの男性はンガンドゥから借りた銃を使いたがる．その結果アカの夫と妻たちは，かつてよりも一緒にいる時間が少なくなっている．網猟よりも自分の畑で働き銃猟を行う

* 12 ［訳注］ 中央アフリカ共和国の首都バンギ市にある公立大学．1969 年設立．

ため，しっかりと統合された平等主義社会を生み出し維持するために肝要である，社会的ネットワークやシェアリングの義務や結束は変わりつつある．物質的な不平等の拡大，農耕化，ンガンドゥへの依存の減少，新しい宗教的信仰，教育がどんなふうにアカの文化や生活を変えているのかをみるのは時期尚早である．だが，定住化や農耕の実践，学校やヘルスケアが身近になったという変化が多くの女性たちに肯定的に評価されているのは明らかである．

　アカがンガンドゥに安い労働力を提供し，ンガンドゥの代わりに働くことを次第に拒否するようになるにつれて，アカとンガンドゥの間の政治的，経済的，文化的なネットワーク，両集団の結束はゆっくりと変化しつつある[5]．さらに，この地のヨーロッパの宣教師は，アカの需要に合わせて出張サービスを行う近代的な医療センターを建てた．あるンガンドゥの女性は当然のことのように，「今，治療してもらうのを長い列で待った挙句，時々治療を拒まれるのは私たちだ．宣教師はピグミーを好み，私たちは病気のままなんだ．アカはたくさん支払う必要はなく，アカの後ろで待つ私たちはたくさん支払わされる」と語った．アカとンガンドゥ女性の間の構造化された上下関係は，どのように変容するのかという問題が残っている．宗教の統合や教育，ヘルスケア，自立，増加する機会，「伝統的な」上下関係の変化が，両集団の女性に生活の新しい秩序をもたらすのかはまだわからない．

　小規模社会の人類学的研究では，成人した子どもたちや孫がいる中年女性や高齢女性の主観的な経験は注目されてこなかった[6]．また，かりに見落とされていなかったとしても，彼女たちは，さまざまなやり方で均質化され，単純化されて表象される．例えば，国内外や地域社会，家庭における貧しく力のない犠牲者といった描写であったり，授乳する母親から食料供給する閉経後の祖母へと移行しつつあるただ生物学的な存在として描かれるといったように．アカ

やンガンドゥの女性たちは子どもの世話を行い，政治的，経済的，歴史的，そして社会的な権力と闘ってきたが，彼女たちの語りは，中年または年老いた個人として，人生は多くの生物学的，社会的，文化的，そして歴史的な位相を含んでいることを示す．

　以下の節では，女性の人生の普遍的な段階について見てみたい．これは，閉経や女性の生殖後の長い生存期間の進化［p.196 を参照］を説明しようとする人類学者，生物学者，生殖の生理学者の探求心を刺激してきた．とくに閉経後の女性は，孫たちが乳離れする時期に孫の生存率を増加させる食料供給の役割を果たしているのだろうか？　祖母は食料を与え，身体を洗い，赤ちゃんの世話をし，孫に授乳のようなことさえもする．だが，父親，オバ，オジ，兄弟姉妹，いとこ，親族関係のない子どもたちや大人たちのような他者の多くも同じように子育てに貢献する．閉経は，祖母が大切な子孫へ投資することを許容し，それによって彼女たちに包括適応度［p.336 を参照］を増加させる適応なのだろうか．あるいは，閉経は長い生存期間の単なる副産物なのだろうか．

祖母，親族関係，健康

　食料供給，閉経，閉経後の長い生存期間の進化についての研究は，ホルモン・レベルの評価，生殖能力，タイムアロケーション*13，そして食料供給の調査とともにさまざまな分野の多くの研究者に

＊13［訳注］　生活時間調査法．一般的な方法として，起床を起点として時系列に活動とその時間を記録する方法や，時間をベースとして活動を記録する方法がある．生計活動の種類と費やされた時間，睡眠時間や休息時間，余暇の活動・時間といった日常生活の行動パターンや生活様式の情報が得られる．これらをもとに，活動の性差，季節差，年齢差などについても検討できる．山内太郎 2018「日常をハカル──時空間利用と身体活動への展望」『日本食生活学会誌』28(4): 247-252．

よって行われてきた[7]．多くの研究は，鍵となる二つの仮説のうちのいずれかについて証拠を検討してきた[8]．すなわち，生殖能力のない女性たちに大切な子孫に投資することを許し，それによって彼女たちの包括適応度を増加させる適応として閉経を肯定的に仮定する「祖母仮説」[p.335 を参照]と，人間の生殖能力の老化に焦点を当て，「副産物」として閉経をともなう生殖後の長い生存期間を支持する「身体化された資本仮説」[p.335 を参照]である．

　祖母仮説では，歳を取った女性の生殖期間後の長い人生は，閉経後に彼女たちが行う特別な食料供給や世話によって，娘の生殖能力と大切な子孫が生存する機会を高める働きをすると仮定する[9]．加えて祖母仮説は，閉経は副産物であり，孫に対する祖母の行動は長寿を促進する適応であると提案する[10]．「身体化された資本仮説」は，若者から高齢者への加齢にともなう経済的な生産力と生殖能力の減少が，長寿や生存により多くのエネルギーを投資するために選択されたものだと提案する[11]．ハミルトンの血縁淘汰／包括適応度理論では，「サービスの受け手が得る適応度の利益」（b）を「サービスの提供者が払う適応度の犠牲」（c）で割ったものが遺伝学上の血縁度（r）の逆数よりも大きかった場合に（b/c>1/r），提供者による手助けと食料供給が支持されると予測する[12][p.336 を参照]．そして事実，多くの研究は，身近な親族が子どもたちに食料を提供し，そしてこのことが子どもたちの生存能力に直接的な影響をもつことを示唆している[13]．

　コンゴ民主共和国のイトゥリ（Ituri）の森に住む狩猟採集民エフェ（Efe）では，広範囲かつ集中的に両親以外の者が育児にかかわる様子がみられ，1 歳のときに世話をする人の数が，3 歳までの生存にプラスに寄与する[14]ようだ．東アフリカのハッザ（Hadza）という狩猟採集民にとっては，年上の母方の親族（祖母と大オバ）は重要な提供者であり，世話人であり，娘の乳離れした子どもへ食料を提

供し，子どもたちの生存能力を高めている[15]．中東部アフリカの狩猟採集民とガンビアに暮らす西部アフリカの農民はすべて同じ類型を示す．すなわち，親族による豊かな補充をもつこと，とくに母方の祖母の存在が子の生存能力を高めるのだ[16]．ガンビアでは，子どもにとって母方の祖母を近くにもつことの生存上の利点は，感情的なストレスと新しい食料の導入によってもたらされる非常に脆弱な時期，つまり乳離れの時期にみられる[17]．親族と健康の関係について研究したドレイパー（Draper）とハウェル（Howell）は，生存する高齢者の親族をもつことは，ドベ！クン（Dobe! Kung）の子どもたちの栄養状況や健康，生存を高めていると論じている．ただしドレイパーとハウェルは，私がアカとンガンドゥで同様の結果を得たように[*14]，健康と生存は高齢者の直系親族または母系の祖母たちのような特定の直系親族がどれだけ利用できるのかには影響されないとしている[18]．

　ベビーシッターや食料を提供する祖母という役割以上に，高齢者の最も有用な機能の一つはおそらく，テレーズの20歳の孫息子が言うように，「今の子どもたちにとって，高齢者は知識の図書館のようなものだと考えられる」[19]と言うことだ．ナリ，コンガ，ブロンディーヌ，テレーズは，祖母として長い経験をもっており，文化の「師」として彼女たちの子どもたちや孫たちに知識を授ける．祖父母は，子どもたちがまだ蓄積していないような資源，地位，知識，技術[20]をもっているだろう．祖父母は，誰が誰と繋がっているのか，数百種もの動植物の名前，習性，利用法，条件がよくないときにどこで食料を見つけられるのか[21]といったことを知っている．高齢者は，子や孫に食料を提供しながら文化的な知識を伝え，おそらくこれは他の社会にとってと同様に，「生死にかかわる事柄」に違いない[22]．

　宣教師，ローカルNGOおよび国際NGO，政府によるこれらの地

域への介入は増加しているが，子どもたちや育児中の女性など特定のカテゴリーの人々に活動の対象を限定し，中年や高齢者などは除外されるため，世帯レベルや女性たちが属する集団レベルにおける文化保全や経済開発に中高年女性が与える重要な影響は見落とされがちである[23]．高齢者が除外されるのは，第一に，政策作成者が高齢者の活動や貢献について考慮しないためである．それは不運なことではあるが，年老いた女性たちは，劇的に変化する世界で生きていく上でのさまざまな課題に対処するのに役立つ文化的信念や実践を強化しつつ，重要な貢献をなしうる．

　過去数十年の間は，中部アフリカ地域の多くの人たちにとてつもなく大きな変容をもたらした．これらの文化は生きながらえ，また多くの力に適応していった[24]．ここでいう力とは，グローバル化する世界の着実な浸透，市場経済への依存の拡大，貨幣の重要性の増大，換金耕作と交易，教育と読み書き能力の上昇，伝統的な信仰と実践のキリスト教への置き換わり，人口増加，再定住，森林伐採，ジェンダーとエスニシティの階層的な構造の変化のことである．アカの自律性，ンガンドゥ女性の力強い回復力（レジリエンス）は，変わりつつある世界への適応を可能にしてきたのである．

＊14［訳注］　10〜20歳のアカとンガンドゥを対象に行った身体活動とBMIの関係についての著者による調査では，両集団ともにBMIと両親と一緒にいる時間の長さは関係がなかった．また，祖父母と一緒にいる時間は同世代の人たちや両親と一緒にいる時間と比べて少ないことがわかった．10歳以下の子どもたちと祖母の関係についてさらなる調査・研究が求められる．Hewlett, B. L., n. d. "Intracultural Variability in Levels of Physical Activity and Inactivity Among Aka forager and Ngandu farmer adolescents of the Central African Republic." Unpublished manuscript.

フィールドノートから

2002年秋

　今日，私は古い民家のような場所を訪れたと思う．大きな敷地には，一人の年老いた女性か男性がいるものだが，ここには二つの小さな家と一つの大きな家があり三人の老人がいた．年老いた一人の男は長い家の遠端に座っていた．この家は，赤土に屋根を葺いて作られ，内側の床には同じく赤土が敷かれているが，掃き清められ，つやのない壁で二つの部屋に分けられていた．そして，その男は杖を持って端に座り，逆側の端には老女が緑色の葉の食べ物の入った深皿のそばにかがんでいた．この食べ物は，ホウレンソウのように見えるが味はよい．彼女が見上げ，微笑んだとき，三つか四つの残った歯は緑色で，顔中はしわが刻まれてくたびれていたが，瞳はとても優しく温かった．もう一人の女性は歯がなく，言葉を紡ぎ出すために口じゅうを動かさなければならなかった．両方の老女ともに背は棒のようにまっすぐで，歯のない方の女性の背は腰で曲がって，完全に地面と平行になっていた．なんと，仕事の人生とぴんと伸びた姿勢で頭に重い荷物を載せて運ぶ姿勢がそうさせたのだろうか．

　昨晩，シロアリは羽をぬぎ，地面に身を隠した．だから今朝は道中にシロアリの羽があった．村の子どもたちは，不運なシロアリたちを小枝に突き刺し，焼いて食べた．今日，BとNとアカが数人訪れた．今いったい，いくつくらいの村のキャンプがここにあるのか．信じられない．とても近くて，たくさんの人がいて，とても大きい．訪問者は私に，伐採や狩猟によってコンゴ人が森で人々を脅かし，国境を拡大し，中央アフリカ共和国に近づいてきているのだと，理由を語った．どんなふうに国境線が動くのか？　そして，カトリックのシスターと

イタリア人の司祭は，隣に定住するための道を作るのでナンベレの方に移動するようにとアカに言った．どういうことかわからないが，このことはもっと調べてみなければ．

2010年秋

S が子どもを授かった !!!　妊娠が可能だとは思わなかった．S は歳を取りすぎているし病気だと思っていた．だけど，私は証拠を握っている．愛おしい小さな，そして健康な赤ちゃん．S はとても幸せそうで誇りに満ちている！　その赤ちゃんは 3 か月くらいだ．家に帰る途中 L に出会い，L は私たちを夕食に誘った．そして！　私が前回ここにいたときに植えたキャッサバはうまく育っており，畑のその部分はまだ私のものだと言った．私たちは雄鶏のおかげで毎日早く起き，ヤギの糞のコーヒーを飲み，仕事を始める．T はとても優しく，自分のような老人と話すことがいかに重要かと語り続ける．彼女はとても強くて気骨がある．それから，私は出て行き，N を訪れる．彼女はとても面白い人で，とても優しく微笑み，質問されたり私が間抜けなことしたりするといつもくすっと笑う．彼女と私は赤ちゃんの誕生をとても不安に待ったが，私が去った 2 日後，彼女に赤ちゃんが生まれた．かわいらしい．K はちょうどキャンプに今日到着し，すでに家を建てた．彼女は T と同じくらいの歳で，同じく気骨がある．彼女もまた健康で，うまいことやっていて，いつも彼女の膝の上に孫たちをのせている．

雨が流れ込むなか，私は S の赤ちゃんを抱きながら森のキャンプの小屋の中に腰を下ろしていた．私たちのいる内側は乾いている !!!!!まあそんなところで，小さな赤ちゃんは小刻みにくねくね動き回り，愛らしい小さなあくびをし，それからおしっこをかける．帰ってきてとても幸せだ！　私が知っている人はほとんどみんなまだ生きていて

元気だった．とてもたくさんの変化があったが，少なくともみんな大丈夫だった．

考察のための問い

1. 異文化の人々は，どんなふうに高齢者を扱うだろうか？ 歳を取った人々にどのような感情をもつだろうか？ 何歳で人は老いるのか？ 老齢期は，その人の実年齢または肉体的な弱さ，精神的退化によって決定されるのだろうか？

2. アカやンガンドゥの女性たちが，閉経とともに「男のようだ」と述べるのは，どのような意味か？ イギリスや日本，ヨーロッパ，アメリカのような異文化では閉経は異なってみられているのだろうか？ それはなぜか？ あるいは，なぜそうではないのか？

3. 歳を取っていること，高齢であることは，劇的に変化しつつある世界の中で，生活について増加する必要と課題に対処するのに役に立つ，社会的実践を維持・強化する上でどのような利点があるだろうか？

［用語解説］祖母仮説

　ヒトの生活史に固有の特徴だと考えられる閉経とその後の長い余生が，なぜ進化したのかを説明しようとする仮説で，おばあさん仮説ともいう．ヒトの女性には閉経があり，閉経後の寿命が数十年にもおよぶ．他の霊長類（例えばチンパンジーは5年に1回）に比べて，ヒトの出産間隔は短いため育児の手間がかかる期間が集中する．生殖活動を終えた後の女性が長く生存し，他の個体とともに共同育児，つまりアロマザリングに参加して自分の孫世代への食料供給や子育てに寄与することで，子孫の生存確率を向上させ，ひいては自身の遺伝子が引き継がれていくことに貢献できる（つまり包括適応度を向上できる）かもしれない．そのためには，閉経後も長期にわたって身体を維持する必要が出てくるだろう．このように祖母仮説では，ヒトの閉経が進化した理由として，祖母の子孫世代への投資が重要だったと考える．

［参考文献］Hawkes, K., O'Connell, J., Blurton-Jones, N., Alvarez, H. and Charnov, E. 2018. Grandmothering, Menopause, and the Evolution of Human Life Histories. *PNAS* 95: 1336-1339.

［用語解説］身体化された資本仮説

　生物学における生活史理論［p.196を参照］と経済学における資本投資の理論を組み合わせたものであり，身体または身体資本の蓄えにおける投資として，成長・発達・維持のプロセスを扱う．栄養成長と生殖へのエネルギー投資のあいだには，共時的なトレードオフと，通時的なトレードオフが存在する．身体化された資本とは物理的な意味では，組織化された身体組織，つまり筋肉や消化器官，脳などであり，機能的な意味では，体力，免疫機能，筋肉の動きの協調，技術，知識，その他の能力のことである．これらに基づくエネルギーの生産力は年齢とともに変化し，その限られた資本をどこにどのように投資していくのかが，生物の生存と繁殖のために重要な戦略となる．身体化された資本仮説（embodied capital hypothesis）では，加齢によって経済的な生産力が低下する中，長寿や生存の上で必要となる投資を補うために，生殖能力の低下を選択するという戦略が提案されている．

［参考文献］Kaplan, H., Bock, J. and Hoper, P., 2015. Fertility Theory: Embodied-Capital Theory of Life History Evolution. *International Encyclopedia of the Social & Behavioral Sciences*, Volume 9, ed. James D. Wright, 28-34. Amsterdam: Elsevier.

[用語解説] ハミルトンの包括適応度と血縁淘汰

　包括適応度（inclusive fitness）と血縁淘汰（kin selection）の理論は，1964年にイギリスの進化生物学者ウィリアム・ハミルトン（William Hamilton）によって提唱された学説で，その後の進化生物学に大きな影響を与えた．ダーウィンが言ったようにすべての生物が繁殖を目指しているとするなら，自らは繁殖を行わずに女王である姉妹の子を育てるという利他的な行動をとる働きバチのような行動はどのように説明できるのだろうか．これを説明したのが，包括適応度と血縁淘汰という考え方である．

　この学説は，進化を集団，つまり個体群における遺伝子頻度の変化とみなす集団遺伝学的観点からとらえる．進化生物学の教科書によると（長谷川・長谷川 2000），適応度は一般的に，「ある生物個体がその生涯で生んだ次世代の子のうち，繁殖年齢まで成長できた子の数」であるとされ，その値は「生存率×繁殖率」で計算される．これを全体の値で相対化する場合もある．ある遺伝子が集団内における分布頻度を増やすためには，その遺伝子をもつ個体すべてが子を多く残すやり方が最善とは限らず，その遺伝子をもつ個体の適応度が平均してそれをもたない個体の適応度を上回ればよいとも考えられる．つまり，一部の個体が自身の生存や生殖の機会を犠牲にして，同じ遺伝子をもつ他個体の繁殖を助けることは，結果的に遺伝子の平均適応度を上げ，集団内での当該遺伝子の分布頻度を増加させるのである．

　そこでハミルトンは，個体が直接残す子の数だけではなく，血縁者を通じて残す子の数を含めて適応度を計算することを提唱した．例えば，個体 A が自分との共通祖先に由来する遺伝子を共有する血縁者 B に対して，利他行動をしたと考えてみる．個体 A はその行動の結果，自らの適応度を c 減少させるが，個体 B の適応度が b 増加する．A と B の血縁度の高さを係数 r で表すと，r は，二個体のあいだで同じ祖先に由来する特定の遺伝子を共有する確率で表される．例えば r は，親子 0.5，兄弟姉妹 0.5，祖父母と孫 0.25，いとこ 0.125 になる（求め方の詳細は長谷川 2000 を参照．定義は辻 2006 に詳しい）．個体 A の適応度は c だけ減少するが，個体 B は A と同じ遺伝子を共有している確率が r だけあるので，個体 B が受ける適応度の増加分 b に r をかけた積

の分だけ，Aの遺伝子は増えることになる．Aが何もしないときの適応度を1とすると，個体Aの利他行動の結果，その遺伝子の適応度は，$1 - c + r \cdot b$となる．これが包括適応度である．この値が1以上になった場合，つまり$r \cdot b - c > 0$のときに，利他的な行動をした方が包括適応度は上昇するので，この行動は進化することになる．この不等式は，rが大きく，かつcが小さいほど，利他行動は進化しやすいことを示しており，$b / c > 1 / r$と表わすこともできる．これをハミルトンの血縁淘汰の法則，あるいはハミルトン則という．

　ハミルトンは，血縁淘汰を社会性昆虫に見られる利他的な行動にあてはめて考え，包括適応度の概念によってこのような行動を説明したのであるが，他の多くの動物においても血縁淘汰が作用している例が確認されている．たとえば，マカクやヒヒのような群れ生活をする霊長類では，母方の血縁でつながっているメスたちが強い絆を持ち，母親を失った孤児が姉やオバの保護を受けることがわかっている [p.384 を参照]．また，食肉目や鳥類の子どものなかには，成熟しても親元に留まり，年少の弟妹の養育を手伝うヘルパー行動を行うものもいる．本章でも議論されていたように，近親者を優遇するというヒトの普遍的な行動パターンもまた血縁淘汰で説明される．すべての社会的生物は，進化の過程でハミルトンの法則を内在化してきたのである．

参考文献

粕谷英一 2005「進化生物学の成立」『シリーズ進化学 7 進化学の方法と歴史』pp.33-64，岩波書店．

サラ・ハーディ 2005『マザー・ネイチャー——「母親」はいかにヒトを進化させたか（上）』塩原通緒訳，早川書房．

辻和希 2006「血縁淘汰・包括適応度と社会性の進化」石川統・斎藤成也・佐藤矩行・長谷川眞理子編『シリーズ進化学 6 行動・生態の進化』pp.62-67，岩波書店．

長谷川寿一・長谷川眞理子 2000『進化と人間行動』東京大学出版会．

すれ違うふたり

　マノは私が大学院生だったころ，最も親しく付き合った狩猟採集民バカの
おばあちゃんである．当時の推定年齢は 60 歳くらいで，これまでに 3 人の男
性と結婚し，6 人の子どもと 17 人の孫がいた．彼女の暮らす小さなドーム型
住居の周りには寄り添うように娘や息子の住居が並び，彼女の家にはひっき
りなしに孫たちがやってきていた．たくさんの孫たちに囲まれて暮らす彼女
は，寛大で忍耐強く，聡明な女性でもあった．私が彼女に植物知識の聞き取
りを依頼したのはそのためである．

　調査を始めたばかりのころ，私はバカの人々が話す言葉がほとんどわから
ず，人々の名前と顔は一致しない，調査については右も左もわからないとい
う状況であった．バカの人々からみると，私は見た目や行動，言葉や習慣な
ど何もかもが異なる得体のしれない生き物だったに違いない．だが，そんな
私を彼女はいち早く受け入れてくれた．私のつたないバカ語を持ち前の聡明
さで理解し，私が彼女の言葉を理解できない場合は熱心に身ぶり手ぶりで教
えてくれた．

　彼女によると，植物は食用になるほか，道具類や薬の材料になるし，信念
や民話にも登場する．驚いたのは，非常にバラエティのある薬の知識を彼女
がもっていたことだった．最終的に，彼女は少なくとも 653 種類の植物を認
識し，469 件の薬の知識をもっていることが明らかになった．彼女は植物だけ
ではなく動物についても雄弁に語り，鳴き声や棲みか，食べ物や行動につい
て教えてくれた．擬人化された動物が森を舞台に繰り広げるお話は何度聞い
ても飽きなかったし，森で遭遇した動物をとっさに山刀で殺した話は迫力が
あった．

　私は森について多くを語る彼女に，強い尊敬の念を抱くようになった．ま
た，バカの幼い子どもよりも森歩きに不慣れで言葉の理解もおぼつかない私
に，いつも「ゆっくり」と励ましてくれるマノに対し，まるで自分の祖母に
対するような愛着をもち始めていた．そんなときに，驚くべきことが起こった．
農耕民に建ててもらった土壁づくりの我が家で朝食を終えた私は，日々の日
課である植物標本の整理をしていた．そこにマノがやってきて，まるで私の
娘のように，「お母さん，おはよう」と親しげにそしてかわいらしく言ったの

である．お母さん!?って……．私はこのとき，天と地がひっくりかえるほど驚いた．私は当時 24 歳の大学院生で，これまでに誰からもお母さんなどと呼ばれたことはないし，もちろん子どももいない．子どもどころか結婚についてすら考えたことがなかったので，まったくもってふいをつかれた．

　このショッキングな出来事は，マノをあたかも家族の一員である祖母のように分類していた私と，私を近隣に暮らす農耕民のように分類していたマノとの間の見事なずれを浮き彫りにした．彼女からみると，私は農耕民と同様の土壁づくりの大きな家に住み，彼女が行う標本採集と植物知識の提供という労働に対し，物質的または金銭的な報酬を与えてくれる存在である．彼女が私を労働力と交換で農作物をもたらす農耕民のようにとらえたのは自然なことだろう．得体のしれない存在であった私を地域社会に受け入れ秩序付けるための，彼女なりの試みだったと考えることもできるし，生活に欠かせないものを与えてくれるパトロンに対するたくましい社交術ともとれる．一方私は，高齢者を尊敬するという自らの文化規範を背負い，物のやり取りという実利的な側面を無視して，マノを祖母のようにとらえていたのだ．

　その後，マノは亡くなった．調査を始めてから 18 年が過ぎ，今私はマノの娘や孫から，植物や医療，信念について教わっている．彼女たちはマノが呼んだように私を「お母さん」と呼ぶ．だが，私よりも年上であるマノの娘から「お母さん」と呼ばれると，少しだけ落ち着かなくなる．そして，マノに「お母さん」と呼ばれた日のことを懐かしく思い出すのである．あのときの動揺と今も感じる違和感は，異なる文化的背景をもつバカと私の間に横たわる越えられない境界を生み出している．この境界こそが，バカの社会だけでなく日本社会に対する私の理解を感覚的に深めてくれているように思うのだ．　　（服部志帆）

孫たちに歌物語を聞かせる
バカのおばあちゃん
（二〇〇五年，カメルーン）

第7章

結論

——グローバリゼーションと変化の力

未来って，誰が知ってるの？ 「未来」はどんな考え方なの？

——ナリ——

過去1世紀を通じて，アカとンガンドゥの社会は，次から次へと押し寄せる劇的な変化を見てきた．その変化は両者の歴史のどの時代よりも激しかったかもしれない．テレーズの，ブロンディーヌの，コンガの，そしてナリの語りは互いに応答しあいながら，急速に変化する生態環境，社会文化的状況，数々のNGOや宣教師，地域的および国家的な力，そしてグローバリゼーションの侵入といった，激動の時代における変化の特徴を紹介してくれる．彼女たちのお話は，文化的信念と価値観，人生経験，そして歴史の多様な組み合わせから生み出される．それらは彼女たち自身がそうであるように，多面的で不朽のものである．

　既に1980年代に，バウシェ（Bahuchet）とギヨーム（Guillaume）は，アカの間で森に基盤を置いた遊動型の伝統的な生活様式が減少し，村のキャンプから狩猟や採集に出かけることが多くなっていることを記している[1]．第1章で見たように，ンガンドゥが商業的なコーヒー生産やダイヤモンドと金の採掘に急激に巻き込まれるにつれて，アカは低コストな労働力として頼りにされるようになり，アカの伝統的な生活様式や知識を損ねるほどに村人の畑で働かされた[2]．それ以来ずっと，ナンベレとその周辺での生活は相当な変化を経験し続けている．居住地は拡大した．それはとくにアカの村のキャンプ，道路や教会に近いキャンプの数の増加に顕著である．キャッサバ，コーヒー，その他の換金作物の畑が拡大した．市場価値の高い森の硬材の採取と鉱物採掘が，しばしば熱帯雨林に損害を与えながら続いた[3]．森林への多国籍企業による影響を緩和するために，広範囲の地域が保全のための公園や保護区に指定された．これらの保護地域は，地域住民の土地や資源へのアクセスを厳しく制限し，地域住民を森林開発と自然環境保護の計画の間の板挟みになる状況に置いた[4]．もっとも利用頻度が高く保護されていない地域での過剰狩猟は，狩猟効率を下げた．他の採捕可能な森林産物も減

342

少した．採捕可能な森林産物や森林棲の動物が減少し，さらに多くの土地が保全のために指定されると，両集団は経済，社会，そして環境の課題に直面することになった．ンガンドゥは，自給自足できる農耕民として生き続けるのがますます難しくなっており，さらに集約的な農業生産，すなわち変動する世界市場に従属した経済へと傾倒している[5]．

　アカが村人の経済に統合されると，アカとンガンドゥの両方の社会に影響が出る．アカの生活は，だんだんと遊動的な森に基盤を置いた生活よりも，コーヒー栽培が中心となってきて，伐採の経済的なサイクルや自分たちとンガンドゥの畑の収穫期を優先して組織されるようになってきている[6]．一部のアカの家族は一度に数か月間村のキャンプに滞在し，森に戻るのは，しばしば網ではなく銃を携えて行う狩猟，ハチミツやイモムシ，ココそして他の森林産物の採集のために短い訪問をするだけである[7]．しかし，賃労働や森林産物の販売によってアカが現金経済に集中的に参入しても，得られるべき収入の多くは結局ンガンドゥの懐に入ってしまうために，アカの多くは完全にかつ自立してナンベレの市場経済にまだ参加できないでいる[8]．そして，新しい価値観からは新しい必要性が生まれるので，アカとンガンドゥの両方に，激しく変化する世界の中で有意義に行動したいという欲望が生じている．その変わりゆく世界に両者はもともと分かちがたく密接に結びついており，これまでの歴史の大部分においてそうであったように，その世界の中で両者は周縁的であり続けているのだ[9]．アカとンガンドゥは，グローバル経済の到来に，多くの面で強く影響を受けている．

　ンガンドゥに対し，換金作物の畑の拡大は深刻化する環境問題，すなわち土地の過剰耕作や，土壌肥沃度の減少，狩猟採集民と農耕民の伝統的な関係の変化をもたらしている．生態学的な圧力[*1]と経済的な苦難が，より経済的かつ商業主義的な心性を有するンガン

ドゥの文化変容に，きわめて重要な役割を果たしている[10]．雇用機会を求めて，男性と未婚女性が長期間にわたって首都のバンギや他の都市部に移住することが増えている．家族が離れ離れになると，HIVや他の性行為感染症（STDs）への感染機会が増え，また，しばしば男性が短期間訪問帰宅する際に起きる家庭内暴力の発生率を増加させる[11]．

　両集団に特定の価値観は，若者の変化する価値観に取って代わられつつある．公教育とそれによって子どもたちにもたらされる機会は，両親や祖父母による焚き火の周りでの教訓や教育に取って代わった．まだ多くのアカの子どもが予防接種を受けていないが，アカとンガンドゥへの予防接種プログラムと，村の中やアカの村のキャンプの近くに掘られた井戸は，両集団の健康状態を改善した．一部の人々の生活は少し便利になり，また少し健康的になった．

　カトリックの布教団は，以前の植民地権力の「人道主義的理想」を継続し，「文化変容のプロセス」の導入を模索している．道路沿いや，少数ではあるが森の中の道沿いにも，村の様式をそなえた土造の小屋がみられ，これらは「文化変容のプロセス」の導入のわかりやすい例となっている[12]．ンガンドゥによる抑圧からアカを解放することを意図して宣教師によって行われる「村落化」は，アカの信念や価値観を弱めることになっている[13]．踊りと文化的信念に対する全体的な不承認と敵対こそが，それらの弱体化の重要な要因であった．森の精霊ジェンギはかつて，アカが純粋に「楽しみ」のために，よい狩猟を願い，また森と調和的な関係を維持するために歌い踊りかける対象であったのだが，現在ではキリスト教に入信した多くのアカから「悪魔」だと言われる始末である．欠如も含め

＊1［訳注］　第3章p.160では，本書で言う生態学には「政治経済的条件」が含まれると書かれている．

て在来の着衣の仕方では，アカ女性は乳房を布で覆わず，したがって赤ちゃんは自由に母乳を飲み快感を得られていたが，そのような着方は姿を消し，さまざまな NGO によって寄附されたか，あるいは宣教師によって販売された T シャツと布のスカートに置き換わっている．洋装は，アカの男性の間でも一般的になってきている．

　「ンガンドゥの抑圧からの解放」や「奨励された」定住といった救いと引き換えに，アカは服，鍋や皿，トウモロコシやキャッサバを買ったり，農耕して自らの畑から収穫したり，教会の診療所にアクセスしたりする機会を得て，教育と市場経済への参入の恩恵を享受できるようになった．アカもまた人であり，敬意を表されるのに値するという理解を宣教師が普及させた．一般的には布教団によって提供される少年少女への教育の機会が増加するにつれ，これらの変化はアカやンガンドゥに好意的に受け止められるようになった．キリスト教の浸透と教育は，二つの集団の社会変化に影響力をもつ主要なもので，入信者とそうでない者，そして文字が読める者とそうでない者の間に顕著な分断をもたらした．そのために，アカとンガンドゥの女性たちは変化に伴うコストと便益をてんびんにかけて選択を行った．強制的な奨励を受け入れ定住化するのか，宣教師の学校や診療所の近くに移動することを選ぶか．アカの両親たちは，自分たちの子どもがより健康的で，教育を受け，そしてますます複雑になっていく世界の中で生きていくのによりよい備えをさせたいと望んでいる．たとえそれが特定の信念や実践を犠牲にするものであったとしても．グローバリゼーションは，富，将来性，健康，教育，そして人権における格差を二つの集団間と集団内の双方で生むと同時に，さまざまな機会と生き方の変化を作り出している．

　より広くコンゴ盆地に住む人々に目を向ければ，中部アフリカ地域において起こるに違いない，そして現在進行中の政治社会的，経済的，生態的，文化的な変化は，多数の懸念，疑問，そして考慮す

べき事柄を提起している．先住民の権利が新たな注目を集め，そ
れは主要な，非常に政治的な意味を付された問いになった．「ピグ
ミー」は先住民，すなわちコンゴ盆地の熱帯雨林地域の最初の住人
の子孫であるのか，という問題をめぐる議論は，先史時代の歴史と
遺伝学の重要性を高めた[14]．系統学的な研究によれば，ピグミー
の諸集団は，おそらくアフリカにおける劇的な気候変動の結果とし
て，ほぼ7万年前に現在の非ピグミー系集団の祖先系統の一つか
ら分岐した[15]．最終氷期最寒冷期*2 の間に降水量が 50% 減ったた
めに，コンゴ盆地で大規模な森林退行が起こった．そして仮説的に
は，これと同じ時期に非ピグミー系集団とピグミー系集団が分岐し
たのだ[16]．アカやバカのようなコンゴ盆地西部のピグミー系集団
は，約2800年前にバンツー語を話す農耕民の居住域拡大，つまり，
バンツー・エクスパンション*3 がコンゴ盆地に及んだ際に分岐した．
このことは，資源の利用圧を増加させ，狩猟採集民の遊動性を低下
させ，そして狩猟採集民の集団間の相対的な分離を増加させた[17]．

　遺伝学的なデータは，コンゴ盆地西部のピグミー諸集団がある一
つの祖先集団からかなり最近になって分岐したことを示している
が，既に述べたように，このことは各集団が最近になって他から分
離し，異質な集団と交雑する機会をもったことを示唆している[18]．
現代的な文脈では，果たしてどのような人々が，コンゴ盆地の「先
住民」として森に対する慣習的権利を主張する基盤を有しているの
かをはっきりさせることが肝要である[19]．「ピグミー」を，最初の

*2 ［訳注］　Last Glacial Maximum（LGM）．7万年前から1万年前まで続いた最終氷
期の中でも，最も氷床が拡大したおよそ2万年前前後を最終氷期の最寒冷期と言う．
*3 ［訳注］　中部アフリカ地域におけるバンツー・エクスパンションに関しては，
小松（2010）に詳しい．小松かおり 2010「アフリカ熱帯林の社会（1）中部アフリ
カ農耕民の社会と近現代史」木村大治・北西功一編『森棲みの社会誌——アフリカ熱
帯林の人・自然・歴史II』pp.3-20, 京都大学学術出版会.

熱帯雨林の本物の住人だと認識していいのだろうか[20]？　他の非ピグミー諸集団についてはどうだろうか？　例えば，カメルーン東南部に暮らすバンガンドゥ（Bangando）は，赤道の熱帯雨林に歴史的に深く根を下ろした存在であるが，その事実は行政文書では見過ごされ，バンガンドゥの隣人であるピグミー系集団のバカとは対立的なカテゴリーに位置付けられている[21]．ある集団が，権利を有し，擁護，保護，そして補償を受けるに値する「最初の住人」として認められるには，どれだけの期間その地域の近傍にいる必要があるのか？　1万年？　2000年？　それとも500年？

　この「ピグミー」が熱帯雨林の本当に最初の住人で，慣習的権利を主張できるような人々であるのかどうかについての討議の中心には，関連した次のような問いがある．ピグミーの祖先集団は農耕民が到来する以前に，熱帯雨林で自分たちだけで生存することが可能だったのかどうか．これが「野生ヤマノイモ問題（Wild Yam Question）」である．熱帯雨林はしばしば，野生の食物だけで人々の生存を支えることが不可能な「緑の砂漠」だとみなされる[22]．中部アフリカの森林地域に，農耕を行う以前の集団が存在したことを支持する考古学的な証拠は増えている．現代を生きる中央アフリカ共和国の狩猟採集民ボフィや南部カメルーンの狩猟採集民バカについての研究によれば，これらの狩猟採集民は農耕とは独立して困難なく生き，野生ヤマノイモ資源を利用することで熱帯雨林環境にうまく適応することができている[23]．農耕民への依存なしでの森の生活は，エネルギー摂取量の60％を占める重要な食物として野生ヤマノイモを使用することで可能となりそうである[24]．二次林に多いその他の人間の影響を受けた食物種の分布は，人類と森林生態学の間の歴史的相互作用を証明している[25]．このアフリカの赤道直下の森における人類と人為的植生の間の歴史的相互作用は，果たして狩猟採集民に，「最初の住人」として，これら熱帯雨林への

諸権利を主張する正当性（レジティマシー）の基盤を提供するのだろうか[26]？

　中部アフリカ地域の熱帯雨林における，これらの2集団の社会的な民族間関係は古い時代から交流があった間柄だ[27]．研究によれば，狩猟採集集団と農耕集団の間の相互依存的な関係は2000年前のバンツー・エクスパンションの間に成立した[28]．中央アフリカ共和国における民族考古学的なデータを使って，生息域（ハビタット）の縮小に伴って資源が減った完新世中期*4の超乾燥期などの環境要因が，狩猟採集集団と農耕集団の間の相互依存的で互酬的な関係の成立に果たした役割が検討された[29]．中央アフリカ共和国の同じ地方で見つかった冶金活動についての考古学的な証拠は，長期的で，相互依存的な関係が二つの集団間に存在したという推測を成り立たせる．ウバンギ川やロバイエ川沿いの鍛冶場で生産された鉄は，森林環境で高い価値をもつ交換品だったのかもしれない[30]．両者間の最初の関係性は，資源の交換に依拠し，経済的な基盤と動機をもっていたのだろうか？　現在，両者の関係を当時と同じようにとらえてもよいのだろうか？

　そして，現代世界における両者の繋がりについてはどうだろうか？　ガボン南部では「ピグミー」のバボンゴ（Babongo）と「農耕民」のマサンゴ（Massango）の付き合いは，より対等な関係を示す例となる[31]．頻繁な通婚があり，両者は儀礼的活動や規範において重要な役割をともに担い，そして互いに相互訪問しあう[32]．コンゴ共和国北東部の狩猟採集民アカと農耕民の間の社会的関係は，外部世界の影響によって形成されたと言われる[33]．定住化に続いて，道路沿いへのキャンプの集中，伐採会社の侵入，半永久的なカカオプランテーションの拡大，保全活動とグローバルな市場経済の浸透が進んだ結果として，社会的なコンフリクトが増加し，両者の社会

*4［訳注］　完新世とは，最終氷期が終わる1万年前から現在までを指す．

関係を文化的には対立するが経済的には相互依存的なものへと次第に変えていった[34].

狩猟採集民と農耕民の関係は,「連帯的, 協力的, 友好的」であるか, あるいは「政治経済的な支配」であると特徴付けられてきた. これらの関係はまた,「敵対的で差別的」とか,「親子のような」とか,「擬制的親族関係」といった具合に多様に記述されてきた[35]. これらの関係がどのようにまたなぜ変化したのかという長期的な動態と, 地域による多様性は, これらの多様な現実をステレオタイプ的な一つのやり方で分類することの誤謬を示している[36]. 多くの種類の関係があり, さまざまに経験される付き合いのあり方がある. いかなる単一の特徴付けも,「ピグミー」とその近隣「農耕民」たちとの関係性を捉えることはできないのである. ピグミーと農耕民の関係の描写があまりに長い間同じようになされてきたために, 現在の関係性やアイデンティティの現実として, あたかもそれが決定的であるかのように受け入れられてきてしまったのだろうか[37]?

ピグミーと農耕民について研究している人類学者たちは, このような点について合意に至っていない. そしてコンゴ盆地に住む人々について, どのように言及したらいいのかについても合意が得られていない.「ピグミー」という用語は, ローカルな状況下では侮蔑的な表現である. バンツー系の農耕民は狩猟採集民のことを「ピグミー」と言及する. それは, すなわち「文化的に未熟な森の人たち」という意味だ[38]. この狩猟採集民への特徴付けは相対的に, 農耕し定住化している隣人たちの反対側に狩猟採集民を位置付けることになる[39].「純粋な」狩猟採集という生活様式は存在しているのか? 多くの狩猟採集民は, 私たちがナリや彼女の家族についてみてきたように, 少なくともパートタイムでの農耕活動を受容しており, ますます定住的になっている[40]. 加えて, 森林内の集団を対照的な生業戦略と正反対の権力関係に基づいて,「狩猟採集民／農耕民」,

「ピグミー／村人」，あるいは「採捕民[*5]／農耕民」などと分類する
ことは，両者の社会的，生態学的，そして政治関係の流動性を否定
することになり，そしてそうすることで，両者の尊厳や主体性をも
否定することになる[(41)]．両者の関係性にみられる大きな多様性，複
雑性，そして変容の動態にもかかわらず，生態学的に還元主義的[*6]
な特徴付けが，すべての狩猟採集民と農耕民についての単一の表象
になってしまっている[(42)]．

　国家や国際社会のレベルでは，「ピグミー」は熱帯雨林の「最初
の住人」として先住民族宣言[*7]のもとで権利が与えられ，そして
それらの権利は，地域社会，国内，そして国際レベルでさまざまな
機関やNGO，その他の人権擁護団体によってさかんに討議されて
いる．したがって「ピグミー」は，強力な称号になり，現在進行中
の政治的，社会経済的な文脈においては便利な道具になっている．
これにはいくつかの理由で問題がある．「ピグミー」諸集団の間に

---

*5［訳注］　考古学者のビンフォード（Lewis Binford）は，狩猟採集民の生業には
「採捕民（フォレジャー）」と「採集民（コレクター）」という2種類の戦略が認められるとした．「採捕民」には，
資源を得るために居住地を移動しながら生活することや食料を貯蔵しないという特
徴がある．一方「採集民」には，資源を得るために居住地から専門集団を派遣して
資源を居住地に持ち帰らせることや，食料の貯蔵を行うという特徴がある．Binford,
L. 1980. Willow Smoke and Dogs' Tails: Hunter-Gatherer Settlement Systems and
Archaeological Site Formation, *American Antiquity* 45(1): 4-20.
*6［訳注］　中部アフリカ地域の森林地域に居住する集団は，環境利用，生業形態
や居住形態のような生態学的な特徴のみならず，社会組織，文化，政治経済などさま
ざまな側面や次元においても特徴をもっている．それにもかかわらず，農耕と狩猟
採集といったような生態学的な区分のみに依拠してこれらの集団を把握しようとする
本質主義的な傾向性をルプは批判的に捉えている．Rupp, S. 2011. *Forests of Belonging:
Identities, Ethnicities and Stereotypes in the Congo River Basin*. Seatlle: University of
Washington Press.
*7［訳注］　正式には，「先住民族の権利に関する国際連合宣言」という．2007年
9月13日に国際連合総会で採択された．先住民族の個人および集団の文化，アイデン
ティティ，言語，労働，健康，教育などに関わる人権の享受と尊重を謳っている．

は広範な多様性が存在する．この地域のすべての狩猟採集民が狩猟採集という生活様式を続けているわけではなく，一部は都市の近くか内部に住み，自給自足のための農業を行うか，あるいは同時に換金作物を栽培している[43]．例えばガボンの「ピグミー」であるバコヤ（Bakoya）は，もともと半遊動的だったが，比較的早い段階で定住化し，現在は非ピグミー集団と道路沿いの村で農業を営みながら暮らしている[44]．バコヤにとって農業は重要な現金収入源になっており，非ピグミー集団との関係を再定義する必要を迫っている[45]．ガボンでは，国際開発NGO，政府，そして保全機関はみな，狩猟採集民集団であるバボンゴが，バンツーの人々と同様に，長期間にわたってある地域に居住してきたことを目撃してきた[46]．しかし，イコイ川（Ikoy）沿いで最近行われた調査の結果は，その仮定に疑問を投げかけるものだった．その調査は，どちらの集団もかなり最近に到着したということを示したのだ[47]．最初に1800年代後半にこの地域から出て行き，1960年代に伐採事業が始まると戻ってきたのである．

これらの発見は，国際的な機関が，社会的，政治的，経済的に多様な関係があるにもかかわらず，ある一つの現実性，すなわち「先住民」であるということが意味する一面性や，「農耕民」と「狩猟採集民」の一面性に自らの認識を閉じ込めるリスクを実証している．しかし，疑問はまだ残っている．ではどのように人々を特徴付けて，両者の社会的な状況を記述したらいいのだろうか．実際には多くが非常に定住的なのに，「ピグミー」を半遊動的な森林の狩猟採集民と言ってしまってよいのか？　森で狩猟や採集活動を行っている「農耕民」についてはどうだろうか？　「パトロン＝クライアント」や「親子」といった関係の特徴付けや，「狩猟採集民／農耕民」あるいは「ピグミー／村人」[48]のような二項対立図式は妥当なのか？「農耕民」，「村人」，「ピグミー」のような用語が国際的な討論の場

で受け入れられる一方で，地域社会のレベルで用いるのは難しいのではないか？　人々を対立的なカテゴリーに位置付けるようなアイデンティティの構築は，果たして有用なのか？[49]

　「正反対の権力関係」の中にある「ピグミー」と「農耕民」のうち，「ピグミー」はしばしば被害者の立場に置かれる[50]．そこで赤道の森林に最初に来た人々として，「ピグミー」はより権利擁護され，開発努力を注ぐに値する存在であると外部の組織からはみられる．これは，アカが周縁化を経験していないという意味ではない．しかし，国内および国際的な NGO，政府，宣教師，社会科学者を含むその他の者たちが，「ピグミー」や「農耕民」について，また同様に両集団の自律性や取り組みについて認識を誤ることは，開発や実践によって生まれるべき介入の成功を限定的なものにするだろう[51]．森のアイデンティティの代替モデルは，地域社会，国内，そして国際的なプロセスにおける狩猟採集民の歴史的で継続的な行為主体性（エージェンシー）と関与を認める必要がある[52]．加えて，カメルーンのバカの場合のように，他の要因があるかもしれない．そこでは，5 年間にわたって伐採会社が受ける森林の再認証過程や現在継続中の持続的な森林管理や認証プログラム*8 にかかわった後に，注目すべきよい影響がみられるはずだった．現実には，これらの行動は短期間で限定的であり，政治的，社会的，経済的，制度的な文脈に関連する多くの制約のために失敗した[53]．ここで問われるべき疑問は以下のようなものである．これらの組織は何者なのか？　組織の活動目的は何か，どのように機能するのか？　地域住民は，何か意味のある方法で参加しているか？　地域住民の声は聞かれ，強調されているか[54]？　国家による，あるいは国際的な介入や開発プ

*8［訳注］　木材伐採を行う事業者に対して，独立した第三者機関が持続可能な森林経営を行っているかを調査・評価し，適切に管理された森林から出荷された木材産品に認証マークを付与する制度のこと．

ログラムは，しばしば誤った運営がなされるために，助けを必要としている人々から切り離されてしまう．そのために構造的な暴力となって先住民社会を破壊し，不平等を拡大させ，伝統的な生業や社会的文化的形態を変えてしまう．

クーデター，失敗したクーデター，反乱，暴動，混乱，汚職，誤った支配，そして人権侵害が，中央アフリカ共和国という貧しい国の歴史を苛んできた．今もそれは続いている．ローカル NGO や国際 NGO，宣教師，そして他の組織による権利擁護（アドボカシー）の努力は，地域の実情にあった研究や狩猟採集民と農耕民の両者の行為主体性（エージェンシー）を十分に考慮に入れた堅実な分析に基づき，導かれるべきである[55]．国際法や国内法には，女性，子ども，先住民，構造的かつ実際の暴力や虐待の脆弱な犠牲者の権利を支持し，保護すべきことが書かれている．多くの人々，例えばナンベレのような多様な地域社会に住む子どもたちは，毎年予防や治療ができる病気で亡くなり続けている．「狩猟採集民」と「農耕民」いずれの集団もが同様に影響を受ける．これは狩猟採集民が，近隣農耕民と比べて脆弱性が同じ程度か低いということではなく，単に両集団が貧困，病気，ヘルスケア，教育，そして資源へのアクセスの欠如に悩まされていることを示唆している．エスニシティ，社会関係，土地利用，人々のアクセス，所有，そして森林資源の利用についての現実は，すべての地域住民がヘルスケアや教育，生業という資源へアクセスする必要性が法的に認知され，敬意が払われるべきだと提唱している国際的，地域的な組織によって体系的に調査される必要がある[56]．

本書の最初の数章で，私たちはコンゴ川流域のアカとンガンドゥの女性に出会った．自律性とシェアリングという広範かつ強力な価値観，自然環境や社会を信頼する見方は，継続的で最も重要なアカの文化的特徴であり，アカの女性たちが自分たち独自の文化の価値を表現し続けることを可能にしている．ンガンドゥの社会的構造の

中では，尊敬，互酬性*9，連帯，回復力^{レジリエンシー}，そしてクランの強い繋がりという顕著な価値観が，ンガンドゥの日常生活における困難を乗り越え，厳しくまた変わり続ける社会的・生態学的世界の中で効果的に自分たちの道を見出すことを可能にしてきた．このようなアカ女性とンガンドゥ女性の注目すべき人生，つまり子ども期から女性期へ，そして幼いころから中高年までの人生の記憶は，永遠に失われるかもしれず，あるいは生き残るかもしれない文化を記述する．ブロンディーヌ，テレーズ，ナリ，そしてコンガの明確な個性は，子ども期や思春期の経験，結婚，育児の考え方，変化するヒトの生物学，そして現在の生活を通じて表現されている．これらは，伝統的な信念と価値観の持続についてだけでなく，現代の影響力とそれに対する適応について証言している．

　社会構造，開発，経済活動，そして急速な政治的・文化的変化は，アカとンガンドゥの社会がどれだけグローバル，国，そして地域社会の諸レベルにおける過程で影響を受けたかを反映している．生活の中での厳しくも喜びのある現実に対する自らの適応を構造化しながら，アカとンガンドゥの女性たちは，次第により広い社会的，経済的，そして政治的な世界に参加していく．しかし，グローバリゼーションが小規模社会にもたらす影響についての多くの研究では，女性たちの経験はいくつかの方向で均質化されてしまう．例えば，文化的，社会的，政治的，そして経済的な分野で有意義に振る舞うこ

---

*9［訳注］　ものやサービスの相互のやりとり，あるいはそれに基づく制度のこと．ものやサービスは，送り手と受け手の間で対称的に往き来する．社会学者のマルセル・モース（Marcel Mauss）は，『贈与論』の中でものの贈与に際して受け手には送り手への返礼の義務が生じ，社会関係の安定の駆動力となると指摘した．また経済人類学者のカール・ポランニー（Karl Polanyi）は，家族集団間の定型的なものやサービスの交換を互酬として，再分配，市場交換とともに人間の経済活動の基本形態として位置づけた．

とができないサハラ以南アフリカにおける小規模社会の女性として特徴付けられることによって，あるいは彼女たちの生活を誤って定義した単一の表象によって．非常によくあるのは，他の人々の目からは剥奪，不健康，無力，そして貧困にみえる条件の中で生きている，サハラ以南アフリカに生きる女性たちのネガティブな経験ばかりに強調の中心が置かれて，彼女たちのポジティブな認識や生きられた経験が顧みられないことである．女性たちの生活を評価する際には，狭い範囲の要因のみが考慮される．つまり，出生と離乳，閉経，閉経後の人生期間における食料供給という生物学的段階，性役割，そして世帯への貢献である．もっと言えば，これらの研究のほとんどは均質化されたアプローチに基づいて行われるので，小規模社会に住む女性に対する評価は必然的に，女性たちの勇気，強さ，回復力〔レジリエンス〕，そして個人的な経験を無視してなされる[57]．ジェンダー化された社会的カテゴリーと多様な文化の中で，ブロンディーヌ，テレーズ，ナリ，コンガはそれぞれの権力や行為主体性〔エージェンシー〕をもち，そしてそれぞれに選択していた．

　このような女性たちのそれぞれの語りは，彼女たちの生活をより広い社会的，文化的，時間的な文脈に位置付けるのに役立つ．しかしそれだけでなく，彼女たちが自らを，変化する生物学的な状態やグローバル化する困難な世界によって周縁化された無力な犠牲者である，などとは考えていないことを示している．このような観点は，いくつかの理由で，政府，宣教師，そしてローカル NGO および国際 NGO による政策介入や戦略を，より広範囲かつ文脈化されたものに発展させるための鍵になり得る．女性の観点や経験に焦点を当てることで，周縁化，グローバリゼーション，そして文化変容に関して，文化的に繊細かつ，適切な文脈で理解することが可能になる．彼女たちの声に焦点を当てることで，文化の影響を受けているとはいえ，困難な生活に対する個々人の適応が認知され，敬意が払

われる可能性がある．自分自身，家族，そしてより広い社会にとって有益な文化的実践を支え，強化している女性としての彼女たちの行為主体性（エージェンシー）に注目することによって，変動し，かつ厳しい環境に生きる上でのネガティブな影響を緩和する女性たちの対応戦略を明らかにすることができる[(58)]．

　私たちは，歴史の多くを通じて，苦悩，希望，そして「ある他の人たち」への繋がりの目撃者であった[(59)]．その繋がりには責任が伴うのだ．従来の消費者価値と産業化した資本主義国である第一世界の生活水準は，劇的にかつさまざまに，経済的に，政治的に，そして環境的に健康，人権，そして世界中の人々の文化に影響を与えている[(60)]．この世界を共有する人々に対して，私たちがもたらす影響と個人としての役割が何であるかを問い，理解することは重要である．私たちはまた，繋がりあった世界の中で，コンゴ盆地に生きる，アカとンガンドゥという回復力（レジリエンス）のある女性たちのような人々から学び，勇気を得る機会をもっている．「女になることが意味すること」とは何か？　これは，答えるのが難しい問いである．しかし，ブロンディーヌ，テレーズ，ナリ，コンガは，現代の厳しい世界の中で彼女たちの社会の価値観や信念が存在できる場所を作り出しつつ，社会の有する価値観や必要性を具現化し，また省み，そして文化の伝統を維持することが女性として可能であることを私たちに教えてくれた[(61)]．だから彼女たちのお話は，今こそ，これまでになく重要なのだ．

さあ，聞いて．話したいお話があるんだ．これは，ナンベレ村に住む一人の女，つまり私の人生のことだ．女たちの人生のことで，ここに暮らす女の生活がとても長い間どんなふうに行われてきたかということなんだ．

　　　　　　　　　　　　　　　　　　　　　　—ブロンディーヌ—

フィールドノートから

2007年秋

　今日は，3人の女性の家に住むLに叱られた．彼女は私にこう言った．
「あんたは私たちと一緒に畑で働く．家でも一緒に働く．私たちの生活
について一緒に話し，私たちと一緒に食べる．でも時々道を通るとき，
あんたはただ「こんにちは」としか言わない．立ち止まることもなく．
家の中に入って，少しは話をするものだよ」．私はしまったと思った．
滞在期間が1週間程しか残っていないので，まだたくさんやることが
あると思っていた．でも彼女が正しい．彼女は私に友人関係の責任を
教えてくれているのだ．友人関係のためにやらなければならないこと
は，時間と感情を投資することだ．よい教訓になった．

2010年秋

　私たちは今ナンベレにいる．戻ってこれて最高!!　私たちは，ンバ
ラ（Nballa）にある学校に通ってフランス語と英語さえも少し話せる
ようになったアカの少年二人と話をしている．彼らはBの調査助手と
して働くだろう．素晴らしい．私たちはたくさんの人たち，たくさん
の友人たちに会った．とても多くの友人たちが生きていて元気にして
いた．いつも遠く離れてそれから戻ってくるときには，どれだけ多く
の友人や知人が亡くなったのか不安になる．

2012年冬

　「マンゴーの雨」の季節だ．私たちは，再び短い間だが戻ってきた．
みんな元気だ．Eには双子ができた！　1年間でナンベレはなんて変

わったのだろう. 金やダイヤモンドの採掘のために, 他の村やカメルーンなどあちこちから来た人々がたくさんいる. 金の価値が世界的に上がるにつれて, ここの人たちはお金を儲けられる. それで村の人口がふくらんで, 木々は家を造るために切り倒され, 村の市場価格は上がり, バイクタクシーが村の小道を走り回っている. 新しい小さなバーやレストランができて, 診療所によればここでの HIV の感染率は 20% になった. A によればヤギは採掘者にことごとく食べられていなくなってしまい, ニワトリが少し残っているだけ. 去年は鳥インフルエンザ(?)の流行で壊滅したためか雄鶏の鳴き声を朝聞かなかった. 今, 多くのアカの家族は村のキャンプに住んでいる. そしてなんと! 私は, 最近メッカへと巡礼に出かけたという目の見えないアカの男性に会った. 驚きである.

考察のための問い

1. アフリカの赤道直下の熱帯林において, 人類と「人為的植生」の間でみられる歴史的な相互作用は, 狩猟採集民がこの熱帯林の「最初の住人」として権利を主張する上で, その正当性の一つの基盤となるだろうか.

2. ある集団が, 「権利」をもち, 擁護(アドボカシー)や保護, 補償を受けるに値する「最初の住人」として認められるには, どれだけの期間「その地域の近傍に」いる必要があると思うか? 1万年? 2000年? それとも500年? 例えば2000年のような, 長期にわたるその他の在住者についてはどうだろうか? こうした評価に基づいて, ある集団が他よりも権利を与えられるにふさわしいと言えるのだろうか?

3. なぜ，狩猟採集民とその隣人たちの関係は時を越えて持続してきたのだろうか？　関係はどのように変化してきたのだろうか？

4.「農耕民」,「村人」,「ピグミー」あるいは「ピギー（pygy）」のような用語が国際的な討論の場で受け入れられる一方で，地域社会のレベルでは受け入れられない理由はなぜだと思うか？　人々を対立的な分類に位置付けるようなアイデンティティの構築は，有用だろうか？

5. あなたは，私たちが地球を共有する他者に対して責任を感じるか？なぜ感じるのか，あるいは感じないのか？

6. ナリ，コンガ，テレーズ，そしてブロンディーヌから，あなたはどのような人生の教訓を学び取っただろうか？

衣服への渇望

　半世紀近く前に初めてコンゴ盆地のムブティ・ピグミーの住む森を訪れた．日本から5回も飛行機を乗り継ぎ，トラックの荷台で2日間を過ごしてイトゥリの森の中心地マンバサ（Mambasa）に着いた．そこから調査拠点の村まで，50kmほどを2日かけて歩いた．村に着いた翌日，近くに住むムブティの人々がやってきた．前年にここを訪れた丹野正氏（故人）の仲間が来たということで，人々は「タンノ，タンノ！」と叫んで歓迎してくれた．「タンノ」というのはこの地域の共通語で数字の「5」を意味する．私はその「タンノ」一族の一員だというわけである．

　その夜，ムブティの歌と踊りのパフォーマンスを見たときの感動は忘れることができない．それは，「エリマ」と称する成女式のパフォーマンスだった．女性と子どもたちの沸き立つようなポリフォニーが森と共鳴してあたりの空気を震わせ，憑かれたように踊る身体の動きは人間を超えた存在を彷彿させた．そこには，道中で垣間見た彼らの粗末な格好や所在なげな様子からは想像もつかないような躍動感に満ちた姿があった．これらは太古の時代から演じられてきたものなのだろう．彼らは，古代エジプト王朝の時代から「神の踊り子」と呼ばれていた．

　当時すでに，イトゥリの森にも変化の波が押し寄せていた．独立直後から続いた内戦（バシンバの乱）が終結し平和が訪れると，森の奥に逃避していた人々は街道筋の村に戻ってきた．行商人が自転車や徒歩で衣類や調理具，石鹸，塩など消費物資を運んできた．また，森の産物，とりわけ貴重なタンパク源となる野生の獣肉の交易も始まっていた．交易人は獣肉を求めて森の中のムブティのキャンプを訪れた．そこではキクエンベと称する腰巻用の布地一枚が体重4〜5キログラムの小型ダイカー5頭分と交換されていた．獲物は2日に1頭くらいしか獲れないから，毎日猟に出ても腰巻の布一枚を手に入れるために10日近くかかる．

　近くに住む農耕民の女性はブラウスやキクエンベを何枚も持っていたが，多くのムブティは小さな古い布切れを腰につけるだけで，樹皮からつくった腰布を着ている者もいた．あるとき，農耕民の女性が川で衣類の洗濯をしているのをじっと見ているムブティの女性を見かけた．あんなふうに衣服を

洗濯してみたいと思っていたのだろうか．ムブティの女性は大好きな肉を食べるのを我慢してでもキクエンベを欲しがっていた．文明の証（？）である布をまとっていれば，農耕民から「衣服も着ていない森の動物」のようだと嘲われることもない．

　まもなく，イトゥリの森にも消費経済の波が押し寄せてきた．1980年代初めには村に定期市が立つようになり，ほとんどのムブティの女性が鮮やかにプリントされたキクエンベやブラウスを着るようになった．変化の背景には，住民による砂金採取の合法化とそれに伴う現金収入と人口の増加があった．森で狩る獣肉の需要が増したうえ，彼ら自身が砂金採取に関わるようになり，衣類が容易に手に入るようになった．この地域には金やレアメタル等のミネラルが豊富に埋蔵されており，人々はその恩恵に浴していた．人々の旺盛な経済活動によって地域社会の変化は加速されたが，皮肉なことに，それは当時のザイールという国（現コンゴ民主共和国）の経済が破綻し，国家が崩壊していく過程と重なっていた．

　その後の変化は，豊富な資源の故に生じた悲劇である．ザイール国家の崩壊とその後の内戦の最中に，この森の資源をめぐり，政府軍や反政府軍，さまざまな出自をもつ民兵集団が争うことになった．ムブティを含む多くの住民が内戦の犠牲になった．中部アフリカの他の地域では，国連の「先住民の権利宣言」［p.350を参照］を受けて，ピグミー系住民の間でも先住民運動が繰り広げられている．イトゥリの森に，一刻も早く平和が訪れるのを祈りたい．

（市川光雄）

腰布をまとったムブティの少女たち
（一九八五年一〇月，コンゴ民主共和国）
©国立民族学博物館

日本語で読めるおすすめ本

はじめに

1950年代にコンゴ民主共和国（旧ザイール共和国）で行われた研究をもとに書かれたライフ・サイクルに関するパイオニア的研究書（①），南部アフリカの狩猟採集民の女性たちの民族誌（②），ジェンダーとセクシュアリティという視点から世界をとらえなおした入門書（③），フェミニズムと進化心理学という観点から女性の進化を説明したもの（④）などがある．

① コリン・ターンブル 1993『豚と精霊——ライフ・サイクルの人類学』太田至訳，どうぶつ社．
② 今村薫 2010『砂漠に生きる女たち——カラハリ狩猟採集民の日常と儀礼』どうぶつ社．
③ 田中雅一・中谷文美編 2005『ジェンダーで学ぶ文化人類学』世界思想社．
④ サラ・ハーディ 2005『マザー・ネイチャー——「母親」はいかにヒトを進化させたか　上・下』塩原通緒訳，早川書房．

第1章

コンゴ民主共和国（旧ザイール共和国）に暮らすムブティの生活世界を生き生きと描き出したパイオニア的研究書であり読み物（①），熱帯雨林という自然環境で暮らす森の民に関する多様なテーマを扱った中部アフリカ研究の入門書全2巻（②）と，密接にまじわりながらも決して相いれることのない狩猟採集民と農耕民の民族間関係を幅広い観点から分析した研究書（③）などがある．

① コリン・ターンブル 1976『森の民』藤川玄人訳，筑摩叢書．
② 木村大治・北西功一編 2010『森棲みの生態誌・社会誌——アフリカ熱帯林の人・自然・歴史Ⅰ・Ⅱ』京都大学学術出版会．
③ 大石高典 2016『民族境界の歴史生態学——カメルーンに生きる農耕民と狩猟採集民』京都大学学術出版会．

第2章

子どもの目線で森と暮らしをみることを目的にした，カメルーン熱帯雨林の狩猟採集民バカの子どもの民族誌（①），アフリカの子どもたちの生活に関して 14 か国，17 の事例から紹介した入門書（②），子どもの生活世界を言語的社会化アプローチから研究する相互行為研究の入門書（③）などがある．

① 亀井伸孝 2010『森の小さな〈ハンター〉たち──狩猟採集民の子どもの民族誌』京都大学学術出版会.
② 清水貴夫・亀井伸孝編 2017『子どもたちの生きるアフリカ──伝統と開発がせめぎあう大地で』昭和堂.
③ 高田明 2019『相互行為の人類学──「心」と「文化」が出会う場所』新曜社.

第3章

セックスという営みについて，人だけではなく，チンパンジーやイルカなどの動物と比較しつつ掘り下げた人類学の教科書（①），アフリカの狩猟採集，牧畜，農耕の各社会の他トルコやインドネシア，日本の社会・文化との関わりから性を捉えた論集（②），フィールドワーカーが，アジア，オセアニア，アフリカで出会った性の文化を生き生きと語りあった座談会の記録（③），セックスの進化を扱った読み物（④）などがある．

① 奥野克巳・椎野若菜・竹ノ下祐二編 2009『セックスの人類学（シリーズ 来たるべき人類学 1)』春風社.
② 松園万亀雄編 2003『性の文脈（くらしの文化人類学 4)』雄山閣.
③ 須藤健一・栗田博之・山極寿一・菅原和孝・棚橋訓 1996『性と出会う──人類学者の見る，聞く，語る』講談社.
④ ジャレド・ダイアモンド 1999『セックスはなぜ楽しいか』長谷川寿一訳，草思社.

第 4 章

国家，文化，医療の視点で，現代における出産の多様な展開を世界各地の
事例をもとに捉えた論集（①），人は死をどのように文化の中に取り入れ
てきたかを東南アジアの二つの社会を事例に掘り下げた比較民族誌（②），
現地調査をする女性の視点から子育てやジェンダーを考える教科書（③），
発達心理学から育児について説明した研究書（④）などがある．

① 松岡悦子編 2017『子どもを産む・家族をつくる人類学——オールター
　ナティブへの誘い』勉誠出版．
② 内堀基光・山下晋司 2006『死の人類学』講談社．
③ 椎野若菜・的場澄人編 2016『女も男もフィールドへ（FENICS 100 万人
　のフィールドワーカーシリーズ 12）』古今書院．
④ 高田明 準備中『子育ての自然誌』ミネルヴァ書房．

第5章

1970 年代のカラハリに暮らす狩猟採集民クンの女性ニサが，夫や愛人と
の性的関係や暴力など，自らの喜びと哀しみに満ちた人生を赤裸々に語る
民族誌（①），ケニア農村の寡婦の性と結婚に焦点を当てた民族誌（②），
子どもや胎児を失った人に焦点を当て，宗教学や人類学の分野や医療従事
者などさまざまな立場からグリーフケアの方法を紹介する入門書（③）な
どがある．

① マージョリー・ショスタック 1994『ニサ——カラハリの女の物語り』
　麻生九美訳，リブロポート．
② 椎野若菜 2008『結婚と死をめぐる女の民族誌——ケニア・ルオ社会の
　寡婦が男を選ぶとき』世界思想社．
③ 安井眞奈美編 2018『グリーフケアを身近に——大切な子どもを失った
　哀しみを抱いて』勉誠出版．

第6章

世界各地の9つの事例をもとに老いそのものを分析した入門書（①），アフリカ社会における老人の意味やライフヒストリーを扱った研究書（②），日本社会における更年期を社会的なカテゴリーとして女性の語りから明らかにした研究書（③）がある．

① 青柳まちこ編 2004『老いの人類学』世界思想社．
② 田川玄・慶田勝彦・花渕馨也編 2016『アフリカの老人──老いの制度と力をめぐる民族誌』九州大学出版会．
③ ロック・マーガレット 2013『更年期──日本女性が語るローカル・バイオロジー』江口重幸・山村宜子・北中淳子訳，みすず書房．

第7章

生業やそれに根ざした文化とグローバリゼーションの関係について分析する論集（①），世界の先住民が直面している葛藤に向き合うことから現代世界を問い直した研究書（②），都市と農村を往き来しながら暮らすガボンのバボンゴ・ピグミーの現代的生活の民族誌（③），変化の真っただ中を生きるアボリジニの女性の民族誌（④）などがある．

① 松井健・名和克郎・野林厚志編 2011『グローバリゼーションと「生きる世界」──生業からみた人類学的現在』昭和堂．
② 深山直子・丸山淳子・木村真希子編 2018『先住民からみる現代世界──わたしたちの〈あたりまえ〉に挑む』昭和堂．
③ 松浦直毅 2012『現代の〈森の民〉──中部アフリカ，バボンゴ・ピグミーの民族誌』昭和堂．
④ 窪田幸子 2005『アボリジニ社会のジェンダー人類学──先住民・女性・社会変化』世界思想社．

原注

はじめに

(1) de Beauvior [1949]1975, XV, in Elfmann 2005.

(2) Bahuchet 1990.

(3) Adichie 2010.

(4) 「生活史理論はすべての生命体が二つの基本的な再生産のトレードオフに直面することの理解から発展する．一つ目のトレードオフは，現在と未来の再生産の間でおこる．二つ目のトレードオフは，子どもの量と質の間のそれである」（Kaplan et al. 2003, 153.）

(5) 人類学の調査方法についての詳細な記述は，Bernard 1994 を参照のこと．

(6) B. S. Hewlett et al. 2002a.

(7) Elfman 2005.

(8) Adichie 2010.

第1章

(1) Pakenham 1991.

(2) U.S. Department of State 2010; Kalck 1993; Moïse 2014.

(3) U.S. Department of State 2010.

(4) U.S. Department of State 2010.

(5) U.S. Department of State 2010.

(6) U.S. Department of State 2010.

(7) U.S. Department of State 2010.

(8) U.S. Department of State 2010.

(9) U.S. Department of State 2010.

(10) U.S. Department of State 2010.

(11) U.S. Department of State 2010.

(12) BBC Monitoring 2018.

(13) U.S. Department of State 2010.

(14) BBC Monitoring 2018.

(15) BBC Monitoring 2018.

(16) CIA 2011.

(17) Bahuchet and Guillaume 1982, 199.

(18) Bahuchet and Guillaume 1982, 200.

(19) Bahuchet and Guillaume 1982, 199-201; Moïse 2014.

(20) Bahuchet and Guillaume 1982, 200-204.

(21) Moïse 2014; Bahuchet and Guillaume 1982, 200-204.

(22) Moïse 2014; Bahuchet and Guillaume 1982, 200-201.

(23) Moïse 2014; Bahuchet and Guillaume 1982, 200.

(24) Bahuchet and Guillaume 1982; Moïse 2014.

(25) Bahuchet and Guillaume 1982, 201; Moïse 2014.

(26) Bahuchet and Guillaume 1982, 201.

(27) Bahuchet and Guillaume 1982, 202-204.

(28) Bahuchet and Guillaume 1982, 203.

(29) Bahuchet and Guillaume 1982, 203; Moïse 2014; Delobeau 1989.

(30) Bahuchet and Guillaume 1982, 203; Delobeau 1989; Moïse 2014.

(31) Bahuchet and Guillaume 1982, 204-5; Delobeau 1989; Moïse 2014.

(32) B. S. Hewlett 1992, 16; Bahuchet and Guillaume 1982, 202.

(33) Bahuchet and Guillaume 1982, 202; B. S. Hewlett 1992.

(34) Bahuchet and Guillaume 1982, 202; B. S. Hewlett 1992.

(35) Bahuchet and Guillaume 1982,

205-206; Moïse 2014.

（36）Moïse 2014; Bahuchet 1985; Bahuchet and Guillaume 1982, 205-206; Delobeau 1989.

（37）Moïse 2014; Kisluik 1991.

（38）Moïse 2014; Bahuchet and Guillaume 1982, 206-209.

（39）Bahuchet and Guillaume 1982, 124, 133-136; Joiris 2003, 72; Delobeau 1989; Moïse 2014.

（40）Bahuchet and Guillaume 1982, 206-209; Delobeau 1989; Moïse 2014.

（41）Appiah and Gates 1999, 396-400; CIA 2011.

（42）Appiah and Gates 1999, 396-400; CIA 2011; CIA n.d.

（43）IMF 2011.

（44）Ghura and Mercereau 2004, 3.

（45）Ghura and Mercereau 2004, 6.

（46）CIA 2011.

（47）CIA 2011.

（48）B. S. Hewlett 1992.

（49）Kenrick 2005, 107.

（50）Kenrick 2005, 107.

（51）Kenrick 2005, 107.

（52）Kenrick 2005, 107; Farmer 2004.

（53）Kenrick 2005, 107. 中部アフリカ地域の歴史のより詳細な分析については、下記の文献が参考になる。Moïse 2014; Giles-Vernick 2002; Vansina 1990; Delobeau 1989; Bahuchet 1985; Bahuchet and Guillaume 1982; Kazadi 1981; Harms 1981; Demesse 1978; Arom and Thomas 1974; Bruel 1911; Parke 1891; Schweinfurth and Frewer 1874.

（54）O'Toole 1986, 2-4; Shannon 1996.

（55）Turnbull 1962, 4.

（56）B. S. Hewlett 1992.

（57）B. S. Hewlett 1992.

（58）B. S. Hewlett 1992, Hewlett et al. 2000b.

（59）Becker et al. 2011.

（60）Becker et al. 2011.

（61）B. S. Hewlett and Fancher 2011.

（62）B. S. Hewlett and Fancher 2014; B. S. Hewlett 1992; Meehan 2005; Woodburn 1982, 205; Bird-David 1990.

（63）B. S. Hewlett et al. 2000b, 295; Ichikawa 1992, 40-41.

（64）Kitanishi 1998, 18.

（65）Devin 2012; Fürniss 2008.

（66）Devin 2012; le Bomin 2010; Fürniss and Joiris 2011; Arom et al. 2008.

（67）Fürniss and Joiris 2011; Lewis 2010; le Bomin et al. 2016; Arom et al. 2008

（68）B. S. Hewlett 1992; Meehan 2005. 狩猟採集民が広範囲にわたってシェアリングを行うのはなぜなのか理解するために、アカやアカ以外の世界中の狩猟採集民の居住形態は、キャンプの住人の間の血縁関係に着目して描かれてきた。もちろん、キャンプの住人の間にはすべてなんらかの関係性があるはずだ！ しかし、これはそれほどではないのかもしれず、5000人以上について行った最近の調査では、住人の大部分は遺伝的には関連がないことが明らかになった。しかしながら、住人の居住形態には、住人が多くの人々と交流しているという共通した特徴があった（Hill et al. 2011）。

（69）Berry and van de Koppel 1986, 38.

（70）Berry and van de Koppel 1986, 38.

（71）Berry and van de Koppel 1986, 38; Shannon 1996.

（72）B. S. Hewlett 1992; Shannon 1996.

（73）Bahuchet 1982 以下に引用 B. S. Hewlett 1992, 24.

（74）B. S. Hewlett 1992, 24; Woodburn 1982, 205.

（75）B. S. Hewlett 1992, 45.

（76）Bahuchet and Guillaume 1982, 194.

（77）B. S. Hewlett 1992, 15.

（78）Bahuchet 1979, 191; Bahuchet and Guillaume 1982, 194; Shannon 1996.

（79）Bahuchet 1979, 191.

（80）Bahuchet 1979, 191.

（81）B. S. Hewlett et al. 2000b; B. L. Hewlett 2005; Meehan 2008.

（82）B. S. Hewlett et al. 2000b; Meehan 2008, 214.

（83）B. S. Hewlett et al. 2000b; Meehan 2008, 214.

（84）B. S. Hewlett 1992, 24; Woodburn 1982, 205.

（85）B. L. Hewlett and B. S. Hewlett 2008, 71.

（86）Joiris 2003, 73; Moïse 2014; Grinker 1994.

（87）Joiris 2003, 73; Rupp 2003; 2011; Bahuchet and Guillaume 1982; Takeuchi 2001; 2014.

（88）B. S. Hewlett and Fancher 2014; B. S. Hewlett et al. 2002b; Cavalli-Sforza 1986, 406–411; Bahuchet 1993; 2014; Moïse 2014; Rupp 2003; Joiris and Bahuchet 1994.

（89）Moïse 2014.

（90）Moïse 2014.

（91）Moïse 2014.

第 2 章

（1）B. S. Hewlett et al. 2011; Boyette, 2013; Gergely and Csibra 2006; Gergely and Kiraly 2007; Csibra and Gergely 2006, in B. S. Hewlett et al. 2011. アカとンガンドゥの社会的学習については，B. S. Hewlett et al. 2011 を参照のこと．遊びについては，Kamei 2005 を参照のこと．

（2）B. S. Hewlett et al. 2000a, 174; Meehan 2008, 227.

（3）B. L. Hewlett and B. S. Hewlett 2008, 22.

（4）B. L. Hewlett and B. S. Hewlett 2008, 22; Woodburn 1982.

（5）幼児が 1 日あたりに受ける高い投資のケアのうち 22% は仮母による（Hewlett et al. 2000a, 174; Meehan 2008, 227）．Hrdy (2005) のような人類学者たちは，しばらくの間，年上の兄弟姉妹やイトコ達，家族の他のメンバーが「子守り役」や世話人として重要な役割を担うと述べてきた（Hrdy 2005 以下に引用 Wiessner 1977; Tronick et al. 1987; Hames 1988; LeVine 1988; Konner 2005）．

（6）Hewlett et al. 2000b, 174; Meehan 2008, 227. 離乳は重要なトピックであるのみならず，同時に心理学的，進化論的，そして人類学的な理論に示唆を与えるものでもある（以下を参照：Fouts et al. 2000, Fouts 2004, Fouts and Brookshire

2009a, Fouts and Lamb 2009b, Fouts et al. 2012; Ainsworth 1967; Draper and Harpending 1987; Hawkes et al. 1997; Trivers 1974; Akin 1985; Gray 1996; Nardi 1985).

(7) B. S. Hewlett et al. 2011; Meehan 2005; Boyette 2011.

(8) B. S. Hewlett et al. 2011; Meehan 2005. 以下も参照のこと：Boyette 2013; B. S. Hewlett et al. 2000a; Meehan 2008; Tronick et al. 1987.

(9) Boyette 2013; B. S. Hewlett 1992; B. S. Hewlett et al. 2000a; Fouts 2009a; B. S. Hewlett et al. 2011.

(10) Boyette 2013; B. S. Hewlett et al. 2011.

(11) 文化伝達は，集団遺伝学および疫学との類比によって，数学的な文化伝達モデルを構築するアプローチである（B. S. Hewlett et al. 2011). 以下も参照のこと：B. S. Hewlett and Cavalli-Sforza 1986a; Boyd and Richerson 1985; Cavalli-Sforza et al. 1981; Richerson and Boyd 2005; Freedman and Gorman 1993, in Quinlan and Quinlan 2007, 172; B. L. Hewlett and B. S. Hewlett 2008.

(12) B. S. Hewlett et al. 2011.

(13) B. L. Hewlett and B. S. Hewlett 2008; B. S. Hewlett et al. 2011.

(14) Woodburn 1982; B. S. Hewlett et al. 2000a.

(15) B. L. Hewlett and B. S. Hewlett 2008.

(16) B. L. Hewlett and B. S. Hewlett 2008.

(17) B. S. Hewlett et al. 1998; B. S. Hewlett et al. 2000b, 160; Fouts and Brookshire 2009a; B. S. Hewlett et al. 2011. LeVine et al. (1977) は，乳幼児死亡率は，産業化と農耕文化の間でみられる子育ての形態の違いを説明する主要な要因であると指摘している．つまり，死亡率がより高いために，農耕社会の親は子どもにさらに甘くなるということである．アカとンガンドゥの両親の間で異なる育児形態が，どちらか，もしくは両方の社会の乳幼児にとってよりよい健康状態をもたらすという証拠はない（B. S. Hewlett and Lamb 2000a も参照のこと）.

(18) B. S. Hewlett 1992.

(19) B. S. Hewlett et al. 1998.

(20) B. S. Hewlett et al. 2011; アカとンガンドゥの間でみられた子育て形態の違いをもたらしているかもしれない理由についての考察は B. S. Hewlett et al. 1998 を参照のこと.

(21) Kitanishi 1998; B. S. Hewlett 1992.

(22) B. S. Hewlett and Noss 2001; Kitanishi 1998.

(23) B. S. Hewlett 1992; Meehan 2005, 2008; B. S. Hewlett et al. 2011; Fouts et al. 2012.

(24) B. S. Hewlett 1992.

(25) Boyette, 2013; B. S. Hewlett 1992; B. S. Hewlett et al. 2000a; Fouts and Brookshire 2009a; B. S. Hewlett et al. 2011.

(26) B. S. Hewlett 1992; B. S. Hewlett et al. 2011; Meehan 2005; Boyette 2013.

(27) Bock and Sellen 2002; Boyette 2013. 以下も参照のこと：B. S. Hewlett

et al. 2011; Gosso et al. 2005; Konner, M. 2005; Kamei, N. 2005; Koyama 2011.

(28) B. S. Hewlett 1992; B. S. Hewlett et al. 2011; Meehan 2005; Boyette 2013.

(29) B. S. Hewlett 1992.

(30) B. L. Hewlett and B. S. Hewlett 2008.

(31) B. S. Hewlett et al. 2011.

(32) B. S. Hewlett et al. 2000a, 287.

(33) Super and Harkness 1982, 373-374; B. S. Hewlett 1992; B. S. Hewlett et al. 2000a; Meehan 2008; Fouts 2009b.

(34) 発達的ニッチモデルの3つの要素は次のとおりである．(1) 子どもが暮らす物理的・社会的環境，(2) 文化的に規制された育児習慣，(3) 養育者の心理学（Super and Harkness 1982, 373-374）．スーパーとハークネスは，環境，習慣，親のイデオロギーが子どもの発達をより広範囲の文化へと媒介するのであり，中でも親の民族理論，つまりイデオロギーが最も重要だと提案している．発達的ニッチモデルの有用性は，社会的情緒的な発達が起こる文脈を与えてくれることにある．Super and Harkness 1982; B. S. Hewlett 1992; B. S. Hewlett et al. 2000a; Meehan 2008; Fouts and Lamb 2009b.

(35) Super and Harkness 1982; B. S. Hewlett 1992; B. S. Hewlett et al. 2000a; Meehan 2008; Fouts and Lamb 2009b.

(36) B. S. Hewlett 1992; B. S. Hewlett et al. 2000a; Belsky 1997, 364.

(37) B. S. Hewlett 1992; B. S. Hewlett et al. 2000a; Belsky 1997, 364.

(38) B. S. Hewlett 1992; B. S. Hewlett et

al. 2000a; Belsky 1997, 364.

(39) Ichikawa 1992; B. S. Hewlett and Noss 2001, 295.

(40) B. S. Hewlett 1992; Woodburn 1982.

(41) Bird-David 1990; B. S. Hewlett et al. 2000a, 155-176; Woodburn 1982.

(42) B. S. Hewlett 1992.

(43) 邪術と親の投資の詳細については，Quinlan and Quinlan 2007 を参照のこと．

(44) B. S. Hewlett et al. 2000a, 295; Woodburn 1982.

(45) B. S. Hewlett et al. 2000a.

第3章

(1) Bogin and Smith 1996.

(2) これはある統合的な進化アプローチのことを参照している．それは，ヒトの生態学，文化，ヒトの生物学の間の相互作用を理解するために用いられる発見的モデルである（B. S. Hewlett and Lamb 2002a）．この章における引用文は，以前に B. L. Hewlett and B. S. Hewlett 2008 で刊行されている．

(3) B. S. Hewlett and Lamb 2002a; B. L. Hewlett and B. S. Hewlett 2008. Hrdy 1999; Tomasello 1999 も参照のこと．

(4) Lewis 2008, 299.

(5) Lewis 2008, 299.

(6) Lewis 2008, 299.

(7) Lewis 2008, 299.

(8) Markstrom 2008: 357.

(9) B. S. Hewlett et al. 1986b; B. S. Hewlett 1992; Hrdy 1999.

(10) Chagnon 1997; B. S. Hewlett 1992.

（11）Charnov 1993; Chisholm 1993, 1996; Belskey 1999; B. L. Hewlett and B. S. Hewlett 2008.

（12）Trevathan et al. 1999, 139; Kaplan et al. 2000, 163; Charnov 1993 を参照のこと．

（13）Kaplan et al. 2000, 163-164; Charnov 1993.

（14）Kaplan et al. 2000.

（15）Jenike 2001, 224-225; Hurtado et al. 2008 を参照のこと．

（16）Charnov 1993; Ellis 2013. 思春期に関する文化的，発達的，進化的観点からのより詳細な分析については B. L. Hewlett 2015 を参照のこと．

（17）B. S. Hewlett 1992; Spradley and McCurdy 1975.

（18）とくにンガンドゥの女性たちは，寓話を通して私に彼女たちの価値観や信念をよく教えてくれた．この事例では，お話は，結婚にあたって両親に従うべきこと，男性を拒否すべきではないことを「教訓」として伝えている．

（19）Charnov 1993; Ellis 2013.

（20）B. L. Hewlett and B. S. Hewlett 2008.

（21）B. L. Hewlett and B. S. Hewlett 2008; Bulmer 1994.

（22）B. L. Hewlett and B. S. Hewlett 2008; Bulmer 1994.

（23）B. L. Hewlett and B. S. Hewlett 2008; Bulmer 1994.

（24）B. L. Hewlett and B. S. Hewlett 2008; Bulmer 1994.

（25）Bulmer 1994; B. L. Hewlett and B. S. Hewlett 2008; Belskey 1999; Chisholm 1993.

（26）B. L. Hewlett and B. S. Hewlett 2008; Belskey 1999; Chisholm 1993.

（27）B. L. Hewlett and B. S. Hewlett 2008; B. S. Hewlett and Lamb 2002a.

（28）B. S. Hewlett and Lamb 2002a; B. L. Hewlett and B. S. Hewlett 2008.

（29）B. S. Hewlett and Lamb 2002a; B. L. Hewlett and B. S. Hewlett 2008.

（30）LeVine 1997.

（31）おそらくは，高い子どもの死亡率やさまざまな感染症や寄生虫による疾病のような，特定の生態学的状況によっても影響を受けるだろう（B. L. Hewlett and B. S. Hewlett 2008).

第4章

（1）愛着，性的欲求，婚姻関係に関するより詳細な総説については，B. L. Hewlett and B. S. Hewlett 2008 を参照のこと．

（2）仮母授乳は，通文化的に一般的だが，十分に理解されておらず体系的な研究もほとんどない．これまでに行われた研究は，親族関係，子どもの年齢，母親の状況と文化が仮母授乳の性格と頻度に影響することを示唆している（B. S. Hewlett and Winn 2014).

（3）Tomasello 1999; Hrdy 1999.

（4）Tomasello 1999; Konner 1983. 愛着，喪失，悲嘆についてのより詳細な検討は，Bowlby 1999[1969]; 1973; 1980 と Ainsworth 1967 を参照のこと．

（5）Woodburn 1982. より詳細な分析は，B. L. Hewlett 2005 を参照のこと．

（6）Woodburn 1982.

（7）Archer 2001; Babcock 1991; Bowlby

1999[1969]; 1973; 1980; Parkes 1972.

(8) B. S. Hewlett 1991.

(9) Woodburn 1982.

(10) Woodburn 1982.

(11) Woodburn 1982.

(12) LeVine et al. 1996; Rupp 2011 も参照のこと．Moïse 2014; Joiris 2003, 73; Bahuchet nad Guillaume 1982; Takeuchi 2001; 2014.

(13) 死因についてのより完全な研究については，Hewlett et al. 1986b を参照のこと．

(14) B. S. Hewlett et al. 2000a, 25.

(15) Bowlby 1999 [1969].

(16) B. S. Hewlett et al. 2000a, 25.

(17) Ohenjo et al. 2006.

(18) 農耕民と狩猟採集民の健康を比較した B. S. Hewlett (nd) の研究は，農村部に住む両者の間で起こると考えられていた大きな相違は，実際のところ存在しないことを示している．

(19) Kenrick 2005.

(20) Kenrick 2005.

(21) Farmer 2004, 8.「構造的な暴力」は，ヨハン・ガルトゥングによって作られた概念だが，人間の尊厳に対して侵害をもたらすものを含む広範な習慣を記述する．例えば，極度かつ相対的な貧困，人種差別からジェンダーの不平等までを含む社会的不平等，そしてアマルティア・センがその破壊的な力を「自由な束縛」と呼んだような，疑う余地のない人権侵害であり，目を見張るような諸形態の暴力が含まれる．

(22) Kenrick 2005.

(23) この話題に関するより深くまた示唆に富んだ文献として，Hrdy 1999 と Scheper-Hughes 1989 が挙げられる．

第 5 章

(1) Goody 1976; Stone and James 2009, 314; Boserup 1970, 51; Beneria and Sen 1981 ; Engels 1975.

(2) Beneria and Sen 1981, 290.

(3) Stone and James 2009, 314; Boserup 1970, 51; Beneria and Sen 1981, 294; Engels 1975.

(4) Goody 1976; O'Neil 2009.

(5) B. S. Hewlett 1992.

(6) Meehan 2008, 214.

(7) B. S. Hewlett 1992.

(8) B. S. Hewlett et. al. 2000b; Meehan 2008, 214.

(9) B. S. Hewlett et. al. 2000b; Meehan 2008, 214.

(10) B. L. Hewlett and B. S. Hewlett 2008; B. S. Hewlett et al. 1998, 654.

(11) B. L. Hewlett and B. S. Hewlett 2008; B. S. Hewlett et al. 1998, 167.

(12) B. L. Hewlett and B. S. Hewlett 2008; B. S. Hewlett 1992, 167.

(13) Goody 1976; Stone and James 2009, 314; Boserup 1970, 51; Beneria and Sen 1981 ; Engels 1975.

(14) Silberschmidt 1999, 10.

(15) Ember and Ember 2000.

(16) Bonvillain 2007.

(17) B. S. Hewlett 1992.

(18) Ember and Ember 2000, 237–238.

(19) Walker and Hewlett 1990.

(20) アカの配偶者間での殴打に関して，男性は 17 件の衝突のうち 9 件で殴打さ

れ，女性は 10 件の衝突のうち 7 件で殴
打された．B. L. Hewlett and B. S. Hewlett
2008.

（21）より詳細な分析に関しては B. L.
Hewlett and B. S. Hewlett 2008 を参照
のこと．

（22）Donahue 1985, 132; Wright 1994.

（23）Donahue 1985, 132; Wright 1994.

（24）Wright 1994, 36, 69.

（25）Donahue 1985, 132; Wright 1994.

（26）両集団においてもっともよくみら
れる離婚原因の，より徹底した分析は，
B. L. Hewlett and B. S. Hewlett 2008 を
参照のこと．

（27）B. L. Hewlett and B. S. Hewlett
2008.

第 6 章

（1）Diamond 2012.

（2）興味深いことに，アカやンガン
ドゥの祖母の語りが示唆するように，
閉経後の祖母の中には，孫の世話をし
ているとき，母乳や分泌液を出せる者
がいる．彼女たちはただのおしゃぶり
の役を果たしているだけではない．子
どもにとっての利点は生存上明らかだ
が，仮母としての育児は祖母にも利益
がありうる．免疫学的な仮説では，多
くの病原体がある環境に暮らす祖母は
プロラクチン生成と免疫能力を向上さ
せるために，他の女性の乳幼児に授乳
したがるということが示唆されている
（Hewlett and Winn 2014）．

（3）Diamond 2012.

（4）Keith 1980; Brown 1992; Kerns and
Brown 1992, 18–27.

（5）Moïse 2014.

（6）中年女性や老女についての例
外的な研究には次のようなものがあ
る．Kerns and Brown 1992; Dickerson-
Putnam and Brown 1998, Brown 1998;
Beyene 1986; Kaufert and Lock 1992;
Lock et al. 1988.

（7）Ellison 2001a, 2001b ; Jasienska
and Ellison 2004; Gosden 1985; Hawkes
et al. 1997; Hawkes et al. 1989, Hawkes
et al. 1998; Hawkes et al. 2003 ; Gurven
and Kim 1997 ; Hamilton 1966; Hill
and Hurtado 1991; 1996; 1999; Kaplan
1997, Kaplan et al. 2000, Kaplan and
Robson 2002; Lancaster and King 1985 ;
Marlowe 2000; Peccei 2001a; 2001b.

（8）Lancaster and King 1985; Kerns and
Brown 1992, 7–15.

（9）Hawkes et al. 1997; Hawkes et al.
1989; Hawkes et al. 1998; Hawkes et al.
2003.

（10）Peccei 2001a; 2001b.

（11）Kaplan et al. 2000.

（12）Kaplan and Hill 1985, 224; Hamilton
1964.

（13）例えば，Meehan 2008 を参照のこ
と．

（14）Ivey 2000, 856.

（15）Hawkes et al. 1989.

（16）Hawkes et al. 2003 ; Ivey 2000; Sear
and McGregor 2003.

（17）Sear and McGregor 2003, 以下に引
用 Hrdy 2004, 18.

（18）Hewlett and Winn 2014; Draper
and Howell 2005.

（19）Diamond 2012.

(20) Diamond 2012.

(21) Diamond 2012.

(22) Diamond 2012.

(23) Commission for Social Development 2001.

(24) Bahuchet and Guillaume 1982; Moïse 2014; Kisliuk 1991; Bailey et al. 1992.

第 7 章

(1) Bahuchet and Guillaume 1982, 208-209.

(2) Bahuchet and Guillaume 1982, 200; B. S. Hewlett and Fancher 2014; Moïse 2014.

(3) Bailey et al. 1992, 263; Bahuchet and Guillaume 1982, 198.

(4) Ichikawa 2004, 114; B. S. Hewlett and Fancher 2014, 12.

(5) Moïse 2014; Bailey et al. 1992.

(6) Bahuchet and Guillaume 1982, 196-198.

(7) Bahuchet and Guillaume 1982, 196-198.

(8) Bailey et al. 1992.

(9) Bahuchet and Guillaume 1982, 208; Moïse 2014; B. S. Hewlett nd.

(10) Bahuchet and Guillaume 1982, 208; Moïse 2014.

(11) Van Donk 2006.

(12) Bahuchet and Guillaume 1982.

(13) Bahuchet and Guillaume 1982; Bailey et al. 1992; Moïse 2014.

(14) Taylor 2010; Verdu 2010.

(15) Verdu 2010; Patin et al. 2009; Batini et al. 2007; Quintana-Murci et al.

2008; B. S. Hewlett and Fancher 2011.

(16) Verdu 2010; Verdu et al. 2009; B. S. Hewlett and Fancher 2014, 3.

(17) Verdu 2010; Verdu et al. 2009; B. S. Hewlett and Fancher 2014, 3.

(18) Verdu 2010; Verdu et al. 2009; B. S. Hewlett and Fancher 2014, 3.

(19) Verdu 2010.

(20) Hardin et al. 2010.

(21) Rupp 2011.

(22) Ichikawa 2014; Headland 1987; Headland and Bailey 1991; Bailey et al. 1989.

(23) Mercader 2002; 2003; Yasuoka 2006; Caudill 2010; Sato et al. 2012.

(24) Caudill 2010; Sato et al. 2012.

(25) Yasuoka 2006; Ichikawa 2014; Sato et al. 2012.

(26) Sato et al. 2012.

(27) Bahuchet and Guillaume 1982; Cavalli-Sforza 1986; Moïse 2014.

(28) Lupo 2014.

(29) Lupo 2014.

(30) Ndanga 2010.

(31) Matsuura 2010.

(32) Matsuura 2010.

(33) Takeuchi 2001; 2014.

(34) Takeuchi 2001; 2014; Oishi 2012.

(35) Takeuchi 2001; 2014; Joiris 2003; Ichikawa 2004, 4; Rupp 2011.

(36) Rupp 2011.

(37) Rupp 2011.

(38) Bahuchet and Guillaume 1982.

(39) Rupp 2011.

(40) Rupp 2011.

(41) Rupp 2011.

（42）Rupp 2011.

（43）Soengas 2010. 例えば，カメルーンのバカ（Hayashi et al. 2010; Leclerc 2010; Tegomo 2012）；ガボンのバコヤとバカ（Soengas 2012）；中央アフリカのボフィ（Fargeot and Rouket 2011）.

（44）バコヤの非ピグミー系近隣住民には，ムウェサ（Mwesa），マホングウェ（Mahongwe），コタ（Kota），クウェレ（Kwele），ボンゴム（Bongom）が含まれる（Soengas 2010）.

（45）Soengas 2012.

（46）Hymas 2010.

（47）Hymas 2010.

（48）Takeuchi 2001, 2014; Rupp 2011.

（49）Rupp 2011.

（50）Bailey et al. 1992; Moïse 2014.

（51）Bailey et al. 1992; Moïse 2014.

（52）Moïse 2014.

（53）Defo 2010.

（54）Simiti 2010; Robillard 2010.

（55）Moïse 2014.

（56）Moïse 2014; B. S. Hewlett and Winn 2014.

（57）Gebru 2009; Gutmann 1992.

（58）Gebru 2009.

（59）Diamond 2005.

（60）Diamond 2005.

（61）Markstrom 2008.

引用文献

Adichie, Chimamanda. 2010. "The Danger of a Single Story." Video on TED.com. http://www.ted.com/talks/chimamanda_adichie_the_danger_of_a_single_ story.html（2020 年 2 月 14 日最終アクセス）.

Ainsworth, Mary, D. 1967. *Infancy in Uganda: Infant Care and the Growth of Love*. Baltimore: Johns Hopkins Press.

Akin, K. Gillogly. 1985. "Women's Work and Infant Feedings: Traditional and Transitional Practices on Malaita, Solomon Islands," in *Infant Care and Feeding in the South Pacific*, ed. Lauren Marshall, 207–234. New York: Gordon and Breach.

Appiah, K. Anthony and Lewis Henry Gates Jr. 1999. *Africana*. New York: Perseus Books.

Archer, John. 2001. "Grief from an Evolutionary Perspective," in *Handbook of Bereavement Research*, eds; Margaret S. Stroebe, Robert O. Hansson, Wolfgang Stroebe and Henk Schut, 263–283. Washington, D. C.: American Psychological Association.

Arom, Simha and Jacqueline M. C. Thomas. 1974. *Les Mimbo: Génies du piégage et le monde surnaturel des Nbgaka-Ma'bo (République Centralafricaine)*. Paris: CNRS.

Arom Simha, Natalie Fernando, Suzanne Fürniss, Sylvie le Bomin, Fabrice Marandola and Jean Molino. 2008. "La Categorization des Patrimoines Musicaux de Tradition Orale," in *Categories and Categorization. Une Perspective Interdisciplinaire*, ed. F. Alvarez-Pereyre, 273–313. Paris: Peeters-Selaf.

Babcock, Pat. 1991. Death Education Changes Coping to Confidence, in *Loss, Grief and Care*, vol. 4, (1-2): 35–44.

Bahuchet, Serge. 1979. "Pygmées de Centrafrique: Études Ethnologiques, Historiques et Linguistiques sur les Pygmées "Ba. Mbenga" (Aka/Baka) du Nord-Ouest du Bassin Congolais," in *Études Pygmées*, ed. Serge Bahuchet, 13–31. Paris: Selaf.

———. 1985. *Les Pygmées Aka et la Forêt Centrafricaine*. Paris: Selaf.

———. 1990. "The Aka Pygmies: Hunting and Gathering in the Lobaye Forest," in *Food and Nutrition in the African Rain Forest*. Food Anthropology Unit 263, UNESCO.

———. 1993. "History of the Inhabitants of the Central African Rain Forest: Perspectives from Comparative Linguistics," in *Tropical Forests, People and Food. Biocultural Interactions and Applications to Development*, eds. C. M. Hladik, O. F. Linares, H. Pagezy, A. Semple and M. Hadley, 37–54. "Man and Biosphere series vol. 13." Paris/Lancs: Unesco/Parthenon.

———. 2014. "Cultural Diversity of African Pygmies," in *Hunter-gatherers of the Congo*

Basin: Cultures, Histories, and Biology of African Pygmies, ed. Hewlett B. S., 1-30. New Brunswick, NJ: Transaction Publishers.

Bahuchet, Serge and Henri Guillaume. 1982. "Aka-Farmer Relations in the Northwest Congo Basin," in Politics and History in Band Societies, eds. Elenore Leacock and Robert B. Lee, 189-211. Cambridge: Cambridge University Press.

Bailey, Robert C., G. Head, M. Jenike, B. Owen, R. Rechtman and E. Zechenter. 1989. Hunting and Gathering in Tropical Rain Forest: Is It Possible? American Anthropologist 91: 59-82.

Bailey, Robert C., Serge Bahuchet and Barry S. Hewlett. 1992. "Development in the Central African Rainforest: Concern for Forest Peoples," in Conservation of West and Central African Rainforests, eds. Kevin M. Cleaver, Mohan Munasinghe, Mary Dyson, Nicolas Egli, Axel Peuker, Francois Wencelius, 202-211. Washington DC: The World Bank.

Batini, C., V. Coia, C. Battaggia, J. Rocha, M. M. Pilkington, G. Spedini, D. Comas, G. Destro-Bisol and F. Calafell. 2007. Phylogeography of the Human Mitochondrial L1c Haplogroup: Genetic Signatures of the Prehistory of Central Africa. Molecular Phylogenetics and Evolution 43: 635-644.

BBC Monitoring. 2018. Central African Republic Country Profile. https://www.bbc.com/ news/world-africa-13150040 (2020 年 2 月 14 日最終アクセス).

Becker, N. S. A., Verdu, P., Froment, A., Le Bomin, S., Pagezy, H., Bahuchet, S. and Heyer, E. 2011. Indirect Evidence for the Genetic Determination of Short Stature in African Pygmies. American Journal of Physical Anthropology 145, 390-401.

Belsky, Jay. 1997. Attachment, Mating, and Parenting: An Evolutionary Interpretation. Human Nature 8(4): 361-381.

———. 1999. "Infant-Parent Attachment," in Child Psychology: A Handbook of Contemporary Issues, eds. Lawrence Balter, Catherine Susan Tamis-LeMonda, 45-63. Philadelphia: Psychology Press/Taylor and Francis.

Beneria, Lourdes and Gita Sen. 1981. Accumulation, Reproduction, and Women's Role in Economic Development: Boserup Revisited. Development and the Sexual Division of Labor. Journal of Women in Culture and Society 7(2): 279-298.

Bernard, Russel H. 1994. Research Methods in Anthropology. Sage Publications: London.

Berry, John. W. and Jan M. H. van de Koppel. 1986. On the Edge of the Forest. Berwyn PA: Swets North America Inc.

Beyene, Yewoubdar. 1986. Cultural Significance and Physiological Manifestations of Menopause: A Biocultural Analysis. Culture, Medicine, and Psychiatry 10: 47-71.

Bird-David, Nurit. 1990. The Giving Environment: Another Perspective on the

Economic System of Gatherer-Hunters. *Current Anthropology* 31: 189–196.

Bock, John and D. W. Sellen. 2002. Childhood and the Evolution of the Human Life Course: An Introduction. *Human Nature* 13: 153–160.

Bogin, Barry and Holly Smith. 1996. Evolution of the Human Life Cycle. *American Journal of Human Biology* 8: 703–716.

Bonvillain, Nancy. 2007. *Women and Men, Cultural Constructs of Gender*, 4th ed. London: Pearson Prentice Hall.

Boserup, Ester. 1970. *Women's Role in Economic Development*. London: George Allen & Unwin, Ltd.

Bowlby, John. 1999 [1969]. A*ttachment: Attachment and Loss (vol. 1)* (2nd ed.). New York: Basic Books. （J・ボウルビィ，1991『母子関係の理論 1――愛着行動』黒田実郎・横浜恵三子・吉田恒子訳，岩崎学術出版社）

―――.1973. *Separation: Anxiety & Anger. Attachment and Loss (vol. 2)*. London: Hogarth Press. （J・ボウルビィ，1995『母子関係の理論 2――分離不安』黒田実郎・岡田洋子・吉田恒子訳，岩崎学術出版社）

―――.1980. *Loss: Sadness & Depression. Attachment and Loss (vol. 3)*. London: Hogarth Press. （J・ボウルビィ，1991『母子関係の理論 3――対象喪失』黒田実郎・横浜恵三子・吉田恒子訳，岩崎学術出版社）

Boyd, Robert and Richerson, Peter, J. 1985. *Culture and the Evolutionary Process*. Chicago, Illinois: University of Chicago Press.

Boyette, A. H. 2013. *Social Learning during Middle Childhood among Aka Foragers and Ngandu Farmers of the Central African Republic*. PhD Dissertation. Washington State University, Pullman, WA.

Brown, Judith. 1992. "Lives of Middle-Aged Women," in *In Her Prime: New Views of Middle-Aged Women*, eds. Virginia Kerns and Judith Brown, 17–32. Champaign: University of Illinois Press.

―――. 1998. "Lives of Middle-Aged Women," in *Women in the Third World: An Encyclopedia of Contemporary Issues*, ed. Nelly Stromquist, 246–251. New York: Garland.

Brown, Paula. 2001. "Colonial New Guinea: The Historical Context," in *Colonial New Guinea: Anthropological Perspectives*, ed. Naomi McPherson, 15–26. Pittsburgh: University of Pittsburgh Press.

Bruel, Georges. 1911. *Notes Ethnographiques sur Quelques Tribus de l'Afrique Equatoriale Française. I: Les Populations de al Moyenne Sanga: Pomo, Boumalu, Babinga*. Leroux: Paris.

Bulmer, M. 1994. *Theoretical Evolutionary Ecology*. Sunderland MA: Sinauer Associates Inc.

Caudill, Mark. 2010. Tuber Foraging Across Tropical Environments. Paper given at the International Conference on Congo Basin Hunter-Gatherers, Montpellier, France, September 22–24.

Cavalli-Sforza, Luca Luigi. 1986. *African Pygmies*. New York: Academic Press.

Cavalli-Sforza, Luca Luigi and Mark W. Feldman. 1981. *Cultural Transmission and Evolution*. Princeton NJ: Princeton University Press.

Chagnon, Napoleon A.1997. *Yanomamo: The Fierce People*. 5th ed. Holt, Rinehart and Winston, Inc.

Charnov, Eric L. 1993. *Life History Invariants*. Oxford: Oxford University Press.

Chisholm, Jay S, et al. 1993. Death, Hope, and Sex: Life-History Theory and the Development of Reproductive Strategies. *Current Anthropology* 34(1): 1–24.

Chisholm, Jay S.1996. The Evolutionary Ecology of Attachment Organization. *Human Nature* 7:1–38.

CIA (Central Intelligence Agency). 2011. The World Fact Book: Central African Republic. https://www.cia.gov/library/publications/the-world-factbook/geos/print_ct.html（2020 年 2 月 14 日最終アクセス）.

―――. n.d. The World Fact book: Economy―Overview. https://www.cia.gov/library/publications/the-world-factbook/geos/ct.html（2020 年 2 月 14 日最終アクセス）.

Commission for Social Development. 2001. "Way Must be Found to Utilize Vast Contributions of Older Persons, Preparatory Meeting Told." Acting as Preparatory Committee for Second World Assembly on Ageing, 1st Meeting (AM). https://www.un.org/press/en/2001/soc4570.doc.htm（2020 年 2 月 14 日最終アクセス）.

Csibra, Gergely and Gyorgy Gergely. 2006. "Social Learning and Social Cognition: The Case for Pedagogy," in *Processes of Change in Brain and Cognitive Development: Attention and Performance*, eds. Y. Munakata and M. H. Johnson, 249–274. Oxford: Oxford University Press.

de Beauvoir, Simone. 1975. *Le deuxième sexe*. Paris: Gallimard. (Orig. pub. 1949.)（S. ボーヴォワール，2001『決定版　第二の性』全 3 巻『第二の性』を原文で読み直す会訳，新潮社）.

Defo, Louis. 2010. Can Forest Certification Help Save Central African Hunter-Gatherers? Paper given at the International Conference on Congo Basin Hunter-Gatherers, Montpellier, France, September 22–24.

Delobeau, Jean-Michael. 1989. *Yamonzombo et Yandenga: Les Relations Entre les Villages Monzombo et les Campements Pygmées Aka dans la Sous-préfecture de Mongoumba (Centraafrique)*. Paris: Peeters-Selaf.

Demesse, Lucien. 1978. *Changements Techno-Économiques et Sociaux Chez les Pygmées*

Babinga (Nord Congo et Sub Centralafrique). Paris: Selaf.

Devin, L. 2012. Baka Water Drums: Playing Rivers and Streams in the Rainforest of Cameron and Gabon. *Before Farming* 1: 1-11.

Diamond, Jared M. 2005. *Collapse: How Societies Choose to Fail or Succeed*. New York: Penguin Group.（ジャレド・ダイアモンド　楡井浩一訳 2005『文明崩壊――滅亡と存続の命運を分けるもの　上・下』草思社）

――2012 *The world Until Yesterday: What can we learn from traditional societies*. New York: Viking Press.（ジャレド・ダイアモンド　倉骨彰訳 2015『昨日までの世界――文明の源流と人類の未来　上・下』草思社）

Dickerson-Putman, Jeanette and Judith Brown. eds. 1998. *Women among Women: Anthropological Perspectives on Female Age Hierarchies*. Champaign: University of Illinois Press.

Donahue, Philip. 1985. *The Human Animal*. New York: Simon & Schuster.

Draper, P. and Harpending, H. 1987. Parent Investment and the Child's Environment. in *Biosocial Perspectives on Human Parenting*, eds. J. Lancaster et al. New York: Aldine de Gruyter.

Draper, Patricia and Nancy Howell. 2005. "The Growth and Kinship Resources of !Kung Children," in *Hunter-Gather Childhoods*, eds. Barry S. Hewlett and Michael Lamb, 262-281. New York: Aldine.

Elfmann, Peggy. 2005. "Women's Worlds in Dassanetch, Southern Ethiopia," Working Paper No. 53. Munich: Institute of Ethnology and African Studies.

Ellis, Bruce. 2013. "Risky Adolescent Behavior: An Evolutionary Perspective," in *Adolescent Identity: Evolutionary, Developmental and Cultural Perspectives*, ed. Bonnie Hewlett, 40-72. New York: Routledge

Ellison, Peter T. 2001a. *On Fertile Ground: A Natural History of Human Reproduction*. Cambridge MA: Harvard University Press.

――, ed. 2001b. *Reproductive Ecology and Human Evolution*. New York: Aldine de Gruyter.

Ember, Carol R. and Melvin Ember. 2000. *Anthropology a Brief Introduction*, 4th ed. Upper Saddle River NJ: Prentice Hall.

Engels, Frederich. 1975. *The Origins of the Family, Private Property and the State*, reprint ed. New York: International Publishers.

Fargeot, Christian and Pierre-Armand Roulet. 2011. A Problematic Social Innovation: a Case Study of the Bofi Pygmies' 'France' trade camp in Grima, Central African Republic. *Before Farming* 2: 1-7.

Farmer, Paul. 2004. An Anthropology of Structural Violence. *Current Anthropology* 45:

305–326.

Fouts, Hillary. 2004. "Social Contexts of Weaning: The Importance of *Cross-Cultural Studies*," in *Childhood and Adolescence: Cross-cultural Perspectives and Applications*, eds. Uwe P. Gielen and Jaipaul L. Roopnarine, 133–148. London: Greenwood Publishing Group.

Fouts, Hillary, Barry S. Hewlett and M. Lamb. 2000. Weaning and the Nature of Early Childhood Interactions Among Bofi Foragers in Central Africa. *Human Nature* 12(1): 27–46.

Fouts, Hillary and Robin Brookshire. 2009a. Who Feeds Children? A Child'-Eye- View of Caregiver Feeding Patterns among the Aka Foragers in Congo. *Social Science and Medicine* 69(2): 285–292.

Fouts, Hillary N. and Michael E. Lamb. 2009b. Cultural and Developmental Variation in Toddlers' Interactions with Other Children in Two Small-Scale Societies in Central Africa. *Journal of European Developmental Science* 3: 389–407.

Fouts, H. N., B. S. Hewlett and M. E. Lamb. 2012. A Biocultural Approach to Breastfeeding Interactions in Central Africa. *American Anthropologist* 144(1): 123-136.

Freedman, D. G. and J. Gorman. 1993. Attachment and the Transmission of Culture: An Evolutionary Perspective. *Journal of Social and Evolutionary Systems* 16(3): 297–329.

Fürniss, Susanne. 2008. The Adoption of the Circumcision Ritual Béká by the Baka Pygmies in southeast Cameroon", *Africa Music* 8(2):94-113.

Fürniss, Susanne. 2013. "Sexual Education through Singing and Dancing," in *Music, Dance and the Art of Seduction*, eds. Frank Kouwenhoven and James Kippen, 1-12. Delft, The Netherlands: Eburon Academic Publishers.

Fürniss, Susanne. 2014. Diversity in Pygmy Music: A Family Portrait. in *Hunter-gatherers of the Congo Basin: Cultures, Histories, and Biology of African Pygmies*, ed. Hewlett B. S., 187-218. New Brunswick, NJ: Transaction Publishers.

Fürniss, Susanne and Daou Joiris. 2011. A Dynamic Culture: Ritual and Musical Creation in the Baka Context. *Before Farming*, 2011(4), 1-12.

Gebru, Bethelem Tekola. 2009. Looking Beyond Poverty: Poor Children's Perspectives and Experiences of Risk, Coping and Resilience in Addis Ababa. PhD diss., University of Bath.

Gergely, Gyorgy and Csibra Gergely. 2006. "Sylvia's Recipe: The Role of Imitation and Pedagogy in the Transmission of Human Culture," in *Roots of Human Sociality: Culture, Cognition, and Human Interaction*, eds. N. J. Enfield and S. C. Levinson, 229–255. Oxford: Berg.

Gergely, B., K. Egyed and I. Kiraly. 2007. On Pedagogy. *Developmental Science* 10: 139–146.

Ghura, Dhaneshwar and Benoît Mercereau. 2004. Political Instability and Growth: The Central African Republic. IMF Working Paper. Washington DC: International Monetary Fund. https://www.sangonet.com/FichiersRessources2/CAR-polit-inst_wp0480.pdf（2020 年 2 月 14 日最終アクセス）.

Giles-Vernick, Tamara. 2002. *Cutting the Vines of the Past: Environmental Histories of the Central African Rainforest*. Charlottesville: University Press of Virginia.

Goody, Jack. 1976. *Production and Reproduction: A Comparative Study of the Domestic Domain*. Cambridge: Cambridge University Press.

Gosden, R. 1985. *The Biology of Menopause: The Causes and Consequences of Ovarian Aging*. London: Academic Press.

Gosso, Y. Otta, E., Morais, M., Riberiro, F. J. L. and Bussab, V. S. R. 2005. "Play in Hunter-Gather Societies," in *The Nature of Play: Great Apes and Humans*, eds. A. D. Pellegrini and P. K. Smith, 213–253. New York: New York, Guilford.

Gray, Sandra J. 1996. Ecology of Weaning among Nomadic Turkana Pastoralists of Kenya: Maternal Thinking, Maternal Behavior, and Human Adaptive Strategies. *Human Biology* 68(3): 437–465.

Grinker, Roy, R. 1994. *Houses in the Rainforest: Ethnicity and Inequality among Farmers and Foragers in Central Africa*. Los Angeles: University of California Press.

Gurven, Michael D. and Kim Hill. 1997. Comment on "Hadza Women's Time Allocation, Offspring Provisioning, and the Evolution of Long Post- Menopausal Life Spans." *Current Anthropology* 38: 551–577.

Gutmann, David. 1992. "Beyond Nurture: Developmental Perspectives on the Vital Older Woman," in *In Her Prime: New View of Middle-Aged Women among Women*, eds. David Gutmann and Virginia Kerns, 221–243. Champaign: University of Illinois Press.

Hames, Raymond. 1988. "The Allocation of Parental Care among the Ye'kwana," in *Human Reproductive Behavior: A Darwinian Perspective*, eds. Laura Betzig, Monica Borgerhoff-Mulder and Pat Turke, 237–251. Cambridge: Cambridge University Press.

Hamilton, William. 1964. The Genetic Evolution of Social Behavior I, II. *Journal of Theoretical Biology* 7: 1–52.

———. 1966. The Molding of Senescence by Natural Selection. *Journal of Theoretical Biology* 12: 12–45.

Hardin Rebecca, Robillard Marine and Bahuchet Serge. 2010. "Social, Spatial, and

Sectoral Boundaries in Transborder Conservation of Central African Forests," in *Transborder Gouvernance of Forests, Rivers and Seas*, eds. de Jong, Wil, Denyse Snelder and Noboru Ichikawa 15–30. London: Routledge University Press.

Harkness, Sarah and Super, Charles. M. 1992. The Developmental Niche: A Theoretical Framework for Analyzing the Household Production of Health. *Social Science and Medicine*, 38(2): 217–226.

Harms, Robert. 1981. *River of Wealth, River of Sorrow: The Central Zaire Basin in the Era of Slave and Ivory Trade, 1500–1891*. New Haven, CN: Yale University Press.

Hawkes, Kim, James F. O'Connell and Nicholas G. Blurton Jones. 1997. Hadza Women's Time Allocation, Offspring Provisioning, and the Evolution of Post- Menopausal Lifespans. *Current Anthropology* 38: 551–78.

———. 1989. "Hardworking Hadza Grandmothers," in *Comparative Socioecology: The Behavioral Ecology of Humans and Other Mammals*, eds. V. Standen and R. A. Foley, 341–366. London: Basil Blackwell.

Hawkes, Kim, O' Connell James F, Blurton-Jones Nicholas G and Charnov Eric L . 1998. Grandmothering, Menopause and the Evolution of Human Life Histories. *Proceedings of the National Academy of Sciences USA* 95: 1336–1339.

Hawkes, Kim, James F. O'Connell and Nicholas G. Blurton Jones, Helen Alvarez and Eric L. Charnov. 2003. Grandmothers and the Evolution of Human Longevity. *American Journal of Human Biology* 15: 380–400.

Hayashi, Koji, Taro Yamauchi and Hiroaki Sato. 2010. Daily Activities among the Baka Hunter-Gatherers of Cameroun from Individual Observations at the Forest Camp and the Settlement. Paper given at the International Conference on Congo Basin Hunter-Gatherers, Montpellier, France, September 22–24.

Headland, Thomas N. 1987. The Wild Yam Question: How Well Could Independent Hunter-Gatherers Live in a Tropical Rain Forest Ecosystem? *Human Ecology* 15: 463–491.

Headland, Thomas N. and Robert C. Bailey. 1991. Introduction: Have Hunter- Gatherers Ever Lived in Tropical Rain Forest Independently of Agriculture? *Human Ecology* 19: 115–122.

Hewlett, Barry S. 1991. Demography and Childcare in Preindustrial Societies. *Journal of Anthropological Research* 47.

———. 1992. *Intimate Fathers: The Nature and Context of Aka Pygmy Paternal Infant Care*. Ann Arbor: University of Michigan Press.

———. 2001. "The Cultural Nexus of Aka Father-Infant Bonding," in *Gender in Cross- Cultural Perspective*, 3rd ed., eds. Caroline B. Brettell and Carolyn F. Sargent,

45–56. Upper Saddle River, NJ: Prentice Hall.

———. 2007. Why Sleep Alone? An Integrated Evolutionary Approach to Intracultural and Intercultural Variability in Aka, Ngandu, and Euro-American Cosleeping. Paper presented at the annual meeting of the Society for Cross-Cultural Research, San Antonio TX.

———. nd. "Victims of Discrimination: An Anthropological Science Critique of Human Rights and Missionary Narratives of African Pygmy Marginalization." Unpublished manuscript.

Hewlett, Barry S. and Cavalli Sforza, Luigi L. 1986a. Cultural Transmission Among Aka Pygmies, *American Anthropologist* 88: 922–934.

Hewlett, Barry S., van de Koppel, Jan. M. H. and Maria van de Koppel. 1986b. "Causes of Death Among Aka Pygmies of the Central African Republic", in *African Pygmies*, ed. Luigi L. Cavalli Sforza, 45–63. New York: Academic Press.

Hewlett, Barry S., Michael Lamb, Donald Shannon, Birgit Leyendecker and Axel Scholmerich. 1998. Culture and Early Infancy among Central African Foragers and Farmers. *Developmental Psychology* 34: 653–651.

Hewlett, Barry S., Michael Lamb, Birgit Leyendecker and Axel Scholmerick. 2000a. Internal Working Models, Trust, and Sharing among Foragers, *Current Anthropology* 41: 287–297.

———. 2000b. "Parental Investment Strategies among Aka foragers, Ngandu Farmers and Euro-American Urban Industrialists," in *Adaptation and Human Behavior,* eds. Lee Cronk, Napolean Chagnon and William Irons, 155–177. New York: Aldine de Gruyter.

Hewlett, Barry S. and Andrew Noss. 2001. The Context of Female Hunting in Central Africa. *American Anthropologist* 103(4): 1024–1040.

Hewlett, Barry S. and Michael Lamb. 2002a. "Integrating Evolution, Culture and Developmental Psychology: Explaining Caregiver-Infant Proximity and Responsiveness in Central Africa and the USA," in *Between Culture and Biology: Perspectives on Ontogenetic Development,* eds. Heidi Keller, Ype H. Poortinga and Axel Schölmerich, 241–269. Cambridge: Cambridge University Press.

Hewlett, Barry S., A. Silvertri and C. R. Gugliemino. 2002b. Semes and Genes in Africa. *Current Anthropology* 43: 313–321.

Hewlett, Barry S., Hillary Fouts, Adam Boyette and Bonnie Hewlett. 2011. Social Learning among Congo Basin Hunter-gatherers. *Philosophical Transactions of the Royal Society B (U.K.)* 366: 1168–1178.

Hewlett, Barry S. and Jay Fancher. 2014. "Hunter-Gatherer Cultural Traditions," in

Oxford Handbook of the Archaeology and Anthropology of Hunter-Gatherers, eds. Vicki Cummings, Peter Jordan and Marek Zvelebil. 936-957. Oxford: Oxford University Press.

Hewlett, Barry S. and S. Winn 2014. Allomaternal Nursing in Humans. *Current Anthropology,* 55: 200-229.

Hewlett, Bonnie L. 2005. "Vulnerable Lives: Death, Loss and Grief among Aka and Ngandu Adolescents of the Central African Republic," in *Culture and Ecology of Hunter-Gatherer Children,* eds. Barry S. Hewlett and Michael E. Lamb, 322–342. New York: Aldine.

Hewlett, Bonnie L. (ed.) 2015. *Adolescent Identity: Evolutionary, Cultural and Developmental Perspectives.* New York: Routledge, Taylor and Francis.

Hewlett Bonnie L. and Barry S. Hewlett. 2008. "A Biocultural Approach to Sex, Love and Intimacy in Central African Foragers and Farmers," in *Intimacies: Love and Sex Across Cultures,* ed. William Jankowiak, 39–64 Princeton NJ: Princeton University Press.

Hewlette Bonnie L. n.d. "Intracultural Variability in Levels of Physical Activity and Inactivity Among Aka Forager and Ngandu Farmer Adolescents of the Central African Republic"

Hill, Kim and Magdelena Hurtado. 1991. The Evolution of Reproductive Senescence and Menopause in Human Females. *Human Nature* 2(4): 315–50.

———. 1996. *Ache Life History: The Ecology and Demography of a Foraging People.* New York: Aldine de Gruyter.

——. 1999 Aché. in *The Cambridge Encyclopedia of Hunters and Gatherers,* eds Richard B. Lee and Richard Daly, 92-96. Cambridge: Cambridge University Press.

Hill, K. R., R. Walker, M. Mozicevic, J. Eder, T. Headland, B. S. Hewlett, A. M. Hurtado, F. Marlowe, P. Wiessner and B. Wood 2011. Coresidence Patterns in Hunter-gatherer Societies Show Unique Human Social Structure. *Science,* 331: 1286–1289.

Hrdy, Sarah Blaffer. 1999. *Mother Nature: A History of Mothers, Infants and Natural Selection.* New York: Pantheon.

———. 2004. "Comes the Child before Man: How Cooperative Breeding and Prolonged Post-Weaning Dependence Shaped Human Potential," in *Hunter- Gatherer Childhoods: Evolutionary, Developmental, & Cultural Perspectives* eds. Barry S. Hewlett and Michael Lamb, 65–91. New Brunswick NJ: Aldine Transactions.

Hurtado, A. Magdalena, M. Anderson Frey, Inés Hurtado, Kim Hill and Jack Baker. 2008. "The Role of Helminthes in Human Evolution: Implications for Global Health in the 21st Century," in *Medicine and Evolution: Current Applications, Future Prospects,* eds. Sarah Elton and Paul O'Higgins, 151–178. Boca Raton FL: Taylor & Francis.

Hymas, Olivier. 2010. *Recent Migration of Hunter-Gatherers and Bantu-Speaking Farmers along the Ikoy River Valley (Gabon): Implications for Conservation and Development in the Area.* Paper given at the International Conference on Congo Basin Hunter-Gatherers, Montpellier, France, September 22–24.

———. 2003. Recent Advances in Central African Hunter-Gatherer Research. *African Study Monographs*, Suppl. 28: 1–6.

Ichikawa, Mitsuo. 2004. "The Japanese Tradition of Central African Hunter- gatherer Studies: With Comparative Observation on the French and American Traditions," in *Hunter-Gatherers in History, Archaeology and Anthropology*, ed. A. Barnard, 103–114. Oxford: Berg Publishers.

———. 2014. "Forest Conservation and Indigenous Peoples in The Congo Basin: New Trends toward Reconciliation between Global Issues and Local Interest." in *Hunter-gatherers of the Congo Basin: Cultures, Histories, and Biology of African Pygmies*. ed. B. S. Hewlett, 321-342. New York: Routledge.

Ichikawa, Mitsuo. 1992. Beyond "The Original Affluent Society": A Culturalist Reformulation [and Comments and Reply]. *Current Anthropology* 33(1): 25–47.

IMF. 2011. Statement at the Conclusion of an IMF Mission to the Central African Republic, Press Release No. 11/278, July 13. http://www.imf.org/external/np/sec/pr/2011/pr11278.htm（2020 年 2 月 14 日最終アクセス）.

Ivey, Paula K. 2000. Cooperative Reproduction in Ituri Hunter-Gatherers: Who Cares for Infants? *Current Anthropology* 41: 856–866.

Jankowiak, William. 1993. *Sex, Death and Hierarchy in a Chinese City: An Anthropological Account.* New York: Columbia University Press.

Jasienska, G. and Peter Ellison. 2004. Energetic Factors and Seasonal Changes in Ovarian Function in Women From Rural Poland. *American Journal of Human Biology* 16: 563–580.

Jenike, Mark R. 2001. "Nutritional Ecology: Diet, Growth, Physical Activity and Body Size," in *Hunter-Gatherers, An Interdisciplinary Perspective*, eds. C. Panter-Brick, Robert Layton and Peter Rowley-Conwy, 224–225. Cambridge: Cambridge University Press.

Joiris, Daou. 2003. The Framework of Central African Hunter-Gatherers and Neighboring Societies. *African Study Monographs*, Suppl. 28: 57–79.

Joiris, Daou and S. Bahuchet. 1994. "Afrique Équatoriale," in *Situation des Populations Ingènes des Forêts Denses et Humides*, ed. S. Bahuchet, 387–448. Bruxelles: Commission Européenne.

Kalck, Pierre. 1993. Central African Republic, Vol. 152. Oxford: Clio Press.

Kamei, Notuka. 2005. "Play among Baka Children in Cameroon," in *Hunter-Gatherer Childhoods: Evolutionary, Developmental and Cultural Perspectives*, eds. B. S. Hewlett and M. E. Lamb, 343–362. New Brunswick, NJ: Aldine Transaction.

Kaplan, Hillard S. 1997. "The Evolution of the Human Life Course," in *Between Zeus and Salmon: The Biodemography of Aging*, eds. K. Wachter and C. Finch, 175–211. Washington DC: National Academy of Sciences.

Kaplan, Hillard and Kim Hill. 1985. Food Sharing among Ache Foragers: Tests of Explanatory Hypothesis. *Current Anthropology* 26(2): 223–246.

Kaplan, Hillard, Hill, Kim, Lancaster, Jane, Hurtado, Magdalena, A. 2000. A Theory of Human Life History Evolution: Diet, Intelligence, and Longevity. *Evolutionary Anthropology* 9: 156–185.

Kaplan, Hillard and Arthur J. Robson. 2002. The Emergence of Humans: The Coevolution of Intelligence and Longevity with Intergenerational Transfers. *Proceedings of the National Academy of Sciences* 99: 10221–10226.

Kaplan, Hillard S., Lancaster, Jane and Robson, Author. 2003. "Embodied capital and the Evolutionary Economics of the Human Life Span," in Life Span: Evolutionary, Ecological, and Demographic Perspectives, eds. J. R. Carey and S. Tuljapurkar. *Supplement to Population and Developmental Review* 29: 152–182. New York: Population Council.

Kaufert, Patricia. 1982. Anthropology and the Menopause: The Development of a Theoretical Framework. *Maturitas* 4: 181–193.

Kaufert, Patricia A. and Margaret Lock. 1992 "What Are Women for?: Cultural Constructs of Menopausal Women in Japan and Canada," in *In Her Prime: New View of Middle-Aged Women among Women*, eds. Virginia Kerns and Judith Brown,187–200. Champaign: University of Illinois Press.

Kazadi, Ntole. 1981. Méprisés et Admirés: L'Ambivalence des Relations entre les Bacwa (Pygmées) et les Bahemba (Bantu). *Africa* 51: 837–847.

Keith, Jennie. 1980. The Best is Yet to Be: Toward an Anthropology of Age. *Annual Review of Anthropology* 9: 339–364.

Kenrick, Justin. 2005. "Equalizing Processes, Processes of Discrimination and the Forest People of Central Africa," in *Property and Equality*, Vol. 2, *Encapsulation, Commercialization, Discrimination*, eds. T. Widlock and W. Tadesse, 104–128. Oxford: Berghahn.

Kerns, Virgina and Judith Brown. 1992. *In Her Prime: New View of Middle-Aged Women*. Chicago: University of Illinois Press.

Kisliuk, Michelle. 1991. Confronting the Quintessential: Singing, Dancing and Everyday Life among Biaka Pygmies (Central African Republic). PhD diss., New York University.

Kitanshi, K. 1998. Food Sharing among the Aka Hunter-Gatherers in Northeastern Congo. *African Study Monographs* 17: 35–57.

Konner, Melvin. 1983. *The Tangled Wing: Biological Constraints on the Human Spirit.* New York: Harper and Row.

———. 2005. "Hunter-Gatherer Infancy and Childhood: The !Kung and Others," in *Hunter-Gatherer Childhoods*, eds. Barry S. Hewlett and Michael Lamb, 19–64. New Brunswick, NJ: Transaction Publishers.

Koyama, Tadashi. 2011. Child Development Through Early Symbolic Play. Paper presented at the First Conference on Replacement of Neanderthals by Modern Humans: Testing Evolutionary Models of Learning, Kobe, Japan, February 16.

Lancaster, Jane B. and Chet Lancaster. 1983. "Parental Investment: The Hominid Adaptation," in *How Humans Adapt: A Biocultural Odyssey*, ed. D. Ortner, 33–65. Washington DC: Smithsonian Institute Press.

Lancaster, Jane B. and Barbara J. King. 1985. "An Evolutionary Perspective on Menopause," in *In Her Prime: New View of Middle-Aged Women*, eds. J. Brown and V. Kerns, 7–15. South Hadley MA: Bergin and Garvey.

Le Bomin, Sylvie, Guillaume Lecointre, Evelyne Heyer 2016 "The Evolution of Musical Diversity: The Key Role of Vertical Transmission" PLOS ONE | DOI:10.1371/journal.pone.0151570 March 30, 2016, 1-17.

Leclerc, Christian. 2010. Social Evolution and Structural Continuity: The Case of Baka Pygmies with Agriculture. Paper given at the International Conference on Congo Basin Hunter-Gatherers, Montpellier, France, September 22–24.

LeVine, Robert A. 1977. "Child Rearing as Cultural Adaptation," in *Culture and Infancy*, eds. P. Herbert Leiderman, Steve Tulkin and Anna Rosenfeld, 15–27. New York: Academic.

———. 1988. "Human Parental Care: Universal Goals, Cultural Strategies, Individual Behavior," in *New Directions for Child Development*, 1988(4): 3–12.

LeVine, Robert, Suzanne Dixon, Sarah Levine, Amy Richman, P. Herbert Leiderman, Constance H. Keefer and T. Berry Brazelton. 1996. *Childcare and Culture: Lessons from Africa.* Cambridge, UK: Cambridge University Press.

Lewis, Jerome. 2008. Ekila: Blood, Bodies and Egalitarian Societies. *Journal of the Royal Anthropological Institute* 14: 297–315.

———. 2010. Why do the BaYaka Sing so Much? Polyphony and Egalitarianism.

Paper given at the International Conference on Congo Basin Hunter-Gatherers, Montpellier, France, September 22–24.

Lock, Margaret, Patricia Kaufert and Penny Gilbert. 1988. Cultural Construction of the Menopausal Syndrome: The Japanese Case. *Maturitas* 10(4): 317–332.

Lupo, Karen, Ndanga Jean- Paul, Kiahtipes Chris. 2014. On Late Holocene Population Interactions in the Northwestern Congo Basin: When, How and Why does the Ethnographic Pattern begin? in *Hunter-gatherers of the Congo Basin: Cultures, Histories, and Biology of African Pygmies.* ed. B. S. Hewlett, 59-84. New York: Routledge.

Markstrom, Carol A. 2008. *Empowerment of North American Indian Girls: Ritual Expressions.* Lincoln: University of Nebraska Press.

Marlowe, Frank. 2000. The Patriarch Hypothesis: An Alternative Explanation of Menopause. *Human Nature* 11(1): 27–42.

Matsuura, Naoki. 2010. Reconsidering Pygmy-Farmer Interethnic Relationships: An "Equal" Relationship between the Babongo Pygmies and the Massango Farmers in Southern Gabon. Paper given at the International Conference on Congo Basin Hunter-Gatherers, Montpellier, France, September 22–24.

Meehan, Courtney. 2005. The Effects of Residential Locality on Parental and Alloparental Care among the Aka Foragers of the Central African Republic. *Human Nature: an Interdisciplinary Biosocial Perspective* 16(1): 58–80.

———. 2008. Allomaternal Investment and Relational Uncertainty among Ngandu Farmers of the Central African Republic. *Human Nature* 19: 211–226.

Mercader, Julio. 2002. Forest People: The Role of African Rainforests in Human Evolution and Dispersal. *Evolutionary Anthropology* 11: 117–124.

———. 2003. "Introduction: The Paleolithic Settlement of Rain Forests," in *Under the Canopy: The Archaeology of Tropical Rain Forests*, 1–31. New Brunswick NJ: Rutgers University Press.

Moïse, Robert. 2014. ""Do Pygmies Have a History?" Revisited: The Autochthonous Tradition in the History of Equatorial Africa," in *Hunter-Gatherers in the Congo Basin: Culture, History, and Biology of African Pygmies*, ed. Barry S. Hewlett. 85-116, New York: Routledge.

Nardi, Bonnie A. 1985. "Infant Feeding and Women's Work in Western Samoa: A Hypothesis, Some Evidence and Suggestions for Future Research," in *Infant care and Feeding in the South Pacific*, ed. Lorna Marshall, 293–306. New York: Gordon and Breach.

Ndanga, Alfred Jean-Paul. 2010. Central African Forest Paleometallurgy Techniques and Forager-Farmer Interactions. Paper given at the International Conference on Congo Basin Hunter-Gatherers, Montpellier, France, September 22-24.

Noss, Andrew and Barry S. Hewlett. 2001. The Contexts of Female Hunting in Central Africa. *American Anthropologist* 103: 1024–1040.

Ohenjo, Nyang'ori, Ruth Willis, Dorothy Jackson, Clive Nettleson, Kenneth Good, and Benan Mugarura. 2006. Health of Indigenous People in Africa: Indigenous Health 3. *The Lancet* 367: 1937–1946.

Oishi, Takanori. 2012. Cash Crop Cultivation and Interethnic Relations of the Baka Hunter-Gatherers in Southeastern Cameroon. *African Study Monographs*, Suppl. 43: 115-136.

O'Neil, Dennis. 2009. Pattern of Subsistence: Horticulture. http://www2.palomar.edu/anthro/subsistence/sub_4.htm（2020 年 2 月 14 日最終アクセス）.

O'Toole, Thomas. 1986. *The Central African Republic: The Continent's Hidden Heart.* Boulder CO: Westview Press.

Pakenham, Thomas. 1991. *The Scramble for Africa: The White Man's Conquest of the Dark Continent from 1876 to 1912.* New York: Random House.

Parke, Thomas H. 1891. *My Personal Experiences in Equatorial Africa as the Medical Officer of the Emin Pasha Relief Expedition.* London: Sampson Low, Marston and Co.

Parkes, Colin Murray. 1972. *Bereavement: Studies of Grief in Adult Life.* London: Tavinstock.

Patin, E., G. Laval, L. B. Barreiro, A. Salas, O. Semino, S. Santachiara-Benerecetti, K. K. Kidd, J. R. Kidd, L. van der Veen, J-M. Hombert, A. Gessain, A. Froment, S. Bahuchet, E. Heyer and L. Quintana-Murci. 2009. Inferring the Demographic History of African Farmers and Pygmy Hunter-Gatherers Using a Multilocus Resequencing Data Set. *PLoS Genetics* 5: e1000448; doi:10.1371/ journal. pgen.1000448. http://www.plosgenetics.org/article/info:doi/10.1371/ journal. pgen.1000448（2020 年 2 月 14 日最終アクセス）.

Peccei, Jocelyn S. 2001a. A Critique of the Grandmother Hypotheses: Old and New. *American Journal of Human Biology* 13(4): 434–452.

———. 2001b. Menopause: Adaptation or Epiphenomenon? *Evolutionary Anthropology* 10: 43–57.

Quinlan, Robert J. and Marsha B. Quinlan. 2007. Parenting and Cultures of Risk: A Comparative Analysis of Infidelity, Aggression, and Witchcraft. *American Anthropologist* 109(1): 164–179.

Quintana-Murci, L., H. Quach, C. Harmant, F. Luca, B. Massonnet, E. Patin, L. Sica, P. Mouguiama-Daouda, D. Comas, S. Tzur, O. Balanovsky, K. K. Kidd, J. R. Kidd,

L. van der Veen, J-M. Hombert, A. Gessain, P. Verdu, A. Froment, S. Bahuchet, E. Heyer, J. Dausset, A. Salas and D. M. Behar. 2008. Maternal Traces of Deep Common Ancestry and Asymmetric Gene Flow Between Pygmy Hunter-Gatherers and Bantu-Speaking Farmers. *Proceedings of the National Academy of Sciences* 105: 1596–1601.

Richerson, Peter J. and Robert Boyd. 2005. *Not by Genes Alone: How Culture Transformed Human Evolution*. Chicago: University of Chicago Press.

Robillard, Marine. 2010. NGO Involvement in Cameroon Southeastern Forests: Forest Conservation and Forest Population Advocacy. Paper given at the International Conference on Congo Basin Hunter-Gatherers, Montpellier, France, September 22–24.

Rupp, Stephanie. 2003. Interethnic Relations in Southeastern Cameroon: Challenging the "Hunter-Gatherer"–"Farmer" Dichotomy. *African Study Monographs,* Suppl. 28: 37–56.

———. 2011. *Forests of Belonging: Identities, Ethnicities and Stereotypes in the Congo River Basin*. Seattle: University of Washington Press.

Sato, Hiroaki, Kyohei Kawamura, Koji Hayashi, Hiroyuki Inai and Taro Yamauchi. 2012. Addressing the Wild Yam Question: How Baka Hunter-gatherers Acted and Lived during Two Controlled Foraging Trips in the Tropical Rainforest of Southeastern Cameroon. *Anthropological Science*, 120(2): 129-149.

Scheper-Hughes, Nancy. 1989. Lifeboat Ethics: Mother Love and Child Death in Northeast Brazil. *Natural History* 98(10): 8–16.

Schweinfurth, Georg and Ellen E. Frewer. 1874. *The Heart of Africa: Three years' Travel and Adventures in the Unexplored Regions of Central Africa from 1868-1871*, New York: Harper and Brothers.

Sear, Rebecca and Ian A. McGregor. 2003. The Effects of Kin on Female Infertility in Rural Gambia. *Evolution and Human Behavior* 24: 25–42.

Shannon, Donald. 1996. *Early Infant Care among the Aka*. MA thesis, Washington State University, Pullman.

Silberschmidt, Margrethe. 1999. *Women Forget That Men Are Their Masters: Gender Antagonism and Socio-economic Change in Kisii District, Kenya*. Stockholm: Elanders Gotab.

Simiti, Bernard. 2010. Organizing NGOs to Assist Aka Pygmies of the Central African Republic: A Case Study of Cooperazione Internationale (COOPI). Paper given at the International Conference on Congo Basin Hunter-Gatherers, Montpellier, France, September 22-24.

Soengas, Beatriz. 2012. Des Pygmées Cultivateurs, les Bakoya: Changements Techniques et Sociaux dans la Forêt Gabonaise, *Journal des Africanistes*, 82-1/2: 167-192.

Spradley, James P. and David M. McCurdy. 1975. *Anthropology: The Cultural Perspective*. Long Grove IL: Waveland Press.

Stone, Linda and Caroline James. 2009. "Dowry, Bride Burning and Female Power in India," in *Gender in Cross-Cultural Perspective*, 5th ed, eds. Caroline B. Bretell and Carolyn F. Sargent, 310-320. Cranbury NJ: Pearson Education, Inc.

Super, Charles M. and Sarah A. Harkness. 1982. "The Infant's Niche in Rural Kenya and Metropolitan America," in *Cross-Cultural Research at Issue*, ed. L. L. Adler, 247-255. New York: Academic Press.

Takeuchi, Kiyoshi. 2001. "He has Become a Gorilla: The Ambivalent Symbiosis between Aka Hunter-Gatherers and Neighboring Farmers," in *The World Where Peoples and Forest Coexist (in Japanese)*, eds. M. Ichikawa and H. Sato, 223-253. Kyoto: Kyoto University Press.

———. 2014. Interethnic Relationships between Pygmies and Farmers, in *Hunter-gatherers of the Congo Basin: Cultures, Histories, and Biology of African Pygmies*, ed. B. S. Hewlett, 299-320. New York: Routledge.

Taylor, Nick. 2010. The Origins of Hunter-Gathering in the Congo Basin: An Archaeological Perspective. Paper given at the International Conference on Congo Basin Hunter-Gatherers, Montpellier, France, September 22-24.

Tegomo, Njounan. Olivier, Louis Defo and Leonald Usongo. 2012. Mapping of Resource Use Area by the Baka Pygmies Inside and Around Boumba-Bek National Park in Southeast Cameroon, with Special Reference to Baka's Customary Rights. *African study monographs*. Suppl., 43: 45-59.

Tomasello, Michael. 1999. *The Cultural Origins of Human Cognition*. Cambridge MA: Harvard University Press.

Trevathan, Wendy, Euclid O. Smith and James J. McKenna. 1999. *Evolutionary Medicine*. Oxford University Press.

Trivers, Robert L. 1974. Parent-Offspring Conflict. *American Zoology* 14(1): 249-64.

Tronick, Edward Z., Gilda Morelli and Steve Winn. 1987. Multiple Caregiving of the Efe (Pygmy) Infants. *American Anthropologist*, 89(1): 96-106.

Turnbull, Colin M. 1962. *The Forest People*. New York: Simon & Schuster.

Quinlan, Robert and Quinlan, Marsha. 2007. Parenting and Cultures of Risk: A Comparative Analysis of Infidelity, Aggression & Witchcraft. *American Anthropologist* 109: 164-179.

U.S. Department of State. 2010. Background Note: Central African Republic, December

28. https://2009-2017.state.gov/outofdate/bgn/centralafricanrepublic/179356. htm（2020 年 2 月 14 日最終アクセス）.

Van Donk, Mirjam. 2006. "Positive" Urban Futures in sub-Saharan Africa: HIV/ AIDS and the Need for ABC (A Broader Conceptualization). *Environment and Urbanization* 2006 18: 155.

Vansina, Jan. 1990. *Paths in the Rainforests*. Madison, Wisconsin: The University of Wisconsin Press.

Verdu, Paul. 2010. Anthropological Genetics of Central African populations Origins and Genetic Diversity of the "Pygmies." Paper given at the International Conference on Congo Basin Hunter-Gatherers, Montpellier, France, September 22–24.

Verdu, Paul., A. E. Austerlitz, S. Bahuchet, A. Froment, M. Georges, A. Gessain, J-M. Hombert, E. Heyer, S. le Bomin, L. Quintana-Murci, S. Théry, L. van der Veen and R. Vitalis. 2009. Origins and Genetic Diversity of Pygmy Hunter- Gatherers from Western Central Africa. *Current Biology* 19: 1–7.

Walker, Phil L. and Barry S. Hewlett. 1990. Dental Health, Diet and Social Status among Central African Foragers and Farmers. *American Anthropologist* 91: 270–276.

Wiessner, Pauline W. 1987. Socialization and Parenthood in Sibling Care taking Societies, in *Parenting Across the Lifespan: Biological Dimensions*, eds. J. B. Lancaster, J. Altman, A. S. Rossi and L. R. Sherrod, 237–270. New York: Aldine.

Woodburn, James. 1982. Egalitarian Societies. *Man (New Series)* 17(3): 431–451.

Wright, Robert. 1994. *The Moral Animal: Evolutionary Psychology and Everyday Life*. New York: Pantheon.

Yasuoka, H. 2006. Long-Term Foraging Expeditions (Molongo) among the Baka Hunter-Gatherers in the Northwestern Congo Basin, with Special Reference to the "Wild Yam Question." *Human Ecology* 34: 275–296.

コンゴ盆地に生きる女たちの物語

狩猟採集民をめぐる生活世界の人類学

高田明

著者について

　本書は，中部アフリカのコンゴ盆地に生きる女性のライフストーリーに基づく貴重な民族誌である．著者のボニー・ヒューレット氏は現在，米国のワシントン州立大学で文化人類学の臨床助教授を務める．同大学で文化人類学・進化人類学の教授を務め，人生の伴侶でもあるバリー・ヒューレット氏やその指導院生らとともに，コンゴ盆地に広がる熱帯雨林で暮らす狩猟採集民アカ（いわゆるピグミー系集団の一つとされる）や農耕民ンガンドゥの調査・研究を長期間にわたって推進してきた．本書の序章でも記されているように，著者は小児集中治療の看護師として長年勤務した後，大学院で人類学を学び直したというキャリアをもつ．先進的な病院からアフリカの熱帯雨林へと活動の舞台を移すという，「華麗なる転身」を遂げたのである．その一方で，女性とそれを取り巻く人々の人生とその哀歓に対する強い関心は，そのキャリアを通じて一貫しているように思われる．

　評者は，南部アフリカの半乾燥地に住むサンをおもな対象として，人類学的な研究を長年続けてきた．サンは，アフリカの代表的な狩猟採集民として，上に記した中部アフリカのピグミーと並び称されることも多い．おのずと，自らの知識と経験に照らし合わせつつ本書を読み進めることとなった．狩猟採集民の生活世界とライフコース，狩猟採集民とその周辺民族との関係，環境資源と生業の関わり，

グローバル化する世界における狩猟採集民のアイデンティティの再編成など，本書で取りあげられているトピックの多くはサン研究でも活発な議論がおこなわれてきており，その共通点と相違点の双方にまたがって本書から呼び起こされる学問的な興味は尽きない．評者はまた，著者及びバリー・ヒューレット氏とは長年の友人でもある．まだ大学院生だった頃にワシントン州にあるご自宅に泊めていただき，たくさんの子どもたちに囲まれた仲睦まじいお二人と夕食後におしゃべりをしていて，米国のテレビドラマのワン・シーンに紛れ込んだような感覚になったことを今も鮮明に覚えている．

狩猟採集民研究史における本書の位置付け

　狩猟採集民の研究は，進化人類学，文化人類学，歴史人類学，生態人類学，行動生態学，地域研究などの幅広い分野を交叉しつつおこなわれてきており，その数は膨大である．その一方で，その研究者人口の偏りを反映して，男性の視点からなされたものが多くを占めている．また，近年の文化人類学や歴史人類学とその周辺分野における活発な議論を反映して，ほとんどの狩猟採集民がその周囲の人々や組織と隔絶した孤立的な生活を送ってきたわけではないことは，分野の垣根を越えて広く認識されるようになった（こうした議論については，Takada (2015) などを参照いただきたい）．しかしながら，狩猟採集民の姿と比してその周辺で生活を送る諸民族の姿が研究者の手によって詳細に描かれることは，人口比でいえば後者が前者を圧倒的に凌駕するケースが多いにもかかわらず，未だに圧倒的に少ない．このいずれの点においても，本書はこれまで見過ごされてきた領域に光をあてるものである．

本書の構成

　本書は，序章でコンゴ盆地の熱帯雨林に生きる女性たちへと読者の視線を導いた後，アカとンガンドゥの民族誌的背景（第1章），女性たちの子ども期（第2章），思春期から結婚まで（第3章），結婚から母親期（第4，5章），祖母期と老い（第6章）について論じ，最後にそれまでの議論をまとめつつ，本書でとりあげた人々と地域の将来像に眼差しを向ける（第7章）という，ほぼ人生の時系列に沿ったオーソドックスな章構成をとっている．このため，本書の舞台となっている中部アフリカのコンゴ盆地やスポットライトがあたっているアカとンガンドゥについてあまり予備知識のない読者も，我が身の経験や親しい人々についての知識と照らし合わせながら，本書を読み進めることができるだろう．

　それぞれの章では，以下の構成が貫かれている．まず章ごとの導入と問題設定をおこなった後，4人の女性たち（ンガンドゥからは調査時に母親期にあったテレーズ，祖母期にあったブロンディーヌの2名，アカからは母親期にあったコンガ，祖母期にあったナリの2名）と彼女らに関わる人々のライフストーリーを紹介し，続いてそれについて先行研究を踏まえた解説と考察をおこなう．その後には，あたかもクラシック音楽におけるコーダのように，著者のフィールドノートに基づく，情感にあふれた短いエッセイが添えられている．加えて章末には，箇条書きでさらなる考察のための問いがいくつか提起されている（これらの問いは，本書を教材として授業でディベートやグループワークをおこなうのに有用そうだ）．読者は，本書を読み始めてしばらく，とくに4人の女性たちとその周囲の人々のイメージをつかむまでは，速いテンポの展開に少し戸惑うかもしれない．だが，読み進めるにしたがって本書に通底する心地よいリズムに慣れてくるだろう．

本書の特徴

　本書の随所には，女性たちから得られたさまざまな知恵がちりばめられている．目についたものから列挙すると，「赤ちゃんは同じ母親のところに戻ってくるが，大人は戻らない」[p.230]，「結婚の中で重要な感情は敬意なんだよ」[p.257]，「あまりに長い時間，同じ場所に居すぎると，人々はひどい病気になる」[p.298]，「死んだ後，子どもがいれば，その人の代わりになる」[p.303] といった具合である．これらは，そのまま格言集のようなかたちでメモしておくだけでも興味深いものである．さらに，それが埋め込まれたコンゴ盆地での彼女たちの生活の空間的・時間的な文脈に思いをはせると，その味わいは倍増する．例えば一つめの言葉は，熱帯雨林で生きる母親が多くの人々の助けを得ながらたいへんな苦労をして生んだ子どもを，2〜3 人に 1 人という高い割合で生後 15 年以内に失ってしまうこと，そうした過剰ともいえる子どもの死にとらわれて，次子をもうけることについて逡巡し続ける母親の心の痛み，そしてこうした状況でも女性は生涯のうちに平均して 4〜6 人の子どもを生んでいること [p.76, 206-209] などに思いをめぐらすとき，何度もリフレインしながら読み手にもさまざまな感覚と感情を呼び起こすに違いない．

　狩猟採集社会を研究する同業者として読んだ場合も，本書には重要な指摘が多々ある．まず本書ではしばしば，アカとンガンドゥの関係性に対する両者の見方の違いが顕在化している．ンガンドゥでは昔を古き良き時代として振り返っている語りが多い [pp.94-96] のに対して，アカの方は当時を苦々しく思い出している語りが目立つ [pp.96-99]．著者が示唆するようにこれは，2 つの集団間における権力関係の構造的な非対称性 [p.70] を反映しているのであろう．とはいえ，両集団は長年にわたって関わり続けてきたので，複

雑に入り組んだ多文化社会（Kuper 1997）を形成し，両集団が共在する地域は異種混交的な状況から新たなものが生み出されるコンタクトゾーン（Pratt 1992）となっていることが読み取れる．

　本書の大部分は，4人の女性たちとその周囲の人々という，生活の実践者の視点から描かれている．これはアカとンガンドゥの生活世界に対する読者の共感を引き起こすだけではなく，時として研究者の理論的な考察にも再考を迫る．例えば高名な社会人類学者であるウッドバーンは，ンガンドゥのような「遅延型利得文化」では，儀礼を通じて特定の（しばしば財産の相続等に関する義務を伴う）親族関係にある死者についての記憶を長く保ち，またそうした記憶や儀礼がその親族関係を再生産していると考えた．その一方で，アカのような「即時型利得文化」では，そういった親族関係の構造化があまりみられないため，死者に対する儀礼は少なく，記憶は一時的であると考えた（Woodburn 1982）．これに対して，本書におけるライフストーリーの丹念な記述と分析は，アカもまた死者に対する大きな悲しみや嘆きを経験していることを示しており，ウッドバーンのモデルから想像されるアカの死生観に収まりきらない．こうした社会システムについての理論的な仮説と人々の語りを相互照射させるという手法は，社会における構造と主体性の関係という古くからの重要問題に新しい議論を呼び込むものであろう．

まとめにかえて

　最後にもう一つだけ感想を述べよう．冒頭で記したように著者は評者にとって長年の友人である．だが，本書を読むことで評者は，アカとンガンドゥだけではなく，著者自身についてもさまざまなことを知った．各章に設けられた「フィールドノートから」の節は，生活の実践者の視点に迫る手法を自らにも適用したともいえよう．

例えば「友人関係のためにやらなければならないことは，時間と感情を投資することだ」[p.357] という言葉で著者は，アカとンガンドゥのそれに勝るとも劣らない知恵を開示している．民族誌の最大の醍醐味の一つは，それを読むことを通じてさまざまな人生を追体験し，深く味わえることであろう．本書はそれを実感できる良書である．とりわけ，文化的活動の実践者としての子どもの視点からアカとンガンドゥの社会を論じた点では「子どもの人類学」，またアカとンガンドゥの女性たちの生涯にわたる人生行路を鮮やかに描き出した点では「フィールドの発達心理学」に対して大きな貢献を行っている．評者もまた，サンをはじめとする人々のライフストーリーや社会的相互行為を丹念に記述・分析することを通じて，上記のような民族誌の醍醐味を追究しようとしてきた [Takada 2015; 高田 2019]．近年では，さまざまなフィールドで行われたこうした試みが合流し，隣接する研究分野の理論的な関心と呼応することで，「生活世界の人類学」という新たな研究領域が形作られつつある．やはりコンゴ盆地を研究の舞台としてきた気鋭の日本人研究者たちによって本書が和訳され，幅広い人々に利用可能になったことを心から喜びたい．

引用文献

Kuper, L. 1997. Plural society. in *The Ethnicity Reader: Nationalism, Multiculturalism and Migration*, M. Guibernau and J. Rex eds., 220-228. Cambridge, UK: Polity.

Pratt, M. 1992. *Imperial Eyes: Travel Writing and Transculturation*. London: Routledge.

Takada, A. 2015. *Narratives on San Ethnicity: The Cultural and Ecological Foundations of Lifeworld among the !Xun of North-central Namibia.* Kyoto and Melbourne: Kyoto University Press & Trans Pacific Press.

高田明 2019『相互行為の人類学――「心」と「文化」が出会う場所』新曜社．

Woodburn, J. 1982. Egalitarian Societies. *Man, New Series* 17: 431-451.

語り，理論，物語

森の女性たちの語りに見られる，人間の普遍的特性としての
「共同育児」と「自然の教育」

竹ノ下祐二

　本書の舞台は，中央アフリカ共和国の熱帯林である．そこには，アカと呼ばれる狩猟採集民と，ンガンドゥと呼ばれる農耕民が共に暮らしている．本書に登場するのは，アカとンガンドゥ，両方の女性たちだ．本書のように，同所的に暮らす複数の民族の人々の語りを隔てなく，あえて混在させて編まれた民族誌はユニークだ．

　私は20年以上，中部アフリカの熱帯林で大型類人猿の野外調査に従事してきた．1994年にアフリカで最初のフィールドワークを行ったのが中央アフリカ共和国であった．その時，調査助手として共に働いたのが，アカとンガンドゥの人々であった．本書を読みながら，当時のことを懐かしく思い出した．

　本書は序章を含め7つの章からなる．各章は共通した構成になっている．まず，章のトピックに関する背景説明と解説があり，続いてインフォーマントの女性たちの語りのスクリプトが提示される．そして，関連する著者自身のフィールドノートの断片が示されたのち，最後に「考察のための問い」として，女性たちの語りから何を読み取り理解できるか，いくつかの観点が挙げられている．

　こうした構成はいかにも「教科書的」だが，本書の中心をなすのは，女性たちの「語り」の生のスクリプトである．著者は，著者自身のフィルターを通してではなく，読者が女性たちの語りに触れ，それに耳を傾けることを求めている．本書の原題「Listen, Here is a Story」は，著者自身が森の女性たちから投げかけられた言葉であるが，著者はその言葉を，まずはそのまま，読者に中継する．

ここで，Story が単数形であることに注目したい．繰り返すが，本書は二つの民族に属する複数の女性たちによる複数の「語り（narratives）」から構成される．それらの内容は，森での狩猟採集生活から村での農耕生活という地理的広がり，子ども期から母親期，老年期といった個人のライフステージの全体，そして過去から現在に至る歴史的な時間幅という，時空間的に広い領域をカバーしている．個々の語りは具体的，個人的かつ微視的な時空間に属するものであるが，そうした複数の語りが集まり，折り重なって「一つの物語（a story）」を構成するのである．

　「語り（narratives）」と「物語（a story）」は相補的な関係にある．語りはそれ単独では意味をなさず，物語の断片として捉えることで初めて理解されるものである．一方，物語は語りの上位にあって語りを規制するものではなく，絶え間なく紡ぎ出される語りを編み上げることによってのみ成立する．そして，個々の語りは私的な経験でありうるが，そこから編まれた物語は公共性を帯びる．そのようにして，個人と社会は繋がっている［竹ノ下 2016］．本書に登場する女性たちは，アカとンガンドゥ，若者と高齢者，森で暮らす者と村で暮らす者といった違いはあれど，皆が一つの物語を生きている．本書から「アカの子ども」や「ンガンドゥの思春期」といった個別具体的なトピックについて理解を深めることはもちろん可能であるが，読者はそうしたディテールを超えて「一つの物語」に到達することが求められる．

　だが，著者の目論見は，単に「アフリカ熱帯林の女性の物語」を描くことにとどまらない．そこからさらに，読者自身がその物語と「私たちの物語」を重ね合わせることで，人間そのものへの理解を深めることへと読者を誘う．そのための仕掛けの一つが，女性たちの語りに続いて提示される著者自身のフィールドノートの断片であり，もう一つが「理論」である．本書でボトムアップ式に「語り」

を積み上げる目的は，文化人類学者がしばしば言及する「厚い記述」を作ることではなく，積み上げた語りを理論と交差させ，彼女たちや私たちの物語を，人類の普遍的な特性の現れの一つ，つまり，the story ではなく a story として理解することにある．「考察のための問い」はそのために用意されている．

そうした観点から本書を読み返すと，女性たちの「語り」の中に，ヒトがアフリカ大型類人猿との共通祖先から分岐して以降に獲得してきた，人類の普遍的特性を読み取ることができる．ここでは，私の専門分野である霊長類学や進化人類学と接点のある話題として「共同育児」と「自然の教育」を取り上げ，以下に若干の解説を加えたい．

霊長類学者であるハーディらは，ヒト以外の霊長類と「人類進化の共同育児モデル」を提唱した［ハーディ 2005］．ボウルビィによる「愛着理論」［p.153 を参照］の登場以降，発達心理学やその周辺分野では，母子の紐帯が子どもの発達に決定的に重要であり，母親こそが子どもの養育者であるべきであるという固定観念が支配的であった．ハーディはこれをヒトとヒト以外の霊長類の育児行動やコドモの発達過程の詳細な比較を通じて覆し，母親以外の他者（父親や血縁者を含む）が子どもの養育に関わることこそが，ヒトという生物種の進化的特性であることを示したのである［pp.336-337 を参照］．本書の主に第 2，4，6 章で「アロマターナル・ケア」が重要なトピックとして扱われている．森の子どもたちが乳児期から実に多くの他者との，過干渉とも思えるほどの濃密な関わりの中で育っている様子や，アカの父親が「最も養育する父親」であるといった記述は，現代日本に生きる読者にはいささかエキゾチックな印象を与えるかもしれない．しかし，アカやンガンドゥ社会における共同育児は，アフリカ熱帯林世界に特有の現象ではなく，人間社会に普遍的なものである．むしろ，現代日本社会において母親の責任が過

剰に強調されているのだと言える．論壇における保守の論客が「哺乳類である人間は，母親が育児を担うのが自然である」といった言説を繰り出したりするが，まさに，そうした必死な言説の存在こそが，多様な他者が養育に関わる共同育児が人間の普遍的特性であることを示しているとも言える．

　「教育」は近代以降の社会的構築物であるという人がいる．しかし，本書に登場する女性たちは，親や年長者からいかに多くのことを学んだかを繰り返し語る．むしろ字面だけからは，森の人々はとても教育熱心であるかのように感じられるかもしれない．だが，伝統社会のしきたりを長老や親があらたまって子どもたちに伝授するという光景を想像してはならない．彼らの社会における教示行為の多くは日常生活の中に織り込まれており，あらたまった形でなされることは少ない．しかも，日常の教示行為の大部分は，「刃物をおもちゃにして遊んではいけない」といった「禁止」で，「私たちはこうあるべきである」と直接的に語られることは少ないという [Hewlett et al. 2011]．しかし，そうした日常生活に織り込まれたさりげない教示行為すら，野生大型類人猿に見いだされることは極めてまれなのである．Csibra and Gergely (2009) はそれを「自然の教育（natural pedagogy）」と呼び，教えることは人間の普遍的特性であると述べた．

　教訓は寓話や体験談，すなわち「語り」という形で間接的に伝えられる．それもあらたまった形でお話を聞くのではなく，日常生活のさまざまな場面で随時語られるのである．本書で紹介された語りの中にも，年長者から寓話や体験談を聞かされた体験，言い換えれば「語りについての語り」が多くみられる．

　そして，本書を読み進めるうち，本書の形式もまたそのような「日常に織り込まれた教育」の形になっていることにも気づく．著者は，読者にアカやンガンドゥのことを「教えない」．その代わりに，各

章で女性たちの語りに続いて著者自身のフィールドノートを示す．普通なら，エピソードの後には提示した語りを総括した解説と考察が述べられるところである．著者はあえてそれをせず，語りを聞いた時の自分のノートの記述をそのまま掲載している．それによって，本書全体が著者による「語り」となっている．「語り」はこうして「語りについての語りについての語り」と入れ子状になって読者に届けられる．読者は，著者のフィールドワークを追体験しながら，一人一人が自分なりにアカやンガンドゥの女性のことを理解することであろう．

最後に，他者に耳を傾けるということについて，アフリカの森に関わる者の一人として一言述べておきたい．再び本書の原題を思い出そう．「Listen, here is a story」というフレーズは，フィールドで子どもばかりに聞き取りをしている著者に向かって，本書の主要登場人物であるブロンディーヌが投げかけた言葉である．アフリカに限らず，途上国の人々やマイノリティの支援を行う際に必ず聞かれるのが「当事者の声を聞くことの重要性」である．しかし，そのような時に私たちが聞こうとするのは当事者の「意見」や「主張」であることがほとんどである．また，私たちには，自分が聞きたいことしか聞こうとしない傾向がある．そして，聞き取ったことを元にして勝手に物語をでっち上げてしまう．

しかし，彼女たちが聞けと言ったのは意見でも主張でもなく，日常生活に関する「語り」であった．それは彼女たちの暮らしという大きな一つの物語の断片であり，それらの語りをただ並べてゆけば，でっち上げるまでもなく，物語はそこにあるのだ．「聞いて．物語はここにある」．このフレーズは，人類学の方法論をこれ以上ないまでに簡潔に示したものだと言えるし，もっと広く，「他者」を理解しようとする際の基本姿勢であるとも言えるだろう．その意味で，本書が人類学を学ぶ者だけでなく，多くの人に読まれることを希望する．

引用文献

竹ノ下祐二 2016「社会という「物語」——分業, 協同育児と他者性の進化」河合香吏(編)
　　『他者——人類社会の進化』pp.379-388, 京都大学学術出版会.

サラ・ハーディ 2005『マザー・ネイチャー——「母親」はいかにヒトを進化させたか(上・
　　下)』塩原通緒訳, 早川書房.

Csibra, G. and Gergely, G. 2009. Natural Pedagogy. *Trends in Cognitive Sciences* 13(4):
　　148-153.

Hewlett, B. S., Fouts, H., Boyette, A. and Hewlett, B. L. 2011. Social Learning among
　　Congo Basin Hunter-gatherers. *Philosophical Transactions of the Royal Society B:
　　Biological Sciences* 366: 1168–1178.

訳者あとがき

服部志帆, 大石高典, 戸田美佳子

　2018 年 7 月本書の出版企画をもって訪問した春風社で,「この本を出版するにあたり, どのような思いをお持ちですか」と尋ねられた. 日本の読者にアフリカの森で生きる女性たちの一生を生き生きとした語りとともに届けたい, この本は学術書としての価値だけでなく, 遠く離れた日本に暮らす読者にとっても現代社会を生き抜くためのヒントが詰まったものだと伝えた. 春風社の皆さんが真摯に訳者の思いを聞いてくださったことが心に残っている.

　本書に登場する森の人々は饒舌である. 女性たちの語りは濃密で, ラテンアメリカ文学の文豪 M・バルガス゠リョサが『密林の語り部』* で描いたアマゾンのインディオの語りを思い起こさせる. インディオが魂を込めて語るような神話の世界ではないが, 森の女性たちは日常の世界を飾らずに, そして感情豊かに語っている. うらやましくなるくらいに迷いがない. 本書の女性たちの語りは, 著者であるボニー・ヒューレット博士に向けられたものであるとともに, 話者本人に向けられたものでもある. そして, さらに広い世界の人々に向けられたものでもあるのだ. 本書を手にされる目的はさまざまだろうが, アフリカの森に暮らす女性たちの語りから, 自由に思索を深めていただけたら幸いである.

　訳者三人は, それぞれに異なる研究テーマをもち, カメルーンにおいて狩猟採集民や農耕民を対象に文化人類学的研究を行ってきた. 発達心理学や進化心理学を専門にするヒューレット博士とは学術的バックグラウンドが異なっているが, 訳者たちの調査地はともにコンゴ盆地に広がる熱帯雨林に属しており, 自然環境やそこに暮らす人々について学術的な関心や理解を共有している. 本書は, こ

のような訳者の特性を生かすように心がけ，翻訳を行うだけでなく，読者に有益となるような情報を加えるように努めた．本書で，原著の内容に新しく付け加えた部分についてあげておく．

　目次のあとには調査地周辺図，親族名称，世代カテゴリー，第2・3・4・6章には進化心理学と進化生物学，発達心理学の用語解説，各章には日本人研究者によるエッセイとおすすめの日本語文献，訳文の後には二人の研究者による解説文を付け加えた．用語集の語彙は脚注において紹介し，本書からは省いた．また脚注には，訳者が補足の必要がある情報を追加した．原文の中にみられた誤りは，著者に確認して修正した．原著の引用文献の中に含まれていた学会発表等の未刊行原稿（原著刊行時点）は可能な限り2020年3月現在アクセスできる論文に変更した．原著にあった一部の写真は画質の問題から差し替えた．これらの変更はすべて，ヒューレット博士から許可または新たな情報を得て行った．ヒューレット博士は，訳者からの提案や要望の大半について快諾をくださった．

　本書は多くの方々の協力と支援の賜物である．カナダでイヌイット社会の研究をされている岸上伸啓博士は，翻訳の企画を立ち上げたばかりのころ，出版社や翻訳作業などについて細やかな助言をくださった．ジョージ・マノ教授は，読み方のわからない英語の人名についてご教示くださった．エッセイの執筆者である園田浩司博士，萩野泉博士，四方篝博士，市川光雄博士は，珠玉の原稿をご寄稿くださった．また，解題者の高田明博士と竹ノ下祐二博士は，訳者からの要望に応えて，示唆に富んだ解題を送ってくださった．高田明博士は解題だけでなく，竹村幸祐博士とともに用語解説について助言をくださった．武内進一教授からは，中央アフリカ共和国の歴史についての専門書を紹介いただいた．表紙の原画をお願いした美術作家の横谷奈歩さんは，翻訳の原稿を肌身離さず持ち歩き，本書の世界を夢に見るほど没頭してくださった．京都市にある総合地

球環境学研究所 FEAST プロジェクトの協力により，地球研ハウスで合宿を行うことができた．編集者の櫛谷夏帆さんは，訳稿をきめ細かく確認くださり，忍耐強く編集作業を行ってくださった．本書の作成に関わってくださったこれらの方々に心からお礼を申し上げたい．

　最後に，著者ボニー・ヒューレット博士に，敬意と感謝の思いを記したい．ヒューレット博士は，中部アフリカの森林と人々に対する関心と長年にわたるあたたかな友情を訳者と分かち合い，翻訳にあたっては再三にわたる訳者からの質問や要望に丁寧に答えてくださった．これらは訳者の大きな励みとなり，本書を完成させることができた．ヒューレット博士の惜しみない協力に深く感謝したい．

2020 年 3 月

＊ M. バルガス゠リョサ 1994『密林の語り部』西村英一郎訳，新潮社．

事項索引

人名索引

語りの索引

執筆者一覧

[著] ボニー・ヒューレット
ワシントン州立大学・臨床助教授．ワシントン州立大学博士（文化人類学）．専門は医療人類学，思春期の発達，狩猟採集民，進化＝文化人類学．中央アフリカ共和国，コンゴ共和国，ガボン，エチオピアにおいて現地調査を行い，思春期の発達や感染症の文化的背景，社会的学習，愛着行動，健康などについて研究を行ってきた．主著・編著書には，*The Secret Lives of Anthropologists: Lessons from the Field*（Routledge, 2019），*Adolescent Identity: Evolutionary, Developmental and Cultural Perspectives*（Routledge University Press, 2013），*Ebola, Culture and Politics: The Anthropology of an Emerging Disease*（Wadsworth Cengage Learning, 2007）等がある．

[訳, 第6章コラム] 服部志帆（はっとり・しほ）
天理大学国際学部・准教授．京都大学博士（地域研究）．専門は生態人類学，アフリカ地域研究．中部アフリカのカメルーンで狩猟採集民バカの森林利用や民族植物学について，屋久島では狩猟活動の変遷について研究を行っている．主著に，『森と人の共存への挑戦──カメルーンの熱帯雨林保護と狩猟採集民の生活・文化の保全に関する研究』（松香堂書店，2012年）等がある．

[訳, 第1章コラム] 大石高典（おおいし・たかのり）
東京外国語大学現代アフリカ地域研究センター・准教授．京都大学博士（地域研究）．専門は生態人類学，アフリカ地域研究．中部アフリカのカメルーンで，農耕民バクウェレと狩猟採集民バカの生業活動や民族間関係について研究を行っている．著書・編著書に『民族境界の歴史生態学──カメルーンに生きる農耕民と狩猟採集民』（京都大学学術出版会，2016年），『犬からみた人類史』（勉誠出版，2019年），『アフリカで学ぶ文化人類学』（昭和堂，2019年）等がある．

[訳, 第5章コラム] 戸田美佳子（とだ・みかこ）
上智大学総合グローバル学部・助教．京都大学博士（地域研究）．専門は生態人類学，アフリカ地域研究，障害学．カメルーンの森で暮らす障害者との出会いから，中部アフリカのカメルーンやコンゴで障害者に関する人類学的研究や，アフリカ熱帯林における森林資源利用に関する実践的研究にたずさわっている．主著に『越境する障害者──アフリカ熱帯林に暮らす障害者の民族誌』（明石書店，2015年）等がある．

[解説] 高田明（たかだ・あきら）
京都大学大学院アジア・アフリカ地域研究研究科・准教授．京都大学博士（人間・環境学）．専門は人類学，アフリカ地域研究．南部アフリカのボツワナ共和国およびナミビア共和国で，狩猟採集民サンの子育て，環境知覚，エスニシティの変遷などについて研究を行っている．著書に *Narratives on San Ethnicity: The Cultural and Ecological foundations of Lifeworld among the !Xun of North-Central Namibia*（Kyoto University Press & Trans Pacific Press, 2015），『相

互行為の人類学——「心」と「文化」が出会う場所』（新曜社，2019 年）等がある．

[解説] 竹ノ下祐二（たけのした・ゆうじ）
中部学院大学看護リハビリテーション学部・教授．京都大学博士（理学）．専門は霊長類学，人類学．中部アフリカの中央アフリカ共和国，コンゴ，ガボンで，ゴリラとチンパンジーの生態学的研究を行っている．著書・編著書に『セックスの人類学』（春風社，2009 年），『他者——人類社会の進化』（京都大学学術出版会，2016 年），『極限——人類社会の進化』（京都大学学術出版会，2019 年），『正解は一つじゃない——子育てする動物たち』（東京大学出版会，2019 年）等がある．

[第 2 章コラム] 園田浩司（そのだ・こうじ）
京都大学アフリカ地域研究資料センター，特任研究員．京都大学博士（地域研究）．

[第 3 章コラム] 萩野泉（はぎの・いずみ）
株式会社電通，シニアアナリスト．北海道大学博士（保健科学）／薬剤師．

[第 4 章コラム] 四方篝（しかた・かがり）
京都大学アフリカ地域研究資料センター，特定研究員．京都大学博士（地域研究）．

[第 7 章コラム] 市川光雄（いちかわ・みつお）
京都大学名誉教授．理学博士（京都大学）．

アフリカの森の女たち
——文化・進化・発達の人類学

2020 年 3 月 26 日　初版発行

著者　　ボニー・ヒューレット

訳者　　服部志帆・大石高典・戸田美佳子

発行者　三浦衛

発行所　春風社　Shumpusha Publishing Co.,Ltd.
横浜市西区紅葉ヶ丘 53　横浜市教育会館 3 階
〈電話〉045-261-3168　〈FAX〉045-261-3169
〈振替〉00200-1-37524
http://www.shumpu.com　✉ info@shumpu.com

装丁　　北原和規（UMMM）　　本文レイアウト　中島衣美
印刷・製本　シナノ書籍印刷株式会社

［用語解説］文化伝達のメカニズム

　子どもたちは，親，兄弟姉妹や属する集団のメンバー，学校の教師，他の子どもたちなどさまざまな他者から学ぶ．文化遺伝学者のキャバリ＝スフォッザ（Cavalli-Sforza）とフェルドマン（Feldman）は，このような文化伝達（cultural transmission）の過程を進化的なアプローチから研究することを提唱し，子どもたちが誰から文化を伝達されるのかに注目して伝達の形態をモデル化して特徴付けた（Cavalli-Sforza and Feldman 1981）．

　モデルには，親から子どもたちへの垂直伝達（vertical transmission），友人や子ども仲間からの水平伝達（horizontal transmission），と親以外の大人からの傾斜伝達（oblique transmission）などがある．学校教育や年長者集団から年少者集団への教示は，それぞれ1対多の伝達，多対1の伝達としてモデル化されている．垂直伝達では，それぞれの親が有する文化の変異がそのまま子に伝えられるためにより保守的な伝達になる一方，水平伝達と傾斜伝達では，友人，隣人や他の大人との接触が多ければ，新しい信念や実践が迅速かつ広範囲に拡散するためにより革新的な伝達になる．これらの類型化は，生物遺伝学（垂直伝達）や感染症の伝播などをあつかう疫学（水平伝達や傾斜伝達）を参考になされた．

表　誰が誰から学ぶかに着目した文化伝達の類型（Cavalli-Sforza and Feldman 1981 を改変）

	文化伝達の形態				
	垂直伝達	傾斜伝達	水平伝達	1対多の伝達	多対1の伝達
模式図	A	B	C	D	E
文化要素の送り手	親	親以外の成人個体	同世代の個体	教師, リーダー, メディア	集団内の年長者集団
文化要素の受け手	子	子	同世代の個体	児童・生徒, 市民, 聴衆	集団内の年少者集団
革新的な文化要素の受容	困難	やや困難	容易	容易	極めて困難
集団内の個体間変異	大きい	大きい	大きくなり得る	小さい	最も小さい
集団間の変異	大きい	大きい	大きくなり得る	大きくなり得る	最も小さい
文化進化の速さ	遅い	遅い	速くなり得る	最も速い	最も遅い（保守的）